国家社科基金
GUOJIA SHEKE JIJIN HOUQI ZIZHU XIANGMU
后期资助项目

莊子箋證

Annotation on the *Zhuangzi*

宋小克 ／箋證

上海古籍出版社

2019年度國家社會科學基金後期資助項目

（項目編號：19FZWB060）

國家社科基金後期資助項目
出版説明

後期資助項目是國家社科基金設立的一類重要項目,旨在鼓勵廣大社科研究者潛心治學,支持基礎研究多出優秀成果。它是經過嚴格評審,從接近完成的科研成果中遴選立項的。爲擴大後期資助項目的影響,更好地推動學術發展,促進成果轉化,全國哲學社會科學工作辦公室按照"統一設計、統一標識、統一版式、形成系列"的總體要求,組織出版國家社科基金後期資助項目成果。

全國哲學社會科學工作辦公室

序

李炳海

　　《莊子》是道家奠基性的經典之一，一直是學術研究的顯學，推出的相关著述可謂汗牛充棟。近半個世紀以來，《莊子》研究出現了一個令人欣喜的新動向，即學術向通俗和普及轉向，關注它的傳播和接受效應，努力使這部道家經典能夠讀得懂，成爲廣大學人重要的知識構成部分。在這方面，陳鼓應先生開風氣之先。在1967年到1974年期間，他先後撰寫了《老子今注今譯》和《莊子今注今譯》，并在臺灣刊行。後來，《莊子今注今譯》也在北京中華書局出版。這兩部著作在海内外產生了很大影響。2021年和2022年，陳先生的《老子今注今譯》（普及本）和《〈老子〉導讀及譯注》在人民文學出版社相繼刊行，且前者被列入《中小學生閱讀指導目録》。在《莊子》的通俗和普及方面，陳先生又向前邁出一大步。大陸學者曹礎基先生的《莊子淺注》，1982年由北京中華書局出版，是中華人民共和國成立後第一本《莊子》新注，其宗旨是給相當於高中畢業水準的讀者提供一種較爲通俗、淺白的解說。後來，這部著作不斷重印、再版，達到了預期目的，時至今日，仍然是講授和研究《莊子》的重要參考書。陸永品先生的《莊子通釋》，2003年由中國社會科學出版社刊印。作者在《凡例》中寫道："本書爲普及與提高、知識性與學術性相結合的著作。"這部書有明確的定性和定位，在撰寫體例中，有題解、注釋和串講，同時徵引以往治《莊》學者的獨到見解，有力推進《莊子》的研究和普及。鄭開教授的《莊子哲學講記》一書，是2014年在北京大學講授《莊子哲學》的稿本，2016年由廣西人民出版社刊印，是《莊子》進大學課堂的最新成果。

　　宋小克博士在暨南大學文學院任教，多年講授《莊子》，新著《莊子箋證》即脱胎於講堂，兼顧知識性與學術性，帶有普及和提高相結合的特點。《莊子箋證》的體例，帶有課堂講授的明顯印記。《箋證》對《莊子》的各篇，篇首解題，篇末有概括總結；章、節之末亦有小結。行文之間，對核心概念、重要命題都能加以提示。就解讀《莊子》而言，這種體例相當於講授所用的課件,而且是標準的課件。課件有優劣之分,講授也有高下之別。好的教師能把死的知識講活,把深奧的道理用通俗的話説清楚。《莊子箋證》在深入淺出方面頗下功夫,并且取得了良好的成效。《莊子·駢拇》有如下結論:"彼正正者,不失性命之情。故合者不爲駢,而枝者不爲跂。"後兩句,舊注通常不作解釋。《莊子箋證》注釋:"跂,通岐,謂分叉。鴨掌有蹼,便於游水,而不可謂駢;雞爪無蹼,便於攀樹,不可謂跂。"這是用人們熟悉的動物,解釋駢和跂,既生動形象,又通俗易懂。《知北遊》篇有"每下愈況"的典故,《莊子箋證》解釋:"意謂越是普通商品,越能反映整體物價水準。"這是用人們熟悉的事物,解釋深奧的"每下愈況"之語,不但通俗易懂,而且富有時代氣息,并賦予個案以普遍性的意義,是一種機智的聯想。《田子方》篇有"目擊而道存"之語,郭象注:"目裁往,意已達。"郭注大意得之,但過於簡略;後世注家基本是沿襲郭注解説。《莊子箋證》闡釋:"目擊,謂二人對視。存,察也。道存,謂見彼此之心也。"注解雖然是逐字解釋,但語言通俗易懂,切合原文本義。

《莊子箋證》作爲書名,嵌以"箋"字,取徵集前人注釋之義。這就涉及所參照的歷代注本問題。"莊學"是一門顯學,解讀《莊子》的注本現存數百種之多。選擇依據的注本,需要廣博的知識,更需要獨到的見識。《莊子箋證》參照的注本數量不是很多,但兵貴在精而不在多,注本的選擇也是如此。《莊子箋證》的底本是郭慶藩的《莊子集釋》。這部書彙集的古注頗多,還包括清人俞樾、郭嵩燾等人的研究成果,帶有集大成的性質,確實是研究《莊子》的必讀書。《莊子箋證》所參照的主要注本還有成玄英《南華真經注疏》,注釋援引成玄英之説頗多。一般説來,郭慶藩《莊子集釋》已經收錄了成玄英的《疏》,似乎沒有必要再單列《南華真經注疏》爲徵引書目。從實際情況考察,道藏本《南華真經注疏》更接近原貌,是更加可信的第一手資料。如《天運》篇描寫咸池之樂的第一個段落,《莊子集釋》就把成玄英《疏》的三十五個字納入《莊子》原文。由此可見,《南華真經注疏》的單列,直接徵引,是可取的處理方法,反映出作者嚴謹的治學態度。對於近現代以來的治《莊》著作,《莊子箋證》援引鍾泰先生的觀點頗多。在近現代《莊》學史上,鍾泰先生的《莊子發微》是一部新意頗多的標志性著作,把它作爲參照對象,自然有取法乎上的志向。總之,《莊子箋證》借鑒的注本都是歷代具有代表性的經典著作,覆蓋面廣,取捨有度,體現出精當而不狹隘的特點。

中國古籍的注釋有"注不破經,疏不破注"的傳統。"箋"屬於疏,涉及如何對待舊注的問題。《莊子箋證》對舊注斟酌取捨,擇善而從,就此而論,屬於疏不破注。另一方面,對舊注不合理的地方,作者也能予以匡正。這主要體現在以下幾個方面：

第一，舊注按詞語常見義解釋而出現誤讀，《莊子箋證》則用詞語的特殊義項予以撥正。《莊子·外物》篇記載："萇弘死于蜀，藏其血，三年而化爲碧。"萇弘是東周王朝大臣，在内亂中被殺，屬於無辜之人。在萇弘化碧的解讀上，通常把"碧"釋爲"碧玉"，取"碧"字的常見用法。但無辜被殺屬於凶險事象，血化爲碧玉則是吉祥之象。古注的解釋與原文一些列的凶險事象無法相容。或有感於此，《莊子箋證》寫道："碧，謂青白色。"并援引《公孫龍子·通辯論》的記載加以印證。碧，指青白色，是罕見的特殊義項。人血是紅色，而死後變成青白色，屬於反常、怪異事象。這與《外物》開頭一段羅列的衆多凶險事象是一致的。《周易·坤》上六爻辭如下："龍戰于野，其血玄黃。"血化爲碧與"其血玄黃"類似，都是凶險、不祥之象。

第二，舊注按照詞語後起義、引申義解釋而出現偏差，《莊子箋證》則用詞語的原始本義加以糾偏。《莊子·山木》篇有如下論述："道流而不明居，得行而不名處；純純常常，乃比於狂。"對"常常"二字，舊注基本都是以"平常"釋之，用它的常見義。《莊子箋證》則稱："常，通裳，藏也。常常，謂德之不形。"釋常爲裳，爲隱藏，并援引《説文》和《釋名》的相關條目印證，是對舊注的修正。常，指人的下裳，這是它的原始本義。下裳對人體起遮蔽作用，因此有隱藏之義。"道流而不明居，得行而不名處"，指得正是道的隱蔽性。常，是道家的核心概念。常的"隱藏"之義，在《老子》中可以一以貫之。《老子·第一章》稱："道可道，非常道；名可名，非常名。"意謂道若可用語言表述，就不是隱蔽的道；名若可以進行稱呼，就不是隱藏的名。又稱："故常無欲，以觀其妙；常有欲，以觀其徼。"意謂人内心隱藏的是無欲，就能看到道的奧妙；如果隱藏的是有欲，就只能觀察到道的邊緣、表面現象。又如《第十六章》稱："歸根曰静，是謂覆命，覆命曰常。"歸根覆命，正是處於隱藏狀態。《第二十七章》的"常善救人"，指不顯露善而救人，也就是《三十八章》所説的"上德不德"。釋"常"爲隱蔽，對於深入解讀《莊子》中的相關名物、術語也有重要意義。《莊子·則陽》篇有關衛靈公傳説中出現了三個正面角色，依次是大史大弢、伯常騫、狶韋。弢，指弓套，把弓收藏於其中。常，指隱藏。騫，指腹部低隱，也是内斂之象。狶韋，是加工過的豬的皮革，可以用來遮身，因此得名。《則陽》篇三個虛擬角色的名稱，均含有遮蔽、隱藏之義，體現出作者精心構建物象。但很久以來，"常"字的本義很大程度上被忽視，從而形成一個被人遺忘的語義場和意象群。《莊子箋證》揭示出"常"字的原始本義，有助還原先秦道家文獻的歷史本象。

第三，舊注按照詞語常見義解讀而疏離文本，《莊子箋證》用《莊子》本身所作的特殊界定予以更正。如前所述,《莊子·山木》篇有"純純常常"之語,舊注通常釋"純"爲樸素,用它的常見義。《莊子箋證》則稱:"純純,謂德全。"這是以"全"釋"純"。此種解釋可以在《莊子》中找到内證。《刻意》云:"純素之道,唯神是守,守而勿失,與神爲一。……故素也者,謂其無所與雜也;純也者,謂其不虧其神也。"這里對純和素,分別作出了明確的界定。素,指不掺雜神之外的因素;純,指不虧其神,保持神的完整性。純字有完整之義。《詩經·野有死麕》篇稱"野有死鹿,白茅純束",指用白茅包裹獵物整個形體。瞭解"純"字的這種特殊義項,就能透徹理解《齊物論》"參萬歲而一成純"的含義。這句話并不是説,糅合古今無數變異而自己卻精純不雜;也不是説,與歷時久遠的大道糅合而變得渾渾沌沌。純,既不是指精純不雜,也不是指渾渾沌沌,而是指全部、整體。"參萬歲而一成純",指對萬年漫長的歲月加以糅合,與之成爲一個整體。這正是《齊物論》的宗旨。

第四,舊注對有些詞語的定性不到位,《莊子箋證》作了更準確的定性。《人間世》出現"無門無毒"之語,對於其中的"門"和"毒",舊注或釋爲名詞,或釋爲動詞,歧義頗多。《莊子箋證》以《左傳》的相關記載爲依據,把"門"釋爲動詞,指擁門,而把"毒"字釋爲慍怒。無門無毒,指不主動登門,也不慍怒。這種解釋合乎原文的語境,文脈頗爲順暢。《知北遊》對於道有如下描述:"其來無迹,其往無崖,无門无房,四達之皇皇也。"舊注對"門"和"房"的解釋,也是歧義甚多。《莊子箋證》所作的解釋如下:"門,守候於門。房,側室,謂私密之所。无房,謂不隱藏於房。"這是把"門"和"房"都釋爲動詞,揭示出道的不確定性、運動性。又如《知北遊》云:"狶韋氏之囿,黃帝之圃,有虞氏之宮,湯武之室。"對於其中的"之"字,舊注通常釋爲"的",作爲助詞看待。《莊子箋證》則把"狶韋氏之囿"釋爲"狶韋氏與萬物同遊",實際是把其中的"之"字作爲動詞處理,後邊三句也是如此。這四句中的"之"字確實用作動詞,用的是它的原始義。舊注把"之"字視爲助詞,實際是把實詞虛化。《莊子箋證》對此作了駁正。

《莊子箋證》的書名綴以"證"字,指的是進行考證。這部著作在考證方面也很見功力。《莊子箋證》的考據,注重從《莊子》内部尋找證據,採用以《莊》證《莊》的方式。這種"内證"方式,有的在《莊子》同一篇中進行。如《齊物論》在敘述人的各種情態之後提到"真宰""真君"兩個關鍵名詞。舊注通常把真宰、真君釋爲天然的主宰者,亦即自然之道,也有的釋爲真心、真我,都不甚貼合上下文語境。通過考察所在段落語境,《莊子箋證》明確指出:"真宰,謂我之成心,人之成心。"雖然真宰、真君在文中不能直接釋爲成心,但這個段落對真宰、真君的追尋,確實最終落實到"隨其成心而師之"一句。真宰、真君,確實是成心,即主觀成見。《莊子》内篇行文縝密,脱離上下文語境的解釋,很容易出現誤讀。《莊子箋證》的以《莊》證《莊》,有時在不同篇目之間進行。如前所述,《人間世》篇的"无門无毒",《知北遊》篇的"无門无房",其中的"門"字均被視爲動詞,或指擁門,或指守候於門,實現了篇章詞語之間的互證。又如《漁父》篇"還以物與人"一句,《莊子箋證》援引《山木》篇"孰能去功與名,而還與衆人"加以解釋。這是同類句型之間的相互印證。以《莊》證《莊》,需要對《莊子》諸篇融會貫通,如此才能得出的穩妥、可信的結論。

　《莊子箋證》運用旁證和外證,援引經史子集各類文獻,解決了一系列的學術問題。第一,舊注表述含混之處,《莊子箋證》得出明確的結論。《逍遥遊》篇提到斥鴳,舊注或把它釋爲池澤中的小雀,或釋爲小澤中的小鳥,皆用通假的方式以"澤"釋"斥"。《莊子箋證》援引《尚書·禹貢》描述青州土質的"海濱廣斥"之語,把斥鴳釋爲"斥地小鳥"。斥,指斥鹵之地,亦即鹽鹼地。青州東部鄰近大海,海濱多是鹽鹼地。《逍遥遊》假托斥鴳的話,説:"我騰躍而上,不過數仞而下,翱翔蓬蒿之間。"鹽鹼地確實蓬蒿較多,與斥鴳的自我描述相符。如果斥鴳是池澤中的小鳥,那麼,出現的應該是蒹葭類水草,而不是蓬蒿等旱地植物。第二,舊注只作一般性解釋的地方,《莊子箋證》用考證作透徹的剖析。《天道》篇記載輪扁斫輪故事,提到"徐則甘而不固,疾則苦而不入"。舊注多以緩釋徐,以滑釋甘,以急釋疾,以澀釋苦,採用的是同義詞互釋的方式,聚焦在輪孔大小是否適宜上。《莊子箋證》依據《周禮·考工記》製作車輪記載,對所用部件、工藝進行還原,認爲"甘苦疾徐"與工匠用力的輕重相關。這條考證原是一篇專題論文,曾在學術會議上交流,得到了與會者的普遍好評。此類考證條目,可以説是一篇緊縮型的專題論文,學術含量甚高。第三,舊注未涉及的大文化背景,在《莊子箋證》中得到了呈現。《天運》篇對咸池之樂的鋪張性書寫,開頭稱"帝張《咸池》之樂於洞庭之野",舊注聚焦于《咸池》之樂、洞庭之野的具體所指和象徵意義。《莊子箋證》指出《天運》的這個段落是"中國文學史上第一次描寫音樂的經典文章",把它置於中國文學史、音樂史的大背景下予以觀照。對於"帝張《咸池》之樂於洞庭之野"這個句子,《莊子箋證》援引《左傳·定公十年》中孔子"嘉樂不野合"的儒家觀念,用反證法揭示出儒家與道家的文化分野。陸德明稱《莊子》"或似《山海經》",指出《莊子》包含很多神話因素。《莊子箋證》在用神話以證《莊子》方面,亦做得卓有成效。在《大宗師》《在宥》等篇中,《莊子》與神話的溝通、互證,也體現了作者廣闊的文化視野。

《莊子》是一部才子之書,也是一部深奧的道家經典。宋小克博士作爲新一代學人,所著《莊子箋證》取得了多方面學術突破。當然,《莊子》還有廣闊的學術空間,研究者也不可能畢其功於一役。宋小克博士的《莊子》研究已有良好的開端和堅實的基礎,相信他會保持旺盛的學術創新勢頭。

二〇二三年十月十九日於揚州寓所

前　言

　　《莊子》是先秦典籍，是中國文學和哲學的重要源泉。《莊子》思想博大，語言精妙，是一部非常有魅力的書。據《漢書·藝文志》記載，《莊子》原有五十二篇，到了魏晉時期，向秀、司馬彪等人開始做注，并編選了各自的篇目。今本《莊子》乃西晉郭象整理，共三十三篇，分內、外、雜三部分，其中內七篇、外十五篇、雜十一篇。學界一般認爲，內篇精深，或出莊周之手；外篇和雜篇較粗疏，當是弟子、門人所作①。《莊子》是一個學派的文集，思想自成體系，應作爲一個整體看待，外、雜篇也有不少精彩篇章和精妙見解，治莊者不宜偏廢。

　　莊周，戰國後期宋國蒙人，曾做過漆園吏。據《莊子》本書記述，莊周家貧，靠織草鞋度日(《列禦寇》篇)，曾向監河侯借糧(《外物》篇)，穿著破衣服見魏王(《山木》篇)。但莊周拒絕楚王聘請，不貪圖富貴、名利，寧願像烏龜一樣在泥中玩耍(《秋水》篇)。惠施，是莊周的好友。兩人曾一起出遊，在濠梁之上，爭辯魚快不快樂的問題(《秋水》篇)；後來，惠子死了。莊子很孤獨，慨嘆："吾无與言之矣。"(《徐无鬼》篇)

　　《莊子》的思想源於《老子》，繼承和發揚了道家學説②。《老子》主張"虛静無爲"，《莊子》主張"虛己以游世"。《天下》篇説："獨與天地精神往來，而不敖倪於萬物，不譴是非，以與世俗處。"在精神層面，莊周像鯤鵬一樣，遊乎天地之氣，忘乎死生，縱浪大化之流；在現實層面，莊周像鰷魚一樣，遊乎清濁之水，忘却名利，浮沉亂世之流。"虛己以游"的思想，貫穿《莊子》的內、外、雜諸篇，是解讀莊子思想的一把鑰匙。

---

①　對此，劉笑敢教授有詳細考證，見《莊子哲學及其演變》，中國社會科學出版社1988年版。有學者認爲，內篇與外、雜篇存在"經傳結構"，是先秦解經模式的遺存。參見賈學鴻著《〈莊子〉結構藝術研究》，學苑出版社2013年版。

②　錢穆先生主張《莊子》先於《老子》，認爲莊周是道家的源頭，詳見氏著《先秦諸子繫年》和《莊老通辨》，影響頗大。1993年郭店戰國楚簡《老子》出土，雖僅兩千餘字，與今本面貌大不相同，但至少證明《老子》並不晚於《莊子》。其實，諸子之書多世代累積而成，成書過程較爲複雜，孰先孰後，不宜冒然下定論。

《莊子》的文學表達方式,可概括爲:寓言、重言、卮言①。《天下》篇説:"以天下爲沈濁,不可與莊語,以卮言爲曼衍,以重言爲真,以寓言爲廣。"寓言,就是講寓言故事。廣,是推廣、流傳的意思。重,深也。重言,就是肺腑之言。真,是真誠意思。卮,是酒杯。卮言,就是醉話。羅勉道曰:"卮言,如卮酒相歡言之。"②曼衍,就是敷衍,不較真的意思。《寓言》篇説:"卮言日出,和以天倪,因以曼衍,所以窮年。"天倪,猶如瓷器的裂紋釉,指人與人之間的天然分歧。和以天倪,就是用醉話彌合分歧。"三言"的交錯運用,形成亦莊亦諧、汪洋恣肆的文風。

西漢初年,黃老之學盛行,莊子一派不爲世所重。直到魏晉時期,莊周的價值才被名士發掘,成爲談玄的思想資源,《莊子》與《老子》《周易》合稱"三玄"。魏晉時期,向秀是較早爲《莊子》作注的人。《世説新語·文學》:"初,注《莊子》者數十家,莫能究其旨要。向秀於舊注外爲解義,妙析奇致,大暢玄風。唯《秋水》《至樂》二篇未竟,而秀卒。秀子幼,義遂零落,然猶有別本。"又云:"郭象者,爲人薄行,有儁才,見秀義不傳於世,遂竊爲己注,乃自注《秋水》《至樂》二篇,又易《馬蹄》一篇,其餘衆篇,或定點文句而已。後秀義別本出,故今有向、郭二《莊》,其義一也。"此説被唐修正史《晉書·郭象傳》採納,影響最大,清人顧炎武《日知録》、今人錢穆《莊老通辨》執此觀點。但今人多承襲《晉書·向秀傳》郭象"述而廣之"的説法,認爲郭象發展了舊注,並非簡單竊取。王叔岷對比了郭象《注》與向秀《注》佚文,發現二者相同比例並不高③。且研究發現,二人注《莊子》旨趣並不相同:向秀與嵇康之"越名教任自然"同,而郭象主張"名教即自然"④。兩種説法各有所本,但第二説論述有理有據,結論更爲嚴謹;第一説流傳雖廣,但並无切實證據。

隋唐兩代,注《莊子》的書,流傳下來的只有陸德明的《莊子音義》和成玄英的《南華真經注疏》。《音義》保留了許多唐前古注,如晉之崔譔、向秀、李頤、司馬彪、支遁,梁之簡文帝,宋之王叔之等人之注,皆賴以保存。成玄英注郭象《注》,於人物、地名、典故,字詞等頗爲詳實,但多雜道教思想,難免

---

① 三言之中,卮言最爲重要,且歧義較多。卮,酒器。學界多據酒器立説:郭象曰:"夫卮,滿則傾,空則仰,非持故也。況之於言,因物隨變,唯адад之從,故曰日新。"章太炎認爲:"卮,圓酒器也。是取圓義,猶言圓圓爾。"今人相關論述頗多,可參見李炳海《〈莊子〉的卮言與先秦祝酒辭》,《社會科學戰線》1996年第1期。

② 羅勉道撰,李波點校《南華真經循本》卷二六,中華書局2016年版,第305頁。

③ 參見王叔岷《〈莊子〉向郭注異同考》,《莊學管窺》,中華書局2007年版。

④ 參見李凱《向秀〈莊子〉主旨之蠡測——從向、郭人性觀的差異切入》,《哲學研究》2016年第6期。

偏離《莊子》本義。

宋明理學家注《莊子》，多主張會通儒、道，重要的有宋人林希逸的《莊子鬳齋口義》、褚伯秀的《南華真經義海纂微》和焦竑的《莊子翼》。《口義》語言通俗易解，在考訂、辨析概念，貫通前後文本，儒釋道相互發明等方面都卓有建樹；《纂微》廣采王雱、吕惠卿、陳景元（碧虚子）、劉概、趙以夫、林希逸、范元應等十三家之説，並斷以己意，呈現了宋人注《莊》的整體風貌。焦竑《莊子翼》先録郭象注，並以吕惠卿、褚伯秀、羅勉道、陸西星五家爲主，薈萃宋明諸家古注而成，有較强的文獻價值。據《天下》篇，莊學與儒學頗有淵源，然旨趣不同，亦不可不知。

清代注釋《莊子》的著作更多，若論思想見識，首推王夫之的《莊子解》。王夫之解《莊子》，志在去除前人附會的儒佛之説，還原《莊子》的真面目。但王夫之解《莊子》並不做字句注釋，其中的補注乃其子王敔所作，且引用古今之説很多，本書多有引用。

清人注釋《莊子》，又有文章評點一派，主要有林雲銘的《莊子因》和宣穎的《南華經解》。此類著作，雖在思想上少有發明，但分析章法、詞句精細，有助於梳理《莊子》文脈。本篇的章節劃分，即以宣穎《南華經解》爲基礎。

清人注《莊子》，以考據爲大宗，重要的有王念孫《讀書雜誌》、俞樾《諸子平議》、郭慶藩《莊子集解》、馬其昶《莊子故》等。王、俞二書，用“文法一律”和“因聲求義”等考證方法，解決了很多文字上的疑難問題。郭、馬二書，匯集古注的同時，廣泛吸取了清人的注釋成果，對義理亦多有發明。

清人重考據，成績斐然，然亦有不足之處。當今流行的《莊子集釋》和《莊子集解》二書，就存在不少問題。據羅彦民核查，《集釋》引王念孫父子成果，有50餘條標明出處，但郭慶藩的考證有100餘條與《讀書雜誌》和《經義述聞》雷同①。王先謙著《莊子集解》，多采宣穎之説，雖曰簡要，實不得要領。有鑒於此，今人劉武作《莊子集解内篇補正》，作了大量補正工作，爲初學者指明路徑。本人研讀《齊物論》篇，長久不得門徑，至《補正》點出“情宣於口而爲言，天籟”，始豁然開朗，漸入莊周之世界。

近代以來，延續傳統治學方法的著作，重要的有四部：錢穆《莊子纂箋》、王叔岷《莊子校詮》、鍾泰《莊子發微》和崔大華《莊子歧解》。《纂箋》廣采、精選古今之注，兼顧考據、義理、文章，然行文簡要、清通，讀之有如沐春風之感。本書即效其“隨文出注”的方式，淘選、發明古注，簡要申明己義，不做繁瑣考證。《校詮》參考版本最全，校勘最爲詳備，實勝劉文典《莊子補

---

① 　參見羅彦民《郭慶藩〈莊子集釋〉辨證》，《文藝評論》2011年第2期。

正》,是本書底本的最重要參照。《發微》遠承宋儒學脈,主張"以易解莊",然考據、訓詁功夫深厚,能切中要害,故多爲本書徵引。《歧解》從"分歧"切入,分類梳理、篩選古今之注,較爲清晰地呈現注疏譜系。本書淘選古注,依據《歧解》提供的綫索,擴展了視野,有了許多新發現。

在西方哲學的理路下,注釋《莊子》的著作,主要有陳鼓應的《莊子今注今譯》和曹礎基的《莊子淺注》。《淺注》是中華人民共和國成立後第一部《莊子》注本,在唯物和唯心的框架下展開分析,時代特徵非常明顯。《今注今譯》貫通中西,旨在中西哲學對話,一定程度上偏離了本義。然而,2014年新版《淺注》,融合古注精華,注釋簡明扼要,語言又通俗,體現了深入淺出的功力。2009年修訂版《今注今譯》,淘選古今中外之説,先列古注後加辨析,已有嚮傳統學術回歸的傾向。

目前,《莊子》的注釋領域有兩個問題:古注陳陳相因,難以得其門徑;哲學研究獨大,傳統學術失語。有鑒於此,在傳統學術範圍内,按照"以莊解莊"的原則,我撰寫了《莊子箋證》一書。箋,指淘選、辨析古注,解決文本上的障礙;證,指徵引原典,實現莊子文本内部、諸子本文之間的互證。箋,是爲了接續傳統學術;證,是爲了與諸子互通,在先秦語境中激發其活力。

本書體例如下:

一、本書《莊子》原文,以郭慶藩撰、王孝魚點校《莊子集釋》爲底本,并參照王叔岷《莊子校詮》等書校正。郭慶藩《集釋》本,原依據黎庶昌《古逸叢書》覆宋本,王孝魚又據《續古逸叢書》影宋本、明世德堂本、《道藏》成玄英《疏》本、《四部叢刊》附録孫毓修《宋趙諫議本校記》、王叔岷《莊子校釋》、劉文典《莊子補正》等書校正,是目前最通行的版本。本書校勘,參照諸家,擇善而從,凡有改動底本處,必在注釋中説明。

二、本書篇首撰有題解,介紹行文脈絡。每篇分若干章,并用數字標識;章下分節,每節自成段落。章節、段落的劃分,主要依據宣穎《南華經解》,若有不妥,則另行劃分;各章的劃分,則出於作者的推理和判斷。《莊子》内篇結構嚴整,劃分章節比較容易;外篇、雜篇有的結構散漫,也盡量劃出章節,以便讀者掌握文章脈絡。篇尾有小結,歸納本篇主旨,串講全篇文義,并進行深入的闡釋。

三、本書隨文出注,《莊子》原文用大字,注文用小字。注文先列前人舊注,後加作者按語。舊注,按照時代先後淘洗,擇優選用。若舊注釋義不明,則加作者按語。

四、選擇前人注釋,皆以"信而可徵"爲原則。1. 徵之本書。如《齊物論》篇之"大塊噫氣",司馬彪曰:"大塊,謂天也。"王懋竑曰:"塊然有形者,

地也。"因《大宗師》篇有"大塊載我以形"句,故用王説。2. 徵之他書。如
《人間世》篇之"軸解而不可以爲棺槨",成玄英曰:"軸解者,如車軸之轉,謂
軸心木也。"林希逸曰:"軸解,不實也。"因《詩·衛風·考盤》有"考盤在陸,
碩人之軸",鄭箋:"軸,病也。"可見,成説乃望文生義,而林説有據。3. 徵之
情理。如《應帝王》篇曰:"衆雌而無雄,而又奚卵焉?"宣穎曰:"雌之生卵,
必雄交之。今無雄,何得有卵?"母雞能獨自生蛋,只是不能孵出小雞。此
"卵"字,不是生蛋,而是孵化。宣穎之説違背常識,故不採用。

　　五、當古注釋義不明時,則加作者按語。按語可分爲六大類:1. 申明舊
注。如《達生》篇講善游水者,曰:"與齊俱入,與汩偕出。"司馬彪曰:"齊,回
水如磨齊也。汩,涌波也。"按:齊,通臍,指肚臍。回水,即旋渦。磨齊,謂
磨盤上的孔。2. 考證難字。如《人間世》篇講南伯子綦見大樹,云:"隱將芘
其所藾。"按語引聞一多注《楚辭·九思》,云:"隱,微也。所進甚微,言其行
遲也。"隱,指行進緩慢。3. 考釋名物。如《人間世》篇謂支離疏:"會撮指
天,五管在上。"按語引《淮南子·精神訓》:"子求行年五十有四,而病傴僂,
脊管高於頂。"指出:脊管,指脊椎的骨節。五管,即指五塊腰椎。4. 考釋難
事。如《天道》篇講輪扁斲輪,舊注對"徐甘疾苦"四字,都難以落到實處。
按語引《周禮·考工記》,指出"斲輪即拼裝車輪",説明了四字的含義。
5. 原典互證。如《養生主》篇:"緣督以爲經,可以保身,可以全生。"按語引
《吕氏春秋·貴生》:"所謂全生者,六欲皆得其宜也。"6. 發明修辭。如《大
宗師》篇謂子來之死,云:"以汝爲鼠肝乎?以汝爲蟲臂乎?"又謂子桑户三
人"登天遊霧"。按:鼠肝、蟲臂,蓋謂土葬。登天,蓋謂火葬。

　　本書的基礎是《莊子導讀》課程講義,故預設讀者也是古典文學專業研
究生。本書行文不借用西化的哲學概念,盡量用莊周的詞彙解釋《莊子》的
道理,用本土的語言講清楚中國自己的傳統思想。《莊子》的思想源於《老
子》,更源於莊周的經驗世界,故而本書徵引大量的先秦故事,藉以印證和發
明抽象的道理。寓言是《莊子》最主要的言説方式,"講故事"是本書注釋
《莊子》的一大特色。

　　2005年,我碩士考入中國人民大學;期間,選修了李炳海先生的《莊子》
研讀課程,記了密密麻麻的筆記;2010年,博士畢業於李先生門下,來暨南
大學教書,也開設了《莊子》的研讀課。幾年下來,也發現、解決不少小問題,
後來就有意識地收集起來,成爲這本書的基礎。2015年,確定體例,開始正
式撰寫。本打算只注内篇,在李先生的鞭策下,遂完成外篇、雜篇,寫成一部
完整的著作。我受業於李師,畢業後也時常向老師請教;内篇的初稿,老師
也看過,並作了詳細的批注;可以説,本書是李先生學術的自然延續。

本書成形於 2019 年，年底獲批國家社科基金後期資助項目（19FZWB060），經三年完善、修訂，終於 2022 年底結項，並交上海古籍出版社出版。本書的出版，得到了暨南大學何志軍、王京州等同事的幫助，龍偉業編輯的編校工作也爲本書增色不少，在此一并致謝。本書是我學習、研究《莊子》的階段性成果，很多論斷尚待時間檢驗，希望學界同仁批評指正。

宋小克

二〇二四年二月於广州番禺

目　录

雜　篇

内　　篇

逍遙遊

　　《逍遙遊》篇，講物我各得逍遙之道。逍遙，謂閒放不拘，自由自在。本篇可分爲五章：第一章講：萬物有大小之辯，天性不同，生存時空亦不同；第二章講：世人有高下之別，見識不同，思想境界亦不同；第三章講：聖人无名，功成弗居，輔萬物之自然；第四章講：神人无功，任物自然，不以天下爲事；第五章講：至人无己，神與物遊，逍遙天地之間。

一

　　北冥有魚，陸德明曰："北冥，本亦作溟，北海也。"按：渤海，古稱北海。《莊子·秋水》篇謂黄河："順流而東行，至於北海。"《左傳·僖公四年》楚王謂齊桓公："君處北海，寡人居南海。"又《管子·地數》："北海之衆毋得聚庸而煮鹽。"**其名爲鯤。**《爾雅·釋魚》："鯤，魚子。凡魚之子，總名鯤。"按：魚子，即魚卵。**鯤之大，不知其幾千里也。化而爲鳥，其名爲鵬。**司馬彪曰："鵬者，鳳也。"崔譔曰："鵬，即古鳳字。"**鵬之背，不知其幾千里也；怒而飛，**段玉裁曰："古無努字，只作怒。"按：怒，奮起。**其翼若垂天之雲。**司馬彪曰："若雲垂天旁。"按：垂天之雲，謂雲大蔽天，自天心垂於四野。杜甫《旅夜書懷》："星垂平野闊，月涌大江流。"**是鳥也，海運則將徙於南冥。**林希逸曰："海運者，海動也。今海瀕之俚歌猶有'六月海動'之語。"按：海運，或即海嘯。《大戴禮記·誥志》云："聖人有國，則日月不食，星辰不隕，勃海不運，河不滿溢。"**南冥者，天池也。**按：天池，謂不待人工穿鑿，自有活水也。《莊子·大宗師》："魚相造乎水，人相造乎道。相造乎水者，穿池而養給；相造乎道者，无事而生定。故曰：魚相忘乎江湖，人相忘乎道術。"

齊諧者，司馬彪曰："齊諧，人姓名。"志怪者也。王叔岷曰："《列子·湯問》篇：'夷堅聞而志之。'夷堅，蓋即齊諧也。"諧之言曰：俞樾曰："若是書名，不得但稱諧。""鵬之徙於南冥也，水擊三千里，鍾泰曰："水擊者，翼擊水面而行也。"摶扶搖而上者九萬里，按：摶，聚也。《商君書·農戰》："國力摶者彊，國好言談者削。"扶搖，即龍卷風。去以六月息者也。"陸長庚曰："息，謂氣息也。"按：風，乃大地之氣息。《莊子·齊物論》："大塊噫氣，其名爲風。"六月息，謂六月之涼風。《呂氏春秋·季夏紀》記載："涼風始至，蟋蟀居宇，鷹乃學習，腐草化爲蚈"。六月涼風起，亦鷹隼學飛之時，故大鵬於此時乘以圖南。野馬也，司馬彪曰："春野澤中游氣也。"塵埃也，生物之以息相吹也。成玄英曰："天地之間，生物氣息，更相吹動。"按：野馬、塵埃、生物之氣息，三者皆動於地表，人所習見，而不知九萬里之上氣息之動。天之蒼蒼，其正色邪？按：正色，謂本色。其遠而無所至極邪？按：無所至極，謂虛空之色。其視下也，亦若是則已矣。王引之曰："則，猶而也。"按：上下蒼蒼，謂處虛空之中，皆無所依。

且夫水之積也不厚，則其負大舟也無力。覆杯水於坳堂之上，成玄英曰："坳，污陷也，謂堂庭坳陷之地也。"按：堂內地平，坳陷必小。則芥爲之舟；李頤曰："芥，小草。"按：《淮南子·説山訓》："君子之於善也，猶采薪者，見一芥掇之，見青葱則拔之。"置杯焉則膠，崔譔曰："膠，着地也。"水淺而舟大也。風之積也不厚，則其負大翼也無力。故九萬里則風斯在下矣，而後乃今培風；按：培，謂累土。培風，謂累積風力。背負青天而莫之夭閼者，按：夭，謂中斷。《左傳·宣公十二年》言水之流，曰："盈而以竭，夭而不整，所以爲凶也。"閼，塞也。而後乃今將圖南。按：乃今，猶如今。《左傳·襄公七年》："吾乃今而後知有卜筮。"

蜩與學鳩笑之曰：司馬彪曰："蜩，蟬。學鳩，小鳥也。""我決起而飛，李頤曰："決，疾貌。"按：決起，謂彈跳而起。搶榆枋，支遁曰："搶，突也。"按：突，謂直衝而上。時則不至而控於地而已矣，王念孫曰："則，猶或也。"按：時，謂時常。《山海經·大荒北經》："魃時亡之，所欲逐之者，令曰：'神北行！'"控，頓也。《管子·度地》："水之性，行至曲必留退，滿則後推前。地下則平，行地高即控。"尹知章曰："控，頓也，言水頓挫而却。"控於地，謂陡然跌落於地。奚以之九萬里而南爲?"王叔岷曰：
"奚以，猶何用。"按：之，往也，謂盤旋而升。爲，面嚮。適莽蒼者，司馬彪
曰："莽蒼，近郊之色也。"崔譔曰："草野之色。"三湌而反，成玄英曰："來
去三食，路既非遥，腹猶充飽。"按：《漢書·食貨志》："人情，一日不再食則
飢。"古人一日兩餐，一餐則飢，三餐則飽。腹猶果然；陸德明曰："果然，
衆家皆云飽貌。"適百里者，宿舂糧；鍾泰曰："宿，先一宿也。"適千里
者，三月聚糧。之二蟲又何知? 林希逸曰："二蟲者，蜩、鳩也。"

　　小知不及大知，小年不及大年。奚以知其然也? 朝菌不
知晦朔，司馬彪曰："大芝也。天陰生糞上，見日則死，一名日及，故不知月
之始終也。"按：《列子·湯問》："朽壤之上有菌芝者，生於朝，死於晦。"蟪
蛄不知春秋，司馬彪曰："蟪蛄，寒蟬也。春生夏死，夏生秋死。"此小年
也。楚之南有冥靈者，羅勉道曰："冥靈，靈龜也。"按：《莊子·秋水》：
"吾聞楚有神龜，死已三千歲矣。"以五百歲爲春，五百歲爲秋；上古
有大椿者，按：椿，即臭椿樹。以八千歲爲春，八千歲爲秋。而彭
祖乃今以久特聞，按：彭祖，古之長壽人。《莊子·刻意》："吹呴呼吸，
吐故納新，熊經鳥申，爲壽而已矣。此道引之士，養形之人，彭祖壽考者之所
好也。"久，謂不死。《莊子·寓言》："人而无以先人，无人道也；人而无人
道，是之謂陳人。"衆人匹之，不亦悲乎!

　　湯之問棘也是已。李頤曰："棘，湯時賢人。"窮髮之北有冥海
者，崔譔曰："北方無毛之地也。"按：毛，謂草木。天池也。有魚焉，其
廣數千里，未有知其修者，其名爲鯤。有鳥焉，其名爲鵬，背若
泰山，翼若垂天之雲，摶扶搖羊角而上者九萬里，司馬彪曰："風
曲上行若羊角。"絶雲氣，按：絶，穿過。《淮南子·主術訓》："乘舟檝者，
不能游而絶江海。"負青天，然後圖南，且適南冥也。斥鴳笑之曰：
按：斥，謂不生五穀之地。《管子·輕重丁》："故山地者山也，水地者澤也，
薪芻之所生者斥也。"《呂氏春秋·樂成》："鄴有聖令，時爲史公，決漳水，灌
鄴旁，終古斥鹵，生之稻粱。"斥鴳，斥地小鳥。"彼且奚適也? 我騰躍
而上，不過數仞而下，翶翔蓬蒿之間，按：翶翔，謂盤旋而飛。此亦
飛之至也。而彼且奚適也?"按：《世説新語·德行》："王平子、胡毋
彦國諸人，皆以任放爲達，或有裸體者。樂廣笑曰：'名教中自有樂地，何爲

乃爾也?'"**此小大之辯也。**奚侗曰:"辯,通作辨,本書多叚辯爲辨。"本章講:小大之辯。

二

故夫知效一官,按:知,材智。官,職務。效,考核。知效一官,謂才智堪任某一職務。《莊子·列禦寇》:"身勞於國而知盡於事,彼將任我以事而效我以功。"**行比一鄉,**曹礎基曰:"比,親近。"按:行比一鄉,謂行事有禮,鄉黨皆親之。《論語·公冶長》:"子路曰:'願聞子之志。'子曰:'老者安之,朋友信之,少者懷之。'"懷,謂思慕,親近也。**德合一君,**按:德合一君,謂其德合于一國之君。合,謂君臣相得。《説苑·雜言》:"太公一合於周,而侯七百歲。孫叔敖一合於楚,而封十世。"周,謂周文王;楚,謂楚莊王。**而徵一國者,**司馬彪曰:"徵,信也。"按:徵一國,謂獲得國人普遍贊同。《左傳·襄公三十年》記載子産治鄭,云:"從政一年,輿人誦之,曰:'取我衣冠而褚之,取我田疇而伍之。孰殺子産,吾其與之!'及三年,又誦之,曰:'我有子弟,子産誨之。我有田疇,子産殖之。子産而死,誰其嗣之?'"**其自視也亦若此矣。而宋榮子猶然笑之。**按:猶,順也。《詩·小雅·鼓鐘》:"淑人君子,其德不猶。"毛傳:"猶,若也。"猶然,謂從容自若貌。《逸周書·官人解》:"喜氣猶然以出,怒色薦然以侮。"**且舉世而譽之而不加勸,舉世而非之而不加沮,**成玄英曰:"勸,勵勉也。沮,怨喪也。"按:《莊子·天下》曰:"見侮不辱,救民之鬭,禁攻寢兵,救世之戰。以此周行天下,上説下教,雖天下不取,强聒而不舍者也,故曰上下見厭而强見也。"**定乎內外之分,**按:內,謂己志。外,謂毁譽。**辯乎榮辱之境,**按:宋榮子之徒尚志,以行其志爲榮,不能行爲辱。**斯已矣。**按:《韓非子·顯學》:"宋榮子之議,設不鬭争,取不隨仇,不羞囹圄,見侮不辱,世主以爲寬而禮之。"**彼其於世,**按:世,謂顯名後世。《莊子·大宗師》:"厲乎其似世乎!"又《孟子·盡心上》:"古之人,得志,澤加於民;不得志,修身見於世。窮則獨善其身,達則兼善天下。"**未數數然也。**司馬彪曰:"數數,猶汲汲也。"按:《論語·衛靈公》:"子曰:'君子疾没世而名不稱焉。'"**雖然,猶有未樹也。**按:樹,立也。未樹者,謂宋榮子以身殉物,未修一己之福。

《莊子·讓王》：“道之真以治身，其緒餘以爲國家，其土苴以治天下。”**夫列子御風而行，泠然善也**，郭象曰：“泠然，輕妙之貌。”按：列子御風，法術也。《列子·黃帝》：“列子師老商氏，友伯高子；進二子之道，乘風而歸。尹生聞之，從列子居，數月不省舍。因間請蘄其術者，十反而十不告。”法術非天地之正，故莊周非之。**旬有五日而後反。彼於致福者**，聞一多曰：“代他人祭祀曰致福。”按：《禮記·少儀》：“爲人祭曰致福，爲己祭而致膳於君子曰膳。”致福者，謂宋榮子（宋鈃），不謀己利，爲天下致福者。《莊子·天下》謂其“見侮不辱，救民之鬭，禁攻寢兵，救世之戰”。**未數數然也**。按：列子唯求一己之福，不以身殉物。《莊子·應帝王》：“三年不出，爲其妻爨，食豕如食人，於事无與親。”**此雖免乎行，猶有所待者也。**按：列子所待，風也。列子待風而行，以其未忘形骸也。形骸之遊，雖輕妙，不能无待。

若夫乘天地之正，按：天地之正，謂天命。《左傳·成公十三年》：“民受天地之中以生，所謂命也。”《莊子·德充符》：“受命於地，唯松柏獨也在，冬夏青青；受命於天，唯堯、舜獨也正，在萬物之首。幸能正生，以正衆生。”乘天地之正，謂保守素樸之性。《莊子·馬蹄》：“同乎无知，其德不離；同乎无欲，是謂素樸。素樸而民性得矣。”**而御六氣之辯**，按：六氣，謂天之氣。《左傳·昭公元年》：“天有六氣，降生五味，發爲五色，徵爲五聲，淫生六疾。六氣曰陰、陽、風、雨、晦、明也。分爲四時，序爲五節，過則爲災。”辯，變也。六氣之辯，謂五味、五色、五聲等外物。《老子·十二章》：“五色令人目盲，五音令人耳聾，五味令人口爽，馳騁畋獵令人心發狂。”御六氣，謂乘物以遊。《莊子·山木》：“物物而不物於物，則胡可得而累邪！”**以遊无窮者**，按：无窮，謂天地。遊无窮，謂脫略形骸，神遊天地。《莊子·養生主》：“官知止而神欲行。”又《莊子·刻意》：“精神四達並流，无所不極，上際於天，下蟠於地，化育萬物，不可爲象，其名爲同帝。”又《莊子·達生》：“壹其性，養其氣，合其德，以通乎物之所造。”造，至也。所造，謂天地。**彼且惡乎待哉！故曰：至人无己**，按：至人，莊周也。无己，猶忘己，謂同乎天地。《莊子·天地》：“有治在人，忘乎物，忘乎天，其名爲忘己。忘己之人，是之謂入於天。”《莊子·列禦寇》：“彼至人者，歸精神乎无始，而甘冥乎无何有之鄉。水流乎无形，發泄乎太清。”**神人无功**，按：神人，謂藐姑射神人。神人御六氣之辯，恬淡自然，不以天下爲事。《莊子·應帝王》：“汝游心於淡，合氣於漠，順物自然而无容私焉，而天下治矣。”**聖人无名**。按：

聖人，堯也。聖人取法天地，功成而弗居，不爲名所累。《論語·泰伯》：“子曰：‘大哉堯之爲君也！巍巍乎！唯天爲大，唯堯則之。蕩蕩乎！民無能名焉。巍巍乎！其有成功也；焕乎，其有文章！’”至人无己，神人无功，聖人无名，三句承上啓下，是下面三章之總綱。

<h1 style="text-align:center">三</h1>

堯讓天下於許由，按：許由，隱士，貴身者也。《老子·十三章》：“故貴以身爲天下，若可寄天下。愛以身爲天下，若可託天下。”許由愛身，无所用天下爲，如此天下乃安，故堯欲託之天下。曰：“日月出矣而爝火不息，向秀曰：“爝火，人所然火也。”按：爝火，即火把，火炬。其於光也，按：光，謂照明。《尚書·堯典》：“昔在帝堯，聰明文思，光宅天下。”又《尚書·益稷》：“帝光天之下，至于海隅蒼生。”不亦難乎！時雨降矣而猶浸灌，其於澤也，按：澤，潤澤。《尚書·畢命》：“澤潤生民，四夷左衽，罔不咸賴。”不亦勞乎！按：勞，謂徒勞無益。《説苑·貴德》：“季康子謂子游曰：‘仁者愛人乎？’子游曰：‘然。’‘人亦愛之乎？’子游曰：‘然。’康子曰：‘鄭子産死，鄭人丈夫舍玦珮，婦人舍珠珥，夫婦巷哭，三月不聞竽琴之聲。仲尼之死，吾不聞魯國之愛夫子，奚也？’子游曰：‘譬子産之與夫子，其猶浸水之與天雨乎？浸水所及則生，不及則死，斯民之生也，必以時雨，既以生，莫愛其賜。故曰：譬子産之與夫子也，猶浸水之與天雨乎？’”夫子立而天下治，按：立，謂立爲天子。而我猶尸之，按：尸，主也，謂主祭天地。吾自視缺然。按：缺，謂德不足。德，和也。德不足者好名，好名則争。《莊子·人間世》：“德蕩乎名，知出乎争。名也者，相軋也；智也者，争之器也。二者凶器，非所以盡行也。”又《莊子·齊物論》：“故昔者堯問於舜曰：‘我欲伐宗、膾、胥敖，南面而不釋然。其故何也？’舜曰：‘夫三子者，猶存乎蓬艾之間。若不釋然何哉！昔者十日並出，萬物皆照，而況德之進乎日者乎！’”請致天下。”按：致天下，則无累。《老子·九章》：“功遂身退，天之道。”

許由曰：“子治天下，天下既已治也。按：天下无道，則聖人治之；今天下已治，則聖人垂拱而已。而我猶代子，吾將爲名乎？按：名，謂天子之號。名者，實之賓也。按：實，謂治天下之功；名，謂天子之號。《淮南子·人間訓》:"非其事者勿仞也,非其名者勿就也,無故有顯名者勿處也,無功而富貴者勿居也。夫就人之名者廢,仞人之事者敗,無功而大利者後將爲害。譬猶緣高木而望四方也,雖愉樂哉,然而疾風至,未嘗不恐也。患及身,然後憂之,六驥追之,弗能及也。"**吾將爲賓乎? 鷦鷯巢於深林,**成玄英曰:"鷦鷯,巧婦鳥也。一名工雀,一名女匠,亦名桃蟲,好深處而巧爲巢。"**不過一枝;偃鼠飲河,**按:《説文》:"䶆,地行鼠,伯勞所化也。一曰偃鼠。"**不過滿腹。歸休乎君,予无所用天下爲!** 按:許由无所用天下,亦不爲天下用。《老子·四十四章》:"名與身孰親? 身與貨孰多? 得與亡孰病?"**庖人雖不治庖,**按:庖人,喻人君。《老子·六十章》:"治大國若烹小鮮。"又《莊子·駢拇》:"小人則以身殉利,士則以身殉名,大夫則以身殉家,聖人則以身殉天下。"**尸祝不越樽俎而代之矣。**按:《淮南子·泰族訓》:"今夫祭者,屠割烹殺,剝狗燒豕,調平五味者,庖也;陳簠簋,列樽俎,設籩豆者,祝也;齊明盛服,淵默而不言,神之所依者,尸也。"本章講:聖人无名。

四

肩吾問於連叔曰:按:肩吾,山神。《莊子·大宗師》:"肩吾得之,以處大山"。大山,即泰山。**"吾聞言於接輿,**按:接輿,楚人。《論語·微子》:"楚狂接輿歌而過孔子。"**大而无當,**劉鳳苞曰:"當,底也。《韓非子》:'玉巵無當'。"**往而不返。**按:往而不返,謂信口開河,不顧首尾。**吾驚怖其言,猶河漢而无極也;大有逕庭,**按:大,謂大言。逕,同徑。徑庭,横庭而過。《吕氏春秋·安死》:"孔子徑庭而趨,歷級而上,"徑庭,猶言"盈庭"。《詩·小雅·小旻》:"謀夫孔多,是用不集。發言盈庭,誰敢執其咎?"大有徑庭,謂大言盈庭。**不近人情焉。"連叔曰:"其言謂何哉?"曰:"藐姑射之山,**簡文曰:"藐,遠也。"按:姑射山,見於《山海經》。《山海經》有兩處姑射山,一處見《東山經》,有三山,皆無草木;一處見《海內北經》,在渤海之濱。藐,遠也。藐姑射,當指列姑射。《山海經·海內北經》:"列姑射在海河州中。射姑國在海中,屬列姑射,西南,山環之。"郭璞注:"河州在海中,河水所經者。《莊子》所謂'藐姑射之山'也。"戰國時期,黃河經天津一帶注入渤海。海河州,謂河泥入海,堆積成州。藐姑射之山,原型當爲傳説的海外仙山。**有神人居焉,肌膚若冰雪**,郭慶藩曰:"冰,古凝字。肌膚若冰雪,即《詩》所謂'膚如凝脂'也。"按:冰雪,謂膚色白皙。**淖約若處子**。李頤曰:"淖約,柔弱貌。"按:《老子·五十五章》:"含德之厚比於赤子。蜂蠆虺蛇不螫,猛獸不據,攫鳥不搏。"王弼注:"赤子,無求無欲,不犯衆物,故毒蟲之物無犯於人也。"神人柔弱,不犯衆物,故亦无外物之害。**不食五穀**,成玄英曰:"五穀,謂稻、黍、稷、麥、菽也。"**吸風飲露**,按:人生而有欲,故世人疲於事物。唯清心寡欲,乃无待於外物。《莊子·達生》:"棄事則形不勞,遺生則精不虧。"生,謂食色諸欲。神人吸風飲露,擺脱形體欲求,乃得大自由。**乘雲氣,御飛龍,而遊乎四海之外。其神凝**,成玄英曰:"凝,静也。"按:凝神,即養神。《莊子·刻意》:"純粹而不雜,静一而不變,惔而无爲,動而以天行,此養神之道也。"聖人法天,因民之性而施政,天下乃治。神人无功,凝神自守,任物自化,故五穀豐登。**使物不疵癘**,按:《説文》:"疵,病也。癘,惡疾。"**而年穀熟**。王叔岷曰:"年穀,複語,《説文》:'年,穀孰也。'**吾以是狂而不信也**。"宣穎曰:"狂,同誑,疑其爲誑。"按:不信,謂不可信。據《山海經》記載,山神多獸身,茹毛飲血,故肩吾以爲不可信。

　　連叔曰:"**然。瞽者无以與乎文章之觀**,陸德明曰:"瞽,盲者無目,如鼓皮也。"**聾者无以與乎鐘鼓之聲。豈唯形骸有聾盲哉?夫知亦有之。是其言也,猶時女也**。按:時,謂當時。時女,謂當時之汝。**之人也,之德也,將旁礴萬物以爲一**。司馬彪曰:"旁礴,猶混同也。"按:列姑射居海河之州,乃泥砂堆積而成,故曰:"旁礴萬物以爲一。"《管子·形勢解》:"海不辭水,故能成其大。山不辭土石,故能成其高。"**世蕲乎亂**,李頤曰:"蕲,求也。"按:世蕲乎亂,謂世人好分彼此、是非、貴賤。**孰弊弊焉以天下爲事**!按:弊弊,疲勞貌。《莊子·刻意》:"形勞而不休則弊。"**之人也,物莫之傷**,按:神人居海中,人不能近。藐姑射山寓言,與後世蓬萊傳説相關。《史記·封禪書》:"自威、宣、燕昭使人入海求蓬萊、方丈、瀛洲。此三神山者,其傳在勃海中,去人不遠;患且至,則船風引而去。蓋嘗有至者,諸僊人及不死之藥皆在焉。其物禽獸盡白,而黄金銀爲宫闕。未至,望之如雲;及到,三神山反居水下。臨之,風輒引去,終莫能至云。"**大浸稽天而不溺**,按:神人居海中,无洪水之患。《莊子·秋水》:"禹之時,十年九潦,而水弗爲加益;湯之時,八年七旱,而崖不爲加損。夫不爲頃久推移，不以多少進退者，此亦東海之大樂也。"**大旱金石流土山焦而不熱**。按：土山，低矮土丘。土山低矮，故不耐大旱。**是其塵垢粃穅**，成玄英曰："穀不熟爲粃，穀皮曰穅。"按：《莊子·讓王》："道之真以治身，其緒餘以爲國家，其土苴以治天下。"**將猶陶鑄堯舜者也，孰肯以物爲事！**按：神人養神，超然物外，然未至于逍遥境界。《莊子·天下》講莊周，曰："獨與天地精神往來而不敖倪於萬物，不譴是非，以與世俗處。"至人神遊天地，復與世俗處，乃得真逍遥。

宋人資章甫而適諸越，按：資，囤積。《國語·越語上》："賈人夏則資皮，冬則資絺。"章甫，殷人禮帽。**越人斷髮文身，無所用之**。劉武曰："故宋人至越，悵然喪其章甫；堯見四子，悵然喪其天下。亦可曰喪其治天下之功也。"**堯治天下之民，平海内之政**，按：堯治天下之民，實亂民之性。《莊子·在宥》："昔堯之治天下也，使天下欣欣焉人樂其性，是不恬也。"又《莊子·天地》："昔者堯治天下，不賞而民勸，不罰而民畏。"民勸而畏，非得其常性。**往見四子藐姑射之山**，按：四子，蓋謂古之四岳，四方山神。《尚書·堯典》："帝曰：'咨！四岳。朕在位七十載，汝能庸命，巽朕位？'岳曰：'否德忝帝位。'"四岳居藐姑射，猶孔子乘桴浮於海。**汾水之陽**，按：汾水之神，曰臺駘。《左傳·昭公元年》："昔金天氏有裔子曰昧，爲玄冥師，生允格、臺駘。臺駘能業其官，宣汾、洮，障大澤，以處大原。帝用嘉之，封諸汾川。沈、姒、蓐、黃，實守其祀。"四岳居汾水，蓋效臺駘爲玄冥師，守其玄德也。汾陽之往，或用周武王登汾阜之典。《逸周書·度邑解》："維王剋殷國，君諸侯，乃徵厥獻民，九牧之師見王于殷郊。王乃升汾之阜，以望商邑，永歎曰：'嗚呼！不淑兊天對，遂命一日，維顯弗忘。'"遂，亡也。遂命，謂失掉天命。**窅然喪其天下焉**。按：窅然，幽深貌。喪其天下，謂无爲而治。《莊子·在宥》："汝徒處无爲，而物自化。墮爾形體，吐爾聰明，倫與物忘；大同乎涬溟。解心釋神，莫然无魂。萬物云云，各復其根。"本章講：神人无功。

五

惠子謂莊子曰："魏王貽我大瓠之種，司馬彪曰："魏王，梁惠王也。"**我樹之成而實五石**。司馬彪曰："實中容五石。"按：五石，約今一百公升。**以盛水漿，其堅不能自舉也。**按：舉，立也。瓠皮脆薄，水滿則裂，故不能自立。**剖之以爲瓢，**林希逸曰："瓢，半匏也。"**則瓠落無所容。**按：瓠落，寬大貌。容，用也。《老子·五十章》："虎無所措其爪，兵無所容其刃。"**非不呺然大也，**李頤曰："呺然，虛大貌。"**我爲其無用而掊之。"**司馬彪曰："掊，謂擊破之也。"按：用者，惠施之成心。成心裁量萬物，必暴殄天物矣。**莊子曰："夫子固拙於用大矣。宋人有善爲不龜手之藥者，**司馬彪曰："龜，文坼如龜文也。"按：龜，謂皮膚受凍開裂。**世世以洴澼絖爲事。**李頤曰："絖，絮也。"盧文弨曰："洴澼，雙聲字，是擊絮之聲。"**客聞之，請買其方百金。**李頤曰："金方寸，重一斤爲一金。百金，百斤也。"**聚族而謀曰：'我世世爲洴澼絖，不過數金；今一朝而鬻技百金，請與之。'**鍾泰曰："始言藥，繼言方，終言技者。技，術也。無方不能成藥，不得其術則雖有方猶不成也。故在客但知買其方耳，而在宋人則必曰鬻技，謂由是而術不復可以自秘。"**客得之，以説吳王。越有難，**按：難，謂敵對。《呂氏春秋·不侵》："寡人之國，地數千里，猶未敢以有難也。今孟嘗君之地方百里，而因欲以難寡人，猶可乎？"**吳王使之將，冬與越人水戰，大敗越人，裂地而封之。能不龜手，一也。或以封；或不免於洴澼絖，則所用之異也。今子有五石之瓠，何不慮以爲大樽而浮乎江湖，**按：慮，思也。樽，盛酒器，狀如壺。《左傳·昭公十五年》周景王"以文伯宴，樽以魯壺"，杜預注："魯壺，魯國所獻壺樽。"浮乎江湖，謂載酒而遊，逍遥於江湖。《詩·邶風·柏舟》："汎彼柏舟，亦汎其流。耿耿不寐，如有隱憂。微我無酒，以敖以遊。"**而憂其瓠落無所容？則夫子猶有蓬之心也夫！"**按：蓬之心，猶茅塞之心。《孟子·盡心下》孟子謂高子曰："山徑之蹊閒，介然用之而成路。爲閒不用，則茅塞之矣。今茅塞子之心矣。"

惠子謂莊子曰："吾有大樹，人謂之樗。成玄英曰："樗，嗅之甚臭，惡木者也。"按：樗，即臭椿樹。**其大本擁腫而不中繩墨，其小枝卷曲而不中規矩。立之塗，**按：塗，謂路旁。**匠者不顧。今子之言，大而無用，衆所同去也。"莊子曰："子獨不見狸狌乎？**司馬彪曰："狌，貓也。"按：狸，狸貓。狌，黃鼠狼。**卑身而伏，以候敖者；**陸德明曰："雞鼠之屬也。"按：敖，遨也，謂出遊。卑身而伏，智也。《吳越春秋·勾踐入臣外傳》："夫虎之卑勢，將以有擊也；狸之卑身，將求所取也。"**東西跳梁**，按：跳梁，謂跳躍。《莊子·秋水》："跳梁乎井干之上。"又《漢書·蕭望之傳》："今羌虜一隅小夷，跳梁於山谷間。"**不辟高下**；按：辟，通避。不辟高下，勇也。**中於機辟**，成玄英曰："機辟，機關之類。"**死於罔罟**。按：《孟子·盡心下》："盆成括仕於齊，孟子曰：'死矣盆成括！'盆成括見殺，門人問曰：'夫子何以知其將見殺？'曰：'其爲人也小有才，未聞君子之大道也，則足以殺其軀而已矣。'"**今夫犛牛**，司馬彪曰："犛牛，牦牛。"**其大若垂天之雲。此能爲大矣**，按：大，謂大物。《莊子·在宥》："有大物者，不可以物。"不可以物，謂不可以器物視之。**而不能執鼠**。劉武曰："狸狌能捕鼠，可謂小而有用矣，然不得其死；犛牛執鼠不如狸狌，非犛牛徒大而无用也，乃不得其用也。"**今子有大樹，患其无用，何不樹之於无何有之鄉**，按：鄉，謂村落。无何有之鄉，謂无人居住，无薪樵之患矣。《詩·召南·甘棠》："蔽芾甘棠，勿剪勿伐，召伯所茇。蔽芾甘棠，勿剪勿敗，召伯所憩。蔽芾甘棠，勿剪勿拜，召伯所説。"**廣莫之野**，按：廣莫，謂遼闊。廣莫之野，謂无高山、密林之蔽。**彷徨乎无爲其側**，按：彷徨，猶徘徊。爲，通僞，謂人爲。无爲，謂率性自然。《莊子·田子方》："夫水之於汋也，无爲而才自然矣。"又《莊子·在宥》："无爲也而後安其性命之情。"**逍遙乎寢臥其下**。按：逍遙，謂怡然自得。《詩·鄶風·羔裘》："羔裘逍遙，狐裘以朝。"又《詩·小雅·白駒》："所謂伊人，於焉逍遙。"**不夭斤斧**，按：不夭斤斧，蓋譏諷孔子。《史記·孔子世家》："孔子去曹適宋，與弟子習禮大樹下。宋司馬桓魋欲殺孔子，拔其樹。孔子去。弟子曰：'可以速矣。'孔子曰：'天生德於予，桓魋其如予何！'"**物无害者**，按：害，謂妒忌。《史記·屈原賈生列傳》："上官大夫與之同列，爭寵而心害其能。"**无所可用**，按：无所可用，謂不爲人所用。**安所困苦哉！**按：惠子有成心，與物相刃相靡。《莊子·齊物論》："一受其成形，不忘以待盡。與物相刃相靡，其行盡如馳，而莫之能止，不亦悲乎！"莊周无成心，與物相親，物我各得逍遙。《莊子·天下》："獨與天地精神往來，而不敖倪於萬物，不譴是非，以與世俗處。"本章講：至人无己。无己，謂心无成見，神與物遊。

小　結

《逍遙遊》篇講生命通往逍遙的路徑和層級。本篇由三個世界組成：鯤鵬、上古大椿生活的自然世界；宋榮子、列子生活的世俗世界；聖人、神人、至人處的精神世界。

在自然世界，鯤鵬怒而飛，是天性使然，是奮力追求逍遙的象徵。蜩、學鳩、斥鷃等小物，無法理解大物的行爲和追求。逍遙有兩個先決條件：自由的空間和時間。故而，《逍遥遊》開篇寫大魚、大鳥等大物，寫北冥、天池、九萬里之扶搖等大空間，寫楚南之冥靈、上古之大椿等大時間，從而構造出一個大宇宙。

在世俗的世界，知效一官、行比一鄉、德合一君、信於一國者等四類人，如學鳩、斥鷃一樣，生活在別人劃定的世界，安於現狀且洋洋得意。宋榮子能擺脫世俗榮辱，特立獨行，實現了個人意志的自由；但他沒有忘掉天下，爲阻止戰爭，爲民造福而疲於奔命。列子忘掉天下，只求一己之福，實現了身心的自由；但他沒有忘掉形骸，形骸之遊，即便藉助法術，憑藉風力，也注定不可長久。所謂忘形骸，並不是去掉肉身，而是擺脫生理欲望的牽制，達到精神的自由。至人能乘天地之正，亦即素樸之天性，駕馭人的生理欲求，從而從容地生活在天地之間。

在精神的世界，莊周講物我各得逍遙之道。聖人效法天地，不爲虛名所累，不做徒勞無功之事，從而自己和百姓都得到安寧；神人凝神自守，超然物外，不食人間煙火，讓萬物各安天性；至人无己，指至人沒有成心，尤其是功利心。无成心，則无可无不可，故至人能與物神遊，逍遥天地之間。至人脫略形骸，忘掉成心，神與物遊，才實現了真正的逍遥。《逍遥遊》篇講的“逍遥”，實際上包括“成己”和“成物”兩方面，二者相輔相成，缺一不可。

齊 物 論

《齊物論》篇，講整齊天下物論。人鼓氣吹竹管，曰人籟；地鼓氣吹樹竅，曰地籟；天鼓氣吹人心，曰天籟。天籟，即物論。本篇可分四章：第一章講：地籟出於樹竅，天籟出於成心；第二章講：成心孳生是非，是非和於天鈞；第三章講：知者好辯，逐物不返；聖人葆光，兼懷萬物；第四章講：眾人執迷死生，至人順物之化。

一

南郭子綦隱机而坐，陸德明曰：“隱，馮也。”按：馮，憑依。《九章·悲回風》：“馮崐崘以瞰霧兮，隱岷山以清江。”机，通几，憑依之具。**仰天而噓，**陸德明曰：“吐氣爲噓。”按：仰天而噓，氣息暢達之象。《莊子·大宗師》：“真人之息以踵，衆人之息以喉。屈服者，其嗌言若哇。其者欲深者，其天機淺。”**荅焉似喪其耦。**按：荅，同答，謂應答。耦，謂與談對象。喪其耦，謂忘應答。荅焉，應答貌。《孔叢子·答問》：“妻不畏憚，浸相媟瀆。（丈夫）方乃積怒，妻坐於床荅焉。”喪其耦，謂忘應答。《莊子·知北遊》，知謂黃帝曰：“吾問无爲謂，无爲謂不應我，非不我應，不知應我也；吾問狂屈，狂屈中欲告我而不我告，非不我告，中欲告而忘之也。”**顏成子游立侍乎前，**李頤曰：“子綦弟子，名偃，字子游。”**曰：“何居乎？**司馬彪曰：“居，猶故也。”按：《禮記·檀弓上》：“仲子舍其孫而立其子，檀弓曰：‘何居？我未之前聞也。’”**形固可使如槁木，**按：槁木，言形之靜。**而心固可使如死灰乎？**按：死灰，言心之靜。子游見心之靜，未見其虛，故有是言。《莊子·應帝王》壺子未之“地文”，季咸以爲“濕灰”，亦未得道之徵。**今之隱机者，非昔之隱机者也。”子綦曰：“偃，不亦善乎，而問**

之也！成玄英曰：“而，汝也。”**今者吾喪我**，按：吾喪我，謂忘其成心。喪我，猶心齋。《莊子·人間世》講“心齋”，曰：“無聽之以耳而聽之以心，無聽之以心而聽之以氣。聽止於耳，心止於符。氣也者，虛而待物者也。唯道集虛。虛者，心齋也。”喪其成心，聽之以氣，乃聞天籟。天籟，謂諸子之物論。**汝知之乎？女聞人籟而未聞地籟**，郭象曰：“籟，簫也。”按：簫，即排簫。**女聞地籟而未聞天籟夫！”**劉武曰：“風吹地面之竅成聲，地籟也。人吹比竹成聲，人籟也。心動而爲情，情宣於口而爲言，天籟也。”按：天籟，即百家之言。風吹大樹，衆竅取其一縷，以爲己聲；道行天下，諸子察其一偏，以爲己言。《莊子·天下》：“後世之學者，不幸不見天地之純，古人之大體。道術將爲天下裂。”**子游曰：“敢問其方。”**按：方，方位也，謂其意所指。**子綦曰：“夫大塊噫氣**，王敔曰：“大塊，地也。”按：噫，歎氣聲。《莊子·大宗師》：“噫！未可知也。”噫氣，謂吐氣。**其名爲風**。按：《春秋繁露·五行對》：“地出雲爲雨，起氣爲風。”**是唯无作，作則萬竅怒呺，而獨不聞之翏翏乎？**郭象曰：“翏翏，長風之聲。”**山林之畏佳**，李頤曰：“畏佳，山阜貌。”按：畏佳，猶崔嵬，高峻貌。**大木百圍之竅穴**，按：兩手合抱曰圍。**似鼻，似口，似耳，似枅**，洪頤煊《讀書叢錄》：“枅，當通作銒字。《說文》：‘銒，似鐘而頸長。’謂瓶罍之屬，故與杯圈爲一例。”**似圈**，陸德明曰：“圈，杯圈也。”按：圈，木製飲器。**似臼**，按：臼，搗米之臼。**似洼者**，按：洼，謂凹陷處。**似污者**；按：污，謂坑陷處。《墨子·明鬼下》：“注之污壑而棄之。”**激者**，按：激，謂激揚之聲。《楚辭·招魂》：“宮庭震驚，發激楚些。”王逸注：“激楚，清聲也。”**謞者**，司馬彪曰：“謞，若謹謞聲。”按：謞，謂衆聲喧嘩。《管子·侈靡》：“若夫教者，標然若秋雲之遠，動人心之悲。藹然若夏之静雲，乃及人之體。鵰然若謞之静，動人意以怨。蕩蕩若流水，使人思之。”**叱者**，按：叱，呵斥聲。《莊子·大宗師》：“叱！避！无怛化！”**吸者**，按：吸，吸氣聲。陸長庚曰：“叱，出而聲粗；吸，入而聲細。”**叫者**，按：叫，高呼聲。《左傳·哀公十七年》：“余爲渾良夫，叫天無辜。”**譹者**，按：譹，同號，長呼之聲。《老子·五十五章》謂嬰兒：“終日號而不嗄，和之至也。”又《莊子·養生主》：“老聃死，秦失弔之，三號而出。”**宎者**，陸德明曰：“宎，字又作突。”方東樹曰：“宎同突，《玉篇》：‘戶樞聲。’”**咬者**，《玉篇》：“咬，鳥鳴聲。”按：《樂府詩集·相和歌辭五》引古辭，曰：“凱風吹長棘，夭夭枝葉傾。黄鳥飛相追，咬咬弄音聲。”**前者唱**

齊　物　論 ·17·

于而隨者唱喁，按：于，呼喚聲。喁，附和聲。《史記·司馬相如列傳》：
"延頸舉踵，喁喁然皆爭歸義。"喁喁，指衆聲附和貌。泠風則小和，按：
泠，清也。《文子·上德》："泠泠之水清，可以濯吾纓乎！"泠風，謂清風、
微風。飄風則大和，司馬彪曰："飄風，疾風也。"厲風濟則衆竅爲
虛。向秀曰："厲風，烈風。濟，止也。"按：《詩·鄘風·載馳》："既不我
嘉，不能旋濟。"毛傳："濟，止也"。而獨不見之調調、之刁刁乎？"
向秀曰："調調，刁刁，皆動搖貌。"按：萬木之搖動，猶人情之搖蕩。子游
曰："地籟則衆竅是已，人籟則比竹是已，敢問天籟。"按：衆竅
發聲，猶百家爭鳴。子綦曰："夫吹萬不同，按：吹，謂鼓氣發聲。萬
不同，謂萬籟皆不同聲。而使其自己也，劉武曰："其字，指木說。自，
從也。謂吹之者，僅泠、飄、厲之風也，而有萬種不同之聲者，使木從己之
竅形不同所致也。"咸其自取，按：樹以衆竅取聲，爲地籟；人以成心取
聲，爲天籟。《莊子·天下》："天下大亂，賢聖不明，道德不一。天下多得
一察焉以自好。"怒者其誰邪？"按：怒，謂鼓氣而吹。人鼓氣而吹竹
管，曰人籟；地鼓氣而吹樹竅，曰地籟；天鼓氣而吹人心，曰天籟。本節講：
地籟出於樹竅。

　　大知閑閑，按：閑，閉也。《周易·乾卦·文言》曰："閑邪存其誠，善
世而不伐。"閑閑，高深莫測貌。小知間間；俞樾曰："《爾雅·釋詁》：'間，
覘也。'小知間間，當從此義，謂好覘察人也。"大言炎炎，成玄英曰："炎
炎，猛烈也。"劉武曰："知主於心，言爲心之聲。"小言詹詹。成玄英曰：
"詹詹，詞費也。"按：詹詹，謂喋喋不休，令人厭煩。其寐也魂交，司馬彪
曰："魂交，精神交錯也。"按：魂，謂精神。《左傳·昭公七年》子產曰："人
生始化曰魄，既生魄，陽曰魂。用物精多，則魂魄強。是以有精爽至於神
明。"魂交，謂心神不寧。《莊子·在宥》："解心釋神，莫然无魂。"其覺也
形開，按：開，啓也。形開，謂形勞不休。《莊子·刻意》："形勞而不休則
弊，精用而不已則勞，勞則竭。"與接爲搆，司馬彪曰："人道交接，搆結歡
愛也。"按：搆，同構。《韓非子·說疑》："內構黨與，外接巷族以爲譽。"日
以心鬪。按：鬪，猶競也。《莊子·天運》："舜之治天下，使民心競。"又
《楚辭·離騷》："衆皆競進以貪婪兮，憑不猒乎求索。羌內恕己以量人兮，
各興心而嫉妒。"縵者，按：縵，謂无文之繒。縵者，謂好掩飾之人。窖者，
按：窖，藏也，謂深藏不露。密者。按：密，謂藏之周密。《韓非子·八

經》：“明主之言隔塞而不通，周密而不見。”密者，謂高深莫測之人。**小恐惴惴**，李頤曰：“惴惴，小心貌。”按：《詩·小雅·小宛》：“溫溫恭人，如集于木。惴惴小心，如臨于谷。戰戰兢兢，如履薄冰。”**大恐縵縵。**按：縵縵，雜亂貌。《大戴禮記·文王官人》：“質色皓然固以安，僞色縵然亂以煩。雖欲故之，中色不聽也。”又《周禮·春官宗伯·磬師》：“磬師，掌教擊磬、擊編鍾，教縵樂、燕樂之鍾磬。凡祭祀，奏縵樂。”鄭玄曰：“縵，讀爲縵錦之縵，謂雜聲之和樂者也。”大恐縵縵，謂驚慌失措。**其發若機栝，**陸德明曰：“機，弩牙。栝，箭栝。”**其司是非之謂也；**林希逸曰：“司，主也。”按：司是非，謂明辨是非。**其留如詛盟，**按：留，守也。《楚辭·九歌·山鬼》：“留靈脩兮憺忘歸，歲既晏兮孰華予。”其留，謂守口如瓶。**其守勝之謂也；**按：守勝，堅守勝敵。《吳子·國圖》：“戰勝易，守勝難。”**其殺若秋冬，**羅勉道曰：“其衰殺如秋冬蕭殺。”按：其殺若秋冬，謂其心不和豫。《莊子·大宗師》：“淒然似秋，煖然似春，喜怒通四時，與物有宜而莫知其極。”**以言其日消也；**按：消，衰也。《莊子·秋水》：“消息盈虛，終則有始。”**其溺之所爲之，**按：前之，猶其。《淮南子·詮言訓》：“人莫不貴其所有而賤其所短，然而皆溺其所貴而極其所賤，所貴者有形，所賤者無朕也。”爲之，謂所爲之事。《莊子·養生主》：“指窮於爲薪，火傳也，不知其盡也。”**不可使復之也；**按：復，返也。**其厭也如緘，**朱桂曜曰：“《論語》：‘天厭之’，皇侃《疏》，‘厭，塞也。’”按：《荀子·修身》：“厭其源，開其瀆，江河可竭。”緘，封也。其厭如緘，謂自我封閉，不與外物通。**以言其老洫也；**錢穆曰：“洫，只是枯竭義。”按：老洫，謂氣血不足。《莊子·則陽》：“與世偕行而不替，所行之備而不洫。”不洫，猶不足。又《管子·小稱》：“長者斷之，短者續之。滿者洫之，虛者實之。”洫之，謂使不足。**近死之心，**按：近死之心，謂成心。**莫使復陽也。**陸德明曰：“陽，謂生也。”**喜怒哀樂，慮嘆變慹，**按：慮，思慮貌。嘆，謂思而不得，嘆息貌。變，謂神色不定貌。司馬彪曰：“慹，不動貌。”慹，謂張口結舌，驚愕貌。**姚佚啓態；**按：姚，輕佻。《荀子·樂論》：“姚冶之容，鄭衛之音，使人之心淫。”佚，放逸。《論語·季氏》：“樂驕樂，樂佚遊，樂宴樂，損矣。”姚佚，指容貌輕佻，行爲放縱。啓態，謂故作姿態。**樂出虛，蒸成菌。**宣穎曰：“二句收上，如此種種人情，皆是自無而有，偶與氣會耳。”**日夜相代乎前，**王叔岷曰：“代，謂更迭也。”**而莫知其所萌。已乎，已乎？**按：已，我也。已乎,自疑之意。**旦暮得此**,按:旦暮,猶終日。《管子·小匡》:"時雨既至,挾其槍刈耨鎛,以旦暮從事於田壄。"旦暮得此,謂喜怒哀樂,終日如此。**其所由以生乎**?按:由,循也。由以生,謂循此而生。本節講:人情百態,不知所出。

　　非彼无我,劉武曰:"彼,即指情。謂非情則無我。此重明上句'我乎我乎,旦暮得此,其所由以生乎'之意。"**非我无所取**。劉武曰:"情者,我之情也。然則情之所發,非我自取而誰取之乎?"**是亦近矣**,按:是,謂情。近矣,謂近在眼前。**而不知其所爲使**。按:其,謂情態之發。不知其所爲使,謂情之所動,不能自禁也。**若有真宰**,按:真宰,謂我之成心。《詩大序》:"詩者,志之所之也。在心爲志,發言爲詩。情動於中而形於言,言之不足,故嗟歎之,嗟歎之不足,故永歌之,永歌之不足,不知手之舞之足之蹈之也。情發於聲,聲成文謂之音。"**而特不得其眹**。按:眹,通朕,謂迹象。《鬼谷子·捭闔》:"達人心之理,見變化之眹焉。"又《莊子·應帝王》:"體盡无窮,而游无朕。"又《淮南子·兵略訓》:"凡物有朕,唯道無朕。"**可行己信**,按:己,謂成心。行,謂踐行,驗證。《莊子·庚桑楚》:"向吾見若眉睫之間,吾因以得汝矣。今汝又言而信之。"信,誠也,謂確實存在。**而不見其形,有情而无形**。林希逸曰:"有情,言有實也,即已信也;無形,即不見其形也。"**百骸**、成玄英曰:"百骸,百骨節也。"**九竅**、成玄英曰:"九竅,謂眼、耳、鼻、口及下二漏也。"**六藏**,按:古人恒言五藏,且各有所主,而皆屬於心。《文子·九守》:"形骸已成,五藏乃分。肝主目,腎主耳,脾主舌,肺主鼻,膽主口。"又曰:"五藏能屬於心而无離,則氣意勝而行不僻,精神盛而氣不散,以聽无不聞,以視无不見,以爲无不成。"**賅而存焉**,司馬彪曰:"賅,備也。"**吾誰與爲親? 汝皆説之乎? 其有私焉?** 王叔岷曰:"其,猶抑也。"按:私,謂偏愛。**如是皆有**。按:皆有,謂或有私,或无私。**爲臣妾乎?** 按:爲臣妾,謂親之而不敬也。**其臣妾不足以相治乎?** 按:相治,謂各安其位。《莊子·外物》:"室无空虛,則婦姑勃豀;心无天遊,則六鑿相攘。"又《吕氏春秋·貴生》:"所謂全生者,六欲皆得其宜也。所謂虧生者,六欲分得其宜也。"**其遞相爲君臣乎?** 按:遞,謂交替。遞相爲君臣,謂輪流爲君臣。《荀子·天論》:"耳目鼻口形能,各有接而不相能也,夫是之謂天官。心居中虛以治五官,夫是之謂天君。"**其有真君存焉?** 按:真,實也,謂非攝也。《史記·淮陰侯列傳》記載,韓信平齊,請立爲"假王"以鎮之,劉邦罵曰:"大丈夫定諸侯,即爲真王耳,何以假爲!"真王,猶真君,謂名實相副之君。**如求得其情與不得,**吳汝綸曰:"如,與而同。"**無益損乎其真。**宣穎曰:"真君所在,人知之不加益,人不知不加損。"**一受其成形,**按:成形,謂心之成形。**不忘以待盡。**按:忘,謂忘成心。《莊子·大宗師》:"若然者,其心忘,其容寂,其顙頯;淒然似秋,煖然似春,喜怒通四時,與物有宜而莫知其極。"**與物相刃相靡,**按:靡,謂摩擦。**其行盡如馳,**按:馳,謂心知之動。《莊子·人間世》:"瞻彼闋者,虛室生白,吉祥止止。夫且不止,是之謂坐馳。"**而莫之能止,不亦悲乎! 終身役役而不見其成功,**按:役役,奔走貌。《莊子·胠篋》:"舍夫種種之民而悦夫役役之佞。"**苶然疲役而不知其所歸,**盧文弨曰:"苶,當作荼,今注本乃作蔿。"按:蔿,盛也。《墨子·貴義》:"蔿爲聲樂,不顧其民。"按:苶然疲役,謂大疲憊。歸,謂歸於天。《莊子·天地》:"有治在人,忘乎物,忘乎天,其名爲忘己。忘己之人,是之謂入於天。"**可不哀邪! 人謂之不死,奚益! 其形化,其心與之然,**按:心,謂成心。心化,謂生喜怒哀樂。《莊子·知北遊》:"古之人,外化而内不化,今之人,内化而外不化。與物化者,一不化者也。安化安不化,安與之相靡? 必與之莫多。"**可不謂大哀乎?** 按:《莊子·田子方》:"夫哀莫大於心死,而人死亦次之。"**人之生也,固若是芒乎?** 陸德明曰:"芒,芒昧也。"**其我獨芒,而人亦有不芒者乎? 夫隨其成心而師之,**成玄英曰:"執一家之偏見者,謂之成心。"按:成心,謂一成不變之心。**誰獨且无師乎?** 王引之曰:"且,句中語助也。"**奚必知代而心自取者有之?** 按:代,謂情態之交替。《莊子·齊物論》:"喜怒哀樂,慮嘆變熱,姚佚啓態;樂出虛,蒸成菌。日夜相代乎前,而莫知其所萌。"**愚者與有焉。**按:愚,謂心无所知。木竅无大小,皆能發聲;人心无智愚,皆能發聲。**未成乎心而有是非,**劉武曰:"未成乎心,即心尚無所感也。言者心之聲,心無所感,則情不動,情不動,則無是非之言。"**是今日適越而昔至也。**郭象曰:"今日適越,昨日何由至哉? 未成乎心,是非何由生哉?"**是以無有爲有。 無有爲有,雖有神禹,**按:《國語·魯語下》記孔子曰:"昔禹致群神於會稽之山,防風後至,禹殺而戮之,其骨節專車。"**且不能知,吾獨且奈何哉!** 本節講:真宰爲人之成心。

二

夫言非吹也，崔譔曰："吹，猶籟也。"按：人吹氣入竹管，發聲，是謂人籟；大塊吹氣入樹竅，發聲，是謂地籟。天吹道入人心，發聲，是謂天籟。天籟，即物論，謂百家爭鳴。言者有言，其所言者特未定也。按：未定，謂未能盡意。《周易·繫辭上》："書不盡言，言不盡意。"又《老子·五十六章》："知者不言，言者不知。"果有言邪？其未嘗有言邪？按：未盡意之言，无異眾竅之聲，雛鳥求食之音。其以為異於鷇音，按：鷇，雛鳥。《晏子春秋·內篇雜上》："景公探雀鷇，鷇弱，反之。"亦有辯乎，成玄英曰："辯，別也。"其無辯乎？按：鳥聲、人聲不同，是有辯；皆不知所云，故曰無辯。道惡乎隱而有真偽？按：隱，藏也。惡乎隱，謂藏於何處。言惡乎隱而有是非？道惡乎往而不存？按：往，謂一去不返。《莊子·天下》："悲夫，百家往而不反，必不合矣！後世之學者，不幸不見天地之純，古人之大體，道術將為天下裂。"百家爭鳴，實割裂大道，秉"成心"以相非，故莊周欲齊一物論，返天地之純，歸於大道。言惡乎存而不可？按：道隱而言存。言，非道也。《莊子·知北遊》："視之无形，聽之无聲，於人之論者，謂之冥冥，所以論道，而非道也。"道隱於小成，王先謙曰："小成，謂各執所成以為道，不知道之大也。"按：《莊子·繕性》："道固不小行，德固不小識。小識傷德，小行傷道。"言隱於榮華。按：榮華，謂美言。《老子·八十一章》："信言不美，美言不信。"故有儒墨之是非，以是其所非而非其所是。按：其，謂對方。欲是其所非而非其所是，按：欲，好之。則莫若以明。按：莫若，不如。以，用也。明，謂自見也。《老子·三十三章》："知人者智，自知者明。"物无非彼，物无非是。郭象曰："物皆自是，故無非是；物皆相彼，故無非彼。"自彼則不見，按：自彼，謂以己觀物。自知則知之。按：自知，謂反觀。《莊子·駢拇》："吾所謂明者，非謂其見彼也，自見而已矣。夫不自見而見彼，不自得而得彼者，是得人之得而不自得其得者也，適人之適而不自適其適者也。"故曰彼出於是，是亦因彼。彼是方生之說也。錢穆曰："方生，謂同時並起。"雖然，方生方死，方死方生；方可方不可，方不可方可；宣穎曰："隨起亦隨仆，隨仆又隨起。”因是因非，因非因是。按：因，依也。《莊子·秋水》：“因其所大而大之，則萬物莫不大。”是以聖人不由，按：由，因也。《莊子·胠篋》：“由是觀之，世喪道矣。”而照之於天。按：天，謂天光。《詩·小雅·小明》：“明明上天，照臨下土。”天光無影，故無所不見。《莊子·庚桑楚》：“宇泰定者，發乎天光。發乎天光者，人見其人，物見其物。”亦因是也。按：因是也，猶言如此而已。是亦彼也，彼亦是也。彼亦一是非，此亦一是非。果且有彼是乎哉？果且无彼是乎哉？彼是莫得其偶，郭象曰：“偶，對也。”謂之道樞。按：樞，門之轉軸。樞始得其環中，蔣錫昌曰：“環者，乃門上下兩橫檻之洞，圓空如環，所以承受樞之旋轉者也。樞一得環中，便可旋轉自如，而應無窮。”以應无窮。按：无窮，謂開合之无窮。是亦一无窮，非亦一无窮也。故曰莫若以明。按：以明，謂去除心之遮蔽，照之以天光。

以指喻指之非指，按：指，手指。喻，明也。譬如拇指，或不以小指爲指。不若以非指喻指之非指也；按：前“非指”，人也。人能見五指，故能明何物爲手指，何物非手指。以馬喻馬之非馬，按：譬如白馬，或不以黑馬爲馬也。不若以非馬喻馬之非馬也。按：前“非馬”，亦人也。若伯樂相馬，知何物爲馬，何物非馬。天地一指也，萬物一馬也。按：萬物雖衆，況之天地，一馬也；天地雖大，況之宇宙，一指也。天地、萬物之相非，亦如“指、馬”之論也。指、馬之喻，謂欲觀物，必超出物外。《莊子·秋水》：“以道觀之，物无貴賤；以物觀之，自貴而相賤；以俗觀之，貴賤不在己。”可乎可，不可乎不可。按：此句承“言惡乎存而不可”而來。言如鷇音，初无是非，故可與不可，因人而異，不能定也。道行之而成，按：人行而路成，非先有路也。儒墨之學，亦如此。物謂之而然。羅勉道曰：“物本無名，人謂之而立物之名。”按：若牛，若馬，初皆隨口而呼，非先有牛馬之名。惡乎然？按：呼牛馬之名既久，忘其所自，故問之。然於然。惡乎不然？不然於不然。按：儒墨之道，牛馬之名，皆非固有，不可窮詰。物固有所然，物固有所可。按：萬物有名，亦各有是非、好惡。无物不然，无物不可。按：无物不然，无物不可，謂以道觀物。《莊子·天地》：“以道汎觀而萬物之應備。”故爲是舉莛與楹，按：楹，堂柱。莛，草莖。《漢書·東方朔傳》：“以筦闚天，以蠡測海，以莛撞鐘，豈能通其條貫，考其文理，發其音聲哉！"**厲與西施**，司馬彪曰："厲，病癩。"**恢恑憰怪**，成玄英曰："恢者，寬大之名。恑者，奇變之稱。憰者，矯詐之心。怪者，妖異之物。"**道通爲一**。按：道，謂造物者。一，謂无是非、美惡。**其分也**，按：分，謂一氣之分。**成也**；按：成，謂成萬物之形。**其成也，毀也**。按：毀，謂衰損、化去。成毀，謂萬物化生。《莊子·至樂》："雜乎芒芴之間，變而有氣，氣變而有形，形變而有生。今又變而之死。是相與爲春秋冬夏四時行也。"**凡物无成與毀，復通爲一**。按：復通爲一，謂復歸於氣。《莊子·知北遊》："是其所美者爲神奇，其所惡者爲臭腐。臭腐復化爲神奇，神奇復化爲臭腐。故曰：通天下一氣耳。"**唯達者知通爲一**。按：《莊子·田子方》："夫天下也者，萬物之所一也。得其所一而同焉，則四支百體將爲塵垢，而死生終始將爲晝夜，而莫之能滑，而況得喪禍福之所介乎！"**爲是不用而寓諸庸**。按：不用，謂不生哀樂之情。庸，常也，謂和豫之心。《莊子·德充符》："死生、存亡、窮達、貧富、賢與不肖、毀譽、飢渴、寒暑，是事之變，命之行也。日夜相代乎前，而知不能規乎其始者也。故不足以滑和，不可入於靈府。使之和豫，通而不失於兑。使日夜无郤，而與物爲春，是接而生時於心者也。"**庸也者，用也**；按：庸，謂不用情。《莊子·德充符》："吾所謂无情者，言人之不以好惡內傷其身，常因自然而不益生也。"**用也者，通也**；按：通，謂不滯於物也。《莊子·大宗師》："且夫得者，時也；失者，順也。安時而處順，哀樂不能入也，此古之所謂縣解也，而不能自解者，物有結之。"**通也者，得也**；按：得，德也，謂得平和之心。《莊子·德充符》："平者，水停之盛也。其可以爲法也，內保之而外不蕩也。德者，成和之脩也。德不形者，物不能離也。"**適得而幾矣**。按：幾，謂近道也。《左傳·昭公二十五年》："生，好物也，死，惡物也，好物樂也，惡物哀也，哀樂不失，乃能協于天地之性，是以長久。"**因是已**。按：因是已，謂如此而已。本節講：彼此通而爲一。

已而不知其然，按：不知其然，謂內心虛靜。《莊子·知北遊》："其用心不勞，其應物无方，天不得不高，地不得不廣，日月不得不行，萬物不得不昌，此其道與！"**謂之道**。**勞神明爲一**，按：爲一，謂整齊彼此、是非之論。**而不知其同也**，按：同，謂死生一條，是非一貫。《莊子·德充符》："老聃曰：'胡不直使彼以死生爲一條，以可不可爲一貫者，解其桎梏，其可乎？'无趾曰：'天刑之，安可解！'**謂之朝三。何謂朝三？狙公賦芋，司馬彪曰："芧，橡子也。"按：賦芧，謂分發橡子。曰："朝三而暮四。"郭象曰："朝三升，暮四升也。"眾狙皆怒。曰："然則朝四而暮三。"眾狙皆悦。名實未虧而喜怒爲用，亦因是也。按：是，謂不知其同。"七"者，全數也，所謂"一"也。"七"分，則爲"三四"，或爲"四三"。眾狙以"三四"惡，"四三"佳，猶如人以西施美，厲人惡也。三四，或四三，皆"七"之分。西施與厲人，皆一氣所化也。"勞神明"者，先存彼此心也。有彼此之心，見"三"，見"四"，不能見"七"也。是以聖人和之以是非而休乎天鈞，按：陶鈞旋轉，彌合縫隙而成器；天鈞旋轉，彌合是非而成聖。是之謂兩行。按：兩行，謂兼進退。《管子·禁藏》："夫物有多寡，而情不能等。事有成敗，而意不能同。行有進退，而力不能兩也。"本節講：是非和於天鈞。

<h2 style="text-align:center">三</h2>

古之人，其知有所至矣。成玄英曰："至，造極之名也。"按：《韓非子·顯學》："儒之所至，孔丘也。墨之所至，墨翟也。"惡乎至？有以爲未始有物者，按：物，謂毛色。《詩·小雅·六月》："比物四驪。"毛傳："物，毛物也。"又《詩·小雅·無羊》："三十維物，爾牲則具。"毛傳："異毛色者三十也。"未始有物，謂兼懷萬物，視之如一。《莊子·齊物論》："眾人役役，聖人愚芚，參萬歲而一成純。萬物盡然，而以是相蘊。"至矣，盡矣，不可以加矣。按：无分別心，則物論不起。下文"長梧子"，即有此見識。其次以爲有物矣，按：有物，謂有物類之別。《詩·大雅·烝民》："天生烝民，有物有則。"而未始有封也。按：封，謂物類之界限。未始有封，謂萬物可以互化。《莊子·寓言》："萬物皆種也，以不同形相禪，始卒若環，莫得其倫，是謂天均。天均者，天倪也。"下文"王倪"，即有此見識。其次以爲有封焉，而未始有是非也。按：未始有是非，謂和而不同。是非之彰也，按：是非之彰，謂諸子針鋒相對，互相詆毀。《孟子·滕文公下》曰："楊氏爲我，是無君也；墨氏兼愛，是無父也。無父無君，是禽獸也。"道之所以虧也。按：道，謂道術。虧，破裂。《莊子·天下》："天下之人各爲其所欲焉，以自爲方。悲夫！百家往而不反，必不合矣！後世之學者，不幸不見天地之純，古之大體。道術將爲天下裂。"道之所以虧，愛之所

以成。按：愛，謂偏私。《莊子·徐无鬼》："所謂暖姝者，學一先生之言，則暖暖姝姝而私自説也，自以爲足矣，而未知未始有物也。"**果且有成與虧乎哉？果且无成與虧乎哉？**成玄英曰："夫道無增減，物有虧成。是以物愛既成，謂道爲損，而道實無虧也。故假設論端，以明其義。"**有成與虧**，郭象曰："夫聲不可勝舉也。故吹管操弦，雖有繁手，遺聲多矣。"按：有成，謂技藝有成，能爲陽春白雪。虧，謂缺損其他音聲。**故昭氏之鼓琴也；**按：昭文之鼓琴，猶諸子之争鳴。琴之聲，不過宫商角徵羽五聲而已；諸子争鳴，亦不過儒墨道法諸家而已。五聲，各得聲之偏；諸子方術，亦僅得道術之一偏。**無成與虧，故昭氏之不鼓琴也。**按：昭氏不鼓琴，猶諸子之无辯，不生物論。《老子·四十一章》："大音希聲，大象無形，道隱無名。"**昭文之鼓琴也，**按：昭文之鼓琴，應"人籟"。昭文和五聲以成曲，猶"有物而无封"也。有物，謂聽琴曲之美。无封，謂超出音律，爲淫聲也。《左傳·昭公元年》秦醫和曰："先王之樂，所以節百事也。故有五節，遲速本末以相及，中聲以降，五降之後，不容彈矣。於是有煩手淫聲，慆堙心耳，乃忘平和，君子弗德也。物亦如之，至於煩，乃舍也已，無以生疾。君子之近琴瑟，以儀節也，非以慆心也。"**師曠之枝策也，**劉武曰："師曠拄其策以聽音也。"按：師曠拄杖，謂聽五聲，定六律也。《吕氏春秋·仲冬紀·長見》："晉平公鑄爲大鐘，使工聽之，皆以爲調矣。師曠曰：'不調，請更鑄之。'"又《左傳·襄公十八年》記載："晉人聞有楚師，師曠曰：'不害。吾驟歌北風，又歌南風。南風不競，多死聲。楚必無功。"風，指曲調。師曠聽風，以應"地籟"。師曠聽風，正五聲、六律，猶"有封而无是非"也。无是非，謂五聲有別，然无美惡。**惠子之據梧也，**成玄英曰："據梧者，止是以梧几而據之談説。"按：梧，梧木之几。堅白之鳴，以應"天籟"。惠施好辯，彰顯是非，以私説割裂大道。**三子之知，幾乎皆其盛者也，**按：幾乎，猶庶幾乎，未定之辭。其，謂三人各自所屬群類。**故載之末年。**林希逸曰："載，事也。末年，晚年也。言從事於此終其身也。"**唯其好之也，以異於彼，**按：異，優異。《詩·魏風·汾沮洳》："彼其之子，美無度。美無度，殊異乎公路。"彼，謂同類之人。異於彼，謂出類拔萃。**其好之也，欲以明之。**成玄英曰："欲將己之道術明示衆人也。"按：明之，謂欲天下人皆知。**彼非所明而明之，**按：彼，謂方術。方術之精微處，亦不可言傳。《天道》篇談斲輪之技，曰："斲輪，徐則甘而不固，疾則苦而不入，不徐不疾，得之於手而應於心,口不能言,有數存焉於其間。臣不能以喻臣之子,臣之子亦不能受之於臣,是以行年七十而老斲輪。"老斲輪者,謂其子不能受其技,代其勞。**故以堅白之昧終**。司馬彪曰:"堅白,謂堅石、白馬之辯也。"按:昧,不明也。惠子雖心知堅白之辯,然不能明之衆人,故後世无傳。**而其子又以文之綸終**,崔譔曰:"綸,琴瑟弦也。"按:昭文卒,其子得昭文之琴,未得昭文之技,故曰"終身無成"。**終身無成**。按:無成,謂其子不能承父業。**若是而可謂成乎?** 按:若是,謂昭文之子得其琴,師曠之子得其律管,惠施之子得其言辭。**雖我亦成也**。成玄英曰:"我,衆人也。"按:若就器物、言辭論,則我雖庸人,亦可受之,而曰"成"。**若是而不可謂成乎?** 按:昭文之子,僅得其琴,未得其技,不可謂"成"。**物與我無成也**。按:物,謂琴弦、律管、言辭。琴不得昭文,不能成名琴;昭文不得琴,亦不能成名師。律管之於師曠,堅白之於惠施,亦如之。我,庸人,不善鼓琴、聽音、言談也。若我鼓名琴、聽律管、持堅白之論,是物與我皆無成。**是故滑疑之耀**,司馬彪曰:"滑,亂也。"按:疑,惑也。滑疑,謂擾亂、迷惑人心。耀,謂强光。滑疑之耀,喻智慧超羣,惑亂人心者,亦即昭文、師曠、惠施之徒。《淮南子·說山訓》:"燿蟬者務在明其火,釣魚者務在芳其餌。明其火者,所以耀而致之也;芳其餌者,所以誘而利之也。"**聖人之所圖也**。劉武曰:"聖人必謀去之,爲其有害大道也。"**爲是不用而寓諸庸**,按:庸,常也,謂虛靜之心。《莊子·庚桑楚》:"宇泰定者,發乎天光。發乎天光者,人見其人,物見其物。人有修者,乃今有恒。有恒者,人舍之,天助之。"**此之謂以明**。按:以,用也。以明,謂燭照萬物。《莊子·天道》:"水靜則明燭鬚眉,平中準,大匠取法焉。水靜猶明,而況精神!聖人之心靜乎!天地之鑑也,萬物之鏡也。"本節講:衆人好知,終身无成。

　　今且有言於此,王叔岷曰:"且,假設之詞。"按:有言於此,謂莊周模擬詭辯之辭。**不知其與是類乎?** 按:是,謂滑疑之耀。**其與是不類乎?類與不類,相與爲類,則與彼无以異矣**。按:彼,謂智者滑疑之辭。**雖然,請嘗言之。有始也者,有未始有始也者,有未始有夫未始有始也者。有有也者,有无也者,有未始有无也者,有未始有夫未始有无也者**。按:《韓非子·外儲說左上》:"鄭人有相與爭年者。一人曰:'吾與堯同年。'其一人曰:'我與黃帝之兄同年。'訟此而不決,以後息者爲勝耳。"**俄而有无矣,而未知有无之果孰有孰无**

也。今我則已有謂矣，按：謂，評判。《論語·八佾》："子謂《韶》：'盡美矣，又盡善也。'謂《武》：'盡美矣，未盡善也。'"有謂，指下文秋毫泰山；殤子彭祖等奇怪之論。而未知吾所謂之其果有謂乎，按：有謂，言而可信。其果无謂乎？按：无謂，言而不當。《史記·秦始皇本紀》記嬴政廢諡號，曰："子議父，臣議君也，甚無謂，朕弗取焉。"天下莫大於秋豪之末，陸德明曰："秋豪，應作毫。司馬云：'兔毫在秋而成。'王逸注《楚辭》云：'銳毛也。'"而大山爲小；莫壽於殤子，而彭祖爲夭。劉武曰："蓋毫大、山小、殤壽、彭夭之說，猶之《天下》篇'天與地卑，山與澤平'，此惠施弱德逐物，外神勞精之談。"天地與我並生，而萬物與我爲一。按：一，同也。《莊子·天下》篇惠施云："大同而與小同異，此之謂小同異；萬物畢同畢異，此之謂大同異。"萬物與我爲一，蓋惠施之說，陳義雖高，不能至也。既已爲一矣，按：爲一，謂物我玄同。以下，莊周駁斥之辭。且得有言乎？按：言者，通彼此之意者。誠能玄同物我，何以言爲？既已謂之一矣，按：一，謂"一"之名。且得无言乎？按：既謂之"一"，是有言也。一與言爲二，按：一，謂所指天地萬物。言，謂"一"之名。二，謂名一和實一。二與一爲三。郭象曰："夫以言言一，而一非言也，則一與言爲二矣。一既一矣，言又二之，有一有二，得不謂之三乎。"按：二，指名與實。一，指名實不分，物我渾然之態。自此以往，按：往，謂推衍。巧曆不能得，按：巧曆，善算者。而況其凡乎！按：凡，普通人。故自无適有以至於三，而況自有適有乎！无適焉，按：適，往也，謂論辯不已。因是已。按：已，止也。因其无窮，止而不究也。本節講：知者逐物，往而不返。

夫道未始有封，按：封，邊界。道未始有封，謂道通天下，如原野之无封界。《莊子·知北遊》謂道："其來无迹，其往无崖，无門无房，四達之皇皇也。"言未始有常，按：言，謂論道之言。諸子之論道，猶人行於荒野；路无常，言亦无常。言未始有常，謂論道之法，未有定則。未有定則，而不能无則，故曰"有畛"。爲是而有畛也。按：畛，謂原野之界畔。《周禮·地官司徒·遂人》："凡治野，夫間有遂，遂上有徑。十夫有溝，溝上有畛。百夫有洫，洫上有塗。千夫有澮，澮上有道。萬夫有川，川上有路，以達于畿。"十夫，謂十夫之田也。畛，既是田界，也是田間通行小路。有畛，謂諸子論道之法則。請言其畛：有左有右，按：左，悖也。右，助也。《左傳·襄公十年》："天子所右，寡君亦右之。所左，亦左之。"有左有右，謂論道有認同與否。**有倫有義**,按:倫,理也。《論語·微子》:"言中倫,行中慮。"義,宜也。《莊子·至樂》:"名止於實,義設於適,是之謂條達而福持。"**有分有辯**,按:分者,分歧,謂和而不同。辯者,明辨,謂是非分明。**有競有爭**,羅勉道曰:"競,主心言。爭,主力言。《左氏傳》曰:'不心競而力爭。'"按:競,謂意氣之爭。爭,謂强詞奪理。**此之謂八德**。劉武曰:"德之言得也。各據所得,而後有言。此八類也。"**六合之外**,成玄英曰:"六合,天地四方。"**聖人存而不論**;鍾泰曰:"存,有察義,非曰漫置之也。不論者,不稽其類。本自混成,無得而稽也。"**六合之內**,按:六合之內,謂萬物。**聖人論而不議**。鍾泰曰:"各有其宜,無得而議也。"按:論者,陳述而已;議者,商議,謂考量得失。《詩·小雅·斯干》謂女子"無非無儀,唯酒食是議"。**《春秋》經世先王之志**,按:《春秋》,史書,謂魯之《春秋》。《孟子·離婁下》記:"王者之迹熄而《詩》亡,《詩》亡然後《春秋》作。晉之《乘》,楚之《檮杌》,魯之《春秋》,一也。其事則齊桓、晉文,其文則史。孔子曰:'其義則丘竊取之矣。'"**聖人議而不辯**。鍾泰曰:"議,即謂作《春秋》也。"按:議者,分得失。辯者,分是非。議而不辯,應"有分有辯",謂《春秋》記事,是非曲直自見,不待辯而明。《史記·太史公自序》:"子曰:'我欲載之空言,不如見之於行事之深切著明也。'"**故分也者,有不分也;辯也者,有不辯也**。按:聖人作《春秋》,分與不分,辯與不辯,皆相反相成。《左傳·成公十四年》引君子曰:"《春秋》之稱,微而顯,志而晦,婉而成章,盡而不汙,懲惡而勸善。非聖人,誰能脩之?"**曰:何也? 聖人懷之,眾人辯之以相示也**。按:懷之,謂藏其德也。《莊子·人間世》:"且若亦知夫德之所蕩,而知之所爲出乎哉? 德蕩乎名,知出乎爭。名也者,相軋也;智也者,爭之器也。二者凶器,非所以盡行也。"**故曰辯也者,有不見也**。本節講:聖人知止,以德爲循。

　　夫大道不稱,按:稱,謂顯名。《論語·衛靈公》:"君子疾没世而名不稱也。"大道不稱,謂道隱无名。**大辯不言**,按:不言,謂不言而喻。《莊子·則陽》:"故或不言而飲人以和,與人並立而使人化,父子之宜。"**大仁不仁**,按:大仁,謂天地之仁。《老子·五章》:"天地不仁,以萬物爲芻狗。聖人不仁,以百姓爲芻狗。"**大廉不嗛**,按:嗛,謂厭棄。《孟子·滕文公下》記陳仲子之廉,云:"仲子,齊之世家也。兄戴,蓋禄萬鍾。以兄之禄爲不義之禄而不食也,以兄之室爲不義之室而不居也,辟兄離母,處於於陵。他日歸,則有饋其兄生鵝者,己頻顣曰:‘惡用是鶂鶂者爲哉?’他日,其母殺是鵝也,與之食之。其兄自外至,曰:‘是鶂鶂之肉也。’出而哇之。”**大勇不忮**,按:忮,謂狠戾。**道昭而不道**,按:昭,明也。《老子·二十一章》:“道之爲物,惟恍惟惚。惚兮恍兮,其中有象;恍兮惚兮,其中有物。”**言辯而不及**,按:不及,謂詞不達意。《老子·八十一章》:“信言不美,美言不信。善者不辯,辯者不善。”**仁常而不成**,按:不成,謂失愛。《莊子·人間世》:“夫愛馬者,以筐盛知,以蜄盛溺。適有蚊虻僕緣,而拊之不時,則缺銜毀首碎胸。意有所至而愛有所亡。可不慎邪!”**廉清而不信**,按:廉,謂不貪。清,謂不能容物。清廉太過,則不近人情,故不能取信於人。《漢書·王吉傳》:“始吉少時學問,居長安。東家有大棗樹垂吉庭中,吉婦取棗以啖吉。吉後知之,乃去婦。東家聞而欲伐其樹,鄰里共止之,因固請吉令還婦。”**勇忮而不成**。按:成,謂立功。**五者园而幾向方矣**。司馬彪曰:“园,圓也。”按:圓,謂圓融无礙。《莊子·徐无鬼》:“故无所甚親,无所甚疏,抱德煬和,以順天下,此謂真人。”幾,謂趨近。方,謂棱角分明,難以行世。**故知止其所不知,至矣**。按:知止其所不知,謂棄知從天。《莊子·刻意》:“感而後應,迫而後動,不得已而後起。去知與故,循天之理。”**孰知不言之辯,不道之道? 若有能知,此之謂天府**。按:天府,謂虛静之心。《莊子·刻意》:“水之性,不雜則清,莫動則平;鬱閉而不流,亦不能清;天德之象也。”**注焉而不滿,酌焉而不竭**,按:不滿不竭,喻心之虛。按:《莊子·知北遊》:“若夫益之而不加益,損之而不加損者,聖人之所保也。淵淵乎其若海,魏魏乎其終則復始也。運量萬物而不匱。則君子之道,彼其外與! 萬物皆往資焉而不匱。此其道與!”**而不知其所由來,此之謂葆光**。按:葆光,猶含光,喻心之明。《莊子·天道》:“水静猶明,而況精神! 聖人之心静乎! 天地之鑑也,萬物之鏡也。”**故昔者堯問於舜曰**:按:《莊子·天道》:“夫虛静恬淡寂漠无爲者,萬物之本也。明此以南鄉,堯之爲君也;明此以北面,舜之爲臣也。”**“我欲伐宗、膾、胥敖**,司馬彪曰:“宗、膾、胥敖,三國名也。”**南面而不釋然**。成玄英曰:“釋然,怡悦貌。”按:不釋然,謂心存名實。《莊子·人間世》:“且昔者堯攻叢枝、胥敖,禹攻有扈,國爲虛厲,身爲刑戮。其用兵不止,其求實无已。是皆求名實者也,而獨不聞之乎? 名實者,聖人之所不能勝也,而況若乎!”**其故何也?”舜曰:“夫三子者**,成玄英曰:“三子,即三國之君也。”**猶存乎**

蓬艾之間。按：蓬艾之間，謂禮樂教化未及之地。若不釋然，何哉？
昔者十日並出，按：《淮南子·本經訓》：“逮至堯之時，十日並出，焦禾
稼，殺草木，而民無所食。”萬物皆照，而況德之進乎日者乎！”按：
《左傳·文公七年》：“酆舒問於賈季曰：‘趙衰、趙盾孰賢？’對曰：‘趙衰，冬
日之日也。趙盾，夏日之日也。’”本節講：聖人懷德，含光不耀。

四

　　齧缺問乎王倪曰：“子知物之所同是乎？”按：是，謂是非。
曰：“吾惡乎知之！”“子知子之所不知邪？”成玄英曰：“子既不知物
之同是，頗自知己之不知乎？”曰：“吾惡乎知之！”按：知之，謂自知。不
知物，亦不自知，是物我玄同。“然則物无知邪？”王先謙曰：“汝既無知，
然則物皆無知邪？”曰：“吾惡乎知之！雖然，嘗試言之。庸詎知
吾所謂知之非不知邪？王念孫曰：“庸，詎，皆何也。”庸詎知吾所謂
不知之非知邪？劉武曰：“蓋知有時間性，此時以為是者，他時或以為非；
有地域性，此地以為是者，他地或以為非。”且吾嘗試問乎女：民溼寢
則腰疾偏死，王叔岷曰：“偏死，今所謂半身不遂也。”鰌然乎哉？按：
鰌，泥鰍。木處則惴慄恂懼，王叔岷曰：“惴、慄、恂、懼，四字疊義，皆恐
貌。”猨猴然乎哉？三者孰知正處？民食芻豢，司馬彪曰：“牛羊曰
芻，犬豕曰豢，以所食得名也。”麋鹿食薦，司馬彪曰：“薦，美草也。”按：
《韓非子·七術》：“獸鹿也，唯薦草而就。”蝍蛆甘帶，按：蝍蛆，蜈蚣。帶，
蛇也。鴟鴉耆鼠，按：鴟，貓頭鷹。鴉，烏鴉。耆，嗜也。四者孰知正
味？按：《淮南子·精神訓》：“越人得髯蛇，以為上肴，中國得之而棄之無
用。”猨猵狙以為雌，司馬彪曰：“猵狙，似猿而狗頭。”麋與鹿交，鰌與
魚游。毛嬙麗姬，人之所美也，魚見之深入，鳥見之高飛，麋鹿
見之決驟。李頤曰：“決，疾貌。”按：驟，快跑。《淮南子·原道訓》：“可
以步而步，可以驟而驟。”四者孰知天下之正色哉？按：四者，謂猨、
麋、鰌、人。自我觀之，仁義之端，是非之塗，樊然殽亂，按：樊，籬
笆。樊然，若籬笆之交錯貌。吾惡能知其辯！齧缺曰：“子不知利

害,則至人固不知利害乎?"按:利害之心生,則有陰陽之患。《莊子·人間世》:"今吾朝受命而夕飲冰,我其內熱與!吾未至乎事之情,而既有陰陽之患矣;事若不成,必有人道之患,是兩也。"又《莊子·外物》:"利害相摩,生火甚多,衆人焚和。"王倪曰:"至人神矣!按:神矣,謂神秘莫測。大澤焚而不能熱,按:熱,謂內熱。河漢沍而不能寒,向秀曰:"沍,凍也。"按:寒,謂內寒。《莊子·在宥》謂人心,云:"其熱焦火,其寒凝冰。"疾雷破山,飄風振海而不能驚。按:《世說新語·雅量》:"夏侯太初嘗倚柱作書,時大雨,霹靂破所倚柱,衣服焦然,神色無變,書亦如故。賓客左右皆跌蕩不得住。"若然者,乘雲氣,騎日月,而遊乎四海之外。死生无變於己,按:《莊子·田子方》:"夫至人者,上闚青天,下潛黃泉,揮斥八極,神氣不變。"而況利害之端乎!"按:《莊子·庚桑楚》:"夫至人者,相與交食乎地而交樂乎天,不以人物利害相攖,不相與爲怪,不相與爲謀,不相與爲事,脩然而往,侗然而來。"本節講:至人遊心,不滯於物。

瞿鵲子問乎長梧子曰:按:瞿鵲子所述,乃復陳王倪之說。"吾聞諸夫子,林希逸曰:"夫子,指孔子也。"'聖人不從事於務,按:孔子所謂"聖人",即王倪所謂"至人"。儒家无"至人"一詞,故假"聖人"言之。務,專一。不從事於務,謂不專注某一事物。《莊子·山木》:"无譽无訾,一龍一蛇,與時俱化,而无肯專爲;一上一下,以和爲量,浮游乎萬物之祖;物物而不物於物,則胡可得而累邪!"不就利,不違害,不喜求,按:求,謂干祿。不緣道;按:緣道,謂守死善道。无謂有謂,有謂无謂,按:无謂有謂,謂不滯於物。《莊子·人間世》:"夫乘物以游心,托不得已以養中,至矣。"而遊乎塵垢之外。'按:《莊子·逍遙遊》謂藐姑射神人,云:"是其塵垢秕糠,將猶陶鑄堯舜者也,孰肯以物爲事!"夫子以爲孟浪之言,按:孟,謂夸大。《管子·任法》:"奇術技藝之人,莫敢高言孟行,以過其情,以遇其主矣。"浪,謂戲謔。《詩·邶風·終風》:"終風且暴,顧我則笑。謔浪笑敖,中心是悼。"而我以爲妙道之行也。按:妙,謂神秘莫測。吾子以爲奚若?"按:瞿鵲子聞至人外化之道,以爲妙道莫過於此,猶列子見神巫季咸而心醉,見其文而未既其實。長梧子曰:"是黃帝之所聽熒也,向秀曰:"聽熒,疑惑也。"而丘也何足以知之?且女亦大早計,按:大早計,謂未聞至道,不可妄下定論。見卵而求時夜,崔譔曰:"時夜,司夜,謂雞也。"見彈而求鴞炙。司馬彪曰:"鴞,小鳩,可炙。"予嘗爲女妄言之，女以妄聽之。奚旁日月，按：旁，通傍。旁日月，謂與日月齊光。挾宇宙？按：挾，夾持。挾宇宙，意謂與天地同在。奚，何必。此駁斥王倪"騎日月"、"遊四海之外"、"遊塵垢之外"之論。爲其脗合，向秀曰："脗，若兩脣之相合也。"按：脗，嘴脣。爲其脗合，謂緊閉雙脣，一言不發。置其滑涽，按：置，棄也。滑涽，謂胡言亂語。《莊子·齊物論》："天地與我並生，而萬物與我爲一。既已爲一矣，且得有言乎？既已謂之一矣，且得无言乎？"以隸相尊。宣穎曰："寓於至賤爲貴，猶寓諸庸也。"按：以隸相尊，謂貴賤无常。《莊子·外物》："雖相與爲君臣，時也，易世而无以相賤。故曰：至人不留行焉。"眾人役役，按：役役，謂多材智。《莊子·胠篋》："甚矣夫好知之亂天下也！自三代以下者是已，舍夫種種之民而悦夫役役之佞。"聖人愚芚，按：芚，蓋同沌。《老子·二十章》："我愚人之心也哉！沌沌兮。俗人昭昭，我獨昏昏；俗人察察，我獨悶悶。"參萬歲而一成純。按：參，觀也。萬歲，大年也。《莊子·逍遥遊》："楚之南有冥靈者，以五百歲爲春，五百歲爲秋；上古有大椿者，以八千歲爲春，八千歲爲秋。此大年也。"參萬歲，謂靜觀大化之流。《老子·十六章》："致虛極，守靜篤，萬物並作，吾以觀復。夫物芸芸，各復歸其根。歸根曰静，是謂復命。"純，謂素樸之心。《莊子·刻意》："純素之道，唯神是守。守而勿失，與神爲一。一之精通，合於天倫。"萬物盡然，按：盡然，謂盡得素樸之性。《莊子·馬蹄》："夫至德之世，同與禽獸居，族與萬物並。惡乎知君子小人哉！同乎无知，其德不離；同乎无欲，是謂素樸。素樸而民性得矣。"而以是相藴。按：藴，藏也。相藴，謂物我不離，俱返於素樸。本節講：聖人虛静，與物相藴。

　　予惡乎知説生之非惑邪？予惡乎知惡死之非弱喪而不知歸者邪！郭象曰："少而失其故居，名爲弱喪。"麗之姬，艾封人之子也。成玄英曰："昔秦穆公與晉獻公共伐麗戎，得美女一，玉環二。秦取環，而晉取女，即麗戎國，艾地守疆人之女也。"晉國之始得之也，涕泣沾襟；按：襟，謂衣之交領處。及其至於王所，崔譔曰："六國時諸侯僭稱王，因此謂獻公爲王也。"錢穆曰："此證本篇之成，必在齊、魏相王後也。"與王同筐牀，崔譔曰："筐，方也。"按：筐牀，謂寬大方正之牀。食芻豢，而後悔其泣也。予惡乎知夫死者不悔其始之蘄生乎！郭象曰："蘄，求也。"夢飲酒者，旦而哭泣；夢哭泣者，旦而田獵。方其夢也，按：方，當也。不知其夢也。夢之中又占其夢焉，覺而後知其夢也。且有大覺而後知此其大夢也，按：大覺，謂盡出衆夢。而愚者自以爲覺，按：愚者，夢中人。竊竊然知之。司馬彪曰："竊竊，猶察察也。"按：《莊子·天運》謂孔子："故伐樹於宋，削迹於衛，窮於商周，是非其夢邪？圍於陳蔡之間，七日不火食，死生相與鄰，是非其眯邪？"眯，謂噩夢。君乎，按：君，謂牧人者。牧乎，按：牧，謂牧羊者。固哉！按：固哉，猶固然，意謂人無貴賤，皆不能覺。丘也與女，皆夢也。予謂女夢，亦夢也。是其言也，其名爲弔詭。按：弔，傷也。詭，反也。《淮南子·齊俗訓》："禮樂相詭，服制相反。"死之樂，死人乃知之，又不能言；夢之幻，覺者乃知之，又不能覺，故曰弔詭。弔詭，謂哀傷之悖論。萬世之後而一遇大聖，知其解者，按：解，謂化解悖論。是旦暮遇之也。王先謙曰："解人難得，萬世一遇，猶旦暮然。"按：旦暮遇之，謂旦暮相遇，絕無可能。本節講：愚人不覺，妄生好惡。

　　既使我與若辯矣，按：愚者之辯，无異於癡人說夢。若勝我，我不若勝，若果是也，我果非也邪？我勝若，若不吾勝，我果是也，而果非也邪？其或是也，其或非也邪？其俱是也，其俱非也邪？我與若不能相知也，則人固受其黮闇。李頤曰："黮闇，不明貌。"吾誰使正之？使同乎若者正之？既與若同矣，惡能正之！使同乎我者正之？既同乎我矣，惡能正之！使異乎我與若者正之？既異乎我與若矣，惡能正之！使同乎我與若者正之？既同乎我與若矣，惡能正之！然則我與若與人俱不能相知也，而待彼也邪？按：彼，謂不可遇之大聖。何謂和之以天倪？郭象曰："天倪者，自然之分也。"按：天倪，謂衆人自然之分歧。和，意謂求和，不求同。和之以天倪，意謂承認不同，調和分歧。曰：是不是，然不然。按：《莊子·齊物論》："是以聖人和之以是非而休乎天鈞，是之謂兩行。"是若果是也，按：果，真也，謂確定無疑。則是之異乎不是也亦无辯；按：无辯，謂无須分辨。然若果然也，則然之異乎不然也亦无辯。化聲之相待，郭象曰："是非之辯爲化聲。"按：化，謂是非无常。《莊子·寓言》："孔子行年六十而六十化。始時所是，卒而非之，未知今之所謂是之非五十九非也。"相待，謂是非相因。若其不相待。按：不相待，謂自說自話，兩不相涉。和之以天倪，按：《莊子·德充符》："夫若然者,且不知耳目之所宜,而遊心乎德之和。"**因之以曼衍**,按:曼衍,猶敷衍,意謂不較真。《莊子·天下》:"獨與天地精神往來,而不敖倪於萬物,不譴是非,以與世俗處。"**所以窮年也**。按:窮年,謂享受天年。**忘年忘義**,按:忘年,謂不知老之將至。義,謂是非之辨。**振於无竟**,按:振,動也。竟,通競,彊也。《詩·大雅·桑柔》:"君子實維,秉心無競。"毛傳:"競,彊。"无竟,謂恬淡之心。**故寓諸无竟**。按:寓,安也。《莊子·應帝王》:"汝游心於淡,合氣於漠,順物自然而無容私焉,而天下治矣。"本節講:至人游心,不譴是非。

罔兩問景曰:郭象曰:"罔兩,景外微陰也。""**曩子行**,成玄英曰:"曩,昔也。"**今子止;曩子坐,今子起;何其无特操與?**成玄英曰:"特,獨也。"按:特操,謂不隨人。**景曰:"吾有待而然者邪? 吾所待又有待而然者邪?** 按:影待於形,形待於心。**吾待蛇蚹、蜩翼邪?** 成玄英曰:"蚹,蛇蛻皮也。"按:蜩翼,蟬翼也。蛇蚹、蜩翼皆輕薄、半透明之物,其形易動,其影難測。**惡識所以然! 惡識所以不然!**"按:萬物運於天均,前後相隨,不知所以動。《莊子·天道》:"聖人之生也天行,其死也物化。靜而與陰同德,動而與陽同波。不爲福先,不爲禍始。感而後應,迫而後動,不得已而後起。去知與故,循天之理。"本節講:至人天行,緣於不得已。

昔者莊周夢爲胡蝶,按:昔者,往日。胡,大也。胡蝶,大蝴蝶。**栩栩然胡蝶也**,按:栩栩然,和柔貌。《莊子·田子方》曰:"今視子之鼻間栩栩然,子之用心獨奈何?"栩栩然,謂氣息和柔。**自喻適志與!** 按:喻,明也。《列子·天瑞》:"子貢聞之,不喻其意。"**不知周也**。按:莊周與蝶,有自然之分,而无判然之別。夢爲蝶,則不知有周;夢爲周,則不知有蝶。**俄然覺**,按:俄然,猶俄而,謂稍後,不久。《列子·力命》:"子產執而戮之,俄而誅之。"**則蘧蘧然周也**。按:蘧蘧然,初醒貌。《莊子·大宗師》:"成然寐,蘧然覺。"**不知周之夢爲胡蝶與,胡蝶之夢爲周與? 周與胡蝶,則必有分矣。此之謂物化。**本節講:至人无己,縱浪大化之流。

小　結

《齊物論》篇中的"天籟",指諸子百家的物論,而非自然之音。自然之音説,是魏晉玄學家的説法,目前廣爲學界接受。物論説,由明代釋德清《莊子內篇注》發端,劉武《莊子集解內篇補正》明確提出:"風吹地面之竅成聲,地籟也。人吹比竹成聲,人籟也。心動而爲情,情宣於口而爲言,天籟也。"我贊同這種説法。

《齊物論》篇講整齊天下物論,而非齊一萬物。物論,實指諸子的各種學説。學界講的"齊物",其實説的是"通物",即《知北遊》篇講的:"臭腐復化爲神奇,神奇復化爲臭腐。故曰:通天下一氣耳。"學者常引用《秋水》篇"萬物一齊,孰短孰長"句,其"一齊",是一視同仁、兼懷萬物的意思。又《天下》篇的"齊萬物以爲首",是田駢、慎到的觀念,並非莊周的思想。《莊子》的"通物"與"物化"思想相通,貫穿於內、外、雜篇始終。

養 生 主

《養生主》篇，講養生之要義。本篇可分四章，第一章講：安分守己，不用私智；第二章講：棄知養神，依乎天理；第三章講：樂天知命，遊心於和；第四章講：順物之化，薪盡火傳。

一

吾生也有涯，而知也无涯。按：知，謂明辨是非、善惡。《莊子·達生》："知忘是非，心之適也。"《孟子·公孫丑上》："是非之心，智之端也。"又《荀子·修身》："是是、非非謂之智，非是、是非謂之愚。"**以有涯隨无涯，**按：隨，追逐。无涯，謂是非之无窮。《莊子·齊物論》："是亦一无窮，非亦一无窮也。故曰：莫若以明。"**殆已；**向秀曰："殆，疲困。"**已而爲知者，**按：已而，猶已然。知者，謂顛倒是非。《莊子·天下》："桓團、公孫龍辯者之徒，飾人之心，易人之意，能勝人之口，不能服人之心，辯者之囿也。"**殆而已矣。**按：殆而已矣，意謂招致殺身之禍。《呂氏春秋·審應覽·離謂》："子產治鄭，鄧析務難之，與民之有獄者約，大獄一衣，小獄襦袴。民之獻衣襦袴而學訟者，不可勝數。以非爲是，以是爲非，是非無度，而可與不可日變。所欲勝因勝，所欲罪因罪。鄭國大亂，民口讙譁。子產患之，於是殺鄧析而戮之，民心乃服。"

爲善无近名，按：善，謂世人之所好。《列子·説符》："行善不以爲名，而名從之；名不與利期，而利歸之；利不與争期，而争及之；故君子必慎爲善。"又《淮南子·説山訓》："人有嫁其子而教之曰：'爾行矣，慎無爲善！'曰：'不爲善，將爲不善邪？'應之曰：'善且由弗爲，況不善乎！'"**爲惡无近刑，**按：惡，謂世人之所惡。《尚書·洪範》："無偏無陂，遵王之義；無有作好,遵王之道;無有作惡,尊王之路。"又《世說新語·任誕》:"阮籍遭母喪,在晉文王坐進酒肉。司隸何曾亦在坐,曰:'明公方以孝治天下,而阮籍以重喪顯於公坐飲酒食肉,宜流之海外,以正風教。'文王曰:'嗣宗毀頓如此,君不能共憂之,何謂?且有疾而飲酒食肉,固喪禮也!'籍飲啖不輟,神色自若。"**緣督以為經。**按:緣,順也。督,察也。緣督,謂順從督察。《鄧析子·轉辭》:"明君之督大臣,緣身而責名,緣名而責形,緣形而責實。臣懼其重誅之至,於是不敢行其私矣。"**可以保身,可以全生,**按:全生,意謂生活美滿。《呂氏春秋·仲春紀·貴生》:"所謂全生者,六欲皆得其宜也。所謂虧生者,六欲分得其宜也。"**可以養親,**按:親,謂父母。**可以盡年。**按:盡年,謂壽終。

二

庖丁為文惠君解牛,陸德明曰:"庖丁,庖人,丁其名也。"劉武曰:"考戰國時,人臣受有封地者稱君,如信安君、信陵君、靖郭君、孟嘗君是也。文惠君當屬此類。"按:庖丁解牛,講小人守業。《左傳·成公十三年》:"是故君子勤禮,小人盡力,勤禮莫如致敬,盡力莫如敦篤。敬在養神,篤在守業。"**手之所觸,肩之所倚,足之所履,膝之所踦,**馬其昶曰:"膝之所踦,謂屈一足之膝,以案之也。《說文》:'踦,一足也。'"**砉然響然,**司馬彪曰:"砉然,皮骨相離聲。"**奏刀騞然,**崔譔曰:"騞,聲大於砉。"按:奏,謂展現。《詩·小雅·賓之初筵》:"錫爾純嘏,子孫其湛。其湛曰樂,各奏爾能。"庖丁動刀中音,故曰"奏刀"。**莫不中音。**按:中音,謂合於音節。《淮南子·氾論訓》:"譬猶師曠之施瑟柱也,所推移上下者無寸尺之度,而靡不中音。"**合於《桑林》之舞,**司馬彪曰:"《桑林》,湯樂名。"又《淮南子·修務訓》:"湯旱,以身禱於桑山之林。"**乃中《經首》之會。**司馬彪曰:"《經首》,《咸池》樂章也。"按:會,謂音聲錯雜交響。《楚辭·九歌·東皇太一》:"五音紛兮繁會,君欣欣兮樂康。"五臣注:"繁會,錯雜也。"**文惠君曰:"譆,善哉!技蓋至此乎?"**按:技,謂解牛之術。至此,謂合舞、中音。**庖丁釋刀對曰:"臣之所好者道也,進乎技矣。**按:技尚繁,道尚簡。《老子·四十八章》:"為學日益,為道日損。損之又損,以至於無為。無為而無不為。"無為,謂不用心知。**始臣之解牛之時,所見无**

非全牛者。按：全牛，謂皮毛具全，渾然一體之牛。所見无非全牛，喻未明萬物之理。《莊子·秋水》："是未明天地之理，萬物之情也。是猶師天而无地，師陰而无陽，其不可行明矣！"三年之後，未嘗見全牛也。陸長庚曰："三年之後，則見牛之一身筋脉骨節各有虛處，可以游刃，不見其爲全牛。"按：未嘗見全牛，喻心知明敏，人情練達。《莊子·應帝王》："有人於此，嚮疾彊梁，物徹疏明，學道不倦。"方今之時，按：方今，謂解牛十九年之後。臣以神遇而不以目視，按：遇，接也。以神，謂凝神。《莊子·在宥》："目无所見，耳无所聞，心无所知，女神將守形，形乃長生。慎女內，閉女外，多知爲敗。"官知止而神欲行。按：欲，謂感物而動。《禮記·樂記》："人生而靜，天之性也；感於物而動，性之欲也。"神，光明之象。神欲行，謂洞照肌理。《莊子·在宥》："上神乘光，與形滅亡，是謂照曠。"依乎天理，按：天理，謂自然紋路，又指自然倫理。《莊子·刻意》："去知與故，循天之理。"批大郤，按：批，謂反手推刀。《淮南子·道應訓》："知伯與襄子飲，而批襄子之首。"批，謂反手擊打。郤，謂骨節間的縫隙。導大窾，司馬彪曰："窾，空也。"按：空，謂骨節間空竅。導，引也，謂正手引刀。因其固然。按：固然，謂天生之結構。骨節，猶人間之是非。技經肯綮之未嘗，俞樾曰："技，疑枝字之誤。枝，謂枝脉；經，謂經脉。枝經，猶言經絡也。經絡相連之處，亦必有礙於遊刃。肯綮，骨肉相連之處。"按：嘗，謂試探性觸碰。《左傳·隱公九年》記鄭人誘敵，公子突曰："使勇而無剛者，嘗寇而速去之。"而況大軱乎！崔譔："軱，槃結骨。"按：《莊子·秋水》："知道者必達於理，達於理者必明於權，明於權者不以物害己。"良庖歲更刀，割也；按：割，謂割斷紋理，而不斷筋骨。族庖月更刀，崔譔曰："族，衆也。"折也。按：折，砍也，謂強斷筋骨。今臣之刀十九年矣，所解數千牛矣，而刀刃若新發於硎。郭象曰："硎，砥石也。"按：刀，喻生命。刃，喻人之知。刀刃若新發於硎，謂未嘗用知也。《莊子·在宥》："目无所見，耳无所聞，心无所知，女神將守形，形乃長生。慎女內，閉女外，多知爲敗。"彼節者有閒，按：閒，間隙，謂是非、善惡之閒。而刀刃者无厚；按：无厚，謂鋒利无比，喻无私心。《莊子·應帝王》："汝游心於淡，合氣於漠，順物自然而无容私焉。"以无厚入有閒，恢恢乎其於遊刃必有餘地矣，按：遊刃，喻遊世。《莊子·天下》："獨與天地精神往來，而不敖倪於萬物，不譴是非，以與世俗處。"是以十九年而刀刃若新發於硎。雖然，每至於族，郭象曰："交錯聚結爲族。"按：族，喻是非、善惡交錯之地。《莊子·齊物論》："自我觀之，仁義之端，是非之塗，樊然殽亂，吾惡能知其辯！"吾見其難爲，怵然爲戒，視爲止，行爲遲，動刀甚微，謋然已解，成玄英曰："謋然，骨肉離之聲也。"如土委地。郭象曰："理解而無刀迹，若聚土也。"按：如土，謂骨肉分散，无牽連。提刀而立，爲之四顧，爲之躊躇滿志，按：《莊子·知北遊》："聖人者，原天地之美而達萬物之理。"善刀而藏之。"陸德明曰："善，猶拭也。"按：吾生之有知，猶刀之有刃，必善藏之，不使損傷。文惠君曰："善哉！吾聞庖丁之言，得養生焉。"

三

公文軒見右師而驚曰：按：右師，職官名，六卿之首。《左傳·成公十五年》記宋國華元曰："我爲右師，君臣之訓，師所司也。今公室卑而不能正，吾罪大矣。不能治官，敢賴寵乎？"又《孟子·離婁下》："公行子有子之喪，右師往弔，入門，有進而與右師言者，有就右師之位而與右師言者。孟子不與右師言，右師不悦。""是何人也，惡乎介也？司馬彪曰："介，刖也。"天與，其人與？"司馬彪曰："爲天命，抑人事也？"曰："天也，非人也。按：天，謂天命。人，謂自速其禍。《莊子·德充符》："知不可奈何而安之若命，唯有德者能之。"亂世之朝廷，猶羿之彀中，唯聽天由命而已。天之生是使獨也，按：生是，謂天生雙足。使獨，謂刖一足。右師天性婞直，故遭刖足之刑。《莊子·列禦寇》："夫造物者之報人也，不報其人而報其人之天，彼故使彼。"人之貌有與也。按：人之貌，謂或兩足，或一足。有與，謂關涉。《左傳·莊公十九年》："初，鬻拳强諫楚子。楚子弗從。臨之以兵，懼而從之。鬻拳曰：'吾懼君以兵，罪莫大焉。'遂自刖也。楚人以爲大閽，謂之大伯，使其後掌之。君子曰：'鬻拳可謂愛君矣，諫以自納於刑，刑猶不忘納君於善。'"以是知其天也，非人也。"按：至人心和，樂天知命。《莊子·山木》："有人，天也；有天，亦天也。人之不能有天，性也。聖人晏然體逝而終矣！"

澤雉十步一啄，按：雉，耿介之鳥。《太玄·文》："次七，雉之不禄，而難蓋穀。測曰,雉之不禄,難幽養也。"又《世説新語·規箴》:"孫休好射雉,至其時,則晨去夕反。群臣莫不止諫:'此爲小物,何足甚躭!'休曰:'雖爲小物,耿介過人,朕所以好之。'"**百步一飲**,林希逸曰:"澤中之雉,十步方得一啄,百步方得一飲,言其飲啄之難也。"按:《詩·陳風·衡門》:"衡門之下,可以棲遲。泌之洋洋,可以樂飢。"**不蘄畜乎樊中**。按:澤雉,謂隱士。《論語·季氏》:"孔子曰:'見善如不及,見不善如探湯。吾見其人矣,吾聞其語矣。隱居以求其志,行義以達其道。吾聞其語矣,未見其人也。'"**神雖王**,按:王,通旺,盛也。神,謂神氣。神王,謂精神飽滿。《韓詩外傳》卷九云:"君不見大澤中雉乎? 五步一喝,終日乃飽,羽毛澤悦,光照於日月,奮翼爭鳴,聲響於陵澤者何? 彼樂其志也。援置之困倉中,常喝梁粟,不旦時而飽,然猶羽毛憔悴,志氣益下,低頭不鳴。夫食豈不善哉? 彼不得其志故也。"**不善也**。按:善,謂自鳴得意。《莊子·外物》:"去小知而大知明,去善而自善矣。"《莊子·天地》:"汝方將忘汝神氣,墮汝形骸,而庶幾乎!"不善,謂心氣平和。《莊子·刻意》:"純粹而不雜,静一而不變,惔而无爲,動而以天行,此養神之道也。"

四

老聃死,秦失弔之,陸德明曰:"失,又作佚。"**三號而出**。林希逸曰:"三號而出,言不用情也。"按:三號,蓋三呼老聃之名。《莊子·大宗師》記孟子反、子琴張吊子桑户,歌曰:"嗟來桑户乎! 嗟來桑户乎!"**弟子曰:"非夫子之友邪?"曰:"然。"**宣穎曰:"是吾友。"**"然則弔焉若此,可乎?"曰:"然。始也吾以爲其人也,**按:始也,謂往日交游之時。其,謂老聃。人,謂活人。《莊子·大宗師》:"今一犯人之形,而曰:'人耳人耳。'"**而今非也**。按:今,謂吊喪之日。非,非人,謂物化而去。老聃物化而去,徒留形骸,已非昔日之老聃。《莊子·德充符》:"独子食於其死母者,少焉眴若皆棄之而走。不見已焉爾,不得類焉爾。所愛其母者,非愛其形也,愛使其形者也。"大化流行,独子尚不留戀其母之形;今衆人聚哭老聃之尸,是謂"遁天倍情"。**向吾入而弔焉,有老者哭之,如哭其子;少者哭之,如哭其母。彼其所以會之,**成玄英曰:"彼,衆人也。"按:會,謂哭聲嘈雜。**必有不蘄言而言,不蘄哭而哭者。**按:不蘄言而言,不蘄哭而哭,謂情不自禁。**是遁天倍情**,按:情,實也。《莊子·大宗師》:"死生,命也,其有夜旦之常,天也。人之有所不得與,皆物之情也。"**忘其所受**,按:其,謂老聃。所受,謂天地。人之形骸,受于天地。《莊子·達生》:"夫形全精復,與天爲一。天地者,萬物之父母也。合則成體,散則成始。形精不虧,是謂能移。精而又精,反以相天。"又《莊子·知北遊》:"生非汝有,是天地之委和也;性命非汝有,是天地之委順也;子孫非汝有,是天地之委蜕也。"**古者謂之遁天之刑**。按:刑,謂哀樂之傷。《莊子·在宥》:"人大喜邪? 毗於陽;大怒邪? 毗於陰。陰陽並毗,四時不至,寒暑之和不成,其反傷人之形乎!"**適來,夫子時也;**按:夫子,謂老聃。**適去,夫子順也。安時而處順,哀樂不能入也**,按:《莊子·大宗師》:"古之真人,不知説生,不知惡死;其出不訢,其入不距;翛然而往,翛然而來而已矣。"**古者謂是帝之縣解。"**宣穎曰:"人爲生死所苦,猶如倒懸,忘生死,則懸解矣。"按:《莊子·德充符》:"吾所謂无情者,言人之不以好惡内傷其身,常因自然而不益生也。"養生之要,非忘生死,謂不樂生不惡死,盡其天年而已。

指窮於爲薪,王先謙曰:"以指析木爲薪。"按:指,喻知。窮,謂知之殆。薪,喻形體。**火傳也,不知其盡也**。按:火,喻生命。薪盡火傳,謂形體物化,生命延傳不盡。《莊子·大宗師》謂子來將死,子犁曰:"偉哉造化! 又將奚以汝爲,將奚以汝適? 以汝爲鼠肝乎? 以汝爲蟲臂乎?"是謂子來形體既化,而生命得以延傳。大化流行,生命不息,不可求個體之不朽。

小　　結

篇名中的"主",有"主宰"和"主旨"兩類説法。因爲篇中的"主宰"並不明顯,所謂我更傾向於"主旨"説,即養生的要旨、要義。養生的要義在於"順化"。《養生主》篇講養形、養神、養心,最終還是順應物化。《達生》篇講:"形精不虧,是謂能移。精而又精,反以相天。"移,指的就是"物化"。《養生主》篇的"薪盡火傳"、《齊物論》篇的"莊周夢蝶",講得都是物化,生命的流動。

"緣督以爲經"句,是學界注釋的難點。自郭象以來,學界普遍以"中"訓"督"。郭象曰:"順中以爲常也。"宋人趙以夫引《奇經》,曰:"中脈爲督。"褚伯秀引《禮記·深衣》注,云:"衣背當中縫,亦謂之督。""督"雖可訓"中",但語義罕見,不若訓"察"常見。緣督,謂順從督察。《墨子·非攻下》:"督以正,義其名,必務寬吾衆。"《韓非子·八經》:"有道之主,聽言、督其用,課其功,功課而賞罰生焉。"《鄧析子·轉辭》:"明君之督大臣,緣身而責名,緣名而責形,緣形而責實。臣懼其重誅之至,於是不敢行其私矣。"緣督以爲經,意謂安分守己,順從督察。《養生主》篇開篇講用智之危殆,故規勸智者藏智守拙,保全生命於亂世。

緣督以爲經,講遵循顯性的社會規則,即是非、善惡之道;循天之理,則講遵循隱性的人類自然倫理。《論語·子路》:"葉公語孔子曰:'吾黨有直躬者,其父攘羊,而子證之。'孔子曰:'吾黨之直者異於是。父爲子隱,子爲父隱,直在其中矣。'"葉公所謂"直",强調遵循社會顯性規則,而孔子的"直",則强調遵循人類隱性的自然倫理。文惠君所得"養生"之道,即遵循人類社會的自然倫理,不用人爲的破壞、改造社會肌體。

人　間　世

　　《人間世》篇，講亂世進退之道。本篇可分七章，第一章講：遊説暴君，當去好名之心，虛而待物；第二章講：使臣傳語，當去成敗之心，乘物以遊；第三章講：師傅伴君，當去有爲之心，形就心和；第四章講：智者隱於朝，若櫟木寄生於社，尸位素餐；第五章講：仁者隱於野，若商丘大木生於野，傲然獨立；第六章講：賢者支離其形，若支離疏隱於市；第七章講：聖人支離其德，若接輿隱於狂。

一

　　顔回見仲尼，請行。曰：“奚之？”曰：“將之衛。”曰：“奚爲焉？”曰：“回聞衛君，司馬彪曰：“衛莊公蒯聵也。”按：蒯聵，《左傳》作“蒯瞶”，衛靈公太子，以謀刺南子出奔，後劫持孔悝復國。其年壯，按：壯，謂血氣方剛。《論語·季氏》：“少之時，血氣未定，戒之在色；及其壯也，血氣方剛，戒之在鬭；及其老也，血氣既衰，戒之在得。”又《淮南子·詮言訓》：“凡人之性，少則倡狂，壯則暴强，老則好利，一人之身，既數變矣。”其行獨；按：獨，謂一意孤行。輕用其國，而不見其過；郭象曰：“莫敢諫。”輕用民死，按：輕用民死，謂視民如草芥。《左傳·哀公元年》記載，陳逢滑論吳楚興亡，曰：“國之興也，視民如傷，是其福也；其亡也，以民爲土芥，是其禍也。楚雖無德，亦不艾殺其民。吳日敝於兵，暴骨如莽，而未見德焉。天其或者正訓楚也，禍之適吳，其何日之有？”死者，以國量乎澤，若蕉。鍾泰曰：“量，比也。蕉，薪也。言以輕用兵，故民死者衆。比國於澤，則死者多如澤中之薪，甚言民之不堪命也。”民其无如矣。按：无如，謂无可奈何。回嘗聞之夫子曰：‘治國去之，亂國就之，醫門多疾。’

按：是義正與孔子反。《論語・泰伯》：“子曰：‘危邦不入，亂邦不居。天下有道則見，無道則隱。”願以所聞思其則，崔譔曰：“則，法也。”按：思其則，謂尋找解救的方法。庶幾其國有瘳乎！”李頤曰：“瘳，愈也。”

仲尼曰：“譆！若殆往而刑耳！成玄英曰：“若，汝也。”夫道不欲雜，按：雜，謂名實之心。《莊子・應帝王》：“汝游心於淡，合氣於漠，順物自然而无容私焉，而天下治矣。”又《周易・履卦》：“初九：素履往，无咎。”素，謂無私心。雜則多，按：多，謂滋生機巧之心。多則擾，按：擾，謂神不定。《莊子・天地》：“機心存於胸中，則純白不備；純白不備，則神生不定，神生不定者，道之所不載也。”擾則憂，按：憂，謂患得患失。《論語・陽貨》：“子曰：‘鄙夫可與事君也與哉？其未得之也，患得之；既得之，患失之；苟患失之，無所不至矣。’”憂而不救。按：不救，謂不可救藥。古之至人，先存諸己而後存諸人。劉武引《爾雅・釋詁》：“存，在也，察也。”按：《荀子・修身》：“見善，修然必以自存也；見不善，愀然必以自省也。”所存於己者未定，按：所存於己者，謂恬淡之心。何暇至於暴人之所行？王先謙曰：“至，猶逮及也。暴人，謂衛君。”按：《論語・憲問》：“子貢方人。子曰：‘賜也賢乎哉？夫我則不暇。’”且若亦知夫德之所蕩而知之所爲出乎哉？按：《莊子・德充符》：“平者，水停之盛也。其可以爲法也，內保之而外不蕩也。德者，成和之脩也。德不形者，物不能離也。”德蕩乎名，知出乎爭。名也者，相軋也；按：軋，傾軋。知也者，爭之器也。二者凶器，按：《韓非子・存韓》：“兵者，凶器也。不可不審用也。”非所以盡行也。按：行，用也。《列子・説符》：“用其言而行其術。”盡行，謂毫无保留。且德厚信矼，成玄英曰：“矼，確實也。”未達人氣，按：達，通也。氣，謂心氣。《文子・符言》：“人有順逆之氣生於心，心治則氣順，心亂則氣逆。”名聞不爭，按：名聞，謂高名令聞。未達人心。按：《莊子・列禦寇》：“凡人心險於山川，難於知天。”而强以仁義繩墨之言術暴人之前者，羅勉道曰：“術，讀作述。”是以人惡有其美也，按：人惡，謂他人之惡。有，得也。命之曰菑人。按：菑，災也。菑人，謂不祥之人。菑人者，人必反菑之，若殆爲人菑夫！按：《左傳・宣公九年》：“陳靈公與孔寧，儀行父通於夏姬，皆衷其祖服，以戲于朝。洩冶諫曰：‘公卿宣淫，民無效焉，且聞不令。君其納之！’公曰：‘吾能改矣。’公告二子。二子請殺之，公弗禁，遂殺洩冶。孔子曰：‘《詩》云：“民之多辟,無自立辟。"其洩冶之謂乎。'"**且苟爲悦賢而惡不肖**,按:苟爲,猶假如。《孟子·告子上》:"五穀者,種之美者也。苟爲不熟,不如荑稗。"**惡用而求有以異。**按:而,汝也。異,謂另眼相待。**若唯无詔**,按:詔,猶教也。《莊子·盗跖》:"夫爲人父者,必能詔其子;爲人兄者,必能教其弟。"无教則已,有教則鬪起。**王公必將乘人而鬪其捷。**按:乘,趁也。《孫子·九地》:"兵之情主速,乘人之不及;由不虞之道,攻其所不戒也。"乘人,謂趁人之疏漏。捷,捷辯。《韓非子·難言》:"捷敏辯給,繁於文采。"**而目將熒之**,成玄英曰:"熒,眩也,眼目眩惑。"**而色將平之**,成玄英曰:"顏色靡順,與彼和平。"**口將營之**,郭象曰:"自救解不暇。"按:營,亂也,謂語无倫次。**容將形之**,王先謙曰:"容將益恭。"按:容,謂儀容。**心且成之。**鍾泰曰:"成,如行成之成,猶今云妥協也。"**是以火救火,以水救水,名之曰益多。順始无窮**,按:順始无窮,謂一旦屈從,便无可挽回。**若殆以不信厚言**,林希逸曰:"厚言者,猶深言也。"按:《論語·子張》:"君子信而後勞其民,未信則以爲厲己也;信而後諫,未信則以爲謗己也。"**必死於暴人之前矣!**

且昔者桀殺關龍逢,紂殺王子比干,是皆修其身以下傴拊人之民,按:傴,俯身。拊,拍撫。《左傳·宣公十二年》:"申公巫臣曰:'師人多寒。'王巡三軍,拊而勉之。三軍之士皆如挾纊。"傴拊人之民,謂有奪民之嫌。《韓非子·外儲説右上》:"季孫相魯,子路爲郈令。魯以五月起衆爲長溝,當此之爲,子路以其私秩粟爲漿飯,要作溝者於五父之衢而飡之。孔子聞之,使子貢往覆其飯,擊毁其器,曰:'魯君有民,子奚爲乃飡之?'"**以下拂其上者也**,按:《荀子·臣道》:"有能抗君之命,竊君之重,反君之事,以安國之危,除君之辱,功伐足以成國之大利,謂之拂。"**故其君因其修以擠之。**按:擠,謂排擠。《楚辭·離騷》:"余雖好脩姱以鞿羈兮,謇朝誶而夕替。既替余以蕙纕兮,又申之以攬茝。亦余心之所善兮,雖九死其猶未悔。"**是好名者也。**王敔曰:"君子好名,爲暴君所殺。"

昔者堯攻叢枝、胥敖,成玄英曰:"叢枝、胥敖,并是國名。"**禹攻有扈**,按:有扈,古國名。**國爲虛厲**,李頤曰:"居宅無人曰虛,死而無後曰厲。"按:國,謂堯、禹之國。**身爲刑戮**,按:身,親也。《論語·陽貨》:"夫子曰:'親於其身爲不善者,君子不入也。'"身爲刑戮,謂堯禹親行征伐,刑戮小國之君。**其用兵不止,其求實无已。**按:實,謂功業。《莊子·齊物論》："我欲伐宗、膾、胥敖，南面而不釋然。"堯欲建功業，故興兵征伐。**是皆求名實者也。**按：是，謂堯禹。**而獨不聞之乎？ 名實者，聖人之所不能勝也，**按：聖人，謂儒家之聖人。勝，謂超脱名實。**而況若乎！ 雖然，若必有以也，**按：有以，謂緣故。《詩·邶風·旄丘》："何其久也？ 必有以也！"**嘗以語我來！"**王引之曰："來，句末語詞。"

　　顏回曰："端而虛，按：端，謂威儀。虛，謂謙恭。《左傳·昭公七年》："正考父佐戴、武、宣，三命兹益共，故其鼎銘云：'一命而僂，再命而傴，三命而俯，循牆而走，亦莫余敢侮，饘於是，鬻於是，以餬余口。'其共也如是。"**勉而一，**按：一，謂无貳心。《論語·八佾》："定公問：'君使臣，臣事君，如之何？'孔子對曰：'君使臣以禮，臣事君以忠。'"**曰："惡！ 惡可！ 夫以陽爲充孔揚，**按：陽，謂陽剛之氣。孔揚，謂陽氣外發。**采色不定。**按：采色，謂臉色。《莊子·天地》："垂衣裳，設采色，動容貌，以媚一世。"采色不定，謂喜怒无常。**常人之所不違，**按：不違，謂從其欲。《左傳·昭公四年》記楚靈王滅賴，申無宇曰："楚禍之首，將在此矣。召諸侯而來，伐國而克，城竟莫校，王心不違，民其居乎？ 民之不處，其誰堪之？ 不堪王命，乃禍亂也。"**因案人之所感，**按：案，通按，謂壓制。感，撼也。**以求容與其心。**宣穎曰："按服人之犯之者，以求自暢快。"**名之曰日漸之德不成，**按：日漸之德，謂日積之善。《周易·繫辭下》："善不積不足以成名，惡不積不足以滅身。"《荀子·勸學》："積善成德，而神明自得，聖心備焉。"**而況大德乎！ 將執而不化。**按：執而不化，謂衛君固執己見。**外合而内不訾，**按：外合，猶貌合。訾，思量。《韓非子·亡徵》："心惼悁而不訾前後者，可亡也。"内不訾，謂不知自省。**其庸詎可乎！"**王叔岷曰："庸詎，複語，義與何同。"**"然則我内直而外曲，**按：内直，謂率性任真。外曲，謂屈於世俗之禮。**成而上比。**按：成，平也，謂調和曲直。上比，謂效法先賢。《説苑·雜言》："君子上比，所以廣德也；下比，所以狹行也。"**内直者，與天爲徒。**按：與天爲徒，謂法天。《莊子·漁父》："禮者，世俗之所爲也；真者，所以受於天也，自然不可易也。故聖人法天貴真，不拘於俗。"**與天爲徒者，知天子之與已皆天之所子，**按：世俗恒貴天子，以得人君之歡爲榮。《詩·大雅·假樂》："百辟卿士，媚于天子。"又《詩·大雅·卷阿》："藹藹王多吉士，維君子使，媚于天子。"知天子與已皆天之所子,則人無貴賤,但合於天,不媚於天子矣。**而獨以已言蘄乎而人善之,蘄乎而人不善之邪?** 按:蘄,求也。人,謂天子。**若然者,人謂之童子,是之謂與天爲徒。**劉武曰:“內直者,坦率任真,應訾則訾也。如童子率其天真而言,毫無蘄求之心,其善之與否,聽諸人而已。”**外曲者,與人之爲徒也。擎跽曲拳,**王叔岷曰:“擎,拱手。跽,跪足。曲,鞠躬。拳,曲膝。”**人臣之禮也,人皆爲之,吾敢不爲邪?爲人之所爲者,人亦无疵焉,**按:顏回以爲无疵,實有疵也。《論語·八佾》:“子曰:‘事君盡禮,人以爲諂也。’”事君盡禮,君善之,而衆人惡之。**是之謂與人爲徒。成而上比者,與古爲徒。**劉武曰:“上比於古人,而與之爲類也。”**其言雖教謫之實也,**王叔岷曰:“教謫,謂訓導督責也。”**古之有也,非吾有也。若然者,雖直而不病,**成玄英曰:“我今誠直,亦幸無憂累。”**是之謂與古爲徒。若是則可乎?”仲尼曰:“惡!惡可!大多政法而不諜,**按:政,事也。《論語·泰伯》:“不在其位,不謀其政。”政法,謂行事法則。諜,通喋,謂喋喋不休。《史記·張釋之馮唐列傳》:“夫絳侯、東陽侯稱爲長者,此兩人言事曾不能出口,豈斅此嗇夫諜諜利口捷給哉!”**雖固亦无罪。**按:固,謂愚鈍。《左傳·定公十年》記載,魯武叔欲殺公若,其圍人獻計,曰:“吾以劍過朝,公若必曰:‘誰之劍也?’吾稱子以告,必觀之。吾僞固而授之末,則可殺也。”**雖然,止是耳矣,夫胡可以及化!**王先謙曰:“不足化人。”**猶師心者也。”**按:猶,依舊。師心,謂衛君師心自用,頑固不化。

顏回曰:“吾无以進矣,敢問其方。”仲尼曰:“齋,吾將語若!有心而爲之,**按:心,謂名實之心。**其易邪。**向秀曰:“輕易也。”《墨子·魯問》:“魯祝以一豚祭,而求百福於鬼神。子墨子聞之,曰:‘是不可。今施人薄而望人厚,則人唯恐其有賜於已也。今以一豚祭,而求百福於鬼神,唯恐其以牛羊祀也。古者聖王事鬼神,祭而已矣。今以豚祭而求百福,則其富不如其貧也。’”**易之者,暤天不宜。”**按:宜,肴也。《詩·鄭風·女曰雞鳴》:“將翱將翔,弋鳧與鴈。弋言加之,與子宜之。”暤天不宜,謂天不享其祭。**顏回曰:“回之家貧,唯不飲酒不茹葷者數月矣。**成玄英曰:“茹,食也。葷,辛菜也。”**如此,則可以爲齋乎?”曰:“是祭祀之齋,非心齋也。”回曰:“敢問心齋。”仲尼曰:“若一志,**按:一志,謂用志不分。《莊子·達生》:“用志不分,乃凝於神。”**无聽之以耳而聽之以心，按：聽之以心，謂得意忘言。《莊子·外物》："言者所以在意，得意而忘言。"无聽之以心而聽之以氣！按：心有形而氣无形。聽之以氣，謂无成心也。聽止於耳，按：止，謂局限。耳之所聽，止於言辭，不足得彼情實，故曰"聽止於耳"。心止於符。成玄英曰："符，合也。"按：符，符節。《莊子·徐无鬼》："以目視目，以耳聽耳，以心復心。"復，謂符合。心止於符，謂有成心者，合於己則聽，不合於己則拒。《莊子·在宥》："世俗之人，皆喜人之同乎己而惡人之異于己也。同於己而欲之，異於己而不欲者，以出乎衆爲心也。"氣也者，虛而待物者也。按：氣者，无形之物。氣之待物，物來斯去，物去斯來，故曰"虛而待物"。唯道集虛，按：集，止也。《老子·四章》："道沖，而用之或不盈。"沖，猶虛也。虛者，心齋也。"

顏回曰："回之未始得使，按：使，謂使氣。實自回也；按：聽之於耳，聽之於心，未能忘形，故曰："實自回也。"得使之也，按：使之，謂聽之以氣。未始有回也；按：未始有回，謂忘名實之心。可謂虛乎？"夫子曰："盡矣。吾語若！若能入遊其樊而無感其名，按：樊，謂樊籠。莊周蓋以鬭雞喻衛君。感，動也。衛君自賢，聞客來説，必生相鬭之心。無感其名，謂不冒然進説，以干犯人君賢聖之名。入則鳴，按：入，謂人君有納諫之心。鳴，謂進説。不入則止。按：止，謂緘口不言。無門無毒，按：門，謂擁門。《左傳·僖公二十八年》："晉侯圍曹，門焉，多死。"《公羊傳·宣公六年》："勇士入其大門，則無人門焉。"無門，意謂不要待詔宮門，等候君主召見。毒，惛也。《管子·宙合》云："毒而無怒，怨而無言。"無毒，謂不得召見，亦不含怒。《韓詩外傳》卷七："趙簡子有臣曰周舍，立於門下，三日三夜。簡子使人問之曰："子欲見寡人何事？"周舍對曰："願爲諤諤之臣。"一宅而寓於不得已，按：一，恒也。宅，謂安居。《莊子·刻意》："感而後動，迫而後應，不得已而後起。"則幾矣。王叔岷曰："幾，庶幾，近詞也。"

絶迹易，按：絶迹，承"一宅"，謂杜門不出。无行地難。按：无行地，謂靜居。《莊子·在宥》："尸居而龍見，淵默而雷聲，神動而天隨，從容无爲而萬物炊累焉。"爲人使，按：人，謂人心。易以僞；按：以，用也。僞，謂无情實。爲天使，按：天，謂天性。《莊子·庚桑楚》："性者，生之質也。性之動，謂之爲；爲之僞，謂之失。"難以僞。按：僞，謂矯飾。《尚書·周官》:"恭儉惟德,無載爾偽。作德,心逸日休;作偽,心勞日拙。"又陶淵明《歸去來兮辭序》:"質性自然,非矯勵所得;飢凍雖切,違己交病。"**聞以有翼飛者矣,未聞以无翼飛者也**;按:有翼飛者,鳥也;无翼飛者,心也。《莊子·在宥》謂心:"其熱焦火,其寒凝冰。其疾俯仰之間而再撫四海之外。"**聞以有知知者矣**,按:以有知知,謂以心智求知識。《莊子·大宗師》:"知人之所爲者,以其知之所知,以養其知之所不知,終其天年而不中道夭者,是知之盛也。"**未聞以无知知者也**。按:无知,謂虛靜之心。以无知知,謂虛心以求道。《莊子·大宗師》:"墮肢體,黜聰明,離形去知,同於大通,此謂坐忘。"大通,即道。

瞻彼闋者,林雲銘曰:"闋,牖也。"按:瞻彼闋,謂自窗而望室內。**虛室生白**,崔譔曰:"白者,日光所照。"按:儒者講博學,故言宗廟之美,百官之富;道家講"損",故言"虛室"。虛室生白,謂无名无實,內心光明。**吉祥止止**。按:吉祥,謂祥瑞。止止,謂止於靜。心知不動,則祥瑞來集。**夫且不止**,按:不止,謂心知之動。**是之謂坐馳**。成玄英曰:"雖容儀端拱,而精神馳騖,可謂形坐而心馳者也。"**夫徇耳目內通而外於心知**,按:徇,順也。耳目內通,謂收視反聽。外,棄也。外於心知,則心室虛;耳目內通,則心室光明。**鬼神將來舍**,按:舍,居也。鬼神喜光明、潔淨之室,故將來舍。《淮南子·本經訓》:"堂大足以周旋理文,靜潔足以享上帝、禮鬼神。"又《管子·心術》:"虛其欲,神將入舍;掃除不絜,神乃留處。"**而況人乎! 是萬物之化也**,按:化,謂歸化。《莊子·德充符》:"人莫鑑於流水而鑑於止水。唯止能止衆止。"《莊子·在宥》:"心養。汝徒處无爲,而物自化。"**禹、舜之所紐也**,按:紐,謂心之所繫。禹之所紐,謂虛心以事鬼神。《論語·泰伯》:"子曰:'禹,吾無間然矣。菲飲食,而致孝乎鬼神;惡衣服,而致美乎黻冕;卑宮室,而盡力乎溝洫。禹,吾無間然矣。'"舜之所紐,謂虛心以事父母。《孟子·萬章上》:"人少,則慕父母;知好色,則慕少艾;有妻子,則慕妻子;仕則慕君,不得於君則熱中。大孝終身慕父母。五十而慕者,予於大舜見之矣。"**伏戲、几蘧之所行終**,按:几蘧,古帝王。伏戲,伏羲也,又曰泰氏。《莊子·應帝王》:"泰氏,其臥徐徐,其覺于于;一以己爲馬,一以己爲牛。"泰氏无心,群於萬物,亦得其自然,以盡天年。**而況散焉者乎!**"按:散,謂不成材。《莊子·人間世》:"而幾死之散人,又惡知散木。"

二

葉公子高將使於齊，陸德明曰：“楚大夫，爲葉縣尹，僭稱公，姓沈，名諸梁，字子高。”問於仲尼曰：“王使諸梁也甚重，按：甚重，謂委以重任，蓋求救兵。齊之待使者，蓋將甚敬而不急。按：敬，謂以禮相待。急，謂急難。《韓非子·説林上》：“晉人伐邢，齊桓公將救之。鮑叔曰：‘太蚤。邢不亡，晉不敝；晉不敝，齊不重。且夫持危之功，不如存亡之德大。君不如晚救之以敝晉，齊實利；待邢亡而復存之，其名實美。’桓公乃弗救。”匹夫猶未可動，而況諸侯乎！吾甚慄之。李頤曰：“慄，懼也。”子常語諸梁也，按：常，通嘗，猶今言曾經。曰：‘凡事若小若大，寡不道以懽成。按：道，導也。《左傳·襄公二十五年》：“若敬行其禮，道之以文辭，以靖諸侯，兵可以弭。”傳達之辭，又稱“導言”。《楚辭·離騷》：“理弱而媒拙兮，恐導言之不固。”使者善於文辭，有助於成事，兩君交懽；不善則敗事，兩國交惡。故曰“寡不道以懽成”。事若不成，則必有人道之患；按：人道，謂君臣之義。《文子·上禮》：“義者，所以和君臣、父子、兄弟、夫婦人道之際也。”人道之患，謂失職。事若成，按：成，謂達成協議。事有成，未必有終。則必有陰陽之患。按：陰陽之患，謂喜怒失位。《莊子·在宥》：“人大喜邪？毗於陽；大怒邪？毗於陰。陰陽並毗，四時不至，寒暑之和不成，其反傷人之形乎！”若成若不成而後无患者，唯有德者能之。’按：德，和也，謂陰陽調和。有德者，謂心和之人。《莊子·在宥》：“天地有官，陰陽有藏。慎守女身，物將自壯。我守其一，以處其和。”吾食也執粗而不臧，按：粗，謂粗疏之飯。執粗而不臧，謂唯求粗食，不求精善。爨无欲清之人，成玄英曰：“清，涼也。所饌既其儉薄，爨人不欲思涼，燃火不多，無熱可避之也。”劉武引《吕氏春秋·功名篇》曰：“大熱在上，民清是走。’”今吾朝受命而夕飲冰，我其內熱與？按：內熱，猶今所謂焦慮。《晏子春秋·外篇上》：“窮困無以圖之，布脣枯舌，焦心熱中。”吾未至乎事之情，宣穎曰：“尚未到行事實處。”而既有陰陽之患矣；事若不成，必有人道之患。是兩也，爲人臣者不足以任之，子其有以語我來！”

仲尼曰："天下有大戒二：按：戒，畏也。《尚書·大禹謨》："戒哉！儆戒無虞，罔失法度。"其一，命也；按：命，猶天性。《禮記·中庸》："天命之謂性，率性之謂道。"其一，義也。按：《墨子·天志中》："天下有義則治，無義則亂，是以知義之爲善政也。"《列子·説符》："人而無義，唯食而已，是雞狗也。"子之愛親，命也，不可解於心；按：《孟子·萬章上》："大孝終身慕父母。"臣之事君，義也，按：《史記·宋微子世家》："父子有骨肉，而臣主以義屬。故父有過，子三諫不聽，則隨而號之；人臣三諫不聽，則其義可以去矣。"無適而非君也，無所逃於天地之間。按：《詩·小雅·北山》："溥天之下，莫非王土；率土之濱，莫非王臣。"又《左傳·宣公五年》記楚子越椒作亂，楚王滅若敖氏，"箴尹克黃使於齊，還及宋，聞亂。其人曰，'不可以入矣。'箴尹曰：'棄君之命，獨誰受之？君，天也，天可逃乎？'遂歸，復命，而自拘於司敗"。是之謂大戒。是以夫事其親者，不擇地而安之，按：地，謂四方之地。《莊子·德充符》："父母於子，東西南北，唯命之從。"孝之至也；夫事其君者，不擇事而安之，忠之盛也；按：忠之盛，謂不問成敗，盡職而已。自事其心者，按：事，從也。《莊子·漁父》："故强哭者雖悲不哀，强怒者雖嚴不威，强親者雖笑不和。真悲无聲而哀，真怒未發而威，真親未笑而和。"自事其心者，則哀樂主於心。哀樂不易施乎前。按：易施，亂也。《左傳·昭公二十五年》："生，好物也，死，惡物也，好物樂也，惡物哀也，哀樂不失，乃能協于天地之性，是以長久。"又《莊子·在宥》："使人喜怒失位，居處无常，思慮不自得。"自事其心者，哀樂不亂；忠以事君者，禍福不憂。知其不可奈何而安之若命，按：若，順也。《尚書·商書·仲虺之誥》："兹率厥典，奉若天命。"若命，謂隨順天命。德之至也。按：德，和也。《莊子·德充符》："死生、存亡、窮達、貧富、賢與不肖、毀譽、飢渴、寒暑，是事之變，命之行也。日夜相代乎前，而知不能規乎其始者也。故不足以滑和，不可入於靈府。使之和豫，通而不失於兑。使日夜无郤，而與物爲春，是接而生時於心者也。"爲人臣子者，固有所不得已。按：顔回之於衛君，客也；葉公之於楚王，臣也。雖皆曰"不得已"，而葉公爲甚。行事之情而忘其身，按：行事之情，謂盡職。何暇至於悦生而惡死！夫子其行可矣。

丘請復以所聞：凡交近則必相靡以信，按：交，邦交。近，謂鄰邦，休戚相關。靡，摩也。相靡，謂往來頻繁。遠則必忠之以言，按：

遠，謂无利害衝突。忠，厚也。忠之以言，謂忠言相告。《論語·顏淵》："子貢問友。子曰：'忠告而善道之，不可則止，無自辱焉。'" **言必或傳之。** 按：或，某人。**夫傳兩喜兩怒之言，天下之難者也。夫兩喜必多溢美之言，兩怒必多溢惡之言。凡溢之類妄，** 按：類，近也。妄，无情實。**妄則信之也莫，** 郭象曰："莫然疑之。" 按：莫，薄也。《論語·里仁》："子曰：'君子之於天下也，無適也，無莫也，義之與比。'" 皇侃引范寧曰："適莫，猶厚薄也。" **莫則傳言者殃。故法言曰：** 成玄英曰："法言，先聖之格言。" **'傳其常情，无傳其溢言，則幾乎全。'** 按：幾，猶未盡也。**且以巧鬬力者，** 按：以巧鬬力，蓋角力類遊戲。**始乎陽，常卒乎陰，** 按：陽，謂喜樂；陰，謂憤怒。《莊子·在宥》："人大喜邪？毗於陽；大怒邪？毗於陰。陰陽並毗，四時不至，寒暑之和不成，其反傷人之形乎！" **泰至則多奇巧；** 按：奇巧，謂非常手段。《左傳·昭公二十五年》："季、郈之雞鬬，季氏介其雞，郈氏爲之金距。平子怒，益宮於郈氏，且讓之。故郈昭伯亦怒平子。" **以禮飲酒者，始乎治，常卒乎亂，** 按：《詩·小雅·賓之初筵》："賓之初筵，溫溫其恭。其未醉止，威儀反反。曰既醉止，威儀幡幡。舍其坐遷，屢舞僊僊。" **泰至則多奇樂。** 按：奇樂，謂非禮之樂。《漢書·蓋寬饒傳》記平恩侯家宴，云："酒酣樂作，長信少府檀長卿起舞，爲沐猴與狗鬬，坐皆大笑。寬饒不說，卬視屋而歎曰：'美哉！然富貴無常，忽則易人，此如傳舍，所閱多矣。唯謹慎爲得久，君侯可不戒哉！'因起趨出，劾奏長信少府以列卿而沐猴舞，失禮不敬。" **凡事亦然。始乎諒，** 林希逸曰："諒，信也。" 按：諒，謂坦誠。不諒，謂猜忌。《楚辭·離騷》："惟此黨人之不諒兮，恐嫉妬而折之。" **常卒乎鄙；** 按：鄙，謂小人之心。《孟子·盡心下》："聞柳下惠之風者，薄夫敦，鄙夫寬。" **其作始也簡，其將畢也必巨。** 按：簡，謂簡易。巨，謂繁多。

言者， 按：言，謂言辯。《莊子·齊物論》："夫言非吹也，言者有言。其所言者特未定也。果有言邪？其未嘗有言邪？其以爲異於鷇音，亦有辯乎？其無辯乎？" **風波也；行者，** 按：行，謂爲行。《莊子·庚桑楚》："學者，學其所不能學也；行者，行其所不能行也；辯者，辯其所不能辯也。" **實喪也。** 按：實，謂情實。行者外行仁義，而內求名利，故曰"實喪"。《莊子·盜跖》："子張問於滿苟得曰：'盍不爲行？無行則不信，不信則不任，不任則不利。故觀之名，計之利，而義真是也。若棄名利，反之於心，則夫士之爲行,不可一日不爲乎!'"夫風波易以動,實喪易以危。故忿設无由,巧言偏辭。郭象曰:"夫忿怒之作無他由也,常由巧言過實、偏辭失當耳。"獸死不擇音,按:獸,鹿也。死,謂迫於死地。氣息茀然,按:茀然,謂氣息不暢。《國語·周語中》:"道茀不可行。"茀,謂亂草堵塞。於是並生心厲。按:厲,惡鬼。《左傳·成公十年》:"晉侯夢大厲,被髮及地,搏膺而踊。"心厲,謂害人之心。剋核大至,成玄英曰:"剋且責核,逼迫太甚。"則必有不肖之心應之,按:不肖,猶不善。《左傳·文公十七年》記載,晉侯責鄭貳於楚,鄭子家曰:"古人有言曰:'畏首畏尾,身其餘幾?'又曰:'鹿死不擇音。'小國之事大國也,德,則其人也;不德,則其鹿也。鋌而走險,急何能擇?"而不知其然也。苟爲不知其然也,孰知其所終!司馬彪曰:"誰知禍之所終者也。"故法言曰:'无遷令,按:遷,改也。遷令,謂擅改使命。《左傳·宣公十二年》記晉楚邲之戰,雙方皆不欲戰,云:"晉魏錡求公族未得,而怒,欲敗晉師。請致師,弗許。請使,許之。遂往,請戰而還。"无勸成,按:勸,助也。《老子·七十九章》:"和大怨,必有餘怨,安可以爲善?"過度益也。'俞樾曰:"益,當讀爲溢,言過其度則溢。"遷令勸成,殆事。按:殆,敗也。美成在久,惡成不及改,劉武曰:"言事之美成者,非倉猝可致,必須多經時日;如爲惡成,後雖悔改,勢已不及矣。"可不慎與!且夫乘物以遊心,按:物,謂名實。《莊子·山木》:"物物而不物於物,則胡可得而累邪!"乘物以遊心,謂不爲名實所累。託不得已以養中,按:養中,謂養心。《莊子·在宥》:"心養。汝徒處无爲,而物自化。墮爾形體,吐爾聰明,倫與物忘。"至矣。何作爲報也!按:報,報命。作,造作,謂遷令、勸成之事。《老子》:"知常曰明。不知常,妄作凶。"莫若爲致命。宣穎曰:"但致君命而已不與。"此其難者。"按:行者出使,无私爲難。

三

顏闔將傅衛靈公大子,陸德明曰:"顏闔,魯賢人。"司馬彪曰:"大子,蒯聵也。"而問於蘧伯玉曰:按:蘧伯玉,衛大夫。《論語·衛靈公》:"子曰:君子哉蘧伯玉!邦有道則仕,邦無道則可卷而懷之。""有人於此,其德天殺。按:天殺,天性好殺。與之爲无方,按:无方,謂无禮。《荀子·禮論》:"禮者,人道之極也。然而不法禮,不足禮,謂之無方之民;法禮足禮,謂之有方之士。"則危吾國;與之爲有方,則危吾身。其知適足以知人之過,而不知其所以過。劉武曰:"足以知人之過而責之,而不知人之所以有過而原之。"若然者,吾柰之何?"蘧伯玉曰:"善哉問乎!戒之,慎之,正女身哉!按:正身,或可以遠禍。形莫若就,劉武曰:"就者,不過身與之近;入則同流,必致心亦附之,則損和矣。"心莫若和。按:和,謂和諧。《左傳·昭公二十年》:"齊侯至自田,晏子侍于遄臺,子猶馳而造焉。公曰:'唯據與我和夫。'晏子對曰:'據亦同也,焉得爲和。'"雖然,之二者有患。就不欲入,按:入,謂同謀。《韓詩外傳》卷一:"不逢時而仕,任事而敦其慮,爲之使而不入其謀。"和不欲出。按:出,謂先唱。《莊子·德充符》篇謂哀駘它,曰:"未嘗有聞其唱者也,常和人而已矣。"形就而入,且爲顛爲滅,爲崩爲蹶。成玄英曰:"顛,覆也。滅,絶也。崩,壞也。蹶,敗也。"心和而出,且爲聲爲名,按:聲,謂聲望。爲妖爲孽。按:《尚書·太甲中》:"天作孽,猶可違;自作孽,不可逭。"孔傳:"逭,逃也。"爲妖爲孽,謂自速其禍。

　彼且爲嬰兒,亦與之爲嬰兒;按:嬰兒,謂頑劣。《左傳·宣公二年》:"晉靈公不君:厚斂以彫牆;從臺上彈人,而觀其辟丸也。"彼且爲无町畦,按:町,田間土埂。畦,田間區塊。治田以町畦,治國以禮義。无町畦,謂不知禮義。亦與之爲无町畦;彼且爲无崖,按:无崖,猶罔極。《詩·衛風·氓》:"女也不爽,士貳其行。士也罔極,二三其德。"罔極,謂反復无常。《禮記·士冠禮》:"棄爾幼志,順爾成德。"亦與之爲无崖。達之,按:達之,謂通曉暴人之習性。入於无疵。按:疵,小過也。无疵,謂毫无過失。汝不知夫螳蜋乎?按:《淮南子·人間訓》:"齊莊公出獵,有一蟲舉足將搏其輪,問其御曰:'此何蟲也?'對曰:'此所謂螳蜋者也。其爲蟲也,知進而不知卻,不量力而輕敵。'莊公曰:'此爲人而必爲天下勇武矣。'迴車而避之。"怒其臂以當車轍,按:當,面對。《國語·晉語五》:"梁山崩,以傳召伯宗,遇大車當道而覆。"不知其不勝任也,是其才之美者也。成玄英曰:"自恃才能之美善。"戒之!慎之!積伐而美者以犯之,郭象曰:"積汝之才,伐汝之美,以犯此人,危殆之道。"幾矣。按：幾，危也。**汝不知夫養虎者乎？不敢以生物與之，**按：生物，謂活物。**爲其殺之之怒也；不敢以全物與之，爲其決之之怒也；**按：決，撕裂。《晏子春秋·內篇諫下》曰："今夫胡貉戎狄之蓄狗也，多者十有餘，寡者五六，然不相害傷。今束雞豚妄投之，其折骨決皮，可立見也。"**時其飢飽，**按：時，謂等候，觀察。**達其怒心。**按：達，謂通曉。**虎之與人異類而媚養己者，順也；故其殺者，逆也。夫愛馬者，以筐盛矢，**按：矢，通屎。**以蜄盛溺。**陸德明曰："蜄，蛤類。"**適有蚉虻僕緣，**王念孫曰："僕之言附也，蚉虻附緣於馬體也。《詩·大雅·既醉》'景命有僕'，毛傳：'僕，附也。'"**而拊之不時，**按：拊，拍打。不時，不及時。**則缺銜毀首碎胸。**按：銜，馬勒口。首，轡頭。胸，馬胸前大帶。**意有所至而愛有所亡，**按：意，謂愛馬之心意。意至、愛亡，謂馬之喜怒无常。**可不慎邪！"**林雲銘曰："一時之意所及偶疏，將平日之愛盡棄。"

四

匠石之齊，成玄英曰："匠是工人之通稱，石乃巧者之私名。"**至於曲轅，**成玄英曰："曲轅，地名也。"**見櫟社樹。**鍾泰曰："櫟社，古者立社，各樹其所宜之木，此樹以櫟，故以櫟名。下'樹'即謂櫟也。《漢書》言高祖禱豐枌榆社，則漢時猶以所樹之木命社也。"**其大蔽數千牛，**按：其大，謂樹蔭之大。**絜之百圍，**林希逸曰："絜之，以手量之也。兩手合而圍之爲一圍。"**按：兩手合，謂兩拇指、食指合攏。一圍，約三十六厘米，則百圍之樹，直徑約十一米。**其高臨山，十仞而後有枝，**成玄英曰："七尺曰仞。"**按：一尺，約二十三厘米，則十仞，約十六米。**其可以爲舟者旁十數。**崔譔曰："旁，旁枝也。"**按：爲舟，其大似可爲舟，然爲舟則沉。**觀者如市，匠伯不顧，**鍾泰曰："伯者，長也，對下弟子言，故易稱之曰匠伯。"**遂行不輟。弟子厭觀之，**宣穎曰："飽看。"**走及匠石，**按：走及，謂跑步追趕。**曰："自吾執斧斤以隨夫子，未嘗見材如此其美也。先生不肯視，行不輟，何邪？"曰："已矣，勿言之矣！散木也。**郭象曰："不在可用之數，故曰'散木'。"**按：《周禮·春官宗伯·巾車》："凡良車,散車,不在等者,其用無常。"又《荀子·勸學》:"故隆禮,雖未明,法士也;不隆禮,雖察辯,散儒也。"**以爲舟則沈**,按:沈,同沉。木質沉重,不可爲舟。《淮南子·齊俗訓》:"鐵不可以爲舟,木不可以爲釜,各用之於其所適,施之於其所宜。"**以爲棺槨則速腐**,按:速腐,木質疏鬆。**以爲器則速毀**,按:速毀,謂木質脆。**以爲門戶則液樠**,王敔曰:"松心木爲樠。膏液如樠粘人也。"**以爲柱則蠹**。按:蠹,謂生蛀蟲。柱生蟲則折,柱折則屋毀。是不材之木也,無所可用,故能若是之壽。"**匠石歸,櫟社見夢曰**:鍾泰曰:"見夢,見於夢也。""**女將惡乎比予哉? 若將比予於文木邪?** 林希逸曰:"文木者,言木之可觀而可爲用者也。"按:可觀,謂木紋美觀。**夫柤棃橘柚,果蓏之屬**,按:柤,山楂。果,果樹。蓏,瓜瓠。**實熟則剝**,按:剝,謂剝皮。**剝則辱;大枝折,小枝泄**。按:泄,謂發散。《莊子·列禦寇》:"水流乎无形,發泄乎太清。"又《詩·邶風·雄雉》:"雄雉于飛,泄泄其羽。"泄泄,鼓翼貌。小枝泄,謂小枝散亂。**此以其能苦其生者也,故不終其天年而中道夭,自掊擊於世俗者也。**按:掊,砸也。《莊子·逍遥遊》:"吾爲其无用而掊之。"**物莫不若是。且予求无所可用久矣**,按:求无用,謂擁腫其本,曲拳其枝。**幾死**,按:死,言爲人所剪伐。**乃今得之,爲予大用。**按:大用,自用也。**使予也而有用,且得有此大也邪? 且也若與予也**,按:若,汝也。**皆物也。奈何哉,其相物也?** 按:物,相也。《左傳·成公二年》:"先王疆理天下,物土之宜而布其利。"又《周禮·夏官司馬·校人》:"凡軍事,物馬而頒之。"相物,謂相互品評。**而幾死之散人**,按:而,汝也。幾死,近死也。**又惡知散木!**"**匠石覺而診其夢。**司馬彪曰:"診,占夢也。"按:診,診斷,謂自解其夢。**弟子曰:"趣取無用**,成玄英曰:"櫟木意趣,取於無用爲用全其生。"**則爲社何邪?"**按:社有保民之義。今櫟社意在自全,有尸位素餐之嫌,故遭匠石弟子詬厲。**曰:"密!** 劉武曰:"密,隱秘勿洩也。"**若無言! 彼亦直寄焉**,林希逸曰:"彼指櫟也,其所以爲社者,亦直寄寓而已。"**以爲不知己者詬厲**,司馬彪曰:"詬,辱也。厲,病也。"按:不知己者,謂匠石弟子。**不爲社者,且幾有剪乎!** 王叔岷曰:"幾,殆也。有,猶見也,《韓非子·説難》篇'昔者彌子瑕有寵於衛君',《史記·韓非列傳》'有'作'見',即其比。此謂'不成爲櫟社者,則殆見翦伐乎!'"

且也彼其所保與衆異，羅勉道曰："彼其所保全此生者與衆人異。"按：
衆樹保於山澤，遠離人群；櫟社樹保於社，在人群之中。而以義喻之，按：
義，謂君臣之義。櫟樹竊居"社木"之位，而趣取无用，是尸位素餐也。喻，謂
曉喻。弟子見櫟社尸位素餐，故以"義"諷之。然亂世之中，自保尚難，何暇
保民，故曰："不亦遠乎。"不亦遠乎！按：櫟樹托於社，似東方朔隱於廟
堂。《史記·滑稽列傳》："朔行殿中，郎謂之曰：'人皆以先生爲狂。'朔曰：
'如朔等，所謂避世於朝廷間者也。古之人，乃避世於深山中。'時坐席中，酒
酣，據地歌曰：'陸沈於俗，避世金馬門。宮殿中可以避世全身，何必深山之
中，蒿廬之下。'"櫟社樹寓言，講避世金馬門。

<h1 style="text-align:center">五</h1>

南伯子綦遊乎商之丘，成玄英曰："伯，長也，即南郭子綦也。商
丘，地名。"見大木焉有異。按：有異，謂與衆不同。結駟千乘，隱將
芘其所藾。向秀曰："藾，蔭也。"按：隱，慢也。《楚辭·九章·抽思》：
"軫石崴嵬，蹇吾願兮。超回志度，行隱進兮。低佪夷猶，宿北姑兮。"聞一多
《解詁》曰："隱，微也。所進甚微，言其行遲也。"子綦結駟千乘，行進必緩，
故曰"隱將芘其所藾"。子綦曰："此何木也哉！此必有異材夫！"
仰而視其細枝，則拳曲而不可以爲棟梁；按：拳，謂如拳之曲。俯
而視其大根，按：大根，謂主根。則軸解而不可以爲棺槨；林希逸
曰："軸解，不實也，如今芋莖然。"按：軸，謂虛病。《詩·衛風·考槃》："考
槃在陸，碩人之軸。"鄭玄曰："軸，病也。"病，謂身體空乏。解，謂離析。《莊
子·庚桑楚》："冰解凍釋。"軸解，謂木質疏鬆。咶其葉，鍾泰曰："咶，同
舓，咶取會意，舓取諧聲也。"則口爛而爲傷；按：爛，謂灼燒。《左傳·定
公三年》謂邾莊公"自投于床，廢于爐炭，爛，遂卒"。嗅之，則使人狂
酲，李頤曰："狂酲，狂如酲也。病酒曰酲。"三日而不已。按：莊周曾爲
漆園吏，商丘大木，蓋以漆樹爲原型。生漆有過敏性，觸之則皮膚奇癢、潰
爛；舓之，則灼傷口腔；甚至嗅之即過敏生瘡。子綦曰："此果不材之木
也，以至於此其大也。嗟乎神人，以此不材！"按：以此，猶如此。
《莊子·馬蹄》："含哺而熙，鼓腹而遊，民能以此矣。"櫟社樹，隱於廟堂者
也，似東方朔。商丘之木，謂隱於郊野之士。

宋有荊氏者，司馬彪曰：“荊氏，地名也。”宜楸柏桑。其拱把而上者，司馬彪曰：“兩手曰拱，一手曰把。”求狙猴之杙者斬之；宣穎曰：“杙，繫楜也。”按：狙猴，獼猴。橛，短木，一端尖，釘於地上，一端繫繩，以栓獼猴。三圍四圍，崔譔曰：“圍環八尺爲一圍。”求高名之麗者斬之；王念孫：“名，大也。《禮器》：‘因名山升中於天。’鄭注曰：‘名，猶大也。’”吳汝綸曰：“麗與欚同。”按：欚，屋棟也。《列子·湯問》：“餘音繞梁欚三日不絕。”七圍八圍，貴人富商之家求樿傍者斬之。司馬彪曰：“棺之全一邊者，謂之樿傍。”按：全一邊，謂棺木四面皆用整塊木板，非拼合而成。故未終其天年，而中道之夭於斧斤，此材之患也。故解之以牛之白顙者，郭象曰：“巫祝解除。”按：解，謂祭祀除罪。《淮南子·脩務訓》：“禹之爲水，以身解於陽盱之河。”與豚之亢鼻者，司馬彪曰：“亢，高也。額折故鼻高。”與人之有痔病者，不可以適河。司馬彪曰：“適河，謂沈人於河祭也。”按：痔，痔瘡。有痔者，不潔，不可以事鬼神，故免於死。此皆巫祝以知之矣，所以爲不祥也。此乃神人之所以爲大祥也。郭象曰：“彼乃以不祥全生，乃大祥也。”按：《左傳·昭公二十二年》：“賓孟適郊，見雄雞自斷其尾。問之，侍者曰：‘自憚其犧也。’”

六

支離疏者，按：支離疏駝腰，喻世道艱險。《詩·小雅·正月》：“謂天蓋高，不敢不局。謂地蓋厚，不敢不蹐。”局，曲也，謂彎腰。頤隱於臍，按：頤，臉頰。臍，肚臍。肩高於頂，按：頂，頭頂。會撮指天，司馬彪曰：“會撮，髻也。古者髻在項中，脊曲頭低，故髻指天也。”五管在上，按：五管，指五節腰椎。《淮南子·精神訓》：“子求行年五十有四，而病傴僂，脊管高于頂，脅下迫頤，兩脾在上，燭營指天。”高誘注：“僂，脊管下竅也。高于頂，出頭上也。”脊管，指脊椎的骨節，因骨節中空，故稱“脊管”。人的脊椎共三十三塊，其中頸椎七塊，胸椎十二塊，腰椎五塊，骶骨、尾骨共九塊。五管，即指五塊腰椎。支離疏身深度前俯，故腰椎彎曲，凸露於上，故曰“五管在上”。兩髀爲脅。按：髀，大腿。爲脅，支離疏駝背，故髀與脅並。支離疏之象，若商丘大木之細枝，“拳曲而不可以爲棟梁”也。世人常以棟梁喻國之賢才。支離疏身形拳曲，散木之象，无所可用。挫鍼治繲，司馬彪曰：

"挫鍼,縫衣也。"按:挫,謂頓挫。蓋縫衣之工,穿針引綫,必一進一頓,曲折往復,故曰:"挫鍼"。纏,綫也。陸德明曰:"纏,崔作'纉',音綫。"綫,縷也。《淮南子·説山訓》:"先針而後縷,可以成帷;先縷而後針,不可以成衣。"縷,綫也。挫鍼治纏,猶云穿針引綫。縫衣之事,需俯身而爲,常人勞作久,則腰頸酸痛,而支離疏駝腰,乃无此疾。**足以餬口;鼓筴播精**,崔譔曰:"鼓筴,撲著鑽龜也。播精,卜卦占兆也。鼓筴播精,言賣卜。"按:鼓,動也。鼓筴,謂手夾著草而筮。筮用蓍草,而卜用龜。崔譔言"鑽龜"則誤。精,糈也,祭神所用精米。卜筮當祭神,事畢,則米歸卜筮者。《史記·日者列傳》:"夫卜而有不審,不見奪糈。爲人主計而不審,身無所處。"蓋卜筮者,以祭神餘米爲酬。播,猶撥,分也。《儀禮·士虞禮》:"尸飯,播餘於篚。"播餘於篚,謂分撥糈米於筐也。播精,謂分得祭神之餘糈。**足以食十人。上徵武士,則支離攘臂而遊於其間**;按:攘臂,謂舉臂招手。《孟子·盡心下》:"虎負嵎,莫之敢攖。望見馮婦,趨而迎之。馮婦攘臂下車。衆皆悦之。"**上有大役**,按:大役,謂築城、作宫室之役。**則支離以有常疾不受功**;郭象曰:"不任作役。"按:功,猶役。《詩·豳風·七月》:"我稼既同,入執官功。"《左傳·莊公二十九年》:"凡土功,龍見而畢務,戒事也。"**上與病者粟**,按:《孟子·梁惠王下》:"春省耕而補不足;秋省斂而助不給。"**則受三鍾與十束薪**。按:鐘,約合今六十四公升。**夫支離其形者**,按:支離,謂毁壞身體,使不可用。**猶足以養其身,終其天年,又況支離其德者乎!**宣穎曰:"支離其德,不中世俗之用者也。"按:支離疏寓言,講大隱隱於市。

七

　　孔子適楚,按:孔子周遊列國,有聖人之名,不知"支離其德"也。**楚狂接輿遊其門曰**:按:《論語·微子》:"楚狂接輿歌而過孔子曰:'鳳兮!鳳兮!何德之衰?往者不可諫,來者猶可追。已而,已而!今之從政者殆而!'孔子下,欲與之言。趨而辟之,不得與之言。"**"鳳兮鳳兮**,按:鳳,謂孔子。《山海經·南山經》:"丹穴之山,其上多金玉。丹水出焉,而南流注于渤海。有鳥焉,其狀如雞,五采而文,名曰鳳皇。首文曰德,翼文曰義,背文曰禮,膺文曰仁,腹文曰信。是鳥也,飲食自然,自歌自舞,見則天下安

寧。"何如德之衰也! 成玄英曰:"何如,猶如何。"按:《論語·子罕》:
"鳳鳥不至,河不出圖,吾已矣夫!"來世不可待,往世不可追也。按:
往世,謂文武、周公之世。《論語·八佾》:"子曰:'周監於二代,郁郁乎文
哉! 吾從周。'"天下有道,按:天下有道,謂競道德之世。《韓非子·五
蠹》:"上古競於道德,中世逐於智謀,當今爭於氣力。"聖人成焉;按:聖
人,謂堯舜也。天下無道,按:天下无道,謂當今之世。聖人生焉。按:
聖人生於亂世,常不得善終。方今之時,成玄英曰:"方,猶當也。"僅免
刑焉。福輕乎羽,莫之知載;按:莫之知載,求仁也。莫之知避,行義
也。《論語·衛靈公》:"子曰:'志士仁人,無求生以害仁,有殺身以成仁。'"
禍重乎地,莫之知避。按:莫之知避,謂捨生取義。已乎已乎,臨人
以德! 殆乎殆乎,畫地而趨! 林希逸曰:"畫地而趨,言其自拘束以自
苦,如畫地而行焉。"按:趨,奔走貌。畫地而趨,謂孔子周游列國,猶如原地
打轉,毫无進展。迷陽迷陽,按:迷陽,猶望羊,謂眺望。《白虎通義·聖
人》:"武王望羊,是謂攝揚,盱目陳兵,天下富昌。"盱目,張目貌。《孔子家
語·辯樂解》描述周文王之相,曰:"近黮而黑,欣然長,曠如望羊,奄有四方,
非文王其孰能爲此。"《晏子春秋·內篇諫上》:"晏子朝,杜扃望羊待於朝。"
迷陽迷陽,意謂抬頭遠望,看清方向。无傷吾行! 吾行郤曲 按:郤,謂
退卻。曲,謂避讓。郤曲,謂進退失據,不能正道直行。无傷吾足!"按:
傷足,傷行,謂誤仕不義,傷其德。《詩·小雅·小宛》:"惴惴小心,如臨于
谷。戰戰兢兢,如履薄冰。"本章講:聖人隱於狂。

　　山木自寇也,司馬彪曰:"木爲柄,還自伐。"膏火自煎也。桂可
食,故伐之;按:桂,香木,皮可製酒漿。《楚辭·九歌·東君》:"援北斗
兮酌桂漿。"漆可用,故割之。按:山木、膏火、桂木、漆木,不能支離其
德,故爲人所傷。人皆知有用之用,而莫知无用之用也。按:无用
者,謂其德不形。

小　　結

　　《人間世》篇講處世之道,分"入世之道"和"出世之道"。前三章講"入
世之道",自顏回爲賓客、葉公子高爲使臣,至顏闔太子師傅,入世越來越深。

第四章的櫟社樹,類似東方朔避世金馬門,處於"入世"和"出世"之間。第五、六、七章講"出世之道",自商丘大木自放於野,支離疏支離其形,楚狂接輿支離其德,出世之心愈加果決。然無論"出世"還是"入世",一以貫之的是莊周的"遊世"思想。《天下》篇曰:"獨與天地精神往來,而不敖倪於萬物,不譴是非,以與世俗處。"莊周入世、親物,但入乎其中,又能出乎其外,物物而不物於物,乃能逍遥於世。

德　充　符

　　《德充符》篇，講和氣充盈於心，通天人之樂。符，心也。《齊物論》篇："聽止於耳，心止於符。"本篇分五章：第一章講：王駘忘物我之分，直寓六骸；第二章講：伯昏无人忘形骸，遊心於德；第三章講：老聃心无是非，解天之刑；第四章講：哀駘它心无好惡，與物爲春；第五章講：莊周无人之情，通天人之樂。

一

　　魯有兀者王駘，李頤曰："刖足曰兀。"從之遊者與仲尼相若。陸德明曰："若，如也。"常季問於仲尼曰："王駘，兀者也，從之遊者與夫子中分魯。立不教，坐不議，虛而往，按：虛，謂和氣枯竭。《莊子·胠篋》："夫川竭而谷虛，丘夷而淵實。"實而歸。按：實，謂和氣充盈。《莊子·則陽》："故或不言而飲人以和，與人並立而使人化。"固有不言之教，無形而心成者邪？按：成，合也。心成，謂心相印。《莊子·徐无鬼》："以目視目，以耳聽耳，以心復心。"是何人也？"仲尼曰："夫子，聖人也，按：《老子·二章》："聖人處無爲之事，行不言之教，萬物作焉而不辭。"丘也直後而未往耳。王念孫曰："直之爲言特也。直與特古同聲而通用。"按：後，遲也。《楚辭·九歌·山鬼》："余處幽篁兮終不見天，路險難兮獨後來。"丘將以爲師，而況不若丘者乎！奚假魯國！按：假，謂托付。《莊子·大宗師》："假於異物，托於同體。"奚假魯國，何止以魯國相托。丘將引天下而與從之。"按：引，導也。與，隨也。《莊子·寓言》："彼來則我與之來，彼往則我與之往。"

　　常季曰："彼兀者也，而王先生。按：王，往也，謂歸服。《尚書·大禹謨》：“無怠無荒，四夷來王。”又《左傳·莊公二十四年》：“諸侯有王，王有巡守。”王先生，謂使孔子歸服。**其與庸亦遠矣。**崔譔曰：“庸，常人也。”按：常人，謂身體健全之人。庸人尚能自保其身。王駘遭刑戮，身且不保，奚能教人？**若然者，其用心也獨若之何？”仲尼曰：“死生亦大矣，而不得與之變，**按：之，謂和豫之心。《莊子·齊物論》：“其形化，其心與之然，可不謂大哀乎？”變，謂哀樂之變。不得與之變，謂心不隨死生而有哀樂。**雖天地覆墜，**按：覆墜，謂天翻地覆，歸於渾沌。**亦將不與之遺。**按：遺，忘也，謂喪和豫之心。《莊子·齊物論》：“其形化，其心與之然，可不謂大哀乎？”**審乎无假而不與物遷，**按：審，察也。无假，謂无待於外物。《莊子·天道》：“外天地，遺萬物，而神未嘗有所困也。”與物遷，謂喪己於物。《莊子·繕性》：“喪己於物，失性於俗者，謂之倒置之民。”**命物之化而守其宗也。”**按：命，謂順從。命物之化，謂順從萬物死生之化，不妄生哀樂。其宗，謂天德。《莊子·天下》：“夫明白於天地之德者，此之謂大本大宗，與天和者也。”

　　常季曰：“何謂也？”仲尼曰：“**自其異者視之，**按：之，謂我之身。**肝膽楚越也；自其同者視之，萬物皆一也。**按：一，謂一氣之所化。《莊子·知北遊》：“人之生，氣之聚也。聚則為生，散則為死。若死生為徒，吾又何患！故萬物一也。是其所美者為神奇，其所惡者為臭腐。臭腐復化為神奇，神奇復化為臭腐。故曰：通天下一氣耳。”**夫若然者，且不知耳目之所宜，**按：宜，謂喜好。《禮記·內則》：“子甚宜其妻，父母不說，出。”**而遊心乎德之和；**劉武曰：“心無好惡而能和，則視之同矣，同則一矣。”**物視其所一而不見其所喪，視喪其足猶遺土也。”**按：土，謂塵土。

　　常季曰：“**彼為己，**按：為己，謂修德而已。《論語·憲問》：“子曰：‘古之學者為己，今之學者為人。’”**以其知得其心，**按：得其心，謂不妄生哀樂。《莊子·人間世》：“自事其心者，哀樂不易施乎前，知其不可奈何而安之若命，德之至也。”**以其心得其常心。**按：常心，謂和豫之心。《老子·五十五章》：“知和曰常，知常曰明。”**物何為最之哉？”**司馬彪曰：“最，聚也。”按：《管子·禁藏》：“冬收五藏，最萬物，所以內作民也。”**仲尼曰：“人莫鑑於流水而鑑於止水，唯止能止眾止。**劉武曰：“水止則清澄，人自來止以取鑑。”**受命於地，唯松柏獨也在，**按：在，終也。

《左傳·成公十六年》："多怨而階亂,何以在位。"又《左傳·哀公二十七年》："多陵人者皆不在。"沈欽韓《補注》、洪亮吉《詁》均引《爾雅·釋詁》云："在,終也。"在,謂不失本色。**冬夏青青;**按:青青,松柏之本色。《論語·子罕》："子曰:'歲寒,然後知松柏之後彫也!'"**受命於天,**按:命,孝子之愛親。《莊子·人間世》："子之愛親,命也。不可解於心。"**唯舜獨也正,**按:正,謂不失本性。《孟子·萬章上》："大孝終身慕父母。五十而慕者,予於大舜見之矣。"**幸能正生,**按:生,猶性。《孟子·盡心上》："有天民者,達可行於天下而後行之者也。有大人者,正己而物正者也。"**以正眾生。**宣穎曰:"舜能正己之性,而物性自皆受正。"按:《史記·五帝本紀》:"舜耕歷山,歷山之人皆讓畔;漁雷澤,雷澤上人皆讓居;陶河濱,河濱器皆不苦窳。一年而所居成聚,二年成邑,三年成都。"**夫保始之徵,**按:保,守也。徵,信也。保始之徵,謂受命於君,信守諾言。**不懼之實。**按:實,情也。實,謂勇氣充盈。《左傳·莊公十年》:"夫戰,勇氣也,一鼓作氣,再而衰,三而竭。彼竭我盈,故克之。"**勇士一人,雄入於九軍。**林希逸曰:"九軍者,言眾兵也。"按:雄入於九軍,謂率先沖入敵陣。《左傳·成公二年》:"齊高固入晉師,桀石以投人,禽之而乘其車,繫桑本焉,以徇齊壘,曰:'欲勇者賈余餘勇。'"**將求名而能自要者,**按:要,謂挾制。《左傳·襄公九年》:"要盟無質,神弗臨也。"自要,謂自我挾制,遵守諾言。**而猶若是,**按:若是,謂忘死生也。《韓非子·外儲說左上》:"利之所在,民歸之;名之所彰,士死之。"**而況官天地,**按:官,同館,謂宮室。官天地,謂以天地爲宮室。**府萬物,**按:府,藏也。府萬物,謂藏萬物於天地。《莊子·天地》:"萬物一府,死生同狀。"府,即天地。**直寓六骸,**成玄英曰:"六骸,謂身、首、四肢也。"宣穎曰:"直,猶特。以六骸爲吾寄寓。"**象耳目,**按:象,謂徒具形骸。《韓非子·顯學》:"磐石千里,不可謂富。象人百萬,不可謂強。"象耳目,謂有耳无聰,有目无明。是與"不知耳目之所宜"相應。**一知之所知,**按:知之所知,物也。一,謂无好惡。**而心未嘗死者乎!**羅勉道曰:"心未嘗陷於物,以死也。"按:未嘗死,謂與物爲春也。詳見下文。**彼且擇日而登假,**按:登假,即登遐,原指火葬。《呂氏春秋·孝行覽·義賞》:"氐羌之民,其虜也,不憂其係纍,而憂其死不焚也。"又《列子·湯問》:"秦之西有儀渠之國者,其親戚死,聚柴積而焚之。燻則煙上,謂之登遐,然後成爲孝子。"登假,謂與天和樂。**人則從是也。彼且何肎以物**

爲事乎！"按：肎，同肯。《莊子·天道》："夫明白於天地之德者，此之謂大本大宗，與天和也。所以均調天下，與人和者也。與人和者，謂之人樂；與天和者，謂之天樂。"

二

申徒嘉，李頤曰："申徒，氏；嘉，名。"兀者也，而與鄭子産同師於伯昏无人。按：子産，鄭國執政卿，以多智著稱。《論語·公冶長》："子謂子産，'有君子之道四焉：其行己也恭，其事上也敬，其養民也惠，其使民也義'。"子産謂申徒嘉曰："我先出則子止，子先出則我止。"按：《禮記·仲尼燕居》："席則有上下，車則有左右，行則有隨，立則有序，古之義也。"其明日，又與合堂同席而坐。按：《禮記·坊記》："觴酒豆肉讓而受惡，民猶犯齒；衽席之上讓而坐下，民猶犯貴；朝廷之位讓而就賤，民猶犯君。"申徒嘉行不後，坐而同席，是无良之民也，故子産責之，以正禮義。子産謂申徒嘉曰："我先出則子止，子先出則我止。今我將出，子可以止乎，其未邪？且子見執政而不違，林希逸曰："不違者，不避也。"子齊執政乎？"按：執政，謂執政大臣。申徒嘉曰："先生之門，固有執政焉如此哉？按：師門之內，尚德也。《孟子·萬章下》記載，繆公欲友子思，子思曰："以位，則子，君也；我，臣也；何敢與君友也？以德，則子事我者也，奚可以與我友？"子而説子之執政而後人者也？按：子産以執政自居，是未忘貴賤，不知內德也。《莊子·人間世》："內直者，與天爲徒。與天爲徒者，知天子之與己皆天之所子。"聞之曰：'鑑明則塵垢不止，按：鑑，心也。塵垢，謂貴賤也。止則不明也。久與賢人處則無過。'按：塵垢之説，譏子産不以賢人爲鑑，不見己過也。《荀子·勸學》："君子博學而日參省乎己，則知明而行無過矣。"今子之所取大者，按：取大，謂尊崇。先生也，而猶出言若是，不亦過乎！"按：子産師伯昏无人，師其德也，今不忘貴賤，非誠尚德也。子産曰："子既若是矣，按：若是，謂遭刑戮。猶與堯爭善，按：堯，明是非者也。《莊子·徐无鬼》："天下非有公是也，而各是其所是，天下皆堯也。"計子之德不足以自反邪？"按：反，省也。《孟子·離婁下》："仁者愛人,有禮者敬人。愛人者人恒愛之,敬人者人恒敬之。有人於此,其待我以橫逆,則君子必自反也。"申徒嘉曰:"自狀其過以不當亡者衆;按:狀,謂陳述。《列子·仲尼》:"何子狀公孫龍之過歟?"自狀其過,謂自訟也。《論語·公冶長》:"子曰:'已矣乎,吾未見能見其過而内自訟者也。'"以,猶今言"認爲"。不當亡,謂不當刖足之因。不當亡者衆,謂其情可原,其罪可恕。不狀其過以不當存者寡。按:不狀其過,謂不問是非,聽任判決。不當存者衆,謂刑罰嚴酷,僅刖足已屬僥倖。知不可奈何而安之若命,按:若,順也。生亂世之中,橫遭刑戮,亦无可奈何。唯有德者能之。按:德,謂心之和。《莊子·德充符》:"德者,成和之脩也。"游於羿之彀中,郭象曰:"弓矢所及爲彀中。"按:彀中,謂亂世。中央者,按:中央,謂中心區域。中地也;按:中,謂射中。然而不中者,命也。褚伯秀曰:"遊羿彀中,莫非中地。設有不中,幸免耳。人處世間,莫非憂患,苟得免患,亦幸耳。"人以其全足笑吾不全足者多矣,我怫然而怒;成玄英曰:"怫然,暴戾之心也。"按:《莊子·庚桑楚》:"惡欲喜怒哀樂六者,累德也。"而適先生之所,則廢然而反。林希逸曰:"廢然,乃自失之意,言其怒至此盡失去之。"按:老聃若水,洗人以善。《老子·八章》:"上善若水。水善利萬物而不爭,處衆人之所惡,故幾於道。"不知先生之洗我以善邪?按:洗,謂以和氣洗心也。《莊子·則陽》:"故或不言而飲人以和,與人並立而使人化。"《莊子·庚桑楚》:"故敬之而不喜,侮之而不怒者,唯同乎天和者爲然。"吾與夫子遊十九年矣,而未嘗知吾兀者也。今子與我遊於形骸之内,按:遊於形骸之内,謂遊於道德,以德相交。而子索我於形骸之外,不亦過乎!"按:索,謂苛責。形骸之内,德也;形骸之外,名位也。子產蹴然改容更貌,曰:"子无乃稱!"宣穎曰:"慚謝,再不必如是言。"

三

魯有兀者叔山无趾,踵見仲尼。崔譔曰:"無趾,故踵行。"仲尼曰:"子不謹,按:孔子之教,尚謹。《論語·先進》:"南容三復白圭,孔子以其兄之子妻之。"又《論語·公冶長》:"子謂南容,'邦有道,不廢;邦無道,免於刑戮'。以其兄之子妻之。"前既犯患若是矣。按:犯,遭也。犯患，謂遭遇患難。**雖今來，何及矣？**"按：何及矣，意謂刑餘之人不能入仕。《禮記·曲禮上》："禮不下庶人，刑不上大夫。刑人不在君側。"又《禮記·王制》："爵人於朝，與士共之。刑人於市，與衆棄之。是故公家不畜刑人，大夫弗養，士遇之塗弗與言也。屏之四方，唯其所之，不及以政，亦弗故生也。"**无趾曰："吾唯不知務而輕用吾身，**按：務，謂緊要之事。輕用吾身，謂重義輕死。**吾是以亡足。今吾來也，猶有尊足者存，**按：尊足者，德也。**吾是以務全之也。**按：足亡，不可復生；德虧，猶可復全，故來求教。**夫天無不覆，地無不載，吾以夫子爲天地，**按：天地，謂无所不容。《莊子·達生》："天地者，萬物之父母也。"**安知夫子之猶若是也！孔子曰："丘則陋矣。**按：陋，意謂不識問道之人。《論語·泰伯》："子曰：'三年學，不至於穀不易得也。'"**夫子胡不入乎，請講以所聞！"**

无趾出，按：出，謂聞而後出。**孔子曰："弟子勉之！夫无趾，兀者也，猶務學以復補前行之惡，而況全德之人乎！"**按：全，謂未有過失。德，蓋中庸之德也。《論語·雍也》："子曰：'中庸之爲德也，其至矣乎！民鮮久矣。'"**无趾語老聃曰："孔丘之於至人，其未邪？**按：《莊子·田子方》："至人之於德也，不修而物不能離焉。若天之自高，地之自厚，日月之自明，夫何修焉！"**彼何賓賓以學子爲？**俞樾曰："賓賓，猶頻頻也。"按：學，教也。《國語·晉語九》："順德以學子，擇言以教子，擇師保以相子。"又《墨子·魯問》："魯人有因子墨子而學其子，其子戰而死，其父讓子墨子。"**彼且蘄以諔詭幻怪之名聞，**李頤曰："諔詭，奇異也。"**不知至人之以是爲己桎梏邪？"**按：是，謂仁義、禮樂。**老聃曰："胡不直使彼以死生爲一條，**按：死生爲一條，謂死生循環。**以可不可爲一貫者，**按：可不可，謂是非。一貫，謂是非相因。《莊子·寓言》："孔子行年六十而六十化。始時所是，卒而非之，未知今之所謂是之非五十九非也。"**解其桎梏，其可乎？"无趾曰："天刑之，安可解！"**按：《論語·述而》："子曰：'天生德於予，桓魋其如予何！'"

<h2 style="text-align:center">四</h2>

魯哀公問於仲尼曰："衛有惡人焉，郭象曰："惡，醜也。"**曰哀**

駘它。鍾泰曰："它，同鼉，俗所謂駝背也。以其駘鈍可哀，故曰哀駘它。"
丈夫與之處者，按：丈夫，謂有家室者。思而不能去也。按：不能去，
謂忘妻子。婦人見之，請於父母曰'與爲人妻寧爲夫子妾'者，
按：爲妾，謂悔婚，欲奔之。《禮記·内則》："聘則爲妻，奔則爲妾。"十數
而未止也。未嘗有聞其唱者也，常和人而已矣。无君人之位
以濟乎人之死，宣穎曰："濟，猶拯也。"无聚禄以望人之腹。按：望
人，謂使人望。《管子·國蓄》："國有十年之蓄，而民不足於食，皆以其技能
望君之禄也。"又以惡駭天下，和而不唱，按：和而不唱，謂妾婦之道。
《孔叢子·嘉言》："十五許嫁而後從夫，是陽動而陰應，男唱而女隨之義
也。"知不出乎四域，趙以夫曰："所知不過日用之常。"且而雌雄合乎
前。褚伯秀曰："丈夫、婦人歸之者衆也。"是必有異乎人者也。寡人
召而觀之，果以惡駭天下。與寡人處，不至以月數，而寡人有
意乎其爲人也；按：有意，謂關注。不至乎期年，而寡人信之。國
无宰，寡人傳國焉。悶然而後應，按：悶然，遲鈍貌。《老子》："俗人
察察，我獨悶悶。"後，遲也。應，謂應許。氾而若辭。陸德明曰："氾，不
係也。"按：氾，通泛。氾而若辭，謂聊不經意。寡人醜乎？李頤曰："醜，
慚也。"按：醜，謂臉皮厚。《管子·形勢》："自媒之女，醜而不信。"魯哀公
傳國而人不受，如自嫁而人不娶，故自慚、自醜。卒授之國。無幾何
也，去寡人而行，寡人卹焉若有亡也，陸德明曰："卹，憂也。"若無
與樂是國也。按：無與樂是國，謂欲棄國從哀駘它遊。是何人者也？"

仲尼曰："丘也嘗使於楚矣，適見㹠子食於其死母者，陸德
明曰："㹠，本又作豚。"少焉眴若皆棄之而走。司馬彪曰："眴若，驚
貌。"不見己焉爾，不得類焉爾。劉武曰："言㹠子以母之不顧見己而
驚疑，又不得其生之氣類而捨去也。"所愛其母者，非愛其形也，愛使
其形者也。戰而死者，其人之葬也不以翣，鍾泰曰："翣，棺之墻飾
也，或以羽，或以畫，所以爲文也。戰死者肢體已傷，何以文爲？故其葬不以
翣。"資刖者之屨，褚伯秀曰："舊來從'資'絶句。後得無隱講師從'翣'
絶句，以'助'釋'資'，文從理順，經旨大明。"无爲愛之；按：无爲，意謂失
去用處。皆无其本矣。按：形體，本也；文飾，末也。戰死者形體殘缺，與
刖者喪足類似，皆失其本也。爲天子之諸御，不爪翦，不穿耳；取妻

者止於外，馬其昶曰：“娶妻者不使，言男御。蓋天子諸御，必男女之未婚娶者，體純全也。”不得復使。形全猶足以爲爾，而況全德之人乎！按：德，和也。全德，謂哀樂不生，和氣未損。《莊子·刻意》：“故曰，悲樂者，德之邪；喜怒者，道之過；好惡者，德之失。故心不憂樂，德之至也。”今哀駘它未言而信，无功而親，使人授己國，唯恐其不受也，是必才全而德不形者也。”劉武曰：“德充於內，不形於外。”

哀公曰：“何謂才全？”按：才，謂變化之能。才全，謂順物而化，不滯於物。《莊子·知北遊》：“古之人，外化而內不化，今之人，內化而外不化。與物化者，一不化者也。安化安不化，安與之相靡？必與之莫多。”仲尼曰：“死生存亡，窮達貧富，賢與不肖，毀譽，飢渴寒暑，按：《韓詩外傳》卷三：“夫飢渴苦血氣，寒暑動肌膚，此四者民之大害也。”是事之變、按：變，謂人事无常。命之行也；按：命，謂天命。日夜相代乎前，而知不能規乎其始者也。按：規，謂畫圓。《國語·周語下》：“成公之生也，其母夢神規其臀以墨。”規乎其始，謂回歸初始狀體。故不足以滑和，成玄英曰：“滑，亂也。”按：和，謂和氣。《莊子·在宥》：“天地有官，陰陽有藏。慎守女身，物將自壯。我守其一，以處其和。故我修身千二百歲矣，吾形未常衰。”不可入於靈府。成玄英曰：“靈府者，精神之宅，所謂心也。”使之和豫，按：之，靈府也。和，謂陰陽調和，喜怒不生也。《莊子·在宥》：“人大喜邪？毗於陽；大怒邪？毗於陰。陰陽並毗，四時不至，寒暑之和不成，其反傷人之形乎！”通而不失於兑；按：通，謂與外物相通。兑，通脱，謂喪己於物也。《莊子·繕性》：“喪己於物，失性於俗者，謂之倒置之民。”使日夜无郤而與物爲春，李頤曰：“郤，閒也。”按：无郤，猶无際。《莊子·知北遊》：“物物者與物无際，而物有際者，所謂物際者也。不際之際，際之不際者也。”春，謂和暖。與物爲春，謂與物相親。是接而生時於心者也。郭象曰：“順四時而俱化。”按：接，謂應物。《莊子·大宗師》：“淒然似秋，煖然似春，喜怒通四時，與物有宜而莫知其極。”是之謂才全。”按：才全，謂外化而內不化。《莊子·則陽》：“冉相氏得其環中以隨成，與物无終无始，无幾无時。日與物化者，一不化者也。”

“何謂德不形？”按：德，和也。德不形，猶《莊子·人間世》“和不欲出”，謂內保不蕩。曰：“平者，水停之盛也。按：水有天德之象。

《莊子·刻意》：“水之性，不雜則清，莫動則平；鬱閉而不流，亦不能清；天德之象也。”**其可以爲法也**，按：法，謂法式。《莊子·天道》：“水静則明燭鬚眉，平中準，大匠取法焉。”**内保之而外不蕩也**。按：水不蕩則平，大匠取法；德不蕩則正，天下取法。**德者，成和之脩也。**按：脩，久也。《莊子·人間世》：“美成在久，惡成不及改，可不慎與！”**德不形者**，宣穎曰：“不形者，内保之而外不蕩，如水停之妙也。”**物不能離也。**按：水不蕩，則萬物來照；德不形，則萬物不離。

　　哀公異日以告閔子，成玄英曰：“異日，猶它日也。”“**始也吾以南面而君天下**，按：君天下，謂以德臨民。以德臨民，猶十日並出，民避之唯恐不及。《莊子·齊物論》：“昔者十日並出，萬物皆照，而況德之進乎日者乎！”**執民之紀而憂其死**，按：民之紀，謂禮樂。《晏子春秋·内篇諫下》：“夫禮者，民之紀，紀亂則民失。亂紀失民，危道也。”**吾自以爲至通矣。**按：通，謂通於王道。**今吾聞至人之言，恐吾無其實**，按：實，謂救民之功。**輕用吾身而亡其國。吾與孔丘，非君臣也，德友而已矣。”**按：德友，謂相責善也。

五

　　闉跂支離无脹説衛靈公，羅勉道曰：“闉，城門也。跂，舉足而行也。闉跂者，刖而守城門也。”按：脤，通脣。无脣，謂牙齒暴露，似无脣也。**靈公説之；而視全人**，按：全人，謂无脤之全體。**其脰肩肩。**劉武曰：“其脰肩肩者，謂其頸乃肩膊肩負之也。”**甕㼜大癭説齊桓公**，鍾泰曰：“㼜，盆也。甕㼜，蓋以貨盆甕爲業者。”按：大癭，人名，謂其頸有瘤。**桓公説之；而視全人，其脰肩肩。故德有所長而形有所忘，人不忘其所忘而忘其所不忘，此謂誠忘。**林希逸曰：“所可忘者，形也；所不可忘者，德也。誠忘者，真忘也，知有形而不知有德者，真忘也。”

　　故聖人有所遊，按：遊，謂自然而動。《莊子·刻意》：“不爲福先，不爲禍始。感而後應，迫而後動，不得已而後起。去知與故，循天之理。”**而知爲孽**，洪頤煊曰；“孽，當爲萌蘖之蘖，言知爲思慮之萌蘖。”**約爲膠**，按：約，謂世俗之禮。《論語·雍也》：“子曰：‘君子博學於文，約之以禮，亦可以弗畔矣夫！'"膠，謂不知變通。《莊子·漁父》："故聖人法天貴真，不拘於俗。"**德爲接**，按：德，謂仁德。接，受也，謂得民心。《論語·季氏》："故遠人不服，則修文德以來之；既來之，則安之。"**工爲商**。按：工，謂多才藝。商，謂售賣。**聖人不謀**，按：《莊子·天道》："知謀不用，必歸其天，此之謂太平。"又《莊子·庚桑楚》："至知不謀，至仁无親。"**惡用知？** 按：惡，何也。**不斲**，按：斲，謂傷素樸之性。《莊子·馬蹄》："故純樸不殘，孰爲犧尊！白玉不毀，孰爲珪璋！道德不廢，安取仁義！性情不離，安用禮樂！"**惡用膠？** 按：膠，謂强行粘合。**无喪，惡用德？** 按：喪，謂失民心。德，得也，謂得民心。**不貨，惡用商？** 按：貨，謂待價而沽。《論語·子罕》："子貢曰：'有美玉於斯，韞匵而藏諸？求善賈而沽諸？'子曰：'沽之哉！沽之哉！我待賈者也。'"**四者，天鬻也。** 成玄英曰："鬻，食也。天，自然也。"**天鬻者，天食也。既受食於天，又惡用人！** 按：天鬻，謂自然而足。《莊子·大宗師》："魚相造乎水，人相造乎道。相造乎水者，穿池而養給；相造乎道者，无事而生定。"

　　有人之形，无人之情。 按：情，實也。《文子·下德》："人之情，思慮聰明喜怒也。"**有人之形，故群於人；** 按：《文子·微明》："知天而不知人，即无以與俗交。知人而不知天，即無以與道游。"**无人之情，故是非不得於身。** 按：是非，謂是非毀譽。**眇乎小哉，所以屬於人也！** 崔譔曰："類同於人，所以爲小；情合於天，所以爲大。"**謷乎大哉，** 成玄英曰："謷，高大貌也。"**獨成其天！** 按：成其天，謂純素之德。《莊子·在宥》："不明於天者，不純於德。"**惠子謂莊子曰：** 按：《荀子·解蔽》："惠子蔽於辭而不知實，莊子蔽於天而不知人。"**"人故无情乎？"** 按：故，固也。《莊子·在宥》："物故自生。"**莊子曰："然。"惠子曰："人而无情，何以謂之人？"莊子曰："道與之貌，天與之形，惡得不謂之人？"惠子曰："既謂之人，惡得无情？"莊子曰："是非吾所謂情也。吾所謂无情者，言人之不以好惡內傷其身，** 按：《莊子·刻意》："悲樂者，德之邪；喜怒者，道之過；好惡者，德之失。"**常因自然而不益生也。"** 郭象曰："不益生，止於當也。"按：益，助也。**惠子曰："不益生，何以有其身？"** 林希逸曰："以益生爲資生，非莊子之意也。"按：資，助也。**莊子曰："道與之貌，天與之形，无以好惡內傷其身。今**

子外乎子之神，勞乎子之精，按：精，謂和氣。倚樹而吟，據槁梧
而瞑。成玄英曰：“槁梧，夾膝几也。”天選子之形，按：選，謂出衆。
《詩·齊風·猗嗟》：“舞則選兮，射則貫兮。”子以堅白鳴！”按：惠施好智
好名，勞精費神，自傷其身。

小　　結

《德充符》篇之旨在：遊心乎德之和。心，符也。德，和也。德充符，謂
和氣充盈於心。王駘得之，調和物我；伯昏无人得之，調和内外；老聃得之，
調和是非；哀駘它得之，調和好惡；莊周得之，調和哀樂。物我、内外、是非、
好惡、哀樂，皆人之情也。人不能无情，但不以哀樂傷生也。

才全而德不形，是本篇的核心觀念。才全，指調和陰陽，與物爲春。若
《田子方》篇曰：“至陰肅肅，至陽赫赫。肅肅出乎天，赫赫發乎地。兩者交
通成和而物生焉。”德不形，指和氣充盈，内保之而外不蕩。不蕩則静，萬物
來照。若《天道》篇曰：“水静猶明，而況精神！聖人之心静乎！天地之鑑
也，萬物之鏡也。”

大　宗　師

《大宗師》篇，講求真知、問大道之路徑。萬物以天爲宗，以道爲大宗。大宗師，造物者，造化，皆道之別稱。本篇分四章：第一章講：真人之心素樸，知天人之所爲；第二章講：聖人之心虛靜，流觀萬物之化；第三章講：畸人心无死生，縱浪大化之流；第四章講：至人離形去知，與造物者同遊。

一

知天之所爲，知人之所爲者，至矣。按：至矣，謂知天命，達人心。《左傳·僖公十六年》："十六年春，隕石于宋五，隕星也。六鷁退飛，過宋都，風也。周内史叔興聘于宋，宋襄公問焉，曰：'是何祥也？吉凶焉在？'對曰：'今兹魯多大喪，明年齊有亂，君將得諸侯而不終。'退而告人曰：'君失問。是陰陽之事，非吉凶所生也。吉凶由人，吾不敢逆君故也。'"知天之所爲者，天而生也；按：天而生，謂生而知之，非後天習得。《莊子·馬蹄》："同乎无知，其德不離；同乎无欲，是謂素樸。"知人之所爲者，以其知之所知以養其知之所不知，按：養，謂知止。《莊子·齊物論》："六合之外，聖人存而不論；六合之内，聖人論而不議。春秋經世先王之志，聖人議而不辯。"又《論語·公冶長》："子貢曰：'夫子之文章，可得而聞也；夫子之言性與天道，不可得而聞也。'"終其天年而不中道夭者，是知之盛也。雖然，有患。按：有患，謂知人之所爲者有隱憂。夫知有所待而後當，其所待者特未定也。按：知之所待，人也。所待未定，謂人之嬗變。《莊子·寓言》："孔子行年六十而六十化。始時所是，卒而非之，未知今之所謂是之非五十九非也。"庸詎知吾所謂天之非人乎？所謂人之非天乎？按：天人之際，聖人難測。《論語·子罕》："子畏於匡,曰:'文王既没,文不在兹乎?天之將喪斯文也,後死者不得與於斯文也;天之未喪斯文也,匡人其如予何?'"

且有真人而後有真知。按:真人,謂素樸之人。《莊子·刻意》:"能體純素,謂之真人。"又《莊子·漁父》:"真者,所以受於天也,自然不可易也。"真知,謂素樸之知。**何謂真人?古之真人,不逆寡,**按:逆寡,謂以多欺少。**不雄成,**按:雄成,謂恃强凌弱。**不謨士。**按:謨,謀也,猶今言算計。《莊子·外物》:"雖有至知,萬人謀之。魚不畏網而畏鵜鶘。"謨士,謂以智欺愚。**若然者,過而弗悔,當而不自得也。**按:《論語·八佾》:"子曰:'君子之於天下也,無適也,無莫也,義之與比。'"**若然者,登高不慄,入水不濡,入火不熱。**按:不慄、不濡、不熱,謂捨生忘死,利害不入於心。《莊子·人間世》:"爲人臣子者,固有所不得已。行事之情而忘其身,何暇至於悦生而惡死!"**知之能登假於道者也若此。**按:登假於道,謂超脱利害。本節講:真人忘利害。

古之真人,其寢不夢,其覺无憂,其食不甘,按:《莊子·刻意》:"其寢不夢,其覺无憂。其神純粹,其魂不罷。虛无恬惔,乃合天德。"**其息深深。**按:息,謂氣息。深深,謂氣之暢達。《莊子·人間世》:"氣也者,虛而待物者也。唯道集虛。虛者,心齋也。"心齋,謂寡嗜欲。**真人之息以踵,**成玄英曰:"踵,足跟也。"按:息以踵,謂氣暢通於全身。《左傳·昭公元年》:"君子有四時,朝以聽政,畫以訪問,夕以脩令,夜以安身,於是乎節宣其氣,勿使有所壅閉湫底。"**衆人之息以喉。**按:息之以喉,謂氣息不暢。**屈服者,**按:屈服,謂有口難辯。《西京雜記》卷二:長安有儒生曰惠莊,聞朱雲折五鹿充宗之角,乃嘆息曰:"繭栗犢反能爾邪!吾終耻溺死溝中。"遂裹糧從雲。雲與言,莊不能對,逡巡而去,拊心謂人曰:"吾口不能劇談,此中多有。"**其嗌言若哇。**陸長庚曰:"言,心聲也,心屈則言亦與之俱屈,其有應對,嗌咽若哇。哇者,吐貌。謂其言只在喉舌間支吾調弄,吞不下,吐不出,分明狀出一箇屈服的樣子。"**其耆欲深者,其天機淺。**按:天機,謂氣之發動處。天機淺,謂動力弱,氣不能通達全身。本節講:真人寡嗜欲。

古之真人,不知説生,不知惡死;按:《莊子·天道》:"知天樂者,其生也天行,其死也物化。"**其出不訢,**李頤曰:"欣出則營生,距入則惡死。"按:訢,同欣,悦也。其,謂生命。出,出生。《老子·五十章》:"出生,入死。"**其入不距;**按:距,同拒,謂厭惡。**翛然而往,翛然而來而**

已矣。司馬彪曰：“脩然，疾貌。”按：《莊子·知北遊》：“人生天地之間，若白駒之過郤，忽然而已。”**不忘其所始**，按：所始，天也。《莊子·德充符》：“審乎无假而不與物遷，命物之化而守其宗也。”**不求其所終**；按：所終，地也。《莊子·則陽》：“萬物有乎生而莫見其根，有乎出而莫見其門。”**受而喜之**，按：受，謂受形而生。《莊子·田子方》：“吾一受其成形，而不化以待盡。”**忘而復之**，按：忘，謂忘形骸。復之，謂歸於天地。《老子·十六章》：“致虛極，守靜篤，萬物並作，吾以觀復。夫物芸芸，各復歸其根。歸根曰靜，是謂復命。”復，報也。復命，謂萬物受命而生，死則復報命於天地。**是之謂不以心捐道**，按：心，謂哀樂之心。捐道，謂棄天道。《莊子·養生主》：“是遁天倍情，忘其所受，古者謂之遁天之刑。適來，夫子時也；適去，夫子順也。安時而處順，哀樂不能入也，古者謂是帝之縣解。”**不以人助天**。按：《莊子·在宥》：“聖人觀於天而不助，成於德而不累。”助天，謂益生。《莊子·德充符》：“吾所謂无情者，言人之不以好惡內傷其身，常因自然而不益生也。”**是之謂真人。若然者，其心志**，林希逸曰：“志者，有所主而定之意。”按：心志，謂神凝。《莊子·達生》：“用志不分，乃凝於神。”**其容寂**，按：容寂，謂臉色不變。《莊子·徐无鬼》：“郢人堊慢其鼻端若蠅翼，使匠石斲之。匠石運斤成風，聽而斲之，盡堊而鼻不傷，郢人立不失容。”**其顙頯**，郭象曰：“頯，大朴之貌。”按：大朴，蓋謂額頭寬闊，心胸開朗之貌。**淒然似秋，煖然似春，喜怒通四時，與物有宜而莫知其極**。按：宜，謂融洽。與物有宜，謂物我各得其所。《莊子·德充符》：“使日夜无郤，而與物爲春，是接而生時於心者也。”本節講：真人通死生。

　　故聖人之用兵也，按：用兵，謂不得已而用之。《老子·三十一章》：“兵者，不祥之器，非君子之器，不得已而用之，恬淡爲上。”**亡國而不失人心**；崔譔曰：“亡敵國而得其人心。”按：《荀子·王制》：“周公南征而北國怨，曰：‘何獨不來也？’東征而西國怨，曰：‘何獨後我也？’”不失人心，以其无亡人國之心也。**利澤施乎萬世，不爲愛人**。按：《莊子·則陽》：“聖人之愛人也，人與之名，不告則不知其愛人也。若知之，若不知之，若聞之，若不聞之，其愛人也終无已，人之安之亦无已，性也。”**故樂通物**，按：通物，謂樂善好施。《左傳·襄公九年》：“晉侯歸，謀所以息民，魏絳請施舍，輸積聚以貸。自公以下，苟有積者，盡出之。國無滯積，亦無困人；公無禁利，亦無貪民。”**非聖人也**；按：《莊子·應帝王》：“明王之治：功蓋天下而似不自己,化貸萬物而民弗恃;有莫舉名,使物自喜;立乎不測,而游於无有者也。"**有親**,按:儒者以親親爲仁。《孟子·盡心上》:"親親,仁也;敬長,義也。無他,達之天下也。"達之,謂推而廣之。**非仁也**;按:有親,則有疏。《莊子·天運》:"至仁無親。"仁者,推己及人;有親,則難推矣。**天時,非賢也**;按:天時,謂時運。《莊子·秋水》:"當堯、舜而天下无窮人,非知得也;當桀、紂而天下无通人,非知失也:時勢適然。"**利害不通,非君子也**;按:通,謂達觀。君子尚義,不趨利避害。寧武子、蘧伯玉二人,進退以義,不以利害撓心,可謂君子矣。**行名失己**,按:名,虛譽也。失己,謂喪素樸之性。**非士也**;按:士,謂任事者。沽名釣譽,不能任事者,不可謂之士。**亡身不真**,按:真,身也。亡身不真,謂貪利喪命。《莊子·山木》:"睹一蟬,方得美蔭而忘其身。螳螂執翳而搏之,見得而忘其形;異鵲從而利之,見利而忘其真。"**非役人也**。按:役人,謂服役之人。《呂氏春秋·慎大覽·順說》:"管子得於魯,魯束縛而檻之,使役人載而送之齊,其謳歌而引。"**若狐不偕**、成玄英曰:"姓狐,字不偕,堯時賢人,不受堯讓,投河而死。"**務光**、按:《莊子·外物》:"堯與許由天下,許由逃之;湯與務光,務光怒之;紀他聞之,帥弟子而踆於窾水,諸侯吊之。三年,申徒狄因以踣河。"**伯夷、叔齊、箕子**、按:《論語·微子》:"微子去之,箕子爲之奴,比干諫而死。孔子曰:'殷有三仁焉。'"**胥餘、紀他、申徒狄,是役人之役,適人之適,而不自適其適者也**。宣穎曰:"爲人用,快人意,與真性何益!"本節講:真人不殉物。

　　古之真人,其狀義而不朋,按:義,威儀也。《莊子·天道》:"而狀義然,似繫馬而止也。"義然,謂凜然不可犯。朋,謂朋比爲奸。《楚辭·離騷》:"世並舉而好朋兮,夫何煢獨而不予聽。"義而不朋,謂卓爾不群之貌。**若不足而不承**;按:不足,謂謙柔也。承,謂順承人意。《韓非子·八奸》:"優笑侏儒,左右近習,此人主未命而唯唯,未使而諾諾,先意承旨,觀貌察色以先主心者也。"**與乎其觚而不堅也**,按:與,謂相交。與乎,相親貌。觚,酒器,方而有棱,喻人之方正。不堅,柔也,溫也。《論語·子張》:"子夏曰:'君子有三變:望之儼然,即之也溫,聽其言也厲。'"觚而不堅,謂方正溫和。**張乎其虛而不華也**;按:張,大也。華,謂名號。虛而不華,謂不居名實。《莊子·則陽》:"有名有實,是物之居;无名无實,在物之虛。"**邴邴乎其似喜乎!**按:邴邴,魚尾擺動貌。《爾雅·釋魚》:"魚尾謂之丙。"郭璞注："此皆似篆書字，因以名焉。"魚擺尾，喻人之樂。《詩·小雅·魚藻》："魚在在藻，有莘其尾。王在在鎬，飲酒樂豈。"**崔乎其不得已乎！**按：崔，通摧，沮喪貌。《詩·邶風·北門》："我入自外，室人交遍摧我。"毛傳："摧，沮也。"**滀乎進我色也**，按：滀，積也。《莊子·達生》："夫忿滀之氣，散而不反。"滀乎，鬱積貌。進我色，謂喜怒形於顏色。**與乎止我德也；**按：與乎，相親貌。德，謂感恩。《老子·三十八章》："上德不德，是以有德；下德不失德，是以無德。"**厲乎其似世乎**，按：厲，嚴肅。《論語·述而》："子溫而厲，威而不猛。"世，謂傳世。《詩·大雅·文王》："凡周之士，不顯亦世。"厲乎其似世，謂似有立身不朽之意。《左傳·襄公二十四年》："大上有立德，其次有立功，其次有立言，雖久不廢，此之謂不朽。"**謷乎其未可制也；**按：謷，大也。《莊子·德充符》："謷乎大哉，獨成其天。"未可制，謂不拘於世俗之禮。《莊子·漁父》："故聖人法天貴真，不拘於俗。"**連乎其似好閉也**，按：連乎，猶連連，黏著貌。《莊子·駢拇》："連連如膠漆纆索。"閉，謂緘口不言。《莊子·列禦寇》："知道易，勿言難。知而不言，所以之天也；知而言之，所以之人也；古之人，天而不人。"**悗乎忘其言也**。成玄英曰："悗，無心貌。"按：真人少言，非不言，忘言耳。本節講：真人无定象。

以刑爲體，按：刑，法典。《詩·大雅·蕩》："雖無老成人，尚有典刑。"又《詩·周頌·烈文》："儀式刑文王之典，日靖四方。"體，謂立國之體。**以禮爲翼；以知爲時，以德爲循。以刑爲體者，綽乎其殺也；**按：綽，緩也。《尚書·無逸》："不寬綽厥心，亂罰無罪，殺無辜，怨有同，是叢于厥身。"綽乎其殺，謂爲政以寬也。《論語·子路》："子曰：'善人爲邦百年，亦可以勝殘去殺矣。誠哉是言也！'"**以禮爲翼者**，按：翼，輔也。輔翼，謂以禮輔刑。**所以行於世也；**按：《論語·憲問》："子曰：'上好禮，則民易使也。'"**以知爲時者**，按：時，時機也。以知爲時，謂審時度勢，預爲謀劃。《呂氏春秋·恃君覽·召類》："譬之若寒暑之序，時至而事生之。聖人不能爲時，而能以事適時。事適於時者其功大。"**不得已於事也**；按：《莊子·庚桑楚》："動以不得已之謂德。"**以德爲循者**，按：德，謂心之和。**言其與有足者至於丘也；**馬其昶曰："丘，即丘墟、丘里之丘。"按：有足者，謂庶民。《莊子·德充符》："德者，成和之脩也。德不形者，物不能離也。"**而人真以爲勤行者也**。按：勤行者，謂舜。《史記·五帝本紀》："舜耕歷山，歷山之人皆讓畔；漁雷澤，雷澤上人皆讓居；陶河濱，河濱器皆不苦窳。一年而所居成聚,二年成邑,三年成都。"**故其好之也一**,按:其,謂真人。一,謂无好惡、親疏。**其弗好之也一。**按:《莊子·徐无鬼》:"是以神人惡衆至,衆至則不比,不比則不利也。故无所甚親,无所甚疏,抱德煬和,以順天下,此謂真人。"**其一也一**,按:其一,謂衆人无貴賤、親疏之分。**其不一也一。**按:其不一,謂衆人有貴賤、親疏之分。**其一與天爲徒,其不一與人爲徒。天與人不相勝也**,按:不相勝,謂相反相成。《莊子·達生》:"不厭其天,不忽於人,民幾乎以其真。"**是之謂真人。**本節講:真人无好惡。

二

死生,命也,其有夜旦之常,天也。按:《列子·力命》:"死生自命也,貧窮自時也。怨夭折者,不知命者也。怨貧窮者,不知時者也。"**人之有所不得與**,按:與,參與。**皆物之情也。**按:情,實也,謂物不能勝天。**彼特以天爲父**,按:彼,謂萬物。《莊子·達生》:"天地者,萬物之父母也。"**而身猶愛之,而況其卓乎!**劉武曰:"卓,指道。"按:卓,高也,謂天之上。**人特以有君爲愈乎己**,按:愈,勝也。愈乎己,謂人君貴於己。**而身猶死之**,按:死,謂死難。**而況其真乎!**按:真,謂真君。**泉涸,魚相與處於陸**,按:陸,喻人世間。**相呴以濕**,按:呴,猶嘘也。《莊子·刻意》:"吹呴呼吸,吐故納新。"濕,泉底濕氣。**相濡以沫**,按:濡,潤濕。沫,謂浮沫。相濡以沫,喻人群相親相愛。**不如相忘於江湖。**按:江湖,喻天地。相忘於江湖,喻人死之後,魂魄歸於天地。《禮記·檀弓上》:"骨肉歸復于土,命也。若魂氣則無不之也。"**與其譽堯而非桀也,不如兩忘而化其道。**按:道,謂道術。《莊子·大宗師》:"魚相忘乎江湖,人相忘乎道術。"**夫大塊載我以形**,宣穎曰:"大塊,地也。"**勞我以生,佚我以老**,按:佚,安逸。《荀子·堯問》:"舍富而爲貧,舍佚而爲勞。"**息我以死**,按:息,休也。《列子·天瑞》:"人胥知生之樂,未知生之苦;知老之憊,未知老之佚;知死之惡,未知死之息也。"**故善吾生者**,按:善,善待。**乃所以善吾死也。**按:善吾生,善吾死,皆天地也。**夫藏舟**

於壑，按：壑，深溝。藏山於澤，按：山居澤之中，人所罕至，故免於砍伐。《山海經·北山經》：“泰澤，其中有山焉，曰帝都之山，廣員百里，無草木，有金玉。”謂之固矣。然而夜半有力者負之而走，按：《列子·湯問》記愚公移山，曰：“帝感其誠，命夸蛾氏二子，負二山，一厝朔東，一厝雍南。”昧者不知也。按：昧，通寐，謂熟睡。昧者不知，謂悄无聲息。藏小大有宜，王敔曰：“藏舟，小也；藏山，大也。”猶有所遯。按：遯，亡也。若夫藏天下於天下而不得所遯，按：天下，謂天下萬物。藏天下於天下，謂不藏之藏也。是恒物之大情也。按：恒物，謂庸常之物。大情，猶常情。恒物之大情，謂衆生之常態。特犯人之形而猶喜之。成玄英曰：“特，獨也。犯，遇也。夫大冶洪鑪，陶鑄群品，獨遇人形，遂以爲樂。”若人之形者，萬化而未始有極也，按：《莊子·知北遊》：“人之生，氣之聚也。聚則爲生，散則爲死。若死生爲徒，吾又何患！故萬物一也。是其所美者爲神奇，其所惡者爲臭腐。臭腐復化爲神奇，神奇復化爲臭腐。”其爲樂可勝計邪！郭象曰：“所遇而樂，樂豈有極乎！”故聖人將遊於物之所不得遯而皆存。按：不得遯者，謂天地。《莊子·田子方》：“夫天下也者，萬物之所一也。得其所一而同焉，則四支百體將爲塵垢，而死生終始將爲晝夜。”善妖善老，陸德明曰：“妖，本又作夭。”按：夭，少壯也。善夭善老，謂撫幼養老。善始善終，按：《荀子·禮論》：“禮者，謹於治生死者也。生，人之始也；死，人之終也；終始俱善，人道畢矣。故君子敬始而慎終。”人猶效之。按：效之，謂效法聖人。又況萬物之所係，按：萬物之所係，道也。《莊子·漁父》：“且道者，萬物之所由也，庶物失之者死，得之者生，爲事逆之則敗，順之則成。”而一化之所待乎！按：一，恒也。一化，謂萬物之化。一化之所待，道也。本節講：聖人順物之化。

夫道，有情有信，林希逸曰：“情，實也。信，亦實也。”按：情，實情。《莊子·天道》：“世人以形色名聲爲足以得彼之情。”信，謂信而可徵。《莊子·齊物論》：“可行已信，而不見其形，有情而无形。”无爲无形；按：爲，甲骨文作𤓽，象以手牽象，意謂展示形象。《論語·先進》：“由之瑟奚爲於求之門？”无爲，謂没有出現。无爲无形，意謂道无形象，无法展現。可傳而不可受，按：受，授也，謂給予。道非物，故不可授予。可傳，謂修道之法可傳。《老子·四十八章》：“爲學日益，爲道日損。損之又損，以至於無爲。無爲而無不爲。”可得而不可見；按：見，現也，謂顯示。不可見，謂不能以道示人。《莊子·知北遊》:"道不可聞,聞而非也;道不可見,見而非也;道不可言,言而非也。"**自本自根**,按:自本自根,謂自生也。**未有天地,自古以固存**;按:《老子·二十五章》:"有物混成,先天地生,寂兮寥兮,獨立不改,周行而不殆,可以爲天下母。"**神鬼神帝**,按:神,靈也。《老子·六十章》:"以道蒞天下,其鬼不神。"**生天生地;在太極之先而不爲高**,按:太極,蓋天極星,指天頂。《史記·天官書》:"中宮天極星,其一明者,太一常居也。"先,猶上。**在六極之下而不爲深**,按:《莊子·天運》:"充滿天地,苞裹六極。"六極,謂東極、西極、南極、北極、天極、地極。六,序數。六極,謂第六極,地極也。**先天地生而不爲久,長於上古而不爲老。**按:長,謂生長。**豨韋氏得之**,按:豨韋氏,古帝王。**以挈天地**;按:成玄英曰:"挈,又作契。"契,有"鑿開"之義。《詩·大雅·緜》:"爰始爰謀,爰契我龜。"毛傳:"契,開也。"契天地,謂鑿開天地。**伏戲氏得之**,按:伏戲氏,即伏羲,古帝王。《文子·上禮》:"及世之衰也,至伏羲氏昧昧懬懬,皆欲離其童蒙之心,而覺悟乎天地之間,其德煩而不一。"**以襲氣母**;按:襲,擊也。氣母,元氣也,謂六氣之母。襲氣母,謂打破渾沌之元氣。《左傳·昭公元年》:"天有六氣,降生五味,發爲五色,徵爲五聲,淫生六疾。六氣曰陰、陽、風、雨、晦、明也。"**維斗得之**,李頤曰:"北斗,所以爲天下綱維。"**終古不忒**;陸德明曰:"忒,差也。"按:不忒,謂斗柄指四時。《鶡冠子·環流》:"斗柄東指,天下皆春;斗柄南指,天下皆夏;斗柄西指,天下皆秋;斗柄北指,天下皆冬。斗柄運於上,事立於下;斗柄指一方,四塞俱成。此道之用法也。"**日月得之,終古不息;堪坏得之**,司馬彪曰:"堪坏,神名,人面獸形。"**以襲崑崙**;按:襲,謂寄居。《莊子·山木》謂燕子:"其畏人也,而襲諸人間。"又《説苑·善説》:"襲於窮巷,無所告愬。"**馮夷得之,以遊大川**;司馬彪引《清泠傳》云:"馮夷,華陰潼鄉堤首人也。服八石,得水仙,是爲河伯。一云以八月庚子浴於河而溺死。一云渡河溺死。"**肩吾得之,以處大山**;按:大山,即泰山。大川、大河,謂死生之地。《吕氏春秋·仲春紀·論威》:"雖有江河之險則凌之,雖有大山之塞則陷之。"大山多猛虎,大川多蛟龍,故大川大河,人之所畏。馮夷、肩吾得道,安居爲神。**黃帝得之,以登雲天**;按:漢代方士有黃帝升天之説。《史記·孝武本紀》記齊人公孫卿説武帝,曰:"黃帝采首山銅,鑄鼎於荆山下。鼎既成,有龍垂胡顏下迎黃帝。黃帝上騎,群臣後宮從上龍七十餘人,龍乃上去。"

顓頊得之，按：顓頊，高陽氏，楚人始祖。《國語·楚語下》謂上古民神雜糅，曰：“顓頊受之，乃命南正重司天以屬神，命火正黎司地以屬民，使復舊常，無相侵瀆，是謂絕地天通。”以處玄宮；按：《淮南子·天文訓》：“北方，水也，其帝顓頊，其佐玄冥。”玄宮，水宮也。《山海經·大荒西經》：“有魚偏枯，名曰魚婦。顓頊死即復蘇。風道北來，天乃大水泉，蛇乃化爲魚，是爲魚婦。顓頊死即復蘇。”在神話中，顓頊於水中復生，故曰“處玄宮”。禺强得之，按：禺强，即禺京，北海之神。《山海經·大荒東經》：“東海之渚中，有神，人面鳥身，珥兩黃蛇，踐兩黃蛇，名曰禺䝞。黃帝生禺䝞，禺䝞生禺京，禺京處北海，禺䝞處東海，是爲海神。”立乎北極；按：北極，北海也。《山海經·大荒北經》：“北海之渚中，有神，人面鳥身，珥兩青蛇，踐兩赤蛇，名曰禺彊。”西王母得之，按：《山海經·海內北經》：“西王母梯几而戴勝，其南有三青鳥，爲西王母取食。在昆侖虛北。”坐乎少廣，司馬彪曰：“少廣，穴名。”按：《山海經·大荒西經》記昆侖之丘，曰：“有人，戴勝，虎齒，有豹尾，穴處，名曰西王母。”西王母穴處，故司馬彪釋“少廣”爲“穴名”。莫知其始，莫知其終；按：《山海經·西山經》：“玉山，是西王母所居也。西王母其狀如人，豹尾虎齒而善嘯，蓬髮戴勝，是司天之厲及五殘。”厲，瘟疫也。西王母主殺生，故不死，下合“殺生者不死”。彭祖得之，按：《莊子·刻意》：“吹呴呼吸，吐故納新，熊經鳥申，爲壽而已矣。此道引之士，養形之人，彭祖壽考者之所好也。”上及有虞，按：有虞，舜也。《史記·五帝本紀》記載：“禹、皋陶、契、后稷、伯夷、夔、龍、倕、益、彭祖，自堯時而皆舉用，未有分職。”《史記·楚世家》記載：“彭祖氏，殷時嘗爲侯伯，殷之末世滅彭祖氏。”彭祖氏歷史悠久，故衍生彭祖長壽傳説。下及五伯；按：五伯，即春秋五霸。傅説得之，以相武丁，按：《墨子·尚賢中》：“傅説被褐帶索，庸築乎傅巖。武丁得之，舉以爲三公，與接天下之政，治天下之民。”武丁，殷高宗。奄有天下，按：奄，覆也。《詩·商頌·玄鳥》：“方命厥后，奄有九有。”九有，猶九州。乘東維，騎箕尾，而比於列星。司馬彪曰：“東維，箕斗之間，天漢津之東維也。《星經》曰：‘傅説一星，在尾上。’言其乘東維，騎箕尾之間也。”按：彭祖得道，棄天下而養形；傅説得道，自胥靡而三公，奄有天下。二人事雖不同，皆得道而長生久視。本節講：神靈長生久視。

南伯子葵問乎女偊曰：“子之年長矣，而色若孺子，成玄英曰：“孺子，猶稚子也。”何也？”曰：“吾聞道矣。”按：《莊子·在宥》：

"至道之精，窈窈冥冥；至道之極，昏昏默默。无視无聽，抱神以静，形將自正。必静必清，无勞女形，无揺女精，乃可以長生。"**南伯子葵曰："道可得學邪？"曰："惡！惡可！子非其人也。夫卜梁倚有聖人之才而无聖人之道**，按：聖人之才，指調和陰陽，與物爲春。《莊子·田子方》："至陰肅肅，至陽赫赫。肅肅出乎天，赫赫發乎地。兩者交通成和而物生焉。"有聖人之才，則其心和豫。《莊子·德充符》："使之和豫，通而不失於兑。使日夜无郤，而與物爲春，是接而生時於心者也。是之謂才全。"聖人之道，謂内心虚静。《莊子·天道》："言以虚静推於天地，通於萬物，此之謂天樂。天樂者，聖人之心，以畜天下也。"有聖人之道，則萬物皆照。《莊子·天道》："聖人之心静乎！天地之鑑也，萬物之鏡也。"**我有聖人之道而无聖人之才，吾欲以教之，庶幾其果爲聖人乎！不然，以聖人之道告聖人之才，亦易矣。吾猶守而告之**，按：守，謂守己虚静之心。《莊子·人間世》："瞻彼闋者，虚室生白，吉祥止止。夫且不止，是之謂坐馳。夫徇耳目内通而外於心知，鬼神將來舍，而況人乎！"**參日而後能外天下**；按：天下，謂帝王之事。《莊子·讓王》："道之真以治身，其緒餘以爲國家，其土苴以治天下。由此觀之，帝王之功，聖人之餘事也，非所以完身養生也。"**已外天下矣，吾又守之，七日而後能外物**；按：外物，謂收視返聽。《莊子·在宥》："目无所見，耳无所聞，心无所知，女神將守形，形乃長生。慎女内，閉女外，多知爲敗。"**已外物矣，吾又守之，九日而後能外生**；按：生，謂生理欲求。外生，謂寡耆欲。《莊子·盗跖》："人之情，目欲視色，耳欲聽聲，口欲察味，志氣欲盈。"又《莊子·大宗師》："其耆欲深者，其天機淺。"**已外生矣，而後能朝徹**；宣穎曰："朝徹者，如平旦之清明也。"按：朝徹，謂精神光明。《莊子·養生主》："官知止而神欲行。"又《莊子·天地》："上神乘光，與形滅亡，是謂照曠。"**朝徹**，按：精神生於道，故先見精神，復見"道"。《莊子·知北遊》："精神生於道，形本生於精，而萬物以形相生。"**而後能見獨**；王敔曰："見無耦之天鈞。"按：《莊子·刻意》："純素之道，唯神是守。守而勿失，與神爲一。一之精通，合於天倫。"天倫，謂物化之流。**見獨，而後能无古今**；按：无古今，謂運於天鈞。《莊子·知北遊》："今彼神明至精，與彼百化，物已死生方圓，莫知其根也。"**无古今，而後能入於不死不生。**按：不死不生，謂天鈞之中，道樞也。《莊子·齊物論》："彼是莫得其偶，謂之道樞。樞始得其環中，以應无窮。"

萬物運於天鈞,故有死有生;精神入於道樞,故不死不生。**殺生者不死,生生者不生。**王叔岷曰:"殺生者,生生者,道也。道生殺萬物,而道不死不生。"**其爲物,**按:道居天鈞之中,運物化之輪,故稱之"造化者"。**無不將也,無不迎也;無不毀也,無不成也。**按:毀,死也;成,生也。《莊子·齊物論》:"道通爲一。其分也,成也;其成也,毀也。凡物无成與毀,復通爲一。唯達者知通爲一,爲是不用而寓諸庸。"**其名爲攖寧。**成玄英曰:"攖,擾動也。寧,寂靜也。"按:攖,謂物化紛紜。寧,謂內心虛靜。《老子·十六章》:"致虛極,守靜篤。萬物並作,吾以觀復。夫物芸芸,各復歸其根。歸根曰靜,是謂復命。"**攖寧也者,攖而後成者也。**"按:成,靜也。《莊子·天道》:"聖人之靜也,非曰靜也善,故靜也;萬物无足以鐃心者,故靜也。"**南伯子葵曰:"子獨惡乎聞之?"**按:道可傳,故問所聞。**曰:"聞諸副墨之子,**按:副,剖也,謂剖竹木爲簡牘。墨,謂字跡。**副墨之子聞諸洛誦之孫,**成玄英曰:"臨本謂之副墨,背文謂之洛誦。"按:古書先口傳,而後書諸竹帛。**洛誦之孫聞之瞻明,**按:瞻,遠望。俗語曰,百聞不如一見。**瞻明聞之聶許,**馬其昶曰:"《說文》:'聶,附耳私小語。'《廣雅》:'許,聽也。'"**聶許聞之需役,**按:需,待也。需役,謂留駐之役人。**需役聞之於謳,**按:於,發語詞。謳,謂歌者。**於謳聞之玄冥,**按:玄冥,視之不見。**玄冥聞之參寥,**按:參寥,聽之不聞。**參寥聞之疑始。**"宣穎曰:"疑始者,似有始而未嘗有始。"本節講:聞道者不死不生。

三

　　子祀、子輿、子犁、子來四人相與語曰:"孰能以无爲首,按:无,謂无形。《莊子·至樂》:"雜乎芒芴之間,變而有氣,氣變而有形,形變而有生。"**以生爲脊,以死爲尻,**按:尻,尾椎骨。**孰知死生存亡之一體者,**按:死生一體,謂有生必有死,不可避免。**吾與之友矣。"四人相視而笑,莫逆於心,**按:莫逆,順也。**遂相與爲友。俄而子輿有病,子祀往問之。**按:問,問疾。**曰:"偉哉夫造物者,將以予爲此拘拘也!**司馬彪曰:"拘拘,體拘攣也。"**曲僂發背,**成玄英曰:"傴僂曲腰,背骨發露。"**上有五管,**按:五管,腰椎五管。子祀腰彎,故腰椎骨凸露。**頤隱於齊**,按:頤,面頰。齊,通臍,肚臍。**肩高於頂**,按:頂,頭頂。**句贅指天。**林希逸曰:"句贅,髻也。"**陰陽之氣有沴**,郭象曰:"沴,凌亂也。"按:《漢書·五行志》:"氣相傷,謂之沴。沴,猶臨莅,不和意也。"**其心閒而无事**,成玄英曰:"心神閒逸,不以爲事。"**跰䲪而鑒於井**,按:跰䲪,猶今蹣跚。**曰:"嗟乎! 夫造物者又將以予爲此拘拘也!"子祀曰:"女惡之乎!"曰:"亡**,成玄英曰:"亡,無也。"**予何惡! 浸假而化予之左臂以爲雞**,按:浸,滲也。假,用也。浸假,謂沴氣侵入人體,用之以變化。爲雞,謂左臂拳曲不伸。**予因以求時夜**;按:時,司也。時夜,雞也。《韓非子·揚權》:"使雞司夜,令狸執鼠,皆用其能。"**浸假而化予之右臂以爲彈**,按:彈,彈弓。右臂僵化,如枯木之枝,可爲彈弓支架。《莊子·達生》記佝僂者捕蟬,曰:"吾執臂也,若槁木之枝。"**予因以求鴞炙**;按:鴞,貓頭鷹。炙,烤肉。**浸假而化予之尻以爲輪,以神爲馬,予因以乘之,豈更駕哉!**鍾泰曰:"更駕,改駕也。"**且夫得者,時也;失者,順也;**成玄英曰:"得者,生也。失者,死也。"**安時而處順**,按:得失,皆自然,不可執而不化。**哀樂不能入也。此古之所謂縣解也**,向秀曰:"縣解,無所係也。"**而不能自解者**,按:自解,謂釋懷。**物有結之。**按:物,謂名位、財貨等。最難忘之物,莫過妻子。物有結之,謂戀戀不捨妻子。**且夫物不勝天久矣**,按:物雖不欲化,然不能勝天,不能不化。**吾又何惡焉!"俄而子來有病,喘喘然將死**,成玄英曰:"喘喘,氣息急也。"**其妻子環而泣之。子犂往問之,曰:"叱!**成玄英:"叱,呵聲也。"**避! 無怛化!**陸德明:"怛,驚也。"**倚其戶與之語曰:"偉哉造化! 又將奚以汝爲,將奚以汝適? 以汝爲鼠肝乎? 以汝爲蟲臂乎?"**劉武曰:"言形死爲鼠所食,化爲鼠肝乎? 或爲蟲所食,化爲其臂乎?"按:鼠肝、蟲臂云云,謂土葬。**子來曰:"父母於子,東西南北,唯命之從。陰陽於人,不翅於父母;**成玄英曰:"況陰陽造化,何啻二親乎?"王引之曰:"翅與啻同。"**彼近吾死而我不聽**,宣穎曰:"近,猶迫也。"按:《晏子春秋·內篇雜下》:"弊其力,竭其財,近其死,下之疾其上甚矣。"**我則悍矣**,按:悍,悖逆。《荀子·大略》:"無國而不有願民,無國不有悍民。"**彼何罪焉! 夫大塊載我以形,勞我以生,佚我以老,息我以死。故善吾生者,乃所以善吾死也。**

今大冶鑄金，王先謙曰："大冶，鑄金匠。"金踊躍曰：'我且必爲鏌鋣'，按：且，將也。大冶必以爲不祥之金。今一犯人之形，按：犯，遇也。而曰'人耳人耳'，按：衆人常自貴而賤物。《列子·天瑞》榮啓期曰："天生萬物，唯人爲貴。而吾得爲人，是一樂也。"夫造化者必以爲不祥之人。今一以天地爲大爐，按：一，恒也。以造化爲大冶，惡乎往而不可哉！"按：賈誼《鵩鳥賦》："且夫天地爲鑪，造化爲工；陰陽爲炭，萬物爲銅，合散消息，安有常則？千變萬化，未始有極。忽然爲人，何足控揣；化爲異物，又何足患！"成然寐，曹礎基曰："成，熟。成然寐，熟睡。"蘧然覺。按：蘧然，初醒貌。死生如夢醒。本節講：土葬歸地之化。

子桑户、按：子桑户，蓋即子桑伯子。《論語·雍也》："仲弓問子桑伯子。子曰：'可也，簡。'"孟子反、按：孟子反，蓋即孟之反。《論語·雍也》：子曰："孟之反不伐，奔而殿，將入門，策其馬，曰：'非敢後也，馬不進也。'"子琴張三人相與友，按：子琴張，蓋即琴張。《孔子家語》："與宗魯友，聞宗魯死，欲往弔焉。孔子弗許，曰：'非義也。'"曰："孰能相與於无相與，按：相與，謂交遊。相爲於无相爲？按：爲，助也。《韓非子·二柄》："群臣不得朋黨相爲矣。"孰能登天遊霧，按：登天，謂火葬。《列子·湯問》："楚之南有炎人之國，其親戚死，刐其肉而棄之，然後埋其骨，迺成爲孝子。秦之西有儀渠之國者，其親戚死，聚柴積而焚之。燻則煙上，謂之登遐，然後成爲孝子。"土葬，歸於地，化爲萬物；火葬，則歸於天，化爲氣。撓挑無極；按：撓，攪動。挑，往來貌。《詩·鄭風·子衿》："挑兮達兮，在城闕兮。"撓挑，謂魂氣往來天地間。《孔子家語·哀公問政》："人生有氣有魄。氣者，神之盛也。魄者，鬼之盛也。夫生必死，死必歸土，此謂鬼。魂氣歸天，此謂神。"相忘以生，按：相忘以生，謂不以死生爲意。无所終窮？"三人相視而笑，莫逆於心，遂相與爲友。莫然有閒而子桑户死，按：莫然，猶漠然，謂三人相忘於江湖。未葬。孔子聞之，使子貢往侍事焉。成玄英曰："使子貢往弔，令供給喪事。"或編曲，宣穎曰："編次歌曲。舊云織簿，非是。"或鼓琴，相和而歌曰："嗟來桑户乎！按：來，歸也。《楚辭·招魂》記招魂辭，屢曰："魂兮歸來！"《儀禮·士喪禮》記招魂之禮，曰："升自前東榮，中屋，北面招以衣，曰：'皋某復！'三，降衣於前。"復，猶來。嗟來，招魂之辭也。嗟來桑户乎！而已反其真，按：其真，謂氣也。《莊子·知北遊》："臭腐復化爲神奇，神奇復化爲臭腐，故通天下一氣耳。"而我猶爲人猗!"子貢趨而進曰:"敢問臨尸而歌,禮乎?"按:臨尸而歌,不近人情。《論語·述而》:"子食於有喪者之側,未嘗飽也。子於是日哭,則不歌。"二人相視而笑曰:"是惡知禮意!"按:《莊子·漁父》:"禮者,世俗之所爲也;真者,所以受於天也,自然不可易也。故聖人法天貴真,不拘於俗。愚者反此。"子貢反,以告孔子,曰:"彼何人者邪?修行无有,而外其形骸,按:外其形骸,謂不尚衣冠,放浪形骸。《説苑·修文》:"孔子見子桑伯子,子桑伯子不衣冠而處。"臨尸而歌,顏色不變,按:不變,謂无動於心,无戚容也。无以命之。崔譔曰:"命,名也。"彼何人者邪?"孔子曰:"彼,遊方之外者也,按:方,謂禮制。《禮記·經解》:"隆禮由禮,謂之有方之士;不隆禮不由禮,謂之無方之民。"而丘,遊方之内者也。外内不相及,而丘使女往弔之,丘則陋矣。彼方且與造物者爲人,按:人,謂人形。與造物者爲人,意謂此身非吾有也。而遊乎天地之一氣。按:遊,從化之遊。《莊子·知北遊》:"生非汝有,是天地之委和也;性命非汝有,是天地之委順也;子孫非汝有,是天地之委蛻也。"彼以生爲附贅縣疣,成玄英曰:"氣聚而生,譬疣贅附縣,非所樂。"按:贅,多餘者。疣,俗稱瘊子。以死爲決疣潰癰,成玄英曰:"氣散而死,若疣癰決潰,非所惜。"按:決,破也。疣,疽也。潰,出膿。癰,瘡。夫若然者,又惡知死生先後之所在!宣穎曰:"一氣循環。"假於異物,按:異物,謂肝膽、耳目等器官。託於同體;按:同體,謂各種器官聚爲一體。忘其肝膽,遺其耳目;按:器官、形體,生之所寄。忘肝膽、遺耳目,謂離形去知。反覆終始,按:覆,通復。不知端倪;按:倪,分也。死生循環,不知其極。芒然彷徨乎塵垢之外,成玄英曰:"芒然,無知之貌。"逍遙乎无爲之業。按:爲,通僞,謂人爲。无爲之業,謂自由職業。若《莊子·人間世》之支離疏,"挫鍼治繲,足以餬口;鼓莢播精,足以食十人"。彼又惡能憒憒然爲世俗之禮,成玄英曰:"憒憒,猶煩亂也。"以觀衆人之耳目哉!"陸德明曰:"觀,示也。"子貢曰:"然則夫子何方之依?"按:方,謂方術。《論語·述而》:"子曰:'志於道,據於德,依於仁,游於藝。'"孔子曰:"丘,天之戮民也。成玄英曰:"夫聖迹禮儀,乃桎梏形性。仲尼既依方内,則是自然之理,刑戮之人也。故《德充符》篇云:'天刑之,安可解乎!'"雖然,吾與汝共之。"子貢曰:"敢問其方。"孔子曰:"魚相造乎水,按:相造,謂匯聚。人相造乎道。按:畜魚之道,與畜天下之道通。相造乎水者,穿池而養給;按:穿池,謂疏通水流。養給,謂魚得活水則生,自然而足,不待人之養。相造乎道者,无事而生定。按:无事,謂閒暇。定,謂心如止水。《莊子·田子方》:"夫水之於汋也,无爲而才自然矣。"故曰,魚相忘乎江湖,人相忘乎道術。"按:《莊子·天下》:"天下之治方術者多矣,皆以其有爲不可加矣。古之所謂道術者,果惡乎在? 曰:'无乎不在。'"相忘乎道術,謂諸子割裂道術,各治其方術。子貢曰:"敢問畸人。"司馬彪曰:"畸,不耦也。不耦於人,謂闕於禮教也。"曰:"畸人者,畸於人而侔於天。成玄英曰:"侔者,等也,同也。"按:侔於天,謂與天爲徒,不爲世俗之禮。故曰,天之小人,人之君子;人之君子,天之小人也。"按:君子拘於世俗之禮,不知天也。本節講:火葬歸天之化。

顏回問仲尼曰:"孟孫才,李頤曰:"三桓後,才,其名也。"其母死,哭泣无涕,中心不戚,居喪不哀。按:《左傳·襄公三十一年》:"居喪而不哀,在戚而有嘉容,是謂不度。"无是三者,以善處喪蓋魯國。固有无其實而得其名者乎? 按:實,謂哀戚之情。《論語·子張》:"祭思敬,喪思哀,其可已矣。"回壹怪之。"按:壹,恒也,謂難以忘懷。仲尼曰:"夫孟孫氏盡之矣,按:盡,謂極致。進於知矣。按:知,認知。進於知,謂超越一般見識。唯簡之而不得,宣穎曰:"簡,略於事。世俗相因,不得獨簡,未免哭泣居喪之事。"夫已有所簡矣。宣穎曰:"然不知不覺己無涕、不戚不哀矣,是已有所簡矣。"孟孫氏不知所以生,不知所以死;不知就先,不知就後;按:萬物運於天均之上,无先无後。若化爲物,按:若,順也。若化爲物,謂隨物而化,心无死生。以待其所不知之化已乎! 按:待,謂隨物推移。且方將化,惡知不化哉? 方將不化,惡知已化哉? 按:萬物運於天均之上,无時不化。吾特與汝,其夢未始覺者邪! 按:覺,謂自知運於天均。且彼有駭形而无損心,劉武曰:"彼,指孟孫之母。孟孫未死,不得言有駭形。言彼死者有駭變之形,而無損於心,雖死,如夢之未覺耳。"有旦宅而无情死。按:旦,謂卜葬日。宅,謂卜葬地。《禮記·雜記上》:"大夫卜宅與葬日。"无情死,謂魂魄分離,各有所歸。《列子·天瑞》:"精神者,天之分;骨骸者,地之分。屬天清而散，屬地濁而聚。精神離形，各歸其真；故謂之鬼。鬼，歸也，歸其真宅。"**孟孫氏特覺**。按：特覺，謂獨悟死生之理。**人哭亦哭，是自其所以乃**。按：乃，如此。自其所以乃，謂出於自然而然。**且也相與吾之耳矣**，按：相與，謂交談。吾之，自稱之語。**庸詎知吾所謂吾之乎**？郭象曰："與化日新，豈知吾之所在也。"**且汝夢爲鳥而厲乎天**，按：厲，飛也。《淮南子·俶真訓》："譬若夢爲鳥而飛於天，夢爲魚而沒於淵。"**夢爲魚而沒於淵。不識今之言者，其覺者乎，其夢者乎**？按：无人不在大化之中，无時不在物化之中。**造適不及笑**，按：適，舒適。《莊子·齊物論》："昔者莊周夢爲胡蝶，栩栩然胡蝶也。自喻適志與，不知周也。俄然覺，則蘧蘧然周也。"**獻笑不及排**，按：獻笑，猶發笑。排，謂排演。《莊子·知北遊》："樂未畢也，哀又繼之。哀樂之來，吾不能禦，其去弗能止。悲夫，世人直謂物逆旅耳！"**安排而去化**，按：去，忘也。安排而去化，謂居天均之上，无哀无樂。**乃入於寥天一**。"按：寥，空虛貌。《楚辭·九辯》："沉寥兮天高而氣清。"寥天一，謂太極、天樞也。天樞，居天均之中，謂不死不生之所。本節講：死生兩忘之化。

四

意而子見許由，許由曰："堯何以資汝？"郭象曰："資者，給濟之謂也。"意而子曰："堯謂我：'汝必躬服仁義而明言是非。'"按：仁義，君子所以生也。《莊子·天道》篇孔子曰："君子不仁則不成，不義而不生。仁義，真人之性也。"《孟子·盡心上》："君子所性，仁義禮智根於心。"許由曰："而奚來爲軹？成玄英曰："而，汝也。奚，何也。軹，辭也。"夫堯既已黥汝以仁義，而劓汝以是非矣，汝將何以遊夫遙蕩恣睢轉徙之途乎？"按：遥蕩，猶摇蕩，謂漫无目的。恣睢，謂隨心所欲。轉徙，謂居无定所。遥蕩、恣睢、轉徙，謂无拘无束，逍遥遊世。意而子曰："雖然，吾願遊於其藩。"按：藩，樊籬也，謂許由之門墻。許由曰："不然。夫盲者无以與乎眉目顏色之好，聾者无以與乎青黃黼黻之觀。"成玄英曰："盲者，有眼睛而不見物。聾者，眼无脥縫如鼓皮也。作斧形者曰黼，兩已相背謂之黻。"意而子曰："夫无莊之失其美,成玄英曰:"无莊,古之美人,爲聞道故,不復莊飾,而自忘其美色。"**據梁之失其力**,成玄英曰:"據梁,古之多力人,爲聞道守雌,故不勇其力也。"**黃帝之亡其知**,成玄英曰:"黃帝,軒轅也,有聖知,亦爲聞道,故能忘遺其知也。"**皆在爐捶之間耳。**按:捶,又作錘,鍛造之具。天地爲大爐,造物者爲大冶。**庸詎知夫造物者之不息我黥而補我劓,使我乘成以隨先生邪?"**按:成,謂全德。**許由曰:"噫!未可知也。我爲汝言其大略。吾師乎!吾師乎!**按:意而子從許由遊,許由從其師遊。吾師,即大宗師,道之別稱。**韲萬物而不爲義**,司馬彪曰:"韲,碎也。"**澤及萬世而不爲仁**,按:天地法道,道法自然,謂无心而爲。《老子·五章》:"天地不仁,以萬物爲芻狗;聖人不仁,以百姓爲芻狗。天地之間,其猶橐籥乎? 虛而不屈,動而愈出。"**長於上古而不爲老**,按:爲老,謂以老自恃。道无死生,故不爲老。**覆載天地刻雕衆形而不爲巧。**按:《列子·說符》:"宋人有爲其君以玉爲楮葉者,三年而成。鋒殺莖柯,毫芒繁澤,亂之楮葉中而不可別也。此人遂以巧食宋國。子列子聞之,曰:'使天地之生物,三年而成一葉,則物之有葉者寡矣。'"**此所遊已。**按:遊,謂與造物者遊。本節講:造物无心,熔鑄萬物。

  顔回曰:"回益矣。"郭象注:"以損之爲益也。"按:《老子·四十八章》:"爲學日益,爲道日損。"**仲尼曰:"何謂也?"曰:"回忘仁義矣。"曰:"可矣,猶未也。"他日,復見,曰:"回益矣。"曰:"何謂也?"曰:"回忘禮樂矣。"**劉武曰:"仁義之施由乎我,禮樂之行拘於世。由乎我者,忘之無與人事;拘於世者,忘之必駭俗情。"**曰:"可矣,猶未也。"他日,復見,曰:"回益矣。"曰:"何謂也?"曰:"回坐忘矣。"仲尼蹴然曰:"何謂坐忘?"顔回曰:"墮肢體,**按:墮,廢也。肢體,謂禮容。《莊子·人間世》:"擎跽曲拳,人臣之禮也。"《莊子·馬蹄》:"屈折禮樂以匡正天下之形。"《莊子·徐无鬼》:"禮教之士敬容。"《莊子·繕性》:"信行容體而順乎文,禮也。"墮肢體,謂忘禮容。**黜聰明,離形去知,同於大通**,按:大通,指物化之流。《莊子·刻意》:"純素之道,唯神是守。守而勿失,與神爲一。一之精通,合於天倫。"合於天倫,謂入於天鈞,縱浪大化。**此謂坐忘。"**按:坐忘,猶忘己。《莊子·天地》:"有治在人,忘乎物,忘乎天,其名爲忘己。忘己之人,是之謂入於天。"**仲尼曰:"同則**

无好也，按：同，謂物我一體。无好，謂不樂生惡死。陶淵明《形影神·神釋》："縱浪大化中，不喜亦不懼。應盡便須盡，無復獨多慮。"**化則无常也**。按：化，謂物化。《莊子·天道》："萬物化作，萌區有狀；盛衰之殺，變化之流也。"**而果其賢乎！** 按：而，汝也。果，誠也。**丘也請從而後也**。"本節講：顏回坐忘，同化於道。

　　子輿與子桑友，而霖雨十日。 按：《左傳·隱公九年》："凡雨，自三日以往爲霖。"**子輿曰："子桑殆病矣！"** 按：殆，揣測之辭。**裹飯而往食之**。按：相濡以沫，不若相忘於江湖。**至子桑之門，則若歌若哭，鼓琴曰："父邪！母邪！天乎！人乎！"** 按：《史記·屈原賈生列傳》："夫天者，人之始也；父母者，人之本也。人窮則反本，故勞苦倦極，未嘗不呼天也；疾痛慘怛，未嘗不呼父母也。"**有不任其聲而趨舉其詩焉**。崔譔曰："不任其聲，憊也；趨舉其詩，無音曲也。"**子輿入，曰："子之歌詩，何故若是？"** 成玄英曰："今子歌詩，似有怨望，故入門驚怪，問其所由也。"**曰："我思夫使我至此極者而弗得也**。按：極，謂貧之至。**父母豈欲吾貧哉？ 天无私覆，地无私載，天地豈私貧我哉！** 按：《老子·七十七章》："天之道，損有餘而補不足。人之道則不然，損不足以奉有餘。"**求其爲之者而不得也**。按：不得，謂天人難知。《莊子·大宗師》："夫知有所待而後當，其所待者特未定也。庸詎知吾所謂天之非人乎？所謂人之非天乎？"**然而至此極者，命也夫！**"本節講：造物弄人，无爲无形。

小　　結

　　《大宗師》篇，講問道之路徑。問道必先求真知。求真知，必先有素樸之心。欲得素樸之心，必先忘利害、嗜欲、死生、外物、名象、好惡等雜念。唯素樸之心，乃能載道。第一章所謂"真人"，即内心素樸之人。素樸之人聞道，乃進入不死不生之境。聞道者以道觀物，則知萬物皆一氣所化，故能脱略形骸，游乎天地之一氣。

　　坐忘，是本篇的核心觀念。去知，指存素樸之心。故《天地》篇曰："機心存於胸中，則純白不備；純白不備，則神生不定，神生不定者，道之所不載也。"離形，指脱略形骸，與天地精神往來。同於大通，謂身心俱喪，與造物同遊大化之流。

應帝王

　　《應帝王》篇，平議帝王之德。應，對也。應帝王，謂回應帝王之説。本篇分五章：第一章講：泰氏素樸之德，勝有虞氏之仁愛；第二章講：聖人無私順物，勝人君之法度；第三章講：明王无爲而治，勝明君之勤政；第四章講：聖人之虚静，勝明王之德象；第五章講：帝王之渾沌，勝聖人之文明。

一

　　齧缺問於王倪，四問而四不知。對話見《莊子·齊物論》，王倪曰：“自我觀之，仁義之端，是非之途，樊然淆亂，吾惡能知其辯！”**齧缺因躍而大喜，**鍾泰曰：“躍而大喜者，領夫不知之旨，而爲之豁然也。”**行以告蒲衣子。**按：行，離去。**蒲衣子曰：“而乃今知之乎？**按：而，汝。**有虞氏不及泰氏。**成玄英曰：“有虞氏，舜也。泰氏，即太昊伏羲也。”**有虞氏，其猶藏仁以要人；**崔譔曰：“懷仁心以結人也。”按：藏仁以要人，謂儒家之帝王。**亦得人矣，**按：《莊子·徐无鬼》：“羊肉不慕蟻，蟻慕羊肉，羊肉羶也。舜有羶行，百姓悦之，故三徙成都，至鄧之虚而十有萬家。”**而未始出於非人。**于鬯曰：“非人與人義相反，則非人者，直謂禽獸耳。”按：出於非人，謂修仁義，脱離野蠻。**泰氏，其卧徐徐，**按：徐徐，猶栩栩，謂氣息柔和。**其覺于于；**按：《説文》：“于，於也。象氣之舒于。”于于，謂氣息暢也。**一以己爲馬，**按：一，一時也。**一以己爲牛；**按：《莊子·馬蹄》：“夫至德之世，同與禽獸居，族與萬物並。”《莊子·盜跖》：“神農之世，卧則居居，起則于于，民知其母，不知其父，與麋鹿共處，耕而食，織而衣，物有相害之心，此至德之隆也。”**其知情信，**按：情，實也。信，謂信而可徵。《韓非子·外儲説左上》：“兒説，宋人，善辯者也，持‘白馬非馬也’服齊稷下之辯者。乘白馬而過關,則顧白馬之賦。"**其德甚真**,按:真,謂天性素樸。《莊子·刻意》:"能體純素,謂之真人。"《莊子·馬蹄》:"同乎无知,其德不離;同乎无欲,是謂素樸。"**而未始入於非人。**"按:入於非人,謂不異於禽獸。民食芻豢,麋鹿食薦,判然有別。泰氏之民,雖未修行仁義,亦非禽獸,故曰"未始入於非人"。

<h2 style="text-align:center">二</h2>

肩吾見狂接輿。狂接輿曰:"日中始何以語女?"俞樾曰:"中始,人名。日,猶云日者也。謂日者中始何以語汝也。"按:日,昔日,往日。**肩吾曰:"告我君人者以己出經式義度,**王念孫曰:"經式義度,皆謂法度也。"按:己出,謂自作法度。《商君書·更法》:"文、武,各當時而立法,因事而制禮。禮法以時而定,制令各順其宜,兵甲器備各便其用。"**人孰敢不聽而化諸!"**按:化,謂服從。己出經式義度,謂法家之帝王。**狂接輿曰:"是欺德也;**郭象曰:"以己制物,則物失其真。"**其於治天下也,猶涉海鑿河而使蚊負山也。**按:按:涉海,謂徒步涉海。鑿河,謂鑿地爲河。涉海鑿河,謂其不自量。使蚊負山,謂强人所難。**夫聖人之治也,治外乎?**按:外,謂言行。**正而後行,**按:正,謂正己。《論語·顏淵》:"季康子問政於孔子。孔子對曰:'政者,正也。子帥以正,孰敢不正?'"**確乎能其事者而已矣。**按:能,勝任。其,謂臣民。確乎能其事者,謂不强人所難。《文子·自然》:"故聖人舉事,未嘗不因其資而用之也。有一功者處一位,有一能者服一事。力勝其任,即舉者不重也。能勝其事,即爲者不難也。聖人兼而用之,故人无棄人,物无棄材。"**且鳥高飛以避矰弋之害,**按:矰,繫有絲繩的箭。弋,以矰射鳥。矰弋之設,喻在上者制法,以尅核群生。《莊子·胠篋》:"夫弓弩畢弋機變之知多,則鳥亂於上矣;鉤餌罔罟罾笱之知多,則魚亂于水矣;削格羅落罝罘之知多,則獸亂於澤矣;"**鼷鼠深穴乎神丘之下以避熏鑿之患,**成玄英曰:"鼷鼠,小鼠也。神丘,社壇也。"按:《韓非子·外儲說右上》:"桓公問管仲曰:'治國何患?'對曰:'最苦社鼠。夫社,木而塗之,鼠因自託也。熏之則木焚,灌之則塗阤,此所以苦於社鼠也。"**而曾二蟲之無知!"**按:而,汝也。曾,猶今言"竟然",謂出人意料。無知,謂不了解民情。

天根遊於殷陽，李頤曰："殷，山名。陽，山之陽。"至蓼水之上，適遭無名人而問焉，按：適遭，猶恰逢。曰："請問爲天下。"无名人曰："去！汝鄙人也，按：鄙，謂愚蠢。《論語·子罕》："子曰：'吾有知乎哉？無知也。有鄙夫問於我，空空如也。我叩其兩端而竭焉。'"何問之不豫也！簡文曰："豫，悅也。"予方將與造物者爲人，按：方將，正在。爲人，謂化爲人形。《莊子·大宗師》："特犯人之形而猶喜之。若人之形者，萬化而未始有極也，其爲樂可勝計邪！"厭，則又乘夫莽眇之鳥，成玄英曰："莽眇，深遠之謂。"以出六極之外，按：六極，謂天地四方。出六極之外，謂形解物化，出於天地。而遊无何有之鄉，按：《莊子·列禦寇》："彼至人者，歸精神乎无始，而甘冥乎无何有之鄉。水流乎无形，發泄乎太清。"以處壙埌之野。崔譔曰："壙埌，猶曠蕩也。"汝又何帠以治天下感予之心爲？"陸德明曰："帠，崔譔本作爲。"又復問。无名人曰："汝遊心於淡，按：淡，恬淡也。《莊子·刻意》："不與物交，淡之至也。"遊心於淡，謂不與物交，忘物也。合氣於漠，按：氣，謂心氣。漠，清淡。《老子·五十五章》："心使氣曰強。"心氣強，則逆物；心氣淡，則能順物自然。順物自然而無容私焉，按：《老子·四十九章》："聖人無常心，以百姓心爲心。"而天下治矣。"

三

陽子居見老聃，成玄英曰："姓陽，名朱，字子居。"曰："有人於此，嚮疾強梁，李頤曰："嚮疾，敏疾如嚮也。"按：強梁，謂有力。《老子·四十二章》："強梁者，不得其死。"物徹疏明，崔譔曰："無物不達，無物不明。"學道不勌。按：勌，同倦。學道不倦，謂法先王，不"自出經式義度"也。如是者，可比明王乎？"按：明，謂光照天下。《詩·大雅·江漢》："明明天子，令聞不已，矢其文德，洽此四國。"老聃曰："是於聖人也，胥易技係，按：胥，皆也。易，謂輕忽。技，謂治國之術。技係，謂爲技所累。勞形怵心者也。且也虎豹之文來田，李頤曰："虎豹以皮有文章，見獵也。田，獵也。"按：來，招致。猨狙之便，按：便，捷也。《莊子·

徐无鬼》："吳王浮于江，登乎狙之山。衆狙見之，恂然棄而走，逃於深蓁。有一狙焉，委蛇攫抓，見巧于王。王射之，敏給搏捷矢。王命相者趨射之，狙執死。"**執黎之狗來藉**。崔譔曰："黎，牦牛也。"按：藉，捕也。《呂氏春秋·先識覽·樂成》："鄴民大怨，欲藉史起。史起不敢出而避之。"**如是者，可比明王乎？**"陽子居蹵然曰：陸德明曰："蹵然，改容之貌。""**敢問明王之治。**"老聃曰："明王之治，功蓋天下而似不自己，鍾泰曰："任天下以爲功，故不見功自己出。"**化貸萬物而民弗恃**；按：貸，謂施而不德。《左傳·襄公二十九年》，記宋司城子罕爲善，云："宋亦饑，請於平公，出公粟以貸。使大夫皆貸。司城氏貸而不書，爲大夫之无者貸。宋无飢人。"**有莫舉名**，按：有，謂有功。名，名號。《論語·泰伯》："子曰：'大哉堯之爲君也！巍巍乎！唯天爲大，唯堯則之。蕩蕩乎！民無能名焉。巍巍乎！其有成功也；煥乎，其有文章！'"**使物自喜**；按：《老子·十七章》："功成事遂，百姓皆謂我自然。"**立乎不測，而遊於无有者也。**"按：遊於无有，意謂不私天下也。《論語·泰伯》："子曰：'巍巍乎，舜、禹之有天下也而不與焉！'"

四

鄭有神巫曰季咸，按：《列子·黃帝》："有神巫自齊來處於鄭，命曰季咸。"**知人之死生存亡，禍福壽夭，期以歲月旬日，若神**。成玄英曰："占候吉凶，必無差失，剋定時日，驗若鬼神。"**鄭人見之，皆棄而走**。郭象曰："不憙自聞死日也。"**列子見之而心醉**，鍾泰曰："惑於其術，耽之如中酒然也。"**歸，以告壺子，曰："始吾以夫子之道爲至矣，則又有至焉者矣。"壺子曰："吾與汝既其文**，李頤曰："既，盡也。"**未既其實**。劉武曰："盡乎道之外文，而未盡乎道之實體也。"**而固得道與？**按：而，汝也。固，誠也。**衆雌而无雄**，郭象曰："言列子之未懷道也。"按：雌，道之文。雄，道之實。**而又奚卵焉？**按：卵，謂孵卵。《關尹子·四符》："雌卵相生，不知其幾萬禽，陰陽雖妙，不能卵無雄之雌。"未受精之卵，雖孵之不能得雛。**而以道與世亢**，按：亢，謂爭高。《莊子·刻意》："刻意尚行，離世異俗，高論怨誹，爲亢而已矣。"**必信**，按：信，伸也,謂顯露自己。《管子·侈靡》:"信其情者傷其神,美其質者傷其文。"故夫使人得而相汝。嘗試與來,以予示之。"

明日,列子與之見壺子。出而謂列子曰:"嘻!子之先生死矣!弗活矣!不以旬數矣! 按:不以旬數,謂壽命不過十日。吾見怪焉, 按:怪,謂死人之象。《莊子·天下》:"慎到之道,非生人之行,而至死人之理,適得怪焉。"見濕灰焉。" 按:濕灰,意謂了無生氣。《莊子·知北遊》:"形若槁骸,心若死灰。"列子入,泣涕沾襟以告壺子。壺子曰:"鄉吾示之以地文, 成玄英曰:"文,象也。"按:地文,謂靜止之心。《莊子·齊物論》:"其厭也如緘,以言其都溜也;近死之心,莫使復陽也。"萌乎不震不正。 按:萌乎,謂和氣萌動。震,謂土氣之動。《國語·周語上》講立春籍田之禮,云:"古者,太史順時覛土,陽癉憤盈,土氣震發,農祥晨正,日月厎於天廟,土乃脉發。"又云:"先時九日,太史告稷曰:'自今至於初吉,陽氣俱蒸,土膏其動。弗震弗渝,脉其滿眚,穀乃不殖。'"弗震弗渝,謂不耕田破土,助地氣發瀉。正,直也,謂涌出。《爾雅·釋水》:"濫泉正出。正出,涌出也。"不震不正,謂和氣不能發出。是殆見吾杜德機也。 按:杜,閉也。德,和也,謂生氣。杜德機,謂關閉和氣之處。嘗又與來。"

明日,又與之見壺子。出而謂列子曰:"幸矣子之先生遇我也! 鍾泰曰:"欲攬之以爲己功,真術人之聲口也。"按:《韓非子·喻老》:"醫之好治不病以爲功。"有瘳矣, 按:瘳,病愈。全然有生矣! 按:全然,謂渾然一體。吾見其杜權矣。" 按:杜,閉也。權,變也。杜權,謂封閉不嚴,有生氣發洩。列子入,以告壺子。壺子曰:"鄉吾示之以天壤, 按:天壤,謂天生沃土。《山海經·海內經》:"西南黑水之間,有都廣之野,后稷葬焉。爰有膏菽、膏稻、膏黍、膏稷,百穀自生,冬夏播琴。鸞鳥自歌,鳳鳥自儛,靈壽實華,草木所聚。爰有百獸,相群爰處。此草也,冬夏不死。"名實不入, 按:實,功也。《莊子·人間世》:"名實者,聖人之所不能勝也。"天壤,喻和豫之心。《莊子·德充符》:"死生、存亡、窮達、貧富、賢與不肖、毀譽、飢渴、寒暑,是事之變,命之行也。日夜相代乎前,而知不能規乎其始者也。故不足以滑和,不可入於靈府。使之和豫,通而不失於兌。使日夜无郤,而與物爲春,是接而生時於心者也。"而機發於踵。 按:踵,足跟。是殆見吾善者機也。 按:善者,天也。《莊子·大宗師》:"其耆欲深者,其天機淺。"善者機,即天機,謂和氣發動之處。嘗又與來。"

　　明日，又與之見壺子。出而謂列子曰："子之先生不齊，林希逸曰："不齊，言其半動半靜而不定也。"吾无得而相焉。試齊，且復相之。"列子入，以告壺子。壺子曰："吾鄉示之以太沖莫勝。按：沖，虛也。莫勝，謂虛之極。太沖莫勝，謂虛靜之心。《莊子·天道》："言以虛靜推於天地，通於萬物，此之謂天樂。天樂者，聖人之心，以畜天下也。"是殆見吾衡氣機也。按：衡，平也，謂陰陽平衡。《莊子·天道》："夫虛靜恬淡寂漠无爲者，天地之平而道德之至也。故帝王聖人休焉。"衡氣，謂不死不生之氣。鯢桓之審爲淵，成玄英曰："桓，盤也。審，聚也。"按：鯢，小魚。桓，謂盤旋。鯢桓，喻萬物紛紜。鯢桓之審爲淵，喻虛靜之心。《老子·十六章》："致虛極，守靜篤。萬物並作，吾以觀復。夫物芸芸，各復歸其根。歸根曰靜，是謂復命。"止水之審爲淵，按：止水，謂心如止水。淵，喻靜止之心。流水之審爲淵。按：流水之審爲淵，喻和豫之心。淵有九名，此處三焉。鍾泰曰："取譬於淵者，《老子》：'心善淵。'三者皆言心，故并託於淵以説之。"嘗又與來。"

　　明日，又與之見壺子。立未定，自失而走。按：自失，茫然无措。壺子曰："追之！"列子追之不及。反，以報壺子曰："已滅矣，按：滅，謂不見蹤迹。已失矣，吾弗及已。"壺子曰："鄉吾示之以未始出吾宗。按：未始出吾宗，謂道也。《老子·二十一章》："道之爲物，惟恍惟惚。惚兮恍兮，其中有象；恍兮惚兮，其中有物。"吾與之虛而委蛇，按：虛，謂无心。《帛書老子·四十九章》："聖人恒无心，以百姓之心爲心。"委蛇，謂无形。《莊子·庚桑楚》："行不知所之，居不知所爲，與物委蛇，而同其波。"不知其誰何，按：不知其誰何，謂淪與物忘。《莊子·在宥》："墮爾形體，吐爾聰明，倫與物忘；大同乎涬溟。解心釋神，莫然无魂。萬物云云，各復其根，各復其根而不知；渾渾沌沌，終身不離。"因以爲弟靡，褚伯秀曰："弟靡，即草上風必偃。"按：弟，第也，謂次序。弟靡，意謂隨風披靡。因以爲波流，故逃也。"按：《老子·六十章》："以道莅天下，其鬼不神。"

　　然後列子自以爲未始學而歸，三年不出。鍾泰曰："不復與世亢也。"爲其妻爨，按：爲其妻爨，謂不拘夫婦之禮。食豕如食人。郭象曰："忘貴賤也。"按：食豕如食人，謂不貴人而賤物。於事无與親，郭象曰："唯所遇耳。"按：《莊子·徐无鬼》："故无所甚親，无所甚疏，抱德煬和，以順天下，此謂真人。"**雕琢復朴**，按：雕琢，謂治玉。雕琢，謂去雜質。復朴，謂見美質。雕琢復朴，謂除去仁義、智巧，復見素朴之心。**塊然獨以其形立**。按：塊然，无知貌。**紛而封哉**，按：紛，亂也，謂不拘世俗之禮。封，大也，謂全其天性。《莊子·德充符》："眇乎小哉，所以屬於人也！謷乎大哉，獨成其天！"**一以是終**。按：一，恒也。聖人无常心，萬物皆自化。

无爲名尸，按：名尸，謂有名无實。**无爲謀府**；按：謀府，即謀主，謂有實无名。**无爲事任**，按：任，扁擔。事之任，謂才士。**无爲知主**。按：知之主，謂智者。《莊子·列禦寇》："巧者勞而知者憂，无能者无所求，飽食而敖遊，汎若不繫之舟，虛而敖遊者也！"**體盡无窮**，按：體盡无窮，謂善於變化。《莊子·天運》："龍，合而成體，散而成章，乘乎雲氣而養乎陰陽。"**而遊无朕**，崔譔曰："朕，兆也。"按：朕，謂兆象。《淮南子·兵略訓》："凡物有朕，唯道無朕。所以無朕者，以其無常形勢也。"無朕，無行迹也。遊無朕，乃上應"立乎不測，而游乎无有"。**盡其所受乎天**，按：所受乎天，謂天性。《莊子·漁父》："禮者，世俗之所爲也；真者，所以受於天也，自然不可易也。故聖人法天貴真，不拘於俗。"**而无見得**，劉武曰："神巫無得而相，即無見得也。"按：得，獲也。《史記·老子韓非列傳》孔子謂老聃，云："鳥，吾知其能飛；魚，吾知其能游；獸，吾知其能走。走者可以爲罔，游者可以爲綸，飛者可以爲矰。至於龍，吾不能知其乘風雲而上天。吾今日見老子，其猶龍邪！"**亦虛而已**。按：虛，謂无心。《莊子·人間世》："氣也者，虛而待物者也。唯道集虛。虛者，心齋也。"**至人之用心若鏡**，按：鏡，喻虛靜之心。《莊子·天道》："水靜猶明，而況精神！聖人之心靜乎！天地之鑑也，萬物之鏡也。"**不將不迎**，鍾泰曰："不將，則已去者不隨之去；不迎，則未來者不逆其來。"**應而不藏**，按：藏，留也。《莊子·繕性》："物之儻來，寄者也。寄之，其來不可圉，其去不可止。"不藏者，謂暫寄而已。**故能勝物而不傷**。按：勝，承受。《莊子·人間世》："名實者，聖人之所不能勝也。"勝物，謂從容應物，不爲物所制。

五

南海之帝爲儵，北海之帝爲忽，梁簡文帝曰："儵忽，取神速爲名。"按：儵忽，謂神不守形。《莊子·在宥》："目无所見，耳无所聞，心无所知，女神將守形，形乃長生。"《莊子·天地》："形體保神，各有儀則，謂之性。性修反德，德至同於初。"**中央之帝爲渾沌**。按：渾沌，謂素朴之德。《莊子·天地》："夫明白入素，无爲復朴，體性抱神，以遊世俗之間者，汝將固驚邪？且渾沌氏之術，予與汝何足以識之哉！"**儵與忽時相與遇於渾沌之地，渾沌待之甚善**。按：待之甚善，謂親物也。《莊子·馬蹄》："是故禽獸可係羈而游，鳥鵲之巢可攀援而闚。夫至德之世，同與禽獸居，族與萬物並。"**儵與忽謀報渾沌之德，曰："人皆有七竅以視聽食息**，按：七竅，面目也。視聽食息，嗜欲也。《莊子·盜跖》："今吾告子以人之情，目欲視色，耳欲聽聲，口欲察味，志氣欲盈。"**此獨无有，嘗試鑿之。"日鑿一竅**，按：《莊子·大宗師》："其耆欲深者，其天機淺。"**七日而渾沌死**。按：渾沌死，謂嗜欲開，純樸喪。《老子·十二章》："五色令人目盲，五音令人耳聾，五味令人口爽，馳騁畋獵令人心發狂。"又《莊子·馬蹄》："純樸不殘，孰爲犧尊！白玉不毀，孰爲珪璋！"

小　結

《應帝王》篇，回應諸子帝王之説。泰氏之德素樸，无知无欲，是道家理想的帝王；有虞氏懷仁愛之德，民心所向，是儒家理想的帝王；"己出經式義度"的君主，壓制人性，是法家理想的帝王；齧疾彊梁的明王，憂勞天下，是墨家理想的帝王。壺子與季咸鬥法，比喻聖人與民衆之爭。聖人有象，則民窺之，乃亂其性。聖人无象，則民无所見，各安其天性。故《老子·三十七章》："道常無爲而無不爲。侯王若能守之，萬物將自化。"渾沌，即无象之帝王。渾沌无七竅，故而无面目，亦无嗜欲。渾沌七竅開，則面目可相，六欲可制。鑿之愈深，則嗜欲愈深，故曰"七日而渾沌死"。

外　　篇

駢　拇

《駢拇》篇講：拋棄仁義，任性命之情。本篇可分三章：第一章講：仁義非道德之正；第二章講：仁義迷惑人性；第三章：仁義傷害生命。

一

駢拇枝指，司馬彪曰：“駢拇，謂足拇指連第二指也。”陸德明引《三蒼》：“枝指，手有六指也。”**出乎性哉！**俞樾曰：“性之言生也。駢拇枝指，生而已然之者也。”**而侈於德**。按：德，和也。侈於德，謂陰陽之氣不調。**附贅縣疣**，成玄英曰：“附生之贅肉，縣係之小疣。”**出乎形哉**，俞樾曰：“附贅縣疣，成形之後而始者也，故曰出乎形。”**而侈於性**。按：附贅縣疣，後天所生，非生而固有，故曰侈於性。**多方乎仁義而用之者**，按：方，仿也，謂比照。《論語·八佾》：“子曰：‘君子之於天下也，無適也，無莫也，義之與比。’”**列於五藏哉！**按：列於五臟，謂猶如五臟。《孟子·告子上》：“仁義禮智，非由外鑠我也，我固有之也，弗思耳矣。”**而非道德之正也**。按：道德之正，謂平和恬淡。《莊子·天道》：“夫虛静恬淡寂漠无爲者，天地之平而道德之至也。”

是故駢於足者，連无用之肉也；枝於手者，樹无用之指也；多方駢枝於五藏之情者，焦竑曰：“多方，此二字疑衍。”按：情，實也。《白虎通義·性情》：“五藏，肝仁，肺義，心禮，腎智，脾信也。”**淫僻於仁義之行**，按：僻，邪也。《莊子·胠篋》：“人含其知，則天下不惑矣；人含其德，則天下不僻矣。”淫僻，謂不含其德，好行仁義。**而多方於聰明之用也**。按：多方於聰明，意謂濫用才智。

是故駢於明者，按：駢於明者，謂其天生視力過人。**亂五色**，按：五色，謂青、黃、白、赤、黑五色。亂五色，謂細分五色，有偏正之別。**淫文**

章，按：五色相雜而成文章。《周禮·畫繢》：“青與赤謂之文，赤與白謂之章，白與黑謂之黼，黑與青謂之黻，五采備謂之繡。”**青黄黼黻之煌煌非乎？** 按：青黄黼黻，謂祭祀之服。《淮南子·時則訓》：“命婦官染采，黼黻文章，青黄白黑，莫不質良，以給宗廟之服，必宣以明。”煌煌，光鮮貌。《詩·大雅·大明》：“牧野洋洋，檀車煌煌。”**而離朱是已。** 按：離朱，或作“離婁”。《淮南子·原道訓》：“離朱之明，察箴末於百步之外。”**多於聰者，亂五聲，淫六律，金石絲竹黄鐘大吕之聲非乎？而師曠是已！** 按：師曠，多於聰者，能聽人所不能聽。**枝於仁者，擢德塞性以收名聲，** 司馬彪曰：“擢，拔也。”按：仁，謂不忍。**使天下簧鼓以奉不及之法非乎？** 林希逸曰：“法，禮法也。不及者，人所難及也。”鍾泰曰：“簧鼓，猶今云鼓吹，言相與唱和而效之也。”**而曾、史是已。** 按：曾，曾參，字子輿。史，史鰌，字子魚，又稱史魚。**駢於辯者，累瓦結繩竄句，** 按：累瓦，謂鋪設屋瓦，喻鋪排文辭。結繩，謂製網罟，喻羅織文辭。竄句，謂穿鑿附會，斷章取義。**游心於堅白同異之間，** 按：堅白同異之論，物論也，无異於㲉音，非人能明，故楊朱、墨翟疲敝於辯。**而敝跬譽无用之言非乎？** 司馬彪曰：“敝跬，罷也。”按：罷，疲憊。无用，謂不可踐行。譽无用之言，謂追捧堅白同異之論。《韓非子·外儲説左上》：“兒説，宋人，善辯者也，持‘白馬非馬也’服齊稷下之辯者。乘白馬而過關，則顧白馬之賦。”**而楊墨是已。** 按：《孟子·滕文公下》：“聖王不作，諸侯放恣，處士横議，楊朱、墨翟之言盈天下。天下之言不歸楊，則歸墨。”**故此皆多駢旁枝之道，非天下之至正也。彼正正者，** 褚伯秀曰：“彼正正者，宜照上文作‘至正’。”**不失其性命之情。** 按：情，實也。楊朱爲我，墨翟兼愛，曾子忍情，史魚强直，皆離人之常情；師曠多聰，離朱多明，是皆超乎人之常性，故皆非得性命之正。**故合者不爲駢，而枝者不爲跂；** 劉文典曰：“碧虛子校引江南古藏本，‘跂’作‘歧’，義較長。”按：跂，通岐，謂分叉。鴨掌有蹼，便於游水，不可謂駢；雞爪无蹼，便於攀樹，不可謂跂。**長者不爲有餘，短者不爲不足。是故鳧脛雖短，** 成玄英曰：“鳧，小鴨也。”**續之則憂；鶴脛雖長，斷之則悲。故性長非所斷，性短非所續，无所去憂也。** 按：性長非所斷，謂性長者，非所當斷之物。性短非所續，謂性短者，非當續之物。无所去憂，謂无憂可去，惟樂而已。**意仁義其非人情**

乎？按：意，揣測之詞。彼仁人何其多憂也！按：多憂，謂憂民之不仁。《論語·衛靈公》：“子曰：‘民之於仁也，甚於水火。水火，吾見蹈而死者矣，未見蹈仁而死者也。’”

二

　　且夫駢於拇者，決之則泣；成玄英曰：“決，離析也。”枝於手者，齕之則啼。陸德明曰：“齕，齧斷也。”二者，或有餘於數，或不足於數，其於憂一也。今世之仁人，蒿目而憂世之患；林希逸曰：“蒿者，蓬蒿之蒿也。蒿目者，半閉其目也，欲閉而不閉，則其睫蒙茸然，故曰蒿目。”不仁之人，決性命之情而饕貴富。王先謙曰：“決，潰也，如水之決堤而出。”按：情，實也。饕，貪也。《荀子·榮辱》：“人之情，食欲有芻豢，衣欲有文繡，行欲有輿馬，又欲夫餘財蓄積之富也；然而窮年累世不知不足，是人之情也。”故意仁義其非人情乎！按：仁人蒿目憂世，不仁者饕貴富，皆傷生害命，皆未得性命之正。自三代以下者，成玄英曰：“三代，夏商周也。”天下何其囂囂也？按：囂囂，嘈雜聲。《詩·小雅·車攻》：“之子于苗，選徒囂囂。”眾聲嘈雜，謂民情不安。

　　且夫待鉤繩規矩而正者，成玄英曰：“鉤，曲；繩，直；規，圓；矩，方也。”是削其性也；待繩約膠漆而固者，成玄英曰：“約，束縛也。”是侵其德者也；按：德，和也。《莊子·徐无鬼》：“故无所甚親，无所甚疏，抱德煬和，以順天下，此謂真人。”屈折禮樂，陸德明曰：“屈折，謂曲折肢體爲禮樂。”呴俞仁義，按：呴，噓氣。《莊子·大宗師》：“相呴以濕，相濡以沫。”俞，諭也。《淮南子·原道訓》：“呴諭覆育，萬物群生。”呴諭，謂耳提面命，誨人不倦。以慰天下之心者，此失其常然也。天下有常然。常然者，曲者不以鉤，直者不以繩，圓者不以規，方者不以矩，附離不以膠漆，按：離，著也。《詩·王風·兔爰》：“有兔爰爰，雉離于羅。”附離，猶附著，謂貼附。《漢書·五行志》：“星辰附離於天，猶庶民附離王者也。”約束不以纆索。陸德明引《爾雅》曰：“纆，索也。”故天下誘然皆生，曹礎基曰：“誘然，油然。”按：油然，謂自然而然。《禮記·樂記》：“致樂以治心，則易直子諒之心油然生矣。”而不知其所以生；同焉皆得，按：同焉,謂倫與物忘。《莊子·田子方》:"夫天下也者,萬物之所一也,得其所一而同焉。"得,謂各安其性。《莊子·馬蹄》:"同乎无知,其德不離;同乎无欲,是謂素樸;素樸而民性得矣。"**而不知其所以得。**按:《莊子·天下》:"同焉者和,得焉者失。"**故古今不二,不可虧也。**按:虧,損也。《莊子·刻意》:"故素也者,謂其无所與雜也;純也者,謂不虧其神也。能體純素,謂之真人。"古今不二,謂純素之道。**則仁義又奚連連如膠漆纆索而游乎道德之間爲哉!**按:連,屬也。連連,謂拉拉扯扯。**使天下惑也!**

三

夫小惑易方,大惑易性,郭象曰:"夫東西易方,於體未虧;矜仁尚義,失其常然,以之死地,乃大惑也。"**何以知其然邪? 自虞氏招仁義以撓天下也,**宣穎曰:"招,揭也。"按:揭,謂高舉。**天下莫不奔命於仁義。**按:奔命,謂急赴君命。《左傳·襄公十三年》:"吳侵楚,養由基奔命,子庚以師繼之。"**是非以仁義易其性與?** 按:性,生也。易其性,謂殺身成仁。**故嘗試論之,自三代以下者,天下莫不以物易其性矣! 小人則以身殉利,士則以身殉名,大夫則以身殉家,**按:家,謂家族。《左傳·莊公三十二年》:"成季使以君命命僖叔,待于鍼巫氏,使鍼季鴆之,曰:'飲此則有後於魯國,不然,死且無後。'飲之,歸,及逵泉而卒,立叔孫氏。"**聖人則以身殉天下。故此數子者,事業不同,名聲異號,其於傷性以身爲殉,一也。**

臧與穀,按:臧,善也。穀,生也。《詩·王風·大車》:"穀則異室,死則同穴。"臧與穀,皆化名。臧好善,挾策讀書;穀重生,遊戲賭博。**二人相與牧羊,而俱亡其羊。問臧奚事,則挾筴讀書;**李頤曰:"筴,竹簡也。古以寫書,長二尺四寸。"按:筴,同策。**問穀奚事,則博塞以游。**陸德明曰:"博塞,博之類也。"按:博,博弈。**二人者,事業不同,其於亡羊均也。伯夷死名於首陽之下,**按:《論語·季氏》:"齊景公有馬千駟,死之日,民無德而稱焉。伯夷、叔齊餓於首陽之下,民到于今稱之。"**盜跖死利於東陵之上。二人者,所死不同,其於殘生傷性,均也。奚必伯夷之是而盜跖之非乎? 天下盡殉也。彼其**

所殉仁義也，則俗謂之君子；其所殉貨財也，則俗謂之小人。其殉一也，則有君子焉，有小人焉；若其殘生損性，則盜跖亦伯夷已，又惡取君子小人於其間哉！

　　且夫屬其性乎仁義者，_{郭象曰：“以此係彼爲屬。”}雖通如曾、史，非吾所謂臧也；屬其性於五味，雖通如俞兒，_{陸德明引《淮南》云：“俞兒狄牙，嘗淄澠之水而別之。”}非吾所謂臧也；屬其性乎五聲，雖通如師曠，非吾所謂聰也；屬其性乎五色，雖通如離朱，非吾所謂明也。吾所謂臧者，非仁義之謂也，臧於其德而已矣；_{按：德，和也。藏於德，謂德不形。《莊子·德充符》：“德者，成和之脩也。德不形者，物不能離也。”}吾所謂臧者，非所謂仁義之謂也，任其性命之情而已矣；_{按：任其性命，謂順民之天性。《莊子·馬蹄》：“彼民有常性，織而衣，耕而食，是謂同德。一而不黨，命曰天放。”}吾所謂聰者，非謂其聞彼也，_{按：彼，謂五聲。}自聞而已矣；_{按：自聞，謂自歌自聽。}吾所謂明者，非謂其見彼也，_{按：彼，謂五色。}自見而已矣。_{按：自見，謂自美其服也。自聞、自見，謂自安其性。《老子·八十章》：“甘其食，美其服，安其居，樂其俗。”}夫不自見而見彼，不自得而得彼者，是得人之得而不自得其得者也，適人之適而不自適其適者也。_{按：適，專主也。《論語·八佾》：“子曰：‘君子之於天下也，無適也，無莫也，義之與比。’”}夫適人之適而不自適其適，雖盜跖與伯夷，是同爲淫僻也。余愧乎道德，_{按：道德，謂自然恬淡。《莊子·天道》：“夫虛靜恬淡寂漠无爲者，天地之平而道德之至。”}是以上不敢爲仁義之操，而下不敢爲淫僻之行也。_{按：《淮南子·説山訓》：“人有嫁其子而教之曰：‘爾行矣。慎無爲善。’曰：‘不爲善，將爲不善邪？’應之曰：‘善且由弗爲，況不善乎？’”}

小　結

　　仁義之於人性，猶枝指之於形體，皆多餘之物。孟子講性善，謂仁義生於惻隱、羞惡之心，而此心爲人所固有。莊周反其道，謂人雖有惻隱、羞惡之心，亦猶駢拇、枝指，皆非性情之正。今儒者行仁義既久，視同五藏，以爲我所固有，是惑而易性矣。

馬　蹄

　　《馬蹄》篇講：仁義禮樂，毀傷民性。本篇可分三章：第一章講：伯樂治馬，逆馬真性；第二章講：聖人治人，毀傷真性；第三章講：仁義禮樂，導人向惡。

一

　　馬，蹄可以踐霜雪，毛可以禦風寒。齕草飲水，按：齕，啮也。《荀子·正論》："彼乃將食其肉而齕其骨也。"翹足而陸，按：翹，抬也。《史記·高祖本紀》："大臣內叛，諸侯外反，亡可翹足而待。"翹足，謂抬腿休息。陸，謂陸居。《莊子·馬蹄》："夫馬，陸居則食草飲水。"此馬之真性也。按：俗謂良馬不卧，常三足著地，抬一足以休，此馬之常性。雖有義臺路寢，按：義，威儀也。《莊子·大宗師》："古之真人，其狀義而不朋。"又《莊子·天道》："而狀義然，似繫馬而止也。"義臺，謂巍峨高聳之臺。路寢，大室也。《詩·魯頌·閟宮》："路寢孔碩，新廟奕奕。"無所用之。及至伯樂，曰："我善治馬。"燒之，剔之，刻之，雒之。司馬彪曰："燒，謂燒鐵以爍之；剔，謂翦其毛；刻，謂削其甲；雒，謂羈雒其頭也。"按：爍之，指烙印記。俞樾曰："今官馬以火烙其皮毛爲識，即其事矣。"雒，通絡，網也。絡馬之口，謂以網罩口，防其貪食、傷人也。連之以羈馽，按：轡，无衘曰羈，有衘曰勒。馽，馬絆。《詩·小雅·白駒》："皎皎白駒，食我場苗。縶之維之，以永今朝。"縶之，謂絆馬足。編之以皁棧，司馬彪曰："皁，櫪也。棧，若牀，施之濕地也。"按：櫪，馬槽。棧，木排，鋪於地，防馬蹄腐爛。馬之死者十二三矣；飢之，渴之，馳之，驟之，按：馳，謂勻速奔馳。驟，謂加速奔馳。《淮南子·原道訓》："可以步而步，可以驟而驟。"整之,齊之,按:整之、齊之,謂調勻四馬。《詩·小雅·六月》:"比物四驪,閑之維則。"前有橛飾之患,司馬彪曰:"橛,銜也。飾,排銜也,謂加飾於馬鑣也。"《韓非子·姦劫弑臣》:"无棰策之威,銜橛之備,雖造父不能以服馬。"而後有鞭筴之威,按:筴,策也,木條也。《左傳·襄公十七年》:"左師爲己短策,苟過華臣之門,必騁。"而馬之死者已過半矣!按:《韓非子·外儲說右下》:"延陵卓子乘蒼龍與翟文之乘,前則有錯飾,後則有利鍬,進則引之,退則策之。馬前不得進,後不得退,遂避而逸,因下抽刀而刎其脚。造父見之泣,終日不食。"鍬,帶刺之策。陶者曰:"我善治埴。司馬彪曰:"埴土可以爲陶器。"陸德明引《尚書傳》云:"土黏曰埴。"圓者中規,方者中矩。"匠人曰:"我善治木。曲者中鉤,按:鉤,謂金鉤。木材難以塑形,故匠人以輮木顯其能。《荀子·勸學》:"木直中繩,輮以爲輪,其曲中規,雖有槁暴,不復挺者,輮使之然也。"直者應繩。"按:《鹽鐵論·大論》:"夫治民者,若大匠之斲,斧斤而行之,中繩則止。"又《大戴禮記·四代》:"巧匠輔繩而斫,胡爲其棄法也。"夫埴、木之性,豈欲中規矩鉤繩哉?然且世世稱之曰:"伯樂善治馬,而陶、匠善治埴、木。"此亦治天下者之過也。

二

吾意善治天下者不然。按:意,揣測。《管子·小問》:"君子善謀,而小人善意。"彼民有常性,織而衣,耕而食,是謂同德;按:德,和也。《莊子·天地》:"性修反德,德至同於初。"一而不黨,按:一,謂无親疏。《墨子·耕柱》:"巫馬子謂子墨子曰:'我與子異,我不能兼愛。我愛鄰人於越人,愛魯人於鄰人,愛我鄉人於魯人,愛我家人於鄉人,愛我親於我家人,愛我身於吾親,以爲近我也。'"命曰天放。按:天放,謂自由自在,无拘无束。

故至德之世,其行填填,按:填填,直貌。《淮南子·兵略訓》:"不襲堂堂之寇,不擊填填之旗。"又《尚書大傳·略說》:"前有高岸,後有大谿,填填正立而已。"其視顛顛。按:顛顛,正貌,謂目不斜視。《禮記·玉藻》:"喪容累累,色容顛顛。"又曰:"色容莊。"又《大戴禮記·虞戴德》:"心端,色容正。"色容,謂神態容貌。**當是時也,山无蹊隧**,按:蹊,草間小徑。隧,谷中小徑。山无蹊隧,謂民人不入山林,侵百獸之地。**澤无舟梁**;按:梁,謂浮橋。澤无舟梁,謂民人不入水澤,侵魚龍之域。**萬物群生,連屬其鄉**;按:其鄉,萬物之鄉。連屬,謂禽獸自由往來,不爲人所隔。**禽獸成群,草木遂長**。按:遂,成也。遂長,謂不橫遭砍伐。《孟子·梁惠王上》:"斧斤以時入山林,材木不可勝用也。"**是故禽獸可係羈而遊,鳥鵲之巢可攀援而闚**。成玄英曰:"人無害物之心,物無畏人之慮。"按:闚,同窺。《列子·黃帝》:"海上之人有好漚鳥者,每旦之海上,從漚鳥游,漚鳥之至者百住而不止。其父曰:'吾聞漚鳥皆從汝游,汝取來,吾玩之。'明日之海上,漚鳥舞而不下也。"

夫至德之世,同與禽獸居,按:同,聚也。《詩·小雅·吉日》:"獸之所同,麀鹿麌麌。"**族與萬物並**。按:族,聚也。《莊子·應帝王》:"泰氏,其臥徐徐,其覺于於;一以己爲馬,一以己爲牛。"**惡乎知君子小人哉! 同乎无知,其德不離**;按:不離,謂不離常性。**同乎无欲**,按:《莊子·盜跖》:"今吾告子以人之情,目欲視色,耳欲聽聲,口欲察味,志氣欲盈。"**是謂素樸。素樸而民性得矣。**

及至聖人,蹩躠爲仁,按:蹩躠,舞貌。張衡《南都賦》形容舞女,曰:"翩綿綿去若絶,眩將墜而復舉。翹遙遷延,蹩躠蹁躚。"蹩躠爲仁,意謂徒有其表。**踶跂爲義**,按:踶,踢也。跂,跳躍。《淮南子·主術訓》:"鹿之上山,獐不能踶也,及其下,牧豎能追之,才有所脩短也。"踶跂爲義,謂大義滅親,傷其同類。**而天下始疑矣**。按:疑,謂迷其性。《莊子·天運》:"禹之治天下,使民心變,人有心而兵有順,殺盜非殺,人自爲種而天下耳,是以天下大駭。"**澶漫爲樂**,李頤曰:"澶漫,猶縱逸也。"按:澶漫,猶曼衍。《後漢書·仲長統傳》謂昏君,曰:"澶漫彌流,无所底極。"澶漫爲樂,謂沉迷於樂。**摘辟爲禮**,李頤曰:"糾摘邪辟而爲禮也。"按:摘,指摘。《論語·八佾》:"子入大廟,每事問。或曰:'孰謂鄹人之子知禮乎?入大廟,每事問。'子聞之曰:'是禮也。'"**而天下始分矣**。按:分,謂分君子、小人也。

故純樸不殘,成玄英曰:"純樸,全木也。"**孰爲犧尊!**司馬彪曰:"畫犧牛象以飾樽也。"按:尊,酒器。**白玉不毀**,按:《淮南子·説林訓》:"白玉不琢,美珠不文,質有餘也。"**孰爲珪璋!**李頤曰:"銳上方下曰圭,半圭曰璋。"**道德不廢**,按:道德,謂自然平和之心。《莊子·在宥》:"夫不恬不愉,非德也。"**安取仁義！** 按:《莊子·駢拇》:"今世之仁人,蒿目而憂世之患;不仁之人,決性命之情而饕貴富。故意仁義其非人情乎!"**性情不離,** 按:性情,謂性命之情。《莊子·徐无鬼》:"君將盈耆欲,長好惡,則性命之情病矣。"**安用禮樂！** 按:禮樂,謂節嗜欲、哀樂也。《禮記·檀弓上》:"子夏既除喪而見,予之琴,和之而不和,彈之而不成聲。作而曰:'哀未忘也,先王制禮而弗敢過也。'子張既除喪而見,予之琴,和之而和,彈之而成聲。作而曰:'先王制禮,不敢不至焉。'"**五色不亂,孰爲文采！五聲不亂,孰應六律！** 按:《左傳·昭公元年》:"天有六氣,降生五味,發爲五色,徵爲五聲,淫生六疾。"五色、五聲,自然之分也。文采、六律,則人爲制定。**夫殘樸以爲器,工匠之罪也;毀道德以爲仁義,聖人之過也。**

三

夫馬,陸居則食草飲水,喜則交頸相靡, 李頤曰:"靡,摩也。"**怒則分背相踶。** 按:分背,謂背對背。《孔叢子·儒服》:"分背就路。"**馬知已此矣！夫加之以衡扼,** 陸德明曰:"衡,轅前橫木,縛軛者也。扼,義馬頸者也。"按:扼,通軛。義,謂夾持。**齊之以月題,** 司馬彪曰:"馬額上當顱如月形者也。"按:顱,同額。題,額也。《韓非子·解老》:"黑牛也而白題。"**而馬知介倪、** 曹礎基曰:"介,間側。倪,借爲輗,車轅與車衡銜接的關鍵部件。介輗,馬側立在兩輗之間,不服駕馭。"**闉扼、** 胡文英曰:"闉,塞也。闉軛,抵塞衡軛也。"按:闉,甕城。甕城拱衛城門,阻遏敵軍靠近城門。扼,車軛。車軛,猶城門。闉軛,謂拒不入車軛。**鷙曼、** 李頤曰:"鷙,抵也。曼,突也。"按:抵,拒也。曼,謂旁出。鷙曼,謂馬拒不就軛,欲從旁突出。**詭銜、** 陸德明曰:"詭銜,吐出銜也。"按:人納銜於馬口,馬以舌抵之,不使深入,已而吐之。**竊轡。** 按:御者常置轡於馬廏,故馬得竊之。**故馬之知而態至盜者,** 按:態,謂行爲。**伯樂之罪也。**

夫赫胥氏之時, 司馬彪曰:"赫胥氏,上古帝王也。"**民居不知所爲,** 按:《莊子·天地》:"手撓顧指,四方之民莫不俱至,此之謂聖治。"**行不知所之,含哺而熙,** 按:熙,悅也。《老子·二十章》:"衆人熙熙,如享太牢，如春登臺。"**鼓腹而遊**。按：鼓腹，謂求飽而已。《莊子·列禦寇》："巧者勞而知者憂，无能者无所求，飽食而敖遊，汎若不繫之舟，虛而敖遊者也。"**民能以此矣**。

及至聖人，屈折禮樂以匡天下之形，按：屈折，蓋謂磬折之禮。《禮記·曲禮下》："立則磬折垂佩。主佩倚則臣佩垂，主佩垂則臣佩委。"**縣跂仁義以慰天下之心**，按：縣，高掛。跂，高舉。《孟子·盡心下》："國君好仁，天下無敵焉。南面而征北狄怨；東面而征西夷怨。曰：'奚爲後我？'"**而民乃始踶跂好知**，按：踶，謂相踢。跂，謂攀比。好知，謂好辯是非。**爭歸於利，不可止也**。按：《莊子·徐无鬼》："夫民，不難聚也；愛之則親，利之則至，譽之則勸，致其所惡則散。愛利出乎仁義，捐仁義者寡，利仁義者衆。夫仁義之行，唯且无誠，且假乎禽貪者器。"**此亦聖人之過也**。按：《論語·里仁》："子曰：'放於利而行，多怨。'"

小　結

《馬蹄》篇，由馬而人，講自然與文明的衝突。至德之世，描寫的就是自然狀態下的人。人性原本素樸，無知無欲，也不自別於萬物，逍遙天地之間。聖人用禮樂約束人的行爲，用仁義改造人的天性，希望人脫離禽獸世界，進入文明階段。在道家看來，仁義違逆人性，聖人開啓民智，導以利害，反而激發貪欲和智謀，反而把人性導向邪惡。

胠篋

《胠篋》篇講：絕聖棄知，大盜乃止，百姓乃安。本篇可分四章：第一章講：聖人立國，國反爲大盜所竊；第二章講：聖人明道，道反爲大盜所用；第三章講：聖人明德，則民迷其性；第四章：聖人好知，則天下大亂。

一

將爲胠篋探囊發匱之盜而爲守備，羅勉道曰："胠，腋下，傍開其篋，如從腋下取之。"按：爲，因也。囊，布袋。匱，櫃。則必攝緘縢，崔譔曰："攝，收也。"按：收，謂收緊。緘、縢，皆繩。固扃鐍，按：鐍，指櫃門上環紐，左右各一。扃，橫栓。扃鐍，即鎖具。此世俗之所謂知也。然而巨盜至，則負匱揭篋擔囊而趨，曹礎基曰："揭，用手提。"唯恐緘縢扃鐍之不固也。然則鄉之所謂知者，不乃爲大盜積者也？按：不乃，難道不是。

故嘗試論之，世俗之所謂知者，有不爲大盜積者乎？按：《史記·齊太公世家》："周西伯昌之脫羑里歸，與呂尚陰謀修德以傾商政，其事多兵權與奇計，故後世之言兵及周之陰權皆宗太公爲本謀。"所謂聖者，有不爲大盜守者乎？何以知其然邪？昔者齊國鄰邑相望，雞狗之音相聞，罔罟之所布，耒耨之所刺，李頤曰："耒，犁也。耨，鋤也。"方二千餘里。闔四竟之內，所以立宗廟社稷，治邑屋州閭鄉曲者，曷嘗不法聖人哉？按：法聖人，謂法其立國之道。《呂氏春秋·仲冬紀·長見》："呂太公望封於齊，周公旦封於魯，二君者甚相善也。相謂曰：'何以治國？'太公望曰：'尊賢上功。'周公旦曰：'親親上恩。'太公望曰：'魯自此削矣。'周公旦曰：'魯雖削，有齊者亦必非呂氏也。'"然而田成子一旦殺齊君而盜其國，成玄英曰："田成子，齊大夫陳恒也，是敬仲七世孫。初，敬仲適齊，食采於田，故改爲田氏。"所盜者豈獨其國邪？並與其聖知之法而盜之，故田成子有乎盜賊之名，而身處堯舜之安；按：安，謂百姓擁戴。小國不敢非，大國不敢誅，按：《左傳·哀公十四年》："齊陳恒弒其君壬于舒州。孔丘三日齊，而請伐齊三。公曰：'魯爲齊弱久矣，子之伐之，將若之何？'對曰：'陳恒弒其君，民之不與者半。以魯之衆，加齊之半，可克也。'公曰：'子告季孫。'孔子辭。退而告人曰：'吾以從大夫之後也，故不敢不言。'"十二世有齊國。則是不乃竊齊國，並與其聖知之法以守其盜賊之身乎？

嘗試論之，世俗之所謂至知者，按：至知，謂知興亡。有不爲大盜積者乎？所謂至聖者，有不爲大盜守者乎？何以知其然邪？昔者龍逢斬，按：龍逢，即關龍逢。劉向《新序·節士》："桀爲酒池，足以運舟，糟丘，足以望七里，一鼓而牛飲者三千人。關龍逢進諫曰：'爲人君，身行禮義，愛民節財，故國安而身壽也。今君用財若無盡，用人若恐不能死，不革，天禍必降而誅必至矣，君其革之。'立而不去朝，桀因囚拘之。"比干剖，按：《史記·宋微子世家》："王子比干者，亦紂之親戚也。見箕子諫不聽而爲奴，則曰：'君有過而不以死爭，則百姓何辜！'乃直言諫紂。紂怒曰：'吾聞聖人之心有七竅，信有諸乎？'乃遂殺王子比干，刳視其心。"萇弘胣，陸德明曰："刳腸曰胣。"按：萇弘，知天道，欲復興東周。《左傳·定公元年》："萇弘違天。天之所壞，不可支也。"據《左傳·哀公三年》記載，萇弘得罪晉國趙鞅，趙鞅迫使周人殺萇弘。子胥靡。崔譔曰："靡，爛之於江中也。"按：《左傳·哀公元年》記載，子胥諫存越之患，曰："越十年生聚，而十年教訓，二十年之外，吳其爲沼乎！"故四子之賢而身不免乎戮。林希逸曰："此言賢者不足恃。"按：關龍逢、比干、萇弘、伍員，皆知天道，明興衰，然所事非人，无異助紂爲虐，爲大盜守國也。

二

故跖之徒問於跖曰："盜亦有道乎？"跖曰："何適而无有道邪？"夫妄意室中之藏，聖也；按：妄意，謂憑空猜測。入先，勇也；出後，義也；按：《論語·爲政》："見義不爲，無勇也。"知可否，知也；成玄英曰："知可則爲，不可則止，識其安危，審其吉凶，往必克捷，是其智也。"分均，仁也。五者不備而能成大盜者，天下未之有也。郭象曰："五者所以禁盜，而反爲盜資也。"由是觀之，善人不得聖人之道不立，跖不得聖人之道不行；天下之善人少而不善人多，則聖人之利天下也少而害天下也多。故曰，脣竭則齒寒，按：脣，同唇。竭，揭也。俞樾："此竭字嘗讀爲'竭其尾'之'竭'。《説文》'豕'篆説解曰：'竭其尾，故謂之豕。'是也。蓋竭之本義爲負舉，'竭其尾'即舉其尾也。此云'脣竭'者，謂反舉其脣以向上。"脣竭，謂啓齒。唇竭齒寒，意在諷刺孔子遊説諸侯，白費口舌。魯酒薄而邯鄲圍，陸德明曰："楚宣王朝諸侯，魯恭公後至而酒薄，宣王怒，欲辱之。恭公不受命，乃曰：'我周公之胤，長於諸侯，行天子禮樂，勳在周室。我送酒已失禮，方責其薄，無乃太甚！'遂不辭而還。宣王怒，乃發兵與齊攻魯。梁惠王常欲擊趙，而畏楚救。楚以魯爲事，故梁得圍邯鄲。"聖人生而大盜起。掊擊聖人，縱舍盜賊，而天下始治矣。按：《論語·顏淵》："季康子患盜，問於孔子。孔子對曰：'苟子之不欲，雖賞之不竊。'"夫川竭而谷虛，按：川，河也。谷，井也。《周易·井卦》："井谷射鮒。"丘夷而淵實。按：丘，土丘，喻聖人。雨水沖刷土丘，則泥沙俱下而塞淵。《文子·上德》："川竭而谷虛，丘夷而淵塞，脣亡而齒寒，河水深而壤在山。"聖人已死，則大盜不起，天下平而无故矣！成玄英曰："故，事也。"

聖人不死，大盜不止。雖重聖人而治天下，則是重利盜跖也。按：重，厚也。爲之斗斛以量之，則并與斗斛而竊之；按：《左傳·昭公三年》記田氏竊國之謀，曰："公棄其民，而歸於陳氏。齊舊四量，豆、區、釜、鍾。四升爲豆，各自其四，以登於釜。釜十則鍾。陳氏三量，皆登一焉，鍾乃大矣。以家量貸，而以公量收之。"爲之權衡以稱之，則并與權衡而竊之；爲之符璽以信之，則并與符璽而竊之；按：《説苑·指武》："田成子常與宰我爭，宰我夜伏卒將以攻田成子，令於卒中曰：'不見旌節毋起。'鴟夷子皮聞之，告田成子。田成子因爲旌節以起宰我之卒以攻之，遂殘之也。"爲之仁義以矯之，則并與仁義而竊之。何以知其然邪？彼竊鉤者誅，成玄英曰："鉤者，腰帶鉤也。"竊國者爲諸侯，諸侯之門而仁義存焉。按：《韓非子·外儲説右上》："齊嘗大飢，道旁餓死者不可勝數也,父子相牽而趨田成氏者不聞不生。故周秦之民相與歌之曰:'謳乎,其已乎!苞乎,其往歸田成子乎!'"則是非竊仁義聖知邪? 故逐於大盜,成玄英曰:"逐,隨也。"按:逐,謂追隨。揭諸侯,鍾泰曰:"揭,標舉之,言戴之以爲魁首也。"竊仁義并斗斛權衡符璽之利者,按:竊仁義、斗斛、權衡、符璽者,諸侯也。雖有軒冕之賞弗能勸,按:勸,謂勸善。《孟子·梁惠王上》:"上下交征利而國危矣。萬乘之國弒其君者,必千乘之家;千乘之國弒其君者,必百乘之家。萬取千焉,千取百焉,不爲不多矣。苟爲後義而先利,不奪不饜。"斧鉞之威弗能禁。此重利盜跖而使不可禁者,是乃聖人之過也。故曰:"魚不可脫於淵,國之利器不可以示人。"郭象曰:"魚失淵則爲人禽,利器明則爲盜資,故不可示人。"彼聖人者,天下之利器也,郭慶藩曰:"假聖人之知而收其利,天下皆假而用之,則固天下之利器矣。"非所以明天下也。按:明,謂明示。

三

故絕聖棄知,大盜乃止;擿玉毀珠,崔譔曰:"擿,猶投棄之也。"小盜不起;按:《老子·三章》:"不尚賢,使民不爭。不貴難得之貨,使民不爲盜。不見可欲,使民心不亂。"焚符破璽,而民朴鄙;按:民朴鄙,謂尚然諾。掊斗折衡,而民不爭;殫殘天下之聖法,成玄英也:"殫,盡也。殘,毀也。"而民始可與論議。按:論議,發己之見解。嚴刑峻法,則民不敢自信也。《韓非子·外儲說左上》:"鄭人有欲買履者,先自度其足而置之其坐,至之市而忘操之。已得履,乃曰:'吾忘持度。'反歸取之。及反,市罷,遂不得履。人曰:'何不試之以足?'曰:'寧信度,無自信也。'"擢亂六律,成玄英也:"擢,拔也。"按:六律,謂定律之竹管。鑠絕竽瑟,鍾泰曰:"鑠,銷也。竽之成聲在簧,故銷之。瑟之成聲在絃,故絕之。絕,斷也。"塞瞽曠之耳,按:瞽曠,即師曠。而天下始人含其聰矣;按:含其聰,謂耳不淫於聲。滅文章,散五采,膠離朱之目,而天下始人含其明矣;按:含其明,謂目不淫於色。毀絕鉤繩而棄規矩,按:鉤,畫曲之具。《莊子·徐无鬼》:"吾相馬,直者中繩,曲者中鉤,方者中矩,圓者中規，是國馬也。"**擺工倕之指**，李頤曰："擺，折也。"按：《莊子·達生》："工倕旋而蓋規矩。"蓋，猶合也。**而天下始人有其巧矣。故曰："大巧若拙。"**按：大巧，謂不尚淫巧。《韓非子·外儲説左上》："墨子爲木鳶，三年而成，蜚一日而敗。弟子曰：'先生之巧，至能使木鳶飛。'墨子曰：'吾不如爲車輗者巧也。用咫尺之木，不費一朝之事，而引三十石之任致遠，力多，久於歲數。今我爲鳶，三年成，蜚一日而敗。'惠子聞之曰：'墨子大巧，巧爲輗，拙爲鳶。'"**削曾、史之行**，成玄英曰："曾參至孝，史魚至直。"按：《論語·衛靈公》："子曰：'直哉史魚！邦有道，如矢；邦無道，如矢。'"**鉗楊、墨之口**，按：《孟子·滕文公下》："聖王不作，諸侯放恣，處士橫議，楊朱、墨翟之言盈天下。天下之言，不歸楊，則歸墨。楊氏爲我，是無君也；墨氏兼愛，是無父也。無父無君，是禽獸也。"**攘棄仁義**，按：墨翟之徒亦講仁義。《墨子·天志中》："今天下之王公大人士君子，中實將欲遵道利民，本察仁義之本，天之意不可不順也。順天之意者，義之法也。"**而天下之德始玄同矣**。按：同，謂同德。《莊子·馬蹄》："彼民有常性，織而衣，耕而食，是謂同德。"**彼人含其明，則天下不鑠矣**；按：鑠，熔化。《淮南子·繆稱訓》："鐸以聲自毀，膏濁以明自鑠。"**人含其聰，則天下不累矣**；按：累，謂耽於樂。《論語·述而》："子在齊聞《韶》，三月不知肉味，曰：'不圖爲樂之至於斯也！'"**人含其知，則天下不惑矣**；按：惑，謂惑於是非之辯。**人含其德，則天下不僻矣**。按：僻，謂僻於常性。**彼曾、史、楊、墨、師曠、工倕、離朱者，皆外立其德，而以爚亂天下者也**，按：《呂氏春秋·開春論·期賢》："今夫爚蟬者，務在乎明其火，振其樹而已。火不明，雖振其樹，何益？"諸子之立德惑世，猶"爚蟬"也，必令百姓荒亂，无所措手足矣。**法之所无用也**。按：无用，謂不可禁止。

四

子獨不知至德之世乎？昔者容成氏、大庭氏、伯皇氏、中央氏、栗陸氏、驪畜氏、軒轅氏、赫胥氏、尊盧氏、祝融氏、伏犧氏、神農氏，當是時也，民結繩而用之。按：結繩，謂織網罟。《周易·繫辭下》："結繩而爲網罟，以佃以漁。"**甘其食，美其服，樂其俗，**

安其居,鄰國相望,雞狗之音相聞,民至老死而不相往來。若此之時,則至治已。今遂至使民延頸舉踵曰,"某所有賢者",贏糧而趣之,則内棄其親而外去其主之事,足跡接乎諸侯之境,車軌結乎千里之外。則是上好知之過也。按:《孟子·滕文公上》:"有爲神農之言者許行,自楚之滕,踵門而告文公曰:'遠方之人聞君行仁政,願受一廛而爲氓。'文公與之處。其徒數十人,皆衣褐,捆屨、織席以爲食。"

上誠好知而无道,則天下大亂矣。按:《老子·六十五章》:"民之難治,以其智多。故以智治國,國之賊。不以智治國,國之福。"何以知其然邪? 夫弓弩畢弋機變之知多,按:畢,捕鳥之網。《詩·小雅·鴛鴦》:"鴛鴦于飛,畢之羅之。"則鳥亂於上矣;鉤餌罔罟罾笱之知多,成玄英曰:"笱,曲梁也,亦筌。"則魚亂於水矣;按:《世説新語·言語》:"劉公幹以失敬罹罪。文帝問曰:'卿何以不謹於文憲?'楨答曰:'臣誠庸短,亦由陛下網目不疏。'"削格羅落罝罘之知多,則獸亂於澤矣;李頤曰:"削格,所以施羅網也。"按:格,木枷也。《文子·上德》:"虎豹之文來射,猿狄之捷來格。"削格,謂削木爲格。知詐漸毒、按:漸,進也。《荀子·議兵》:"故招近募遠,隆埶詐,尚功利,是漸之也。"《荀子·不苟》:"知則攫盜而漸,愚則毒賊而亂。"漸,謂功利薰心。毒,謂勞苦百姓。《周易·師卦·彖辭》:"剛中而應,行險而順,以此毒天下而民從之。"王弼注:"毒,猶役也。"頡滑堅白、成玄英曰:"頡滑,滑稽也。"按:滑,亂也,謂混淆。堅白,謂堅白之論。《淮南子·齊俗訓》:"公孫龍折辯抗辭,別同異,離堅白,不可與衆同道也。"解垢同異之變多,鍾泰曰:"解垢,猶邂逅,不期而遇合曰邂逅。引申之,無因而造説亦曰邂逅。"則俗惑於辯矣。故天下每每大亂,林希逸曰:"每每,常常也。"罪在於好知。故天下皆知求其所不知而莫知求其所已知者,鍾泰曰:"所已知,則人生日用之常道也。"皆知非其所不善而莫知非其所已善者,按:所已善,謂文采、聲律、機械、心知之類。是以大亂。故上悖日月之明,按:悖,逆也。人之好知,猶膏火之自煎。上悖日月之明,謂不用日月之光,欲以私知燭照天下也。下爍山川之精,按:爍,閃光也。山川之精,謂珠玉之屬。《荀子·勸學》:"玉在山而草木潤,淵生珠而崖不枯。"又《莊子·天地》:"若然者,藏金於山,藏珠於淵。"下鑠山川之精,謂與珠玉爭美。中墮四時之施；按：墮，壞也。施，行也。古者順四時，春種、夏蓐、秋收、冬藏。今人君妄自造作，奪民之時，是謂墮四時之施。**惴耎之蟲**，按：惴，畏也。耎，軟也。**肖翹之物**，按：肖，小也。翹，舉也。肖翹之物，謂螳螂之屬。**莫不失其性**。按失其性，謂螳臂當車。《莊子·人間世》："汝不知夫螳螂乎？怒其臂以當車轍，不知其不勝任也。"**甚矣夫好知之亂天下也！自三代以下者是已，舍夫種種之民**，按：種種，遲緩貌。《説文》："穜，先穜後孰也。"穜，指先播種後成熟的穀物。又《左傳·昭公三年》："齊侯田於莒，盧蒲嫳見，泣，且請曰：'余髮如此種種，余奚能爲？'公曰：'諾，吾告二子。'歸而告之。子尾欲復之，子雅不可，曰：'彼其髮短而心甚長，其或寢處我矣。'"種種，謂頭髮生長緩慢。種種之民，謂安閒之民。**而悦夫役役之佞**；按：役役，勤勞貌。《莊子·齊物論》："終身役役而不見其成功，苶然疲役而不知其所歸，可不哀邪！"**釋夫恬淡无爲而悦夫啍啍之意**，按：爲，通僞。无爲，謂率性而爲。啍啍，附和聲。《新書·大政上》："君爲惡於此則啍啍然協，民皆爲惡於彼矣，猶響之應聲也。"啍啍之意，謂曲意逢迎。**啍啍已亂天下矣！**

小　結

《胠篋》篇，申《老子》"絕聖棄智"之理。聖人以仁義、禮樂治天下。不善者藉之，以成大盜，復荼毒天下。天下不能无盜，然无聖人，則无大盜矣。天下大亂，巨盜橫行，是聖人好知之過。

在　宥

　　《在宥》篇講：无爲而治，物我各得其所。本篇分六章：第一章講：賞罰亂人之性情；第二章講：仁義亂人之心；第三章講：黃帝養和，與萬物皆昌；第四章講：雲將養心，與萬物歸根；第五章講：乘物遊心，與天地爲友；第六章講：與物有宜，通天人之際。

一

　　聞在宥天下，成玄英曰：“自在寬宥，即天下清謐。”按：在，存也，謂置而不賞。宥，寬也，謂恕而不罰。在宥，謂不用賞罰。《韓非子·内儲說上》：“齊王問於文子曰：‘治國何如？’對曰：‘夫賞罰之爲道，利器也。君固握之，不可以示人。若如臣者，猶獸鹿也，唯薦草而就。’”**不聞治天下也。在之也者**，按：在之，謂不擾。《詩·小雅·魚藻》：“魚在在藻，有頒其首。王在在鎬，豈樂飲酒。”在在，安閒貌。**恐天下之淫其性也**；按：天下淫其性，以利祿之賞也。《韓非子·内儲說上》：“宋崇門之巷人服喪，而毀甚瘠，上以爲慈愛於親，舉以爲官師。明年，人之所以毀死者歲十餘人。”**宥之也者**，按：宥，謂赦小過。《尚書·大禹謨》：“宥過無大，刑故無小。”《管子·立政》：“一再則宥，三則不赦。”宥天下，非不用刑，寬之而已。《老子·七十三章》：“天網恢恢，疏而不失。”疏，謂網眼粗大。**恐天下之遷其德也**。按：遷其德，謂不能自正，生苟且之心。《論語·爲政》：“子曰：‘道之以政，齊之以刑，民免而無恥。道之以德，齊之以禮，有恥且格。’”**天下不淫其性，不遷其德，有治天下者哉？**成玄英曰：“性正德定，何勞布政治之哉。”**昔堯之治天下也**，按：《莊子·天地》：“昔堯治天下，不賞而民勸，不罰而民畏。”**使天下欣欣焉人樂其性**，按：《莊子·刻意》：“悲樂者，德之邪；喜怒者，道之過。"是不恬也；按：恬，淡也。《淮南子·詮言訓》："心常無欲，可謂恬矣。"《管子·七臣七主》："恬爵祿以爲高。"桀之治天下也，使天下瘁瘁焉人苦其性，按：瘁瘁，謂筋疲力盡。是不愉也。成玄英曰："愉，樂也。"夫不恬不愉，非德也。按：《莊子·繕性》："夫德，和也。"非德，謂陰陽不調。非德也而可長久者，天下无之。

人大喜邪？毗於陽；司馬彪曰："毗，助也。"按：毗於陽，意謂大喜助長陽氣。《左傳·昭公二十五年》："民有好惡、喜怒、哀樂，生于六氣。"大怒邪？毗於陰。陰陽並毗，按：陰陽，謂陰陽之氣。四時不至，寒暑之和不成，其反傷人之形乎！使人喜怒失位，按：人之喜怒擾天之六氣，六氣亂則反害人。居處无常，按：居處无常，蓋生腹疾、末疾也。思慮不自得，按：思慮不自得，蓋生惑疾、心疾矣。中道不成章。按：中道，謂人之中年。不成章，謂无文理可觀。於是乎天下始喬詰卓鷙，按：喬、卓，皆高也，謂居高臨下之意。詰，責也。鷙，擊也。《淮南子·原道訓》："鷹雕搏鷙。"喬詰，謂以德臨人；卓鷙，謂以力陵人。而後有盜跖、曾、史之行。按：盜跖遷其德，殺人以逞欲。曾參、史魚淫其性，以仁義相高。故舉天下以賞其善者不足，按：善者，謂曾參、史魚之徒。《孟子·公孫丑下》："曾子曰：'晉楚之富，不可及也。彼以其富，我以吾仁；彼以其爵，我以吾義，吾何慊乎哉？'"舉天下以罰其惡者不給。按：惡者，謂盜跖之徒。盜跖，縱欲者也。《莊子·盜跖》："今吾告子以人之情，目欲視色，耳欲聽聲，口欲察味，志氣欲盈。"故天下之大不足以賞罰。鍾泰曰："忍情性者，賞之所不能勸；縱情性者，罰之所不能沮。"自三代以下者，匈匈焉終以賞罰爲事，成玄英曰："匈匈，讙譁也。"按：《荀子·天論》："君子不爲小人匈匈也輟行。"彼何暇安其性命之情哉！按：情，實也。安性命之情，謂各安天性，從其所好。

而且説明邪？是淫於色也；成玄英曰："説，愛染也。淫，耽滯也。"説聰邪？是淫於聲也；説仁邪？是亂於德也；按：德，和也，謂親疏合宜。《莊子·徐无鬼》："故无所甚親，无所甚疏，抱德煬和，以順天下，此謂真人。"説義邪？是悖於理也；按：悦義者，謂君子也。《論語·里仁》："子曰：'君子之於天下也，無適也，無莫也，義之與比。'"理，謂人倫。悖於理，謂舜不孝、堯不慈、湯武弒君之類。説禮邪？是相於技也；陸德明曰:"相,助也。"按:相於技,謂善爲禮容,而不知禮義。《史記·儒林列傳》:"魯徐生善爲容。孝文帝時,徐生以容爲禮官大夫。傳子至孫徐延、徐襄。襄,其天姿善爲容,不能通禮經;延頗能,未善也。"**説樂邪?是相於淫也**;按:淫,過度。《左傳·昭公元年》:"先王之樂,所以節百事也,故有五節;遲速本末以相及,中聲以降,五降之後,不容彈矣。於是有煩手淫聲,慆堙心耳,乃忘平和,君子弗德也。"**説聖邪?是相於藝也**;按:聖,謂天才。藝,技也。藝,蓋儒家六藝。《周禮·地官司徒·大司徒》:"六藝:禮、樂、射、御、書、數。"**説知邪?是相於疵也**。按:疵,瑕疵,謂指摘他人瑕疵。《論語·憲問》:"子貢方人。子曰:'賜也賢乎哉?夫我則不暇。'"**天下將安其性命之情,之八者,存可也,亡可也**;郭象曰:"存亡無所在,任其所受之分,則性命安矣。"**天下將不安其性命之情,之八者,乃始臠卷**,司馬彪曰:"臠卷,不申舒之狀也。"按:臠卷,謂揉成一團。**獊囊而亂天下也**。成玄英曰:"獊囊,恩遽之貌也。"按:恩,同匆。獊囊,謂倉促,匆忙。**而天下乃始尊之惜之,甚矣天下之惑也**!按:"八者"亂天下,今尊之、惜之,是惑也。**豈直過也而去之邪**!按:過,途經。過也而去,謂不留心。《莊子·天運》:"仁義,先王之蘧廬也,止可以一宿而不可久處,覯而多責。"**乃齊戒以言之,跪坐以進之,鼓歌以儛之**。成玄英曰:"誠禁致齊,明言執禮,君臣跪坐,更相進獻,鼓九韶之歌,舞大章之曲。"**吾若是何哉?**按:天下將不安性命之情,吾亦无如之何矣!

　　故君子不得已而臨莅天下,莫若无爲。按:无爲,謂不行賞罰。**无爲也而後安其性命之情**。按:性命之情,謂素樸。《莊子·繕性》:"同乎无知,其德不離;同乎无欲,是謂素樸。素樸而民性得矣。"**故貴以身於爲天下,則可以託天下;愛以身於爲天下,則可以寄天下**。鍾泰曰:"曰託曰寄,皆不有天下之謂。"按:《莊子·讓王》:"道之真以治身,其緒餘以爲國家,其土苴以治天下。"**故君子苟能无解其五藏**,按:五藏,謂肝、腎、脾、肺、膽。《文子·九守》:"形骸已成,五藏乃分。肝主目,腎主耳,脾主舌,肺主鼻,膽主口。"解,散也。解其五藏,謂放縱五藏之欲。《莊子·盜跖》:"今吾告子以人之情,目欲視色,耳欲聽聲,口欲察味,志氣欲盈。"**无擢其聰明**;按:擢,拔也。擢其聰明,謂强用其聰明。**尸居而龍見**,按:尸,謂受祭之尸。尸居,謂身形不動。龍見,謂形象靈動。《天運》:"龍,合而成體,散而成章,乘雲氣而養乎陰陽。"**淵默而雷聲**,按:

淵默，謂不言之教。雷聲，謂能動萬物。《禮記·月令》謂仲春之月，曰："是月也，日夜分。雷乃發聲，始電，蟄蟲咸動，啓户始出。"**神動而天隨**，按：天隨，謂不用心知。《莊子·刻意》："純粹而不雜，静一而不變，恬而无爲，動而以天行，此養神之道也。"**從容无爲而萬物炊累焉**。司馬彪曰："炊累，猶動升也。"按：炊累，謂徐徐而動，若炊煙之升。**吾又何暇治天下哉！**

二

崔瞿問於老聃曰："不治天下，安藏人心？" 曹礎基曰："藏，畜，養。這裏有安頓的意思。"**老聃曰："汝慎無攖人心。** 按：攖，擾動。**人心排下而進上**，按：排，謂壓制。進上，謂上進。**上下囚殺**，按：囚，謂上下相困。殺，謂上下相傷。**淖約柔乎剛强**，按：綽約柔乎剛强，謂以退爲進，以柔勝剛。《史記·平津侯列傳》："汲黯曰：'弘位在三公，奉禄甚多。然爲布被，此詐也。'上問弘。弘謝曰：'有之。夫九卿與臣善者無過黯，然今日庭詰弘，誠中弘之病。夫以三公爲布被，誠飾詐欲以釣名。'"**廉劌雕琢**，按：廉，棱也；廉劌，謂棱角傷人。《禮記·聘義》："廉而不劌，義也。"**其熱焦火**，按：《詩·大雅·雲漢》："旱魃爲虐，如惔如焚。我心憚暑，憂心如熏。"**其寒凝冰。其疾俯仰之間而再撫四海之外。** 按：撫，謂巡遊。**其居也淵而静，其動也縣而天。** 宣穎曰："淵而静，言其深伏；縣而天，言其飛浮。"按：《孫子兵法·形篇》："善守者，藏於九地之下；善攻者，動於九天之上，故能自保而全勝也。"**僨驕而不可係者**，按：驕，起也；僨，落也。《詩·天運》："一死一生，一僨一起。"僨驕，意謂心如逸馬，起伏不已。**其唯人心乎！** 按：《尚書·大禹謨》："人心惟危，道心惟微，惟精惟一，允執厥中。"

昔者黄帝始以仁義攖人之心，按：民既知仁義之善，則後世帝王欲得民心，必先行仁義。**堯、舜於是乎股無胈，脛無毛，以養天下之形**，按：養，謂博施於民。《論語·雍也》："子貢曰：'如有博施於民而能濟衆，何如？可謂仁乎？'子曰：'何事於仁，必也聖乎！堯、舜其猶病諸！'"**愁其五藏以爲仁義**，按：《説苑·君道》："禹出見罪人，下車問而泣之。左右曰：'夫罪人不順道，故使然焉，君王何爲痛之至於此也？'禹曰：'堯舜之人，皆以堯舜之心爲心；今寡人爲君也，百姓各自以其心爲心，是以痛之也。'"**矜其血氣以規法度**。按：《詩·漁父》："人同於己則可，不同於己，雖善不善，謂之矜。"矜其血氣，謂自以爲是。規，正也。規法度，謂立法度。**然猶有不勝也**，按：不勝，謂民不服。**堯於是放讙兜於崇山**，按：讙兜，又作驩頭。驩頭與三苗，皆南方部族，曾居長江中游。《戰國策·魏策一》曰："昔者三苗之居，左彭蠡之波，右洞庭之水，文山在其南，衡山在其北；恃此險也，爲政不善，而禹放逐之。"**投三苗於三峗**，按：三峗，即三危，遠在西北。《山海經·西山經》："三危之山，三青鳥居之。是山也，廣員百里。"又《山海經·大荒北經》曰："西北海外，黑水之北，有人有翼，名曰苗民。顓頊生驩頭，驩頭生苗民。"西北海外，地理位置較"三危"更爲偏遠。在古史傳説中三苗遭流放西北，此"苗民"蓋其苗裔。**流共工於幽都**，按：共工，曾居黄河流域。《國語·魯語上》曰："共工氏之伯九有也，其子曰后土，能平九土，故祀以爲社。"九有，猶九州。又《國語·周語下》言其"欲壅防百川，墮高堙庳，以害天下"。又《淮南子·天文訓》記載："昔者，共工與顓頊爭爲帝，怒而觸不周之山"。不周之山，即首山，在今山西省永濟市南。幽都，指北方遼遠之地。**此不勝天下也**。按：《尚書·虞書·舜典》曰："流共工于幽州，放驩兜于崇山，竄三苗于三危，殛鯀于羽山，四罪而天下咸服"。**夫施及三王而天下大駭矣**。鍾泰曰："三王，夏、商、周。駭，擾動也。"**下有桀、跖，上有曾、史，而儒墨畢起。於是乎喜怒相疑**，按：疑，謂不誠。《莊子·漁父》："故强哭者雖悲不哀，强怒者雖嚴不威，强親者雖笑不和。真悲无聲而哀，真怒未發而威，真親未笑而和。"喜怒非由心而出，則人相疑而不信。**愚知相欺**，按：智者欺愚，愚亦欺知。《孟子·萬章上》："昔者有饋生魚於鄭子産，子産使校人畜之池。校人烹之，反命曰：'始舍之圉圉焉；少則洋洋焉；攸然而逝。'子産曰：'得其所哉！得其所哉！'校人出，曰：'孰謂子産智？予既烹而食之，曰，得其所哉，得其所哉。'"**善否相非，誕信相譏**，按：誕，謂説謊也。《荀子·修身》："匿行曰詐，易言曰誕。"**而天下衰矣；大德不同**，按：德，和也。《莊子·德充符》："夫若然者，且不知耳目之所宜，而遊心乎德之和。"**而性命爛漫矣**；成玄英曰："瀾漫，散亂也。"按：《莊子·徐无鬼》："君將盈耆欲，長好惡，則性命之情病矣。"**天下好知，而百姓求竭矣**。宣穎曰："殫盡思慮，不能供上之求也。"**於是乎釿鋸制焉**，陸德明曰："釿，本亦作斤。"**繩墨殺焉**，崔譔曰："殺，謂彈正殺之。"按：殺，小之也。《周禮·考工記》："參分其輻之長而殺其一，則雖有深泥，亦弗之滌也。"鄭玄注："殺，衰小之也。"匠人斫木，必依墨線，故曰繩墨殺焉。**椎鑿決焉。**成玄英曰："椎鑿，穿木之孔竅。"**天下脊脊大亂，**按：脊，蓋通蹐。《詩·小雅·正月》："謂天蓋高，不敢不局。謂地蓋厚，不敢不蹐。"毛傳："蹐，累足也。"累足，謂小步走，足跡相連。天下脊脊，謂百姓懼刑，履地如行薄冰。**罪在攖人心。故賢者伏處大山嵁巖之下，**按：賢者隱伏，以君之疑臣。《韓非子·説林上》："魯丹三説中山之君而不受也，因散五十金事其左右。復見，未語而君與之食。魯丹出而不反舍，遂去中山。其御曰：'反見，乃始善我，何故去之？'魯丹曰：'夫以人言善我，必以人言罪我。'未出境，而公子惡之曰：'爲趙來間中山。'君因索而罪之。"**而萬乘之君憂慄乎廟堂之上。**按：賢人伏處，君主憂慄，謂君臣相疑，不能相安。《韓非子·外儲説右上》："上明見，人備之；其不明見，人惑之。其知見，人飾之；不知見，人匿之。其無欲見，人司之；其有欲見，人餌之。"**今世殊死者相枕也，**司馬彪曰："殊，決也。"按：決，分離。《左傳·昭公二十三年》："武城人塞其前，斷其後之木而弗殊。邾師過之，乃推而厥之。遂取邾師。"殊死，謂身首異處。**桁楊者相推也，**崔譔曰："械夾頸及脛者，皆曰桁楊。"林希逸曰："相推，言行者相挨挤也。"**刑戮者相望也，而儒墨乃始離跂攘臂乎桎梏之間。**按：離，並也。《禮記·曲禮上》："離坐離立，毋往參焉。離立者，不出中間。"鄭玄注："離，兩也。"又《左傳·昭公元年》："楚公子圍設服、離衛。"離，謂衛士並立。離跂，謂儒墨並立，踮脚張望。攘臂，謂搖臂而招。**意，甚矣哉！其無愧而不知恥也甚矣！**按：《論語·子張》："孟氏使陽膚爲士師，問于曾子。曾子曰：'上失其道，民散久矣。如得其情，則哀矜而勿喜。'"**吾未知聖知之不爲桁楊椄槢也，**司馬彪曰："椄槢，械楔。"**仁義之不爲桎梏鑿枘也，焉知曾、史之不爲桀、跖嚆矢也！**向秀曰："嚆矢，矢之鳴者。"**故曰：'絕聖棄知而天下大治。'"**按：《老子·十九章》："絕聖棄智，民利百倍；絕仁棄義，民復孝慈；絕巧棄利，盜賊無有。"

三

黃帝立爲天子十九年，令行天下，聞廣成子在於空同之山,司馬彪曰:"空同,當北斗下山也。"按:北斗杓頭第一星,曰揺光。《文子·上德》:"取焉而不損,酌焉而不竭,莫知其所求由也,謂之揺光。揺光者,資糧萬物者也。"故往見之,曰:"我聞吾子達於至道,敢問至道之精。按:精,謂要義。至道之精,謂虛氣。《莊子·人間世》:"氣也者,虛而待物者也。唯道集虛。"吾欲取天地之精,按:天地之精,謂陰陽和氣。《莊子·田子方》:"至陰肅肅,至陽赫赫。肅肅出乎天,赫赫發乎地。兩者交通成和而物生焉。"以佐五穀,以養民人。吾又欲官陰陽,按:陰陽,謂陰陽二氣。《莊子·則陽》:"是故天地者,形之大者也;陰陽者,氣之大者也。"官陰陽,謂調治陰陽之氣。《史記·陳丞相世家》:"宰相者,上佐天子理陰陽,順四時,下育萬物之宜。"以遂群生,按:遂,成也。《莊子·繕性》:"陰陽和静,鬼神不擾,四時得節,萬物不傷,群生不夭。"爲之奈何?"

廣成子曰:"而所欲問者,物之質也;按:物之質,和氣也。《莊子·知北遊》:"是其所美者爲神奇,其所惡者爲臭腐。臭腐復化爲神奇,神奇復化爲臭腐。故曰:通天下一氣耳。"而所欲官者,物之殘也。按:物之殘,謂陰陽二氣。氣分而爲陰陽,故曰"物之殘"。自而治天下,雲氣不待族而雨,司馬彪曰:"族,聚也。"按:雲不聚而雨,以陰陽不調也。草木不待黄而落,日月之光益以荒矣。按:荒,虛也。光荒,謂日不耀,月不明。而佞人之心翦翦者,按:《莊子·漁父》:"莫之顧而進之,謂之佞。"莫之顧,謂不知謙讓。翦,剪也。翦翦,謂互相傷害。又奚足以語至道?"

黄帝退,捐天下,築特室,按:特,獨也。席白茅,按:席白茅,謂齋戒。閒居三月,復往邀之。陸德明曰:"邀,要也。"按:要,等候。《孟子·公孫丑下》:"使數人要於路。"廣成子南首而卧,按:先秦時期,生人卧,恒東首。《禮記·玉藻》:"君子之居恒當户,寢恒東首。"南首,謂尸居之象。《禮記·喪大記》:"既正尸,子坐于東方,卿大夫、父兄子姓立于東方,有司庶士哭于堂下。"鄭玄注:"正尸者,謂遷尸牖下,南首也。"黄帝順下風膝行而進,按:順下風,示敬也。《左傳·僖公十五年》:"皇天后土實聞君之言,群臣敢在下風。"再拜稽首而問曰:"聞吾子達於至道,敢問,治身奈何而可以長久?"鍾泰曰:"治身,治天下之本也。"廣成子蹶然而起，司馬彪曰：“疾起貌。”曰：“善哉問乎！來，吾語女至道。至道之精，窈窈冥冥；按：窈窈冥冥，謂不可見。至道之極，昏昏默默。按：昏昏默默，謂不可聞。无視无聽，抱神以静，形將自正。必静必清，无勞女形，无搖女精，按：精，謂體内和氣。乃可以長生。目无所見，耳无所聞，心无所知，女神將守形，形乃長生。慎女内，閉女外，多知爲敗。我爲女遂於大明之上矣，按：遂，達也。大明，日也。《禮記·禮器》：“大明生於東，月生於西，此陰陽之分，夫婦之位也。”日之上，天也。至彼至陽之原也；按：彼，謂陽氣。原，源也。至陽之原，道也。爲女入於窈冥之門矣，按：窈冥，謂地。至彼至陰之原也。按：彼，陰氣也。至陰之原，亦道也。《莊子·大宗師》謂“道”，曰：“在太極之先而不爲高，在六極之下而不爲深。”太極、六極，亦謂天地。天地有官，按：官，館也。天地有官，謂天地乃萬物之房舍。《世説新語·任誕》：“劉伶恒縱酒放達，或脱衣裸形在屋中。人見譏之，伶曰：‘我以天地爲棟宇，屋室爲褌衣，諸君何爲入我褌中！’”陰陽有藏。按：藏，謂藏於天地間。陰陽有藏，謂陰陽之氣自有啓閉，不待人而調。《左傳·昭公四年》記藏冰之禮，曰：“夫冰以風壯，而以風出。其藏之也周，其用之也徧，則冬無愆陽，夏無伏陰，春無凄風，秋無苦雨，雷出不震，无菑霜雹，癘疾不降，民不夭札。”慎守女身，物將自壯。陸德明曰：“物將自壯，謂不治天下，則衆物皆自任，自任而壯也。”我守其一以處其和。按：一，謂形神不離。《老子·四十二章》：“萬物負陰而抱陽，沖氣以爲和。”和，謂陰陽調和之氣。處其和，謂能與物爲春。《莊子·德充符》：“使之和豫，通而不失於兑；使日夜无郤而與物爲春，是接而生時於心者也。”故我修身千二百歲矣，吾形未常衰。”按：常，恒也。未常衰，謂盛衰通於四時。《莊子·大宗師》：“若然者，其心志，其容寂，其顙頯凄然似秋，暖然似春，喜怒通四時，與物有宜而莫知其極。”

黄帝再拜稽首曰：“廣成子之謂天矣！”按：天，謂大也。《莊子·天道》：“以虚静推於天地，通於萬物，此之謂天樂。天樂者，聖人之心，以畜天下也。”廣成子曰：“來！余語女：彼其物无窮，按：彼，謂人也。无窮，謂物化无窮也。《莊子·知北遊》：“生也死之徒，死也生之始，孰知其紀！人之生，氣之聚也。聚則爲生，散則爲死。”而人皆以爲有終；彼其物无測，按：无測，謂不知化爲何物。《莊子·大宗師》：“偉哉造化！

又將奚以汝爲,將奚以汝適? 以汝爲鼠肝乎? 以汝爲蟲臂乎?"**而人皆以爲有極。得吾道者**,按: 得吾道,謂致虛守静。《老子·十六章》:"致虛極,守静篤。萬物並作,吾以觀復。夫物芸芸,各復歸其根。歸根曰静,是謂復命。"**上爲皇而下爲王**;按: 皇,謂皇天。《莊子·天運》:"治成德備,監照下土,天下戴之,此謂上皇。"上爲皇,謂如天光普照。王,往也。下爲王,謂爲萬物所歸。《莊子·天道》:"天道運而无所積,故萬物成;帝道運而无所積,故天下歸。"**失吾道者,上見光而下爲土**。按: 光,謂日、月、星也。上見光,謂野死不葬。下爲土,謂无棺槨以藏形。**今夫百昌皆生於土而反於土**。司馬彪曰:"百昌,猶百物也。"**故余將去女,入无窮之門**,按: 无窮之門,謂物化之門。**以遊无極之野**。按: 无極之野,謂天地。**吾與日月參光**,按: 參,比也。《荀子·解蔽》:"明參日月。"又《楚辭·橘頌》:"秉德无私,參天地兮。"**吾與天地爲常**。按: 常,恒也。**當我**,按: 當我,謂與我逆行,樂生惡死。《莊子·刻意》:"聖人之生也天行,其死也物化。静而與陰同德,動而與陽同波。"**緡乎!** 按: 緡,愚也。《莊子·天地》:"其合緡緡,若愚若昏。"**遠我**,按: 遠我,謂與我異路。**昏乎!** 按: 昏,糊塗。**人其盡死,而我獨存乎!"** 按: 存,長存天地之間。《莊子·知北遊》:"今彼神明至精,與彼百化,物已死生方圓,莫知其根也。"

四

雲將東遊,按: 雲將,雲神也。**過扶搖之枝而適遭鴻蒙**。司馬彪曰:"鴻蒙,自然元氣也。"**鴻蒙方將拊脾雀躍而遊**。陸德明曰:"脾,本又作髀。"按: 拊脾,猶搏髀,歡樂狀。《晏子春秋·外篇上》:"晏子獨搏其髀,仰天而大笑曰:'樂哉! 今日之飲也。'"雀躍,謂輕巧狀。**雲將見之,倘然止**,按: 倘然,猶倘佯,徘徊貌。宋玉《風賦》:"倘佯中庭,北上玉堂,躋于羅帷,經于洞房,迺得爲大王之風也。"雲神乘風,故其止也"倘佯"。**贄然立**,按: 贄,摯也,謂執物相見。贄然,謂若執物相見之貌。《禮記·曲禮下》:"凡摯,天子鬯,諸侯圭,卿羔,大夫雁,士雉,庶人之摯匹;童子委摯而退。"**曰:"叟何人邪? 叟何爲此?"** 司馬彪曰:"叟,長者稱。"按: 叟,猶今曰"老人家",非甚敬之辭。

鴻蒙拊脾雀躍不輟,對雲將曰:"遊!"雲將曰:"朕願有問也。"鴻蒙仰而視雲將曰:"吁!"按:吁,歎氣聲。雲將曰:"天氣不和,地氣鬱結,按:《呂氏春秋·孟春紀》:"是月也,天氣下降,地氣上騰,天地和同,草木繁動。"六氣不調,按:《左傳·昭公元年》:"六氣曰陰、陽、風、雨、晦、明也。分爲四時,序爲五節,過則爲災。"四時不節。按:節,分也。不節,謂四季不分明。今我願合六氣之精以育群生,按:精,和氣也。爲之奈何?"鴻蒙拊脾雀躍掉頭曰:曹礎基曰:"掉頭,搖頭。"按:掉,搖也。《左傳·昭公十一年》:"末大必折,尾大不掉。""吾弗知!吾弗知!"

雲將不得問。又三年,東遊,過有宋之野而適遭鴻蒙。雲將大喜,行趨而進曰:"天忘朕邪?天忘朕邪?"按:前曰"叟",今曰"天",不窅天壤。再拜稽首,願聞於鴻蒙。鴻蒙曰:"浮遊,按:浮,泛也。不知所求;猖狂,不知所往;按:浮遊、猖狂,皆謂雲將。遊者鞅掌,陸德明引《毛詩傳》云:"鞅掌,失容也。"按:遊者,謂雲將。《詩·小雅·北山》:"或棲遲偃仰,或王事鞅掌。"鞅掌,謂跛行。以觀无妄。按:无妄,謂順物化。《老子·十六章》:"致虛極,守靜篤。萬物並作,吾以觀復。夫物芸芸,各復歸其根。歸根曰靜,是曰復命。復命曰常,知常曰明。不知常,妄作凶。"朕又何知!"雲將曰:"朕也自以爲猖狂,而民隨予所往;朕也不得已於民,今則民之放也!陸德明曰:"放,效也。"願聞一言。"鴻蒙曰:"亂天之經,逆物之情,玄天弗成;解獸之群,而鳥皆夜鳴;災及草木,禍及止蟲。王孝魚曰:"趙諫議本,止作昆。"意!陸德明曰:"意,本又作噫。"按:噫,歎氣聲。治人之過也。"雲將曰:"然則吾奈何?"鴻蒙曰:"意!毒哉!按:毒,謂毒害已深,難以解救。僊僊乎歸矣。"成玄英曰:"僊僊,輕舉之貌。"按:《詩·小雅·賓之初筵》:"舍其坐遷,屢舞僊僊。"僊僊,謂翩翩起舞。僊僊乎歸,謂雲將當飄然離去。雲將曰:"吾遇天難,願聞一言。"鴻蒙曰:"意!心養。郭象曰:"夫心以用傷,則心養者,其唯不用心乎!"汝徒處无爲,而物自化。成玄英曰:"徒,但也。"按:爲,僞也。无爲,謂率性而爲。墮爾形體,按:墮,廢也。形體,謂禮容。《莊子·馬蹄》:"屈折禮樂以匡正天下之形。"墮形體,謂不爲禮容。吐爾聰明,林希逸曰:"將從前許多聰明,皆吐去而莫留之。"**倫與物忘**;按:倫與物忘,謂與物同遊,渾然自忘。《莊子·應帝王》:"泰氏,其臥徐徐,其覺于于;一以己爲馬,一以己爲牛。"**大同乎涬溟。**按:涬溟,猶混溟,謂天地之氣。大同乎涬溟,謂磅礴萬物。《莊子·逍遥遊》:"之人也,之德也,將旁礴萬物以爲一,世蘄乎亂,孰弊弊焉以天下爲事!"**解心釋神,莫然无魂。**按:无魂,謂物化而去。《左傳·昭公七年》:"人生始化曰魄,既生魄,陽曰魂。用物精多,則魂魄强,是以有精爽至于神明。匹夫匹婦强死,其魂魄猶能馮依於人,以爲淫厲。"**萬物云云,**按:云云,迴旋貌。《吕氏春秋·季春紀·圓道》:"雲氣西行,云云然,冬夏不輟;水泉東流,日夜不休。"**各復其根,**按:根,謂道也。**各復其根而不知;渾渾沌沌,終身不離;**按:不離,謂不離其根。**若彼知之,乃是離之。无問其名,无闚其情,物故自生。"**按:《莊子·知北遊》:"道不可聞,聞而非也;道不可見,見而非也;道不可言,言而非也!"**雲將曰:"天降朕以德,**按:德,謂天德。《莊子·天地》:"玄古之君天下,无爲也,天德而已矣。"**示朕以默。**按:默,无言也。《莊子·天道》:"子天德而出寧,日月照而四時行,若晝夜之有經,雲行而雨施矣!"**躬身求之,乃今也得。"再拜稽首,起辭而行。**

五

世俗之人,皆喜人之同乎己而惡人之異於己也。同於己而欲之,異於己而不欲者,以出乎衆爲心也。郭象曰:"心欲出群爲衆雋也。"**夫以出乎衆爲心者,曷常出乎衆哉!**郭象曰:"衆皆以出衆爲心,故所以爲衆人也。"按:《老子·四十九章》:"聖人無常心,以百姓心爲心。"**因衆以寧,**按:因衆,謂明君選賢任能。《詩·大雅·文王》:"濟濟多士,文王以寧。"又《論語·泰伯》:"舜有臣五人而天下治。武王曰:'予有亂臣十人。'孔子曰:'才難,不其然乎?唐虞之際,于斯爲盛。有婦人焉,九人而已。'"**所聞不如衆技衆矣。**按:所聞,謂賢臣之見識。技,謂有一技之長者,若輪扁、庖丁之類。《禮記·王制》:"凡執技以事上者,祝史射御醫卜及百工。"**而欲爲人之國者,**按:爲人之國者,謂君主所選賢臣。《商君書·更法》:"且夫有高人之行者,固見負於世;有獨知之慮者,必見驁於民。"**此攬乎三王之利而不見其患者也**。按：攬，謂盡收。三王之利，謂爵祿。《左傳·襄公十三年》："世之治也，君子尚能而讓其下，小人農力以事其上，是以上下有禮，而讒慝黜遠，由不爭也，謂之懿德。及其亂也，君子稱其功以加小人，小人伐其技以馮君子，是以上下無禮，亂虐並生，由爭善也，謂之昏德。國家之敝，恒必由之。"**此以人之國僥倖也**。按：僥倖，謂投機。**幾何僥倖而不喪人之國乎？** 按：幾何，猶如何。《大戴禮記·曾子疾病》："與小人遊，如履薄冰，每履而下，幾何而不陷乎哉？"**其存人之國也，无萬分之一；而喪人之國也，一不成而萬有餘喪矣。** 按：一不成，謂一旦不成功。萬有餘喪，意謂一敗塗地，不可收拾。**悲夫，有土者之不知也！** 按：《淮南子·道應訓》："惠子爲惠王爲國法，已成而示諸先生，先生皆善之。奏之惠王，惠王甚説之。以示翟煎，曰：'善！'惠王曰：'善，可行乎？'翟煎曰：'不可。'惠王曰：'善而不可行，何也？'翟煎對曰：'今夫舉大木者，前呼邪許，後亦應之。此舉重勸力之歌也，豈無鄭、衛激楚之音哉？然而不用者，不若此其宜也。治國有禮，不在文辯。'"

　　夫有土者，有大物也。有大物者，不可以物；按：物，器物也。不可以物，謂不可用爲器物。《老子·二十九章》："天下神器，不可爲也，爲者敗之，執者失之。"**物而不物**，按：物，謂視天下爲外物。外物，身之累也。不物，謂无所用天下焉。《莊子·天道》："无爲也，則用天下而有餘；有爲也，則爲天下用而不足。"**故能物物**。按：能物物，謂物我不相傷。**明乎物物者之非物也**，按：明乎物物者，謂聖人。非物，謂不爲器物，爲世所用。**豈獨治天下百姓而已哉！** 按：《莊子·逍遥遊》："之人也，之德也，將旁礡萬物以爲一，世蘄乎亂，孰弊弊焉以天下爲事！"**出入六合，遊乎九州，獨往獨來**，按：獨往獨來者，謂不累於物。**是謂獨有**。按：獨有，謂不以身殉物。《莊子·駢拇》："大夫則以身殉家；聖人則以身殉天下。"**獨有之人，是謂至貴**。按：至貴，謂在物之上也。

　　大人之教，按：大，謂无私也。《莊子·知北遊》："江河合水而爲大，大人合并而爲公。"大人，謂儒家聖人。**若形之於影，聲之於響**。按：世人之問，形與聲也；大人之教，影與響也。形，謂身教；聲，謂言教。**有問而應之**，按：問而應之，謂誨人不倦。《論語·述而》："子曰：'默而識之，學而不厭，誨人不倦，何有於我哉。'"**盡其所懷**，按：《論語·子罕》："子曰：'吾有知乎哉？無知也。有鄙夫問於我，空空如也。我叩其兩端而竭焉。'"**爲天下配**。按：天下配，謂天下之師。《論語·八佾》："儀封人請見，曰：'君子之至於斯也，吾未嘗不得見也。'從者見之。出曰：'二三子何患於喪乎？天下之無道也久矣，天將以夫子爲木鐸。'"

處乎无響，按：《莊子·知北遊》："有問道而應之者，不知道也；雖問道者，亦未聞道。道无問，問无應。无問問之，是問窮也；无應應之，是无内也。"**行乎无方**。按：《莊子·外物》："至人不留行焉。"**挈汝適**，按：挈，攜也。適，謂適道。《莊子·在宥》："我爲女遂於大明之上矣，至彼至陽之原也；爲女入於窈冥之門矣，至彼至陰之原也。"**復之撓撓**，按：復，返也。之，往也。撓，亂也。撓撓，紛紜貌。**以遊无端**；郭象曰："與化俱，故無端。"**出入无旁**，按：旁，側也。无旁，謂正道直行。**與日无始**；按：與日无始，謂日出而作，日入而息，无所終窮。**頌論形軀**，按：頌論形軀，謂臨尸而歌。《莊子·大宗師》謂子桑户死，其友送之，云："或編曲，或鼓琴，相和而歌曰：'嗟來桑户乎！嗟來桑户乎！而已反其真，而我猶爲人猗！'"**合乎大同**，按：大同，謂物我玄同。《莊子·天地》："萬物一府，死生同狀。"又《莊子·田子方》："夫天下也者，萬物之所一也。得其所一而同焉，則四支百體將爲塵垢，而死生終始將爲晝夜，而莫之能滑。"**大同而无己**。按：无己，忘己也。《莊子·大宗師》："墮肢體，黜聰明，離形去知，同於大通，此謂坐忘。"**无己，惡乎得有有！**按：有有，謂有天下。《莊子·天道》："夫至人有世，不亦大乎，而不足以爲之累。"**睹有者，昔之君子；睹无者，天地之友。**按：友，謂德配天地。《莊子·至樂》："天地无爲也而无不爲也。"

六

賤而不可不任者，物也；按：任，放任。《莊子·駢拇》："任其性命之情而已矣。"**卑而不可不因者，民也**；按：因，順也。《文子·自然》："故先王之制法，因民之性，而爲之節文，无其性，不可使順教。"**匿而不可不爲者，事也**；按：匿，藏也。《管子·法法》："故民未嘗可與慮始，而可與樂成功。"《孔叢子·陳士義》："民之不可與慮始久矣。古之善爲政者，其初不能無謗。子産相鄭，三年而後謗止。'"**麤而不可不陳者，法**

也；按：矗，疏也。法，猶網也。《老子·七十三章》：“天網恢恢，疏而不失。”**遠而不可不居者，義也**；按：遠，疏也。《禮記·表記》：“厚於仁者薄於義，親而不尊；厚於義者薄於仁，尊而不親。”**親而不可不廣者，仁也**；郭象曰：“親則苦偏，故廣乃仁耳。”按：廣，謂推己及人。《孟子·梁惠王上》：“老吾老，以及人之老；幼吾幼，以及人之幼。”**節而不可不積者，禮也**；按：節，約也，謂三代之禮不同。積，謂相因。《論語·爲政》：“子曰：‘殷因於夏禮，所損益，可知也；周因於殷禮，所損益，可知也。其或繼周者，雖百世可知也。’”**中而不可不高者，德也**；按：德，和也。《論語·雍也》：“子曰：‘中庸之爲德也，其至矣乎！民鮮久矣。’”高，謂上達于天。《莊子·天地》：“君原於德而成於天。”**一而不可不易者，道也**；按：道，指自然。一，靜也。易，動也。《莊子·刻意》：“水之性，不雜則清，莫動則平；鬱閉而不流，亦不能清；天德之象也。”**神而不可不爲者，天也**。按：《莊子·天道》：“莫神於天，莫富於地，莫大於帝王。”神，謂神不可測。爲，猶觀。《詩·小雅·天保》：“群黎百姓，徧爲爾德。”**故聖人觀於天而不助**，按：《莊子·大宗師》：“不以心捐道，不以人助天。”**成於德而不累**，按：德，和也。《莊子·庚桑楚》：“惡欲喜怒哀樂六者，累德也。”**出於道而不謀**，按：道，謂自然。《莊子·天道》：“知謀不用，必歸其天。”又《莊子·刻意》：“感而後應，迫而後動，不得已而後起。去知與故，循天之理。”**會於仁而不恃**，按：會，遇也。會於仁，謂非有心爲仁。**薄於義而不積**，按：薄，近也。《論語·里仁》：“子曰：‘君子之於天下也，無適也，無莫也，義之與比。’”積，猶集義氣。《孟子·公孫丑上》講養“浩然之氣”，曰：“其爲氣也，配義與道。无是，餒也。是集義所生者，非義襲而取之也。行有不慊於心，則餒矣。”**應於禮而不諱**，郭象曰：“自然應禮，非由忌諱。”按：《老子·五十七章》：“天下多忌諱而民彌貧。”**接於事而不辭**，按：接，遇也。《左傳·成公九年》：“仁以接事，信以守之，忠以成之，敏以行之。”辭，拒也。《莊子·人間世》：“夫事其君者，不擇事而安之，忠之盛也。”**齊於法而不亂**，按：齊，一也。法，刑也。《論語·爲政》：“子曰：‘道之以政，齊之以刑，民免而無恥。道之以德，齊之以禮，有恥且格。’”**恃於民而不輕**，成玄英曰：“民爲邦本，本固而邦寧，故恃藉不敢輕用也。”按：輕，謂輕用民力。《論語·顏淵》：“出門如見大賓，使民如承大祭。”**因於物而不去**。按：因，用也。《莊子·達生》曰：“世之人以爲養形足以存生，而養形果不足以存生，則世奚足爲哉！雖不足爲而不可不爲者，其爲不免矣。"**物者莫足爲也，而不可不爲。**按：爲，治也。**不明於天者，不純於德**；按：德，謂天德。《莊子·刻意》："其神純粹，其魂不罷。虛无恬惔，乃合天德。"**不通於道者，无自而可**；按：自而可，謂无可无不可。《莊子·齊物論》："可乎可，不可乎不可。道行之而成，物謂之而然。"**不明於道者，悲夫！**

何謂道？有天道，有人道。鍾泰曰："莊子之尊天道則有之，而未嘗有薄人道而不爲之意也。"**无爲而尊者**，按：无爲，謂不展示形象。**天道也；有爲而累者**，按：有爲，謂展示才德。累，意謂受約束。《詩·大雅·文王》："上天之載，無聲無臭。儀刑文王，萬邦作孚。"**人道也。主者，天道也；臣者，人道也。天道之與人道也，相去遠矣，不可不察也。**按：《莊子·大宗師》："知天之所爲，知人之所爲者，至矣！"

小　結

賞罰，是治天下的利器。利器效率高，但會傷害民性，使功利主義盛行。聖人標舉仁義，強調是非善惡，希望安頓人的心靈。然而，天下喪其性情已久，仁義非但不能收拾人心，反而會加劇社會的撕裂。故曰："絕聖棄知，而天下大治。"

針對賞罰與仁義，後兩章提供了解決辦法：養和與養心。養和，即調和陰陽之氣。君主養和，不用賞罰亂人性，故天下安其性命之情。養心，即消解成心。君主養心，不用仁義攪人心，故萬物各復歸其根。

後面兩章，語辭散亂，與前文關係不大，故有學者懷疑是"錯簡"。從篇章脈絡看，至第四章語義已盡，第五章不過是針對上一章的一些散論，了無新意。第六章論天道與人道相輔，似乎偏離了本篇的論題。

天　　地

　　《天地》篇講：天德无爲，玄德无象；聖人法之，以成化天下。本篇可分四章：第一章講：天地无爲而萬物化，聖人淵靜而百姓定；第二章講：聖人之治天下，適足以亂天下；第三章講：大聖无名无形，民不知其所由；第四章講：聖人標舉仁義，惑亂民之本性。

一

　　天地雖大，其化均也；按：均，匀也。《老子·三十二章》：“天地相合以降甘露，民莫之令而自均。”萬物雖多，其治一也；按：一，謂一視同仁。人卒雖衆，按：《莊子·秋水》：“人卒九州，穀食之所生，舟車之所通，人處一焉。”其主君也。按：主，謂所托。《老子·三十四章》：“萬物歸焉，而不爲主。”君原於德而成於天。陸德明曰：“原，本也。”按：德，和也，謂心无好惡。天，謂自然无爲。故曰：玄古之君天下，成玄英曰：“玄，遠也。”无爲也，按；无爲，謂不展示形象。天德而已矣。按：《莊子·至樂》：“天无爲以之清，地无爲以之寧。故兩无爲相合，萬物皆化生。”以道觀言而天下之君正，按：言，謂聲教。正，謂垂拱而治。以道觀分而君臣之義明，按：分，謂君臣之分。《莊子·在宥》：“有天道，有人道。无爲而尊者，天道也；有爲而累者，人道也。主者，天道也；臣者，人道也。天道之與人道也，相去遠矣，不可不察也。”以道觀能而天下之官治，郭象曰：“官各當其所能則治矣。”按：《淮南子·齊俗訓》：“故伊尹之興土功也，脩脛者使之跖钁，强脊者使之負土，眇者使之準，傴者使之塗，各有所宜，而人性齊矣。”以道汎觀而萬物之應備。按：汎觀，猶流觀，謂不爲苛察。萬物之應備，謂萬物不窮於所求也。《孟子·梁惠王上》：“不違農時，穀不可勝食也；數罟不入洿池，魚鼈不可勝食也；斧斤以時入山林，材木不可勝用也。"**故通於天地者，德也**；按：德，和也。《莊子·德充符》："使之和豫，通而不失於兌。使日夜无郤，而與物爲春，是接而生時於心者也。"**行於萬物者，道也**；按：道，謂自然。《莊子·應帝王》："汝游心於淡，合氣於漠，順物自然而无容私焉，而天下治矣。"**上治人者**，按：上，謂人君。**事也**；按：事，職也。《詩·大雅·板》："我雖異事，及爾同寮。"**能有所藝者，技也**。鍾泰曰："藝者，樹藝，猶今云生產。"**技兼於事**，宣穎曰："兼，猶統也。"按：《莊子·列禦寇》："朱泙漫學屠龍於支離益，單千金之家，三年技成而无所用其巧。"**事兼於義**，按：義，宜也。《論語·里仁》："子曰：'君子之於天下也，無適也，無莫也，義之與比。'"**義兼於德**，按：德，和也。兼於德，謂合乎人情。**德兼於道**，按：道，謂自然。**道兼於天**。按：天，謂无己。《莊子·天地》："忘己之人，是之謂入於天。"**故曰，古之畜天下者**，按：畜，謂圈養。**无欲而天下足**，按：天下足，謂物不竭於所求。《老子·七十五章》："民之饑，以其上食稅之多，是以饑。"又《莊子·徐无鬼》："君獨爲萬乘之主，以苦一國之民，以養耳目鼻口，夫神者不自許也。"**无爲而萬物化**，按：爲，偽也。无爲，謂率性而爲。《老子·五十七章》："故聖人云：我無爲而民自化，我好静而民自正，我無事而民自富，我無欲而民自樸。"**淵静而百姓定**。按：定，止也。《莊子·德充符》："人莫鑑於流水而鑑於止水。唯止能止衆止。"**《記》曰**：林希逸曰："記曰者，猶傳有之也，此語上世所傳。""**通於一而萬事畢**，按：一，道也。萬事畢，謂无不爲。《老子·三十七章》："道常無爲而無不爲。侯王若能守之，萬物將自化。"**无心得而鬼神服。"**按：无心，虛也。得，獲也。《莊子·人間世》："瞻彼闋者，虛室生白，吉祥止止。夫且不止，是之謂坐馳。夫徇耳目内通而外於心知，鬼神將來舍，而況人乎！"本節講：天德无爲。

　　夫子曰：宣穎曰："夫子，孔子也。""**夫道，覆載萬物者也，洋洋乎大哉！**按：《莊子·天道》："夫道，於大不終，於小不遺，故萬物備。廣廣乎其无不容也，淵淵乎其不可測也。"**君子不可以不刳心焉**。按：刳心，謂挖去私心。《莊子·讓王》："故養志者忘形，養形者忘利，致道者忘心矣。"**无爲爲之之謂天**，按：无爲，謂无心爲之。《老子·五章》："天地不仁，以萬物爲芻狗。聖人不仁，以百姓爲芻狗。"**无爲言之之謂德**，按：德，謂天德。《論語·陽貨》："子曰：'予欲無言。'子貢曰：'子如不言，則小子何述焉?'子曰:'天何言哉? 四時行焉,百物生焉,天何言哉?'"**愛人利物之謂仁**,按: 利,惠也。《列子·楊朱》:"伯成子高不以一毫利物,舍國而隱耕;大禹不以一身自利,一體偏枯。"**不同同之之謂大**,按: 同,容也。《淮南子·泰族訓》:"海不讓水潦以成其大,山不讓土石以成其高。"**行不崖異之謂寬**,按: 崖,謂高而陡也。崖異,謂高節厲行,異於常人。《禮記·中庸》:"子曰: 素隱行怪,後世有述焉,吾弗爲之矣。"**有萬不同之謂富**。按: 萬不同,謂大備。《莊子·天道》:"莫神於天,莫富於地,莫大於帝王。"又《莊子·徐无鬼》:"夫大備矣,莫若天地;然奚求焉,而大備矣。"**故執德之謂紀**,按: 德,謂君德。《論語·爲政》:"子曰:'爲政以德,譬如北辰,居其所而衆星共之。'"北辰,謂天樞。紀,謂天之曆數。《論語·堯曰》:"堯曰:'咨! 爾舜! 天之曆數在爾躬。允執其中。四海困窮,天祿永終。'"**德成之謂立**,按: 立,謂立爲天子。《論語·泰伯》:"子曰:'大哉堯之爲君也! 巍巍乎! 唯天爲大,唯堯則之,蕩蕩乎,民無能名焉。巍巍乎! 其有成功也;焕乎,其有文章!'"**循於道之謂備**,按: 道,自然也。備,全也,謂聖人之心。**不以物挫志之謂完**。按: 完,謂德全。《莊子·天地》:"若夫人者,非其志不之,非其心不爲。雖以天下譽之,得其所謂,警然不顧;以天下非之,失其所謂,儻然不受。天下之非譽,无益損焉,是謂全德之人哉!"**君子明於此十者,則韜乎其事心之大也**,成玄英曰:"韜,包容也。"**沛乎其爲萬物逝也**。按: 爲,觀也。《孟子·盡心上》:"觀於海者難爲水,遊於聖人之門者難爲言。"**若然者,藏金於山,藏珠於淵**,按:"藏金於山,藏珠於淵"者,謂人君不專利,藏天下於天下。**不利貨財,不近貴富;不樂壽,不哀夭;不榮通,不醜窮;不拘一世之利以爲己私分**,按: 拘,禁也。私分,謂私利。《國語·周語上》記芮良夫諫周厲王專利,曰:"夫榮夷公好專利而不知大難。夫利,百物之所生也,天地之所載也,而或專之。其害多矣。天地百物,皆將取焉,胡可專也。所怒甚多,而不備大難,以是教王,王能久乎? 夫王人者,將導利而布之上下者也,使神人百物無不得其極,猶日怵惕,懼怨之來也。"**不以王天下爲己處顯**。按: 顯,謂爲人所瞻望。《詩·小雅·天保》:"群黎百姓,徧爲爾德。如月之恒,如日之升。"**顯則明**,按: 顯則明,謂喪其玄德。《老子·十章》:"生而不有,爲而不恃,長而不宰,是謂玄德。"**萬物一府**,按: 府,謂天地。**死生同狀**。"按: 死生,謂物化也。死生同狀,謂物化如流。《莊子·天道》:"萬物化作，萌區有狀；盛衰之殺，變化之流也。"本節講：地德无私。

夫子曰："夫道，淵乎其居也，按：淵，謂玄深。《莊子·天道》："廣廣乎其无不容也，淵乎其不可測也。"淵乎其居，謂厚土之象。澤乎其清也。按：澤乎其清，謂高天之象。《莊子·在宥》："其居也淵而静，其動也縣而天。"金石不得，按：金，鐘也。石，磬也。无以鳴。按：无以鳴，謂无發聲之質。金石之鳴，喻諸子橫議。故金石有聲，不考不鳴。按：金石有聲，猶百姓之有口也；不考不鳴，謂人君攖人心，然后民心不平，故宣之於口也。萬物孰能定之！按：《莊子·天地》："淵静而百姓定。"夫王德之人，按：王，通旺，盛也。德，和也。王德，謂内德充盈。《莊子·德充符》："平者，水停之盛也。其可以爲法也，内保之而外不蕩也。德者，成和之脩也。德不形者，物不能離也。"素逝而耻通於事，按：素，空也。素逝，謂白活一世。立之本原而知通於神，按：本原，謂天地之德。《莊子·天道》："夫明白於天地之德者，此之謂大本大宗，與天和者也。"知通於神，謂棄知養神。《莊子·刻意》："去知與故，循天之理。"故其德廣。按：德廣，謂普照。《莊子·庚桑楚》："宇泰定者，發乎天光。發乎天光者，人見其人，物見其物。"其心之出，按：出，謂出乎衆人之心。《莊子·人間世》："心和而出，且爲聲爲名，爲妖爲孽。"有物採之。按：採，謂窺測。《老子河上公章句·四十九章》："聖人在天下怵怵，爲天下渾其心。百姓皆注其耳目，聖人皆孩之。"故形非道不生，按：形，謂形骸。生，獲得生命。《老子·三十九章》："昔之得一者，天得一以清，地得一以寧，神得一以靈，谷得一以盈，萬物得一以生，侯王得一以爲天下貞。"生非德不明。按：德，和也。生之明，謂見其常性。《莊子·馬蹄》："彼民有常性，織而衣，耕而食，是謂同德；一而不黨，命曰天放。"存形窮生，按：存形，謂養形骸也。窮生，謂盡其天年也。立德明道，非王德者邪！按：王，往也，謂天下所歸往。蕩蕩乎！按：蕩蕩，浩大貌。《論語·泰伯》："子曰：大哉堯之爲君也！巍巍乎！唯天爲大，唯堯則之，蕩蕩乎，民無能名焉！"忽然出，按：忽然，風行之貌。勃然動，按：勃然，云起之貌。而萬物從之乎！按：忽然、勃然，謂王德發動如天地。《韓詩外傳》卷五："如歲之旱，草不潰茂。然天勃然興雲，沛然下雨，則萬物無不興起之者。"此謂王德之人。視乎冥冥，聽乎无聲。按：《莊子·在宥》："至道之精，窈窈冥冥；至道之極，昏昏默默。无視无聽，抱神以静，形將自正。"冥冥之中，獨見曉焉；按：曉，微光也。无聲之中，獨聞和焉。按：和，和聲也。《莊子·天運》：“一清一濁，陰陽調和，流光其聲。”**故深之又深而能物焉**；按：深之又深，承“視乎冥冥”。物，色也。《老子·二十一章》：“道之爲物，惟恍惟惚。惚兮恍兮，其中有象；恍兮惚兮，其中有物。窈兮冥兮，其中有精；其精甚真，其中有信。”能物，謂見物色。**神之又神而能精焉**。按：神之又神，謂陰陽之變化。精，謂和氣。《莊子·徐无鬼》：“夫神者，好和而惡姦。”**故其與萬物接也，至无而供其求**，按：至无，虛也。**時騁而要其宿**，按：時騁，謂與時俱化，不累於物。要，等候。《孟子·公孫丑下》：“使數人要於路。”宿，謂萬物之根。要其宿，謂殊途同歸。**大小，長短**，按：大小、長短，謂萬物之形。**修遠。**”按：修遠，謂歸根之途，即壽命。《莊子·在宥》：“萬物云云，各復其根，各復其根而不知；渾渾沌沌，終身不離；若彼知之，乃是離之。”本節講：王德无心。

二

黃帝遊乎赤水之北，按：黃帝之遊，謂帝王之巡守天下。水之北，陽位也。**登乎崑崙之丘而南望**，按：山之南，亦陽位。**還歸，遺其玄珠**。按：珠，藏於淵。《管子·小稱》：“美珠在淵，民知而取之。”又《荀子·勸學》：“玉在山而草木潤，淵生珠而崖不枯。”玄珠，喻玄德。《老子·十章》：“生而不有，爲而不恃，長而不宰，是謂玄德。”**使知索之而不得**，按：使知索之，喻以智治天下。《老子·六十五章》：“故以智治國，國之賊；不以智治國，國之福。此兩者，亦稽式。常知稽式，是謂玄德。”**使離朱索之而不得**，按：離朱，能察秋毫之末。使離朱索之，謂以明察治國。《老子·五十八章》：“其政悶悶，其民淳淳。其政察察，其民缺缺。”**使喫詬索之而不得也**。成玄英曰：“喫詬，言辯也。”按：喫，同吃，謂口吃，結巴。詬，責罵。喫詬，喻辯士。使喫詬索之，謂以辯士治國。**乃使象罔**，按：象罔，或即帝江。罔，无也。象罔，謂恍惚之象。象罔，蓋即帝江。《山海經·西山經》記天山，云：“有神焉，其狀如黃囊，赤如丹水，六足四翼，渾敦無面目，是識歌舞，實爲帝江也。”**象罔得之。黃帝曰：“異哉，象罔乃可以得之乎？”**按：《老子·三十七章》：“道常無爲而無不爲。侯王若能守之，萬物將自化。”無爲，謂不展示形象。本節講：居陽則喪德。

堯之師曰許由，許由之師曰齧缺，齧缺之師曰王倪，王倪之師曰被衣。堯問於許由曰：“齧缺可以配天乎？ 郭象曰：“配天，謂爲天子。”吾藉王倪以要之。”按：要，邀也。《詩·鄘風·桑中》：“期我乎桑中，要我乎上宮。”許由曰：“殆哉圾乎天下！ 郭象曰：“圾，危也。”齧缺之爲人也，聰明睿知，給數以敏，林希逸曰：“給，捷也。數，急也。”其性過人，按：性，謂天賦。而又乃以人受天。按：人，謂齧缺。受天，謂受天命。《論語·述而》：“子曰：天生德於予，桓魋其如予何！”彼審乎禁過，按：禁，止也。過，失也。《論語·雍也》：“有顏回者好學，不遷怒，不貳過。不幸短命死矣。”而不知過之所由生。按：《莊子·人間世》：“德蕩乎名，知出乎爭。名也者，相軋也；智也者，爭之器也。二者凶器，非所以盡行也。”與之配天乎？ 彼且乘人而無天。按：人，人爲。天，謂天道。《論語·微子》子路曰：“君子之仕也，行其義也。道之不行，已知之矣。”方且本身而異形，按：本身，謂以正身爲本。《論語·子路》：“子曰：其身正，不令而行；其不正，雖令不從。”異形，謂曲折身形，爲禮容也。方且尊知而火馳，成玄英曰：“馳驟奔逐，其速如火矣。”方且爲緒使，林希逸曰：“緒，末也。爲末事所役而不知其本。”方且爲物絯，陸德明曰：“《廣雅》：‘絯，束也。’”按：絯，大絲也。爲物絯，謂困於外物。方且四顧而物應，按：物應，謂應對外物。方且應衆宜，按：宜，好也。應衆宜，謂滿足衆人所好。方且與物化而未始有恒。按：與物化，謂隨物變化，順應民意。恒，謂心之和豫。夫何足以配天乎！ 雖然，有族，有祖，按：族，家族也，謂小宗。祖，謂大宗。可以爲衆父，按：衆父，謂一族之長。而不可以爲衆父父。宣穎曰：“夫衆父父者，乃族之祖，萬化之大宗也。”按：天下大宗，天子也。齧缺好知，不能配天，故不可以爲天子。治，亂之率也，王夫之曰：“合天道之无爲，乃與天配。否則，治之適以亂之。”北面之禍也，南面之賊也。”林希逸曰：“北面，臣也。南面，君也。言以此爲臣道、以此爲君道，皆有患害。”本節講：多知則棄德。

堯觀乎華。華封人曰：成玄英曰：“封人者，謂華地守封疆之人也。”“嘻，聖人！ 請祝聖人。”“使聖人壽。”堯曰：“辭。”“使聖人富。”堯曰：“辭。”“使聖人多男子。”堯曰：“辭。”封人曰：“壽，富，多男子，人之所欲也。女獨不欲，何邪？”堯曰：“多男

子則多懼，按：懼，謂懼生不才子。據《左傳·文公十八年》記載，帝鴻氏有不才子渾敦，少暤氏有不才子窮奇，顓頊有不才子檮杌，縉雲氏有不才子饕餮，堯皆流之私裔，以御魑魅。**富則多事**，成玄英曰："財貨殷盛，則事業實繁。"按：《莊子·至樂》："夫富者，苦身疾作，多積財而不得盡用，其爲形也亦外矣！"《列子·周穆王》："尹氏心營世事，慮鍾家業，心形俱疲，夜亦昏憊而寐。昔昔夢爲人僕，趨走作役，無不爲也；數罵杖撻，無不至也。眠中啽囈呻呼，徹旦息焉。"**壽則多辱。是三者，非所以養德也，故辭。"封人曰："始也我以女爲聖人邪，今然君子也。**按：君子立於禮，聖人立於天。立於禮者，自禁也；立於天者，達之也。**天生萬民，必授之職。**按：職，謂士農工商。**多男子而授之職，**按：堯之子不必有堯之德，不必爲君，因材授職可。**則何懼之有！富而使人分之，**按：《論語·泰伯》："子曰：'如有周公之才之美，使驕且吝，其餘不足觀也已。'"**則何事之有！**

　　夫聖人鶉居而鷇食，宣穎曰："鶉无常居，言不求安也。鷇待母哺，言不求飽也。"按：鶉居、鷇食，謂不貪利也。**鳥行而无彰；**按：鳥行，飛也。鳥行而无彰，謂不求身後之名。**天下有道，則與物皆昌；天下无道，則脩德就閒。**按：德，謂心之和。就閒，謂避世。《莊子·刻意》："就藪澤，處閒曠，釣魚閒處，无爲而已矣。此江海之士，避世之人，閒暇者之所好也。"**千歲厭世，**按：《漢書·天文志》："夫天運三十歲一小變，百年中變，五百年大變，三大變一紀，三紀而大備，此其大數也。"**去而上僊，**按：上僊，謂魂歸於天。《禮記·郊特牲》："魂氣歸于天，形魄歸于地。"**乘彼白雲，至於帝鄉；**按：帝鄉，天也。**三患莫至，**按：《韓詩外傳》卷七："孫叔敖遇狐丘丈人。狐丘丈人曰：'僕聞之，有三利必有三患，子知之乎？'孫叔敖蹙然易容曰：'小子不敏，何足以知之。敢問何謂三利？何謂三患？'狐丘丈人曰：'夫爵高者，人妬之。官大者，主惡之。禄厚者，怨歸之。此之謂也。'孫叔敖曰：'不然。吾爵益高，吾志益下。吾官益大，吾心益小。吾禄益厚，吾施益博。可以免於患乎？'狐丘丈人曰：'善哉言乎！堯舜其猶病諸。'"**身常无殃，則何辱之有？"封人去之，堯隨之，曰："請問。"封人曰："退已！"**成玄英曰："三疑已決，宜速退歸。"本節講：棄物則傷德。

　　堯治天下，伯成子高立爲諸侯。堯授舜，舜授禹，伯成子

高辭爲諸侯而耕。禹往見之,則耕在野。禹趨就下風,立而問焉,曰:"昔堯治天下,吾子立爲諸侯。堯授舜,舜授予,而吾子辭爲諸侯而耕。敢問,其故何也?" 子高曰:"昔堯治天下,不賞而民勸,按:堯傳賢,天下爲公。《禮記·禮運》曰:"貨,惡其弃於地也,不必藏於己;力,惡其不出於身也,不必爲己。"不罰而民畏。按:民畏,謂世多君子也。《論語·里仁》:"子曰:'君子懷德,小人懷土;君子懷刑,小人懷惠。'"今子賞罰而民且不仁,按:禹傳子,家天下。《禮記·禮運》:"今大道既隱,天下爲家,各親其親,各子其子,貨力爲己,大人世及以爲禮。"民各親其親,故曰"不仁"。德自此衰,刑自此立,按:《論語·爲政》:"子曰:'道之以政,齊之以刑,民免而無恥。道之以德,齊之以禮,有恥且格。'"後世之亂,自此始矣! 按:《莊子·天運》:"禹之治天下,使民心變,人有心而兵有順,殺盜非殺,人自爲種而天下耳。是以天下大駭,儒墨皆起。"夫子闔行邪? 无落吾事!"陸德明曰:"落,猶廢也。"伛伛乎耕而不顧。李頤曰:"伛伛,耕貌。"本節講:賞罰則敗德。

<h1 style="text-align:center">三</h1>

泰初有无,按:无,謂无物。无有无名。按:无名,謂不可名狀。《老子·十四章》:"視之不見名曰夷,聽之不聞名曰希,搏之不得名曰微。此三者,不可致詰,故混而爲一。其上不皦,其下不昧。繩繩不可名,復歸於无物,是謂无狀之狀,无物之象,是謂惚恍。"一之所起,按:一,謂元氣。《莊子·至樂》:"雜乎芒芴之間,變而有氣,氣變而有形,形變而有生。"芒芴,猶恍惚。有一而未形。按:未形,謂其流動不居,有象而无形。物得以生,謂之德;按:德,和也,謂陰陽調和。《老子·四十二章》:"萬物負陰而抱陽,沖氣以爲和。"又《莊子·田子方》:"至陰肅肅,至陽赫赫。肅肅出乎天,赫赫發乎地。兩者交通成和而物生焉。"《莊子·知北遊》:"生非汝有,是天地之委和也。"未形者有分,按:未形,謂氣无定形。有分,謂有六氣之別。《左傳·昭公元年》:"天有六氣,降生五味,發爲五色,徵爲五聲,淫生六疾。六氣曰陰、陽、風、雨、晦、明也。分爲四時,序爲五節,過則爲災。"且然无閒,謂之命;按:且然,多貌。《詩·大雅·韓奕》:"籩豆有

且，侯氏燕胥。”閒，間隙。且然无閒，謂六氣紛紜，充滿天地。命，謂天命。《莊子·則陽》：“四時殊氣，天不賜，故歲成。”《左傳·成公十三年》：“民受天地之中以生，所謂命也。是以有動作禮義威儀之則，以定命也。能者養以之福，不能者敗以取禍。”**留動而生物**，按：留，謂氣之聚。動，謂氣之散。物，謂萬物也。氣聚則生物，動則物化而去。**物成生理**，按：理，謂生之理。**謂之形**；按：形，謂形骸。《莊子·秋水》：“比形於天地，而受氣於陰陽。”**形體保神**，按：保，守也。形體保神，謂寡欲。《莊子·馬蹄》：“同乎无知，其德不離；同乎无欲，是謂素樸。素樸而民性得矣。”**各有儀則**，按：《莊子·在宥》：“无視无聽，抱神以靜，形將自正。”**謂之性**。按：性，謂生之正。《莊子·馬蹄》：“彼民有常性，織而衣，耕而食，是謂同德。”**性脩反德**，按：德，謂心之和。《莊子·刻意》：“平易恬惔，則憂患不能入，邪氣不能襲，故其德全而神不虧。”**德至同於初**。按：初，謂赤子。《老子·五十五章》：“含德之厚，比於赤子。……終日號而不嗄，和之至也。”**同乃虛**，按：虛，謂心齋。《莊子·人間世》：“氣也者，虛而待物者也。唯道集虛。虛者，心齋也。”**虛乃大**。按：大，謂无己。《莊子·在宥》：“墮爾形體，吐爾聰明，倫與物忘；大同乎涬溟。”**合喙鳴**，成玄英曰：“喙，鳥口。”按：合喙鳴，謂行不言之教。**喙鳴合**，按：合，謂合於天。《莊子·列禦寇》：“知道易，勿言難。知而不言，所以之天也；知而言之，所以之人也；古之人，天而不人。”**與天地爲合**。按：《莊子·知北遊》：“天地有大美而不言，四時有明法而不議，萬物有成理而不說。”**其合緡緡**，按：緡緡，密合貌。《莊子·則陽》：“雖使丘陵草木之緡，入之者十九，猶之暢然。”**若愚若昏，是謂玄德，同乎大順**。按：《老子·六十五章》：“玄德深矣、遠矣。與物反矣。然後乃至大順。”反，謂歸根。《老子·十六章》：“萬物並作，吾以觀復。夫物芸芸各復歸其根。歸根曰靜，是謂復命。”大順，謂萬物周流不殆。本節講：性脩反德。

　　夫子問於老聃曰：按：夫子，謂孔子。“**有人治道若相放**，按：道，謂道術。放，放任。相放，謂務在勝人，不守一端。《世說新語·文學》：“何晏爲吏部尚書，有位望，時談客盈坐。王弼未弱冠，往見之。晏聞弼名，因條向者勝理語弼曰：‘此理僕以爲極，可得復難不？’弼便作難，一坐人便以爲屈。於是弼自爲客主數番，皆一坐所不及。”**可不可，然不然**。按：可不可，然不然，謂善辯。《莊子·天下》：“桓團、公孫龍辯者之徒，飾人之心，易人之意,能勝人之口,不能服人之心,辯者之囿也。"辯者有言曰:'離堅白若縣宇。'郭象曰:"縣宇,言其高顯易見。"按:離堅白若縣宇,謂物徹疏明,巧言善辯。若是則可謂聖人乎?"按:聖人,猶《莊子·人間世》之"明王"也。老聃曰:"是胥易技係,按:胥,皆也。易,輕忽。技,謂治國之術。技係,謂爲技所累。勞形怵心者也。按:勞形怵心,謂君主疲於治國。執留之狗成思,陸德明曰:"留,本又作狸。司馬云:'狸,竹鼠。'"按:思,憂也。猿狙之便自山林來。司馬彪曰:"言便捷見捕。"丘,予告若,而所不能聞與而所不能言。按:不能聞、不能言,謂天道。《論語·公冶長》:"子貢曰:'夫子之文章,可得而聞也;夫子之言性與天道,不可得而聞也。'"凡有首有趾无心无耳者衆;按:有首有趾,謂衆人。无心无耳,謂衆人不能語天道。《論語·雍也》:"子曰:中人以上,可以語上;中人以下,不可以語上也。"又《莊子·天地》:"高言不止於衆人之心。"有形者與无形无狀而皆存者盡无。按:无形无狀,謂神。其動止也,其死生也,其廢起也,郭象曰:"此言動止死生,盛衰廢興,未始有恒,皆自然而然。"此又非其所以也。按:非其所以,謂順其自然。《莊子·天道》:"知天樂者,其生也天行,其死也物化。靜而與陰同德,動而與陽同波。"有治在人,按:治,安也。在人,謂在人心。忘乎物,忘乎天,按:乎,猶于。《莊子·大宗師》:"魚相忘乎江湖,人相忘乎道術。"忘乎物,謂忘己於萬物之中,不知仁義、禮樂。忘乎天,謂忘己於天之中,不知機巧、智謀。其名爲忘己。按:忘己,謂不以人入天。《莊子·徐无鬼》:"古之真人,以天待人,不以人入天。"忘己之人,是之謂入於天。"本節講:忘知入天。

將閭葂見季徹曰:"魯君謂葂也曰:'請受教。'辭不獲命,既已告矣,未知中否。按:中,恰當。《論語·先進》:"魯人爲長府。閔子騫曰:'仍舊貫,如之何? 何必改作?' 子曰:'夫人不言,言必有中。'"請嘗薦之。宣穎曰:"欲陳所言以就正。"吾謂魯君曰:'必服恭儉,拔出公忠之屬而无阿私,按:拔出,謂尚賢。《莊子·庚桑楚》:"舉賢則民相軋,任知則民相盜。"民孰敢不輯!'"按:輯,合聚。《論語·爲政》:"哀公問曰:'何爲則民服?' 孔子對曰:'舉直錯諸枉,則民服;舉枉錯諸直,則民不服。'"季徹局局然笑曰:成玄英曰:"局局然,俛身而笑也。""若

夫子之言,於帝王之德,猶螳蜋之怒臂以當車軼,陸德明曰:"軼,
音轍。"則必不勝任矣! 且若是,則其自爲處危,按:危,高也,謂以
明君自居。其觀臺多物,按:觀臺,謂居賢人之所,猶燕昭王之黃金臺。
多物,謂多養賢之物。將往投迹者衆。"按:投迹,留下脚印。《管子·
國蓄》:"國有十年之蓄,而民不足於食,皆以其技能望君之祿也。君有山海
之金,而民不罪於用,是皆以其事業交接於君上也。故人君挾其食,守其用,
據有餘而制不足,故民無不累於上也。五穀食米,民之司命也。黃金刀幣,
民之通施也。故善者執其通施,以御其司命,故民力可得而盡也。"將閭葂
覕覕然驚曰:陸德明曰:"覕覕,驚懼貌。""葂也汒若於夫子之所言
矣! 按:汒若,猶茫然,无知貌。雖然,願先生之言其風也。"按:風,
无首尾之物。言其風,猶漫談。季徹曰:"大聖之治天下也,搖蕩民
心,按:搖蕩,謂感動。使之成教易俗,按:教,謂禮樂。《論語·泰
伯》:"子曰:興於詩,立於禮,成於樂。"易,變也。舉滅其賊心而皆進
其獨志。按:賊心,謂傾軋之心。《老子·三章》:"不尚賢,使民不争。"獨
志,謂自好之志。《論語·雍也》:"子曰:賢哉,回也! 一簞食,一瓢飲,在陋
巷,人不堪其憂,回也不改其樂。賢哉回也!"若性之自爲,按:自爲,謂自
然而動。而民不知其所由然。若然者,豈兄堯舜之教民,按:兄,
敬之也。《莊子·天運》:"堯之治天下,使民心親。民有爲其親殺其殺而民
不非也。舜之治天下,使民心競。民孕婦十月生子,子生五月而能言,不至
乎孩而始誰,則人始有夭矣。"溟涬然弟之哉? 按:溟涬,謂混沌不分。
兄堯舜,謂重之;弟之,謂輕堯舜。欲同乎德而心居矣!"按:德,和也,
謂无相争之心。本節講:忘賢返德。

　　子貢南遊於楚,反於晉,過漢陰,見一丈人方將爲圃畦,李
頤曰:"菜蔬曰圃。"鑿隧而入井,成玄英曰:"隧,地道也。"抱甕而出
灌,搰搰然用力甚多而見功寡。陸德明曰:"搰搰,用力貌。"子貢
曰:"有械於此,李頤曰:"械,器械也。"一日浸百畦,司馬彪曰:"浸,灌
也。"用力甚寡而見功多,夫子不欲乎?"爲圃者卬而視之曰:陸
德明曰:"卬,本又作仰。""奈何?"曰:"鑿木爲機,後重前輕,挈水
若抽,司馬彪曰:"抽,引也。"按:挈,提也。抽,謂連綿不斷。數如泆湯,
李頤曰:"疾速如湯沸溢也。"按:數,急也。泆,謂滾滾而出。其名爲

槔。"爲圃者忿然作色而笑曰:"吾聞之吾師,有機械者必有機事,有機事者必有機心。機心存於胸中,則純白不備;純白不備,則神生不定,按:生,語助詞。《詩·小雅·常棣》:"雖有兄弟,不如友生。"神生,神也。神生不定者,道之所不載也。吾非不知,羞而不爲也。"子貢瞞然慚,按:瞞然,臉紅貌。《荀子·非十二子》:"酒食聲色之中,則瞞瞞然,瞑瞑然。"瞞瞞然,謂面色紅潤。俯而不對。有間,爲圃者曰:"子奚爲者邪?"曰:"孔丘之徒也。"爲圃者曰:"子非夫博學以擬聖,按:擬,謂僭越。《韓非子·說疑》:"孽有擬適之子,配有擬妻之妾,廷有擬相之臣,臣有擬主之寵。"於于以蓋衆,羅勉道曰:"於于,語助,猶俗嘲儒之說'之乎也者'云。"獨弦哀歌以賣名聲於天下者乎?按:《莊子·秋水》:"孔子游於匡,宋人圍之數匝,而弦歌不輟。"汝方將忘汝神氣,按:方將,謂此時。神氣,謂自矜之態。墮汝形骸,按:形骸,謂倨傲之容。而庶幾乎!而身之不能治,而何暇治天下乎!子往矣,无乏吾事。"陸德明曰:"乏,廢也。"子貢卑陬失色,羅勉道曰:"卑遜自處於陬隅。"按:卑陬,謂无地自容。頊頊然不自得,李頤曰:"頊頊,自失貌。"行三十里而後愈。其弟子曰:"向之人何爲者邪?夫子何故見之變容失色,終日不自反邪?"宣穎曰:"言久而不復其常。"曰:"始吾以爲天下一人耳,郭象曰:"一人,謂孔子也。"不知復有夫人也。吾聞之夫子,事求可,按:可不可,義也。《論語·里仁》:"子曰:'君子之於天下也,無適也,無莫也,義之與比。'"功求成。按:成,謂成效。用力少,見功多者,按:見功多,因民也。《論語·堯曰》:"子曰:因民之所利而利之,斯不亦惠而不費乎?擇可勞而勞之,又誰怨?"聖人之道。今徒不然。執道者德全,按:德,和也,謂內心恬淡。《莊子·刻意》:"平易恬惔,則憂患不能入,邪氣不能襲,故其德全而神不虧。"德全者形全,按:形全,謂收視反聽。《莊子·在宥》:"目无所見,耳无所聞,心无所知,女神將守形,形乃長生。"形全者神全。按:神全,謂无思无慮。《莊子·達生》:"夫若是者,其天守全,其神无郤,物奚自入焉!夫醉者之墜車,雖疾不死。骨節與人同而犯害與人異,其神全也。"神全者,聖人之道也。託生與民並行而不知其所之,宣穎曰:"寄生於世,與民大同。"按:漢陰丈人之德,尚未及此,觀下文可知。汒乎淳備哉！按：汒乎，猶茫然，謂无知。淳備，謂純樸之心不缺。**功利機巧，必忘夫人之心。若夫人者，非其志不之，非其心不爲。雖以天下譽之，得其所謂，謷然不顧；**鍾泰曰：“謷，同傲。”**以天下非之，失其所謂，**陸樹芝曰：“得其所謂，當其心也。失其所謂，拂其意也。”**儻然不受。**按：儻然，不羈貌。《莊子·天下》：“无端崖之辭，時恣縱而儻。”**天下之非譽，无益損焉，是謂全德之人哉！**郭象曰：“此宋榮子之徒。”**我之謂風波之民。”**成玄英曰：“我心不定，類彼波瀾，故謂之風波之民也。”**反於魯，以告孔子。孔子曰：“彼假脩渾沌氏之術者也。**按：假，借也。漢陰丈人假修渾沌之術以疾世，猶齊桓公之假仁以行霸道，僅得渾沌之迹，未得渾沌之道。**識其一，不知其二；**郭象曰：“徒識脩古抱灌之樸，而不知因時任物之易也。”**治其内，而不治其外。**成玄英曰：“抱道守素，治内也；不能雖時應變，不治外也。”按：《莊子·知北遊》：“古之人，外化而内不化，今之人，内化而外不化。與物化者，一不化者也。”内不化者，謂素樸之天性。外化者，謂順物自然，遊於世俗之間。**夫明白入素，**按：明，亮也。明白，猶亮白，謂人爲增白之色。素，謂素絲之本色。明白入素，謂化亮白爲自然之素。**无爲復朴，**按：爲，偽也。无爲，意謂不愛表現。**體性抱神，**按：《莊子·在宥》：“无視无聽，抱神以靜，形將自正。”**以遊世俗之間者，**按：《莊子·天下》：“獨與天地精神往來，而不敖倪於萬物，不譴是非，以與世俗處。”**汝將固驚邪？**郭象曰：“與世同波而不自失，則雖遊於世俗而泯然無迹，豈必使汝驚哉！”**且渾沌氏之術，予與汝何足以識之哉！”**本節講：忘形入天。

　　諄芒將東之大壑，李頤曰：“大壑，東海也。”**適遇苑風於東海之濱。苑風曰：“子將奚之？”曰：“將之大壑。”曰：“奚爲焉？”曰：“夫大壑之爲物也，注焉而不滿，酌焉而不竭。吾將遊焉！”苑風曰：“夫子无意於橫目之民乎？**成玄英曰：“五行之内，唯民橫目，故謂橫目之民。”**願聞聖治。”諄芒曰：“聖治乎？**按：聖治，謂選賢任能，垂拱而治。《論語·爲政》：“子曰：‘爲政以德，譬如北辰，居其所而衆星共之。’”**官施而不失其宜，**按：《淮南子·齊俗訓》：“故伊尹之興土功也，脩脛者使之跖钁，强脊者使之負土，眇者使之準，傴者使之塗，各有所宜，而人性齊矣。”**拔舉而不失其能，畢見其情事而行其所爲，**

按：畢見其情事，謂光明正大。行，推行。行其所爲，謂以身作則，推行教化。《詩·大雅·思齊》：“刑于寡妻，至于兄弟，以御于家邦。”《詩·大雅·江漢》：“明明天子，令聞不已，矢其文德，洽此四國。”**行言自爲而天下化。**按：行言自爲，謂修行仁義。《論語·季氏》：“夫如是，故遠人不服，則修文德以來之；既來之，則安之。”**手撓顧指，**按：手撓，謂撓手。顧指，謂視手指。手撓顧指，无事也，謂无爲而治。《論語·衛靈公》：“子曰：‘無爲而治者，其舜也與？夫何爲哉？恭己正南面而已矣。’”**四方之民莫不俱至，此之謂聖治。”**按：聖治，謂儒家之德治。**“願聞德人。”曰：“德人者，**按：德人，謂心和之人。《莊子·德充符》：“夫若然者，且不知耳目之所宜，而遊心乎德之和。”**居无思，行无慮，不藏是非美惡。**按：是非、美惡，使心不和。《莊子·齊物論》：“聖人和之以是非而休乎天鈞。”《莊子·達生》：“知忘是非，心之適也。”**四海之内共利之之謂悅，**按：共利之，謂與民同利。《左傳·文公十三年》：“邾文公卜遷于繹。史曰：‘利於民而不利於君。’邾子曰：‘苟利於民，孤之利也。天生民而樹之君，以利之也。民既利矣，孤必與焉。’”**共給之之謂安；**按：共給之，謂民自足。《論語·顏淵》：“哀公問於有若曰：‘年饑，用不足，如之何？’有若對曰：‘盍徹乎？’曰：‘二，吾猶不足，如之何其徹也？’對曰：‘百姓足，君孰與不足？百姓不足，君孰與足？’”**怊乎若嬰兒之失其母也，**王叔岷曰：“怊，與惆同。”按：嬰兒之於母，近則相親，遠則相忘。怊乎，失落貌。《楚辭·九辨》：“心搖悅而日幸兮，然怊悵而無冀。”**儻乎若行而失其道也。**按：儻，謂无所適從。《莊子·山木》：“侗乎其无識，儻乎其怠疑。”路行之而成。行而失道，无足介懷。怊乎、儻乎，謂喜怒通四時，不入於心。**財用有餘而不知其所自來；**按：有餘，謂知足。《老子·三十三章》：“知足者富。”《老子·五十七章》：“我无事而民自富。”**飲食取足而不知其所從，**按：取足，謂不滯物。從，往也，謂散之衆人。《孔叢子·記義》：“季桓子以粟千鍾餼夫子，夫子受之而不辭。既而以頒門人之無者。子貢進曰：‘季孫以夫子貧，故致粟。夫子受之而以施人，無乃非季孫之意乎？’子曰：‘何？’對曰：‘季孫以爲惠也。’子曰：‘然吾得千鍾，所以受而不辭者，爲季孫之惠，且以爲寵也。夫受人財不以成富，與季孫之惠於一人，豈若惠數百人哉？’”**此謂德人之容。”**按：容，貌也。德人之容，謂德人之象。**“願聞神人。”曰：“上神乘光，**按：光，无形質之物。神人无形，故得以乘光。**與形滅亡，**按：與形滅亡，謂神人无象。**是謂照曠。**按：曠，謂寬闊。《老子·十五章》："曠兮其若谷。"照曠，謂无所不照。《莊子·天道》："天德而出寧，日月照而四時行，若晝夜之有經，雲行而雨施矣！"**致命盡情，**按：致，盡也。命，謂天之所命。致命盡情，謂萬物各盡其性。《莊子·庚桑楚》："宇泰定者，發乎天光。發乎天光者，人見其人，物見其物。"**天地樂而萬事銷亡，**按：萬事銷亡，謂自然而已。**萬物復情，**王叔岷曰："復情，猶返真，歸根也。"按：《老子·十六章》："萬物并作，吾以觀復。夫物芸芸，各復歸其根。歸根曰静，是曰復命。"**此之謂混冥。"**按：混冥，謂物我皆歸於天也。本節講：忘己入天。

<h1 style="text-align:center">四</h1>

門無鬼與赤張滿稽觀於武王之師，成玄英曰："師，衆也。武王伐紂，兵渡孟津，時則二人共觀。"**赤張滿稽曰："不及有虞氏乎！故離此患也。"**成玄英曰："兵者不祥之器，故遭殘殺之禍也。"**門无鬼曰："天下均治而有虞氏治之邪？其亂而後治之與？"赤張滿稽曰："天下均治之爲願，而何計以有虞氏爲！**郭象曰："均治則願各足矣，復何爲計有虞氏之德而推以爲君哉！"**有虞氏之藥瘍也，**成玄英曰："瘍，頭瘡也。"**禿而施髢，**李頤曰："髢，髮也。"按：髢，謂假髮，喻禮樂。**病而求醫。孝子操藥以脩慈父，**孫詒讓曰："脩與羞古通。"按：羞，進也。**其色燋然，**成玄英曰："燋然，憔悴貌。"**聖人羞之。**鍾泰曰："聖人羞之者，爲其不能養親使不病也。"按：《左傳·昭公十九年》："夏，許悼公瘧。五月戊辰，飲大子止之藥卒。大子奔晉。書曰：'弑其君。'君子曰：'盡心力以事君，舍藥物可也。'"**至德之世，不尚賢，不使能；上如標枝，**按：標枝，樹梢，謂君高高在上，披拂无爲。**民如野鹿。**按：民如野鹿，謂民如食草之鹿，不知有君。**端正而不知以爲義，**按：端正，猶方正。**相愛而不知以爲仁，**按：野鹿見美草，呦呦相呼，是相愛也，然无心爲仁。**實而不知以爲忠，**按：實，誠也。忠，謂无私。野鹿相呼，誠相愛也，然相警相救，亦非无私。**當而不知以爲信，**按：當，謂準時也。野鹿聞同伴相呼，如期而至，是所謂"當"也，然非爲信。**蠢動而相使，**按：相使，謂野鹿

相救。**不以爲賜。**按：賜，恩惠。《春秋穀梁傳·僖公五年》："虞虢之相救，非相爲賜也，今日亡虢而明日亡虞矣。"**是故行而無迹，事而無傳。**"按：民如野鹿，无可稱述之德，故後世无傳焉。本節講：至德无迹。

孝子不諛其親，忠臣不諂其君，臣子之盛也。親之所言而然，所行而善，則世俗謂之不肖子；君之所言而然，所行而善，則世俗謂之不肖臣。而未知此其必然邪！宣穎曰："卻不知人情无有不然者。"**世俗之所謂然而然之，所謂善而善之，則不謂之道諛之人也！**按：道，言也。道諛之人，謂鄉原。《論語·陽貨》："子曰：'鄉原，德之賊也。'"**然則俗故嚴於親而尊於君邪？**吳汝綸曰："故固，同字。"**謂己道人，則勃然作色；**按：勃然，激昂貌。《說苑·權謀》："勃然充滿者，此兵戈之色也。"**謂己諛人，則怫然作色。**按：怫然作色，謂惱羞成怒。**而終身道人也，終身諛人也，合譬飾辭聚眾也，**宣穎曰："廣喻，令人易曉；修辭，令人好聽。以此招人附己。"按：合，會也。**是終始本末不相坐。**按：《晏子春秋·內篇問下》："言不相坐，行不相反。"不相坐，謂不求前後、本末一貫。**垂衣裳，**按：垂衣裳，謂模擬聖人之象。《周易·繫辭下》："黃帝、堯、舜，垂衣裳而天下治。"**設采色，**按：采色，猶今言"表情"。《莊子·人間世》："夫以陽爲充孔揚，采色不定。"設采色，謂表裏不一。**動容貌，**按：容貌，謂儀容。**以媚一世，而不自謂道諛；**按：《論語·八佾》："子曰：事君盡禮，人以爲諂也。"**與夫人之爲徒，**按：夫人，謂世俗之人。**通是非，而不自謂眾人也，愚之至也。**本節講：愚者媚世。

知其愚者，非大愚也；知其惑者，非大惑也。大惑者，終身不解；大愚者，終身不靈。司馬彪曰："靈，曉也。"**三人行而一人惑，所適者猶可致也，**成玄英曰："適，往也。"**惑者少也；二人惑則勞而不至，惑者勝也。而今也以天下惑，予雖有祈嚮，**章太炎曰："《詩·大雅》傳：'祈，報也。'《釋詁》：'祈，告也。'嚮，即鄉導字。凡鄉導主呼路徑以報告人，故謂之'祈嚮'。"**不可得也。不亦悲乎！**

大聲不入於里耳，按：大聲，謂鐘鼓之聲。《周禮·考工記》："大聲而宏則於鐘宜。"**折楊皇荂，**陸德明曰："荂，本又作華。"李頤曰："折楊、皇華，皆古歌曲也。"**則嗑然而笑。**按：嗑，合也。嗑然而笑，謂泯嘴笑。

是故高言不止於衆人之心；至言不出，俗言勝也。以二缶鍾惑，按：古有量物之缶鍾，亦有奏樂之缶鍾，故曰“二缶鍾”。以二缶鍾惑，意謂混淆量器與樂器，俗言與至言。而所適不得矣。而今也以天下惑，予雖有祈嚮，按：祈嚮，即嚮導。其庸可得邪！知其不可得也而强之，又一惑也！故莫若釋之而不推。宣穎曰：“不推，不必推究。”不推，誰其比憂！曹礎基曰：“比憂，接連不斷的憂愁。”厲之人夜半生其子，遽取火而視之，汲汲然唯恐其似己也。胡文英曰：“厲之人生子，則亦厲矣，何用視之？以喻所以推之者，偶出於情不自禁耳。”本節講：衆人大惑。

　　百年之木，破爲犧尊，按：犧尊，謂鏤刻之樽。《淮南子·俶真訓》：“百圍之木，斬而爲犧尊。鏤之以剞劂，裸之以青黄，華藻鎛鮮，龍蛇虎豹，曲成文章。”青黄而文之。其斷在溝中。按：斷，謂斷木。比犧尊於溝中之斷，則美惡有間矣，曹礎基曰：“間，分别。”其於失性一也。按：性，謂素樸之質。跖與曾、史，按：跖，盜跖，大盜也。曾，曾參，孝子也。史，史魚，忠臣也。行義有間矣，然其失性均也。且夫失性有五：一曰五色亂目，成玄英曰：“五色者，青黄赤白黑也。”使目不明；二曰五聲亂耳，成玄英曰：“五聲，謂宫商角徵羽也。”使耳不聰；三曰五臭熏鼻，成玄英曰：“五臭，謂羶薰香鯹腐也。”困惾中顙；鍾泰曰：“困，困苦。惾者，臭上衝逆也。中，讀去聲。中顙，由鼻以中於顙也。”四曰五味濁口，使口厲爽；成玄英曰：“五味，謂酸辛甘苦鹹也。厲，病；爽，失也。”五曰趣舍滑心，成玄英曰：“趣，取也。滑，亂也。”按：趣舍，謂心之好惡。《鹽鐵論·相刺》：“孟子適梁，惠王問利，答以仁義。趣舍不合，是以不用而去，懷寶而無語。”使性飛揚。按：飛揚，謂變易无常。《莊子·駢拇》：“天下莫不以物易其性矣。小人則以身殉利，士則以身殉名，大夫則以身殉家，聖人則以身殉天下。”此五者，皆生之害也。而楊、墨乃始離跂自以爲得，按：離，并也。《禮記·曲禮上》：“離坐離立，毋往參焉。離立者，不出中間。”鄭玄注：“離，兩也。”離跂，謂儒墨并立，跓脚張望。非吾所謂得也。夫得者困，可以爲得乎？則鳩鴞之在於籠也，亦可以爲得矣。且夫趣舍聲色以柴其内，宣穎曰：“如木枝亂塞胸中。”皮弁鷸冠搢笏紳修以約其外。成玄英曰：“搢，插也。笏，猶珪，謂插笏也。紳，大帶也。脩，長裙也。此皆以飾朝服也。"郭慶藩曰："《説文》：'鷸，知天將雨鳥也。'案鷸，即翠鳥也。《禮記》：'知天文鷸冠。'"**内支盈於柴柵**，按：柵，柵欄。**外重繯繳**，成玄英曰："繯繳，繩也。"**睆睆然在繯繳之中而自以爲得**，按：睆，明也。《詩·小雅·大東》："睆彼牽牛，不以服箱。"睆睆然，意謂清清楚楚。**則是罪人交臂歷指**，司馬彪曰："交臂，反縛也。"鍾泰曰："歷，與櫪同。歷指，謂以木柙其十指也。"**而虎豹在於囊檻**，按：囊，布囊也。蓋檻外復罩以囊，故曰"囊檻"。**亦可以爲得矣！** 本章講：天下易性。

小　　結

　　《天地》篇分兩部分，前兩章講天德，後兩章講玄德。聖人法天德，要無爲而治，即不要擾亂天下；聖人守玄德，要任物自化，不要引導百姓。黄帝失玄珠和漢陰丈人抱甕出灌兩則寓言，就是從反面强調聖人守玄德的重要性。玄珠，比喻玄德，是聖人之象。聖人不顯示形象，百姓没有效法對象，從而各行其事，各安天性。如果聖人顯示形象，那麼百姓就會模仿，或向善或向惡，結果都擾亂民性。漢陰丈人懷素抱樸，不用機心，不會主動擾亂外物；但他行爲方式怪異，容易引起關注，從而影響世態人心。《莊子》認爲，漢陰丈人治其内不治其外，引起了別人關注，還達不到渾沌氏的最高境界。

天　道

　　《天道》篇，講聖人虛靜，運量萬物。本篇分四章：第一章講：聖人守虛靜，與天和樂；第二章講：聖人知本末，與人和樂；第三章講：儒者心存仁義，不能勝物；第四章講：聖道不積，古書皆糟粕。

一

　　天道運而无所積，成玄英曰：“積，滯也。”按：運，轉也。積，謂鬱閉而不流。《莊子·刻意》：“水之性，不雜則清，莫動則平；鬱閉而不流，亦不能清；天德之象也。”**故萬物成；**成玄英曰：“四序回轉，萬物生成。”按：《鶡冠子·環流》：“斗柄東指，天下皆春；斗柄南指，天下皆夏；斗柄西指，天下皆秋；斗柄北指，天下皆冬。斗柄運於上，事立於下；斗柄指一方，四塞俱成。此道之用法也。”**帝道運而无所積，故天下歸；**按：帝道，謂天下爲公。《禮記·禮運》：“大道之行也，天下爲公。選賢與能，講信修睦，故人不獨親其親，不獨子其子，使老有所終，壯有所用，幼有所長，矜寡孤獨廢疾者，皆有所養。”**聖道運而无所積，故海内服。**按：聖道，謂爲政以德。《論語·爲政》：“子曰：‘爲政以德，譬如北辰，居其所而衆星共之。’”北辰，天樞也。**明於天，通於聖，六通四辟於帝王之德者，**宣穎曰：“六合四方，无所障礙。”**其自爲也，**按：自爲，謂无待於外物。《莊子·天地》：“行言自爲而天下化。”**昧然无不静者矣！**按：昧然，夢寐也，謂不用心知。静，謂心之静。**聖人之静也，非曰静也善，故静也；萬物无足以鐃心者，故静也。**林希逸曰：“鐃與撓同。”按：《莊子·田子方》：“夫水之於汋也，无爲而才自然矣。”**水静則明燭鬚眉，平中準，**按：準，取平之具。《孟子·離婁上》：“繼之以規矩準繩，以爲方員平直。”**大匠取法焉。**成玄英曰："縱使工倕之巧,猶須倣水取平。"水靜猶明,而況精神! 聖人之心靜乎! 天地之鑑也,萬物之鏡也。

夫虛靜恬淡寂漠无爲者,林希逸曰："把一靜字演作八字,要得分曉也。"天地之平而道德之至也。按:道德,謂自然之和。《莊子·德充符》:"平者,水停之盛也。其可以爲法也,內保之而外不蕩也。德者,成和之脩也。"故帝王聖人休焉。宣穎曰："息心於此。"休則虛,按:虛,謂心之虛靜。《莊子·人間世》:"氣也者,虛而待物者也。唯道集虛。虛者,心齋也。"虛則實,按:實,謂和氣充實。實則倫矣。按:倫,序也,謂從容應物。《莊子·德充符》:"使之和豫,通而不失於兌。使日夜无郤,而與物爲春,是接而生時於心者也。"虛則靜,按:靜,謂不將不迎。靜則動,按:動,謂萬物之流轉。《莊子·應帝王》:"盡其所受乎天,而无見得,亦虛而已! 至人之用心若鏡,不將不迎,應而不藏,故能勝物而不傷。"動則得矣。按:得,謂我靜而物動,各得其宜。靜則无爲,按:无爲,謂不顯露才德。爲也,則任事者責矣。按:任事者,謂人臣。《莊子·在宥》:"有天道,有人道。无爲而尊者,天道也;有爲而累者,人道也。主者,天道也;臣者,人道也。"无爲則俞俞。按:俞,發語詞。《尚書·堯典》:"帝曰:俞,咨! 禹,汝平水土。"俞俞,謂聖人之發聲。俞俞者,按:俞俞者,謂帝王也。憂患不能處,年壽長矣。

夫虛靜恬淡寂漠无爲者,萬物之本也。明此以南鄉,堯之爲君也;明此以北面,舜之爲臣也。以此處上,帝王天子之德也;以此處下,玄聖素王之道也。成玄英曰："夫有其道無其爵者,所謂玄聖素王,自貴者也。"以此退居而閒游江海,山林之士服;按:服,謂服其德。以此進爲而撫世,按:《荀子·宥坐》:"勇力撫世,守之以怯。"則功大名顯而天下一也。靜而聖,動而王,按:仁者靜,垂拱而治;智者動,勤勞天下。无爲也而尊,按:无爲,謂不展示形象。樸素而天下莫能與之爭美。按:樸素,謂无名。《老子·三十七章》:"道常無爲而無不爲,侯王若能守之,萬物將自化。化而欲作,吾將鎮之以無名之樸。"

夫明白於天地之德者,按:明白,謂清清楚楚。此之謂大本大宗,按:萬物以天地爲宗,天地以道爲宗。大本大宗,道也。與天和者也;所以均調天下,按:《老子·七十七章》:"天之道,損有餘而補不足。

人之道則不然,損不足以奉有餘。孰能有餘以奉天下,唯有道者。”均調天下,謂聖人通物,損有餘而補不足。**與人和者也。**按:與人和,謂與民同樂。《孟子·梁惠王上》講天子遊樂,曰:“春省耕而補不足,秋省斂而助不給。夏諺曰:‘吾王不遊,吾何以休? 吾王不豫,吾何以助? 一遊一豫,爲諸侯度。’”**與人和者,謂之人樂;與天和者,謂之天樂。**按:天樂,謂恬淡。《莊子·刻意》:“虛无恬惔,乃合天德。”

莊子曰:“吾師乎,按:吾師,謂大宗師。**吾師乎! 鳌萬物而不爲戾,**成玄英曰:“鳌,碎也。戾,暴也。”**澤及萬世而不爲仁,長於上古而不爲壽,覆載天地刻雕衆形而不爲巧,此之謂天樂。**按:天樂,謂无心之樂。**故曰:‘知天樂者,**按:知天樂者,莊周自謂也。**其生也天行,**按:天行,謂日出而作,日入而息。**其死也物化。**按:死生若夜旦之常,謂之物化。**静而與陰同德,動而與陽同波。’**按:動静有時,若陰陽之調和。**故知天樂者,无天怨,无人非,无物累,无鬼責。**按:責,譴也。无鬼責,謂心中无愧。《左傳·襄公二十七年》:“子木問於趙孟曰:‘范武子之德何如?’對曰:‘夫子之家事治,言於晉國无隱情。其祝史陳信於鬼神,无愧辭。’子木歸以語王。王曰:‘尚矣哉! 能歆神、人,宜其光輔五君以爲盟主也。’”**故曰:‘其動也天,其静也地,一心定而王天下;**按:定,猶静也。**其鬼不祟,其魂不疲,一心定而萬物服。’言以虛静推於天地,通於萬物,此之謂天樂。天樂者,聖人之心,以畜天下也。”**

二

夫帝王之德,以天地爲宗,按:宗,謂所出。以天地爲宗,謂皆出於自然。**以道德爲主,**按:德,和也。以道德爲主,謂心恒平和。**以无爲爲常。**按:常,恒也。**无爲也,則用天下而有餘;**郭象曰:“有餘者,閒暇之謂也。”**有爲也,則爲天下用而不足。**按:《莊子·應帝王》:“胥易技係,勞形怵心者也。且也虎豹之文來田,蝯狙之便執狸之狗來藉。如是者,可比明王乎?”**故古之人貴夫无爲也。上无爲也,下亦无爲也,是下與上同德。下與上同德則不臣。下有爲也,上亦有爲也,是上與下同道。上與下同道則不主。上必无爲而用**

天下，下必有爲爲天下用，此不易之道也。

故古之王天下者，知雖落天地，林希逸曰："落天地，言籠絡也。絡與落同。"按：《莊子·秋水》："落馬首，穿牛鼻。"落天下，猶謂經天緯地。不自慮也；按：自慮，謂親自謀劃治國方略。《荀子·堯問》："諸侯自爲得師者王，得友者霸，得疑者存，自爲謀而莫己若者亡。"辯雖雕萬物，按：辨，思辨。雕萬物，謂離堅白，合同異之論。不自説也；按：自説，謂親自遊説。能雖窮海內，按：能，才能。窮，盡也。窮海內，謂四海之內絕无僅有。不自爲也。按：自爲，謂事必躬親。天不産而萬物化，地不長而萬物育，帝王无爲而天下功。故曰莫神於天，莫富於地，莫大於帝王。按：大，謂功成而弗居。《老子·三十四章》："萬物歸焉而不爲主，可名爲大。以其終不自爲大，故能成其大。"故曰帝王之德配天地。此乘天地，馳萬物，而用人群之道也。

本在於上，末在於下；李頤曰："本，天道；末，人道。"要在於主，詳在於臣。按：《韓非子·揚權》："事在四方，要在中央。聖人執要，四方來效。"三軍五兵之運，成玄英曰："五兵者，一弓，二殳，三矛，四戈，五戟也。"德之末也；按：德之本，謂虛静恬淡。本末者，謂以德運兵。《老子·三十一章》："兵者，不祥之器，非君子之器。不得已而用之，恬淡爲上，勝而不美。"賞罰利害，五刑之辟，成玄英曰："辟，法也。五刑者，一劓，二墨，三刖，四宫，五大辟。"教之末也；禮法度數，成玄英曰："數者，計算；度者，丈尺。"按：度數，謂賞罰之細則。《商君書·錯法》："故凡明君之治也，任其力，不任其德，是以不憂不勞而功可立也。度數已立，而法可循。"形名比詳，陸德明曰："比詳，比較詳審。"按：形，猶事也。《韓非子·揚權》："君操其名，臣效其形，形名參同，上下和調也。"治之末也；鐘鼓之音，羽旄之容，成玄英曰："羽者，鳥羽；旄者，獸毛；言采鳥獸之羽毛以飾其器也。"樂之末也；按：《論語·陽貨》："子曰：禮云禮云，玉帛云乎哉？樂云樂云，鐘鼓云乎哉？"哭泣衰絰，鍾泰曰："衰，同縗，喪服也。絰，有首絰、腰絰之分。腰絰，象帶。首絰，象冠而缺頂。與縗同，皆製以麻。"隆殺之服，成玄英曰："隆殺者，言禮有斬衰、齊衰、大功、小功、緦麻五等，哭泣衣裳，各有差降。"哀之末也。按：哀之本，謂盡情。《論語·子張》："曾子曰：'吾聞諸夫子：人未有自致者也，必也親喪乎！'"此五末者，須精神之運，按：運，動也，謂勞精費神。心術之動，按：心術，心機也。然後從之者也。按：《孟子·滕文公上》：“或勞心，或勞力；勞心者治人，勞力者治於人；治於人者食人，治人者食於人：天下之通義也。”

末學者，古人有之，而非所以先也。郭象曰：“所以先者，本也。”君先而臣從，按：君先，謂君先守本。《論語·顏淵》：“季康子問政於孔子。孔子對曰：‘政者，正也。子帥以正，孰敢不正？’”父先而子從，按：《論語·學而》：“子曰：‘父在，觀其志；父没，觀其行；三年無改於父之道，可謂孝矣。’”兄先而弟從，長先而少從，男先而女從，夫先而婦從。夫尊卑先後，天地之行也，故聖人取象焉。天尊，地卑，神明之位也；按：神明，指天神與地神。春夏先，秋冬後，四時之序也；萬物化作，萌區有狀；按：區，藏也。《左傳·昭公七年》：“吾先君文王，作僕區之法，曰：‘盗所隱器，與盗同罪。’”服虔注：“僕，隱也。區，匿也。”萬物春夏生，秋冬藏，故曰“萌區”。盛衰之殺，變化之流也。

夫天地至神，按：神，謂變化莫測。而有尊卑先後之序，而况人道乎！宗廟尚親，朝廷尚尊，鄉黨尚齒，行事尚賢，大道之序也。語道而非其序者，非其道也；語道而非其道者，安取道！宣穎曰：“莊子不是把禮制一切摒絕了，止是要人知得緩急輕重。他處猶激昂言之，惟此處最和平也。”是故古之明大道者，先明天而道德次之，按：天，謂虛静。道德，謂恬淡。道德已明而仁義次之，按：仁義，謂有心而爲。仁義已明而分守次之，按：守，職守。分守，謂各盡職守。分守已明而形名次之，按：形名，謂循名責實。形名已明而因任次之，按：因任，謂因能授職。《韓非子·定法》：“術者，因任而授官，循名而責實，操殺生之柄，課群臣之能者也，此人主之所執也。”因任已明而原省次之，按：原，追溯。《春秋繁露·精華》：“《春秋》之聽獄也，必本其事而原其志。”省，察也。原省已明而是非次之，按：是非，猶功過也。《韓非子·安危》：“桀，天子也，而無是非。賞於无功，使讒諛以詐僞爲貴；誅於無罪，使傴以天性剖背。”是非已明而賞罰次之，賞罰已明而愚知處宜，貴賤履位，仁賢不肖襲情，王叔岷曰：“《道藏》成《疏》本闕仁字。”按：襲，猶居也。《莊子·大宗師》：“勘壞得之，以襲崑崙。”又《莊子·山木》謂燕雀“襲諸人間”。情，實也。襲情，謂各居其實。必分其能,必由其名。<small>宣穎曰:"分能任事,循名責實。"</small>以此事上,以此畜下,以此治物,以此修身,知謀不用,必歸其天,此之謂太平,<small>按:太平,謂天下太平。</small>治之至也。

故書曰:"有形有名。"形名者,古人有之,而非所以先也。古之語大道者,五變而形名可舉,九變而賞罰可言也。<small>宣穎曰:"上文自'明天'至'形名',凡五變其説。至'賞罰',凡九變其説。"</small>驟而語形名,不知其本也;驟而語賞罰,不知其始也。倒道而言,迕道而説者,人之所治也,安能治人!<small>郭象曰:"治人者,必順序。"</small>驟而語形名賞罰,此有知治之具,非知治之道。可用於天下,不足以用天下。此之謂辯士,<small>按:辯士,謂巧言善辯,不明大道也。</small>一曲之人也。<small>成玄英曰:"一節曲見,偏執之人。"</small>禮法數度,<small>按:數度,謂具體計算標準。《周禮·春官宗伯·典同》:"凡爲樂器,以十有二律爲之數度,以十有二聲爲之齊量。"</small>形名比詳,古人有之。此下之所以事上,非上之所以畜下也。

昔者舜問於堯曰:"天王之用心何如?"堯曰:"吾不敖无告,<small>成玄英曰:"敖,侮慢也。"</small>不廢窮民,苦死者,<small>按:苦死,謂含冤而死。《莊子·達生》謂孔子,"見一丈夫游之,以爲有苦而欲死也,使弟子並流而拯之。"</small>嘉孺子而哀婦人,<small>按:嘉孺子,謂善待苦死者之幼子。婦人,謂苦死者之婦。</small>此吾所以用心已。"舜曰:"美則美矣,而未大也。"堯曰:"然則何如?"舜曰:"天德而出寧,日月照而四時行,若晝夜之有經,雲行而雨施矣!"堯曰:"膠膠擾擾乎!<small>林雲銘曰:"膠,滯;擾,亂也。"按膠膠擾擾,謂政事煩擾,不得脫身。</small>子,天之合也;我,人之合也。"<small>按:堯知"人合"之短,然而不能廢也。</small>夫天地者,古之所大也,而黄帝、堯、舜之所共美也。故古之王天下者,奚爲哉?天地而已矣!

三

孔子西藏書於周室。<small>司馬彪曰:"藏書,藏其所著書也。"</small>子路謀曰：“由聞周之徵藏史有老聃者，按：徵，求也。徵藏史，蓋主求書之官。免而歸居，夫子欲藏書，則試往因焉。”孔子曰：“善。”往見老聃，而老聃不許，於是繙十二經以説。陸德明曰：“《春秋》十二公經也。”按：繙，同翻，謂反復申説。老聃中其説，林希逸曰：“中其説者，言方及半，而老子以爲太繁。”曰：“大謾，願聞其要。”孔子曰：“要在仁義。”老聃曰：“請問，仁義，人之性邪？”孔子曰：“然。君子不仁則不成，按：老聃問“人之性”，孔子答以“君子”，是捨本逐末。不義而不生。仁義，真人之性也，又將奚爲矣？”老聃曰：“請問，何謂仁義？”孔子曰：“中心物愷，鍾泰曰：“愷，如‘愷惻’之愷，言其於物常懷愷惻，惟恐傷之。”兼愛无私，此仁義之情也。”老聃曰：“意，幾乎後言！按：幾，近也。幾乎，猶庶幾乎。幾乎後言，意謂大概已知未説之義。夫兼愛，不亦迂乎！按：《墨子·耕柱》篇，巫馬子謂子墨子曰：“我與子異，我不能兼愛。我愛鄒人於越人，愛魯人於鄒人，愛我鄉人於魯人，愛我家人於鄉人，愛我親於我家人，愛我身於吾親，以爲近我也。”无私焉，乃私也。蘇輿曰：“未忘无私之成心，是亦私也。”夫子若欲使天下无失其牧乎？按：牧，謂君主。然牛羊放於野，自逐水草，何待牧者；百姓放於天下，自得其性，何待聖人。則天地固有常矣，日月固有明矣，星辰固有列矣，禽獸固有群矣，樹木固有立矣。夫子亦放德而行，按：放，棄也。放德，謂支離其德。循道而趨，按：道，謂自然之道。已至矣；又何偈偈乎揭仁義，按：偈偈，疾馳貌。《詩·鄶風·匪風》：“匪風發兮，匪車偈兮。”毛傳：“偈偈疾驅。”若擊鼓而求亡子焉？按：求亡子，當口呼其名，不當擊鼓求之。意，夫子亂人之性也！”

　　士成綺見老子而問曰：“吾聞夫子聖人也。吾固不辭遠道而來願見，按：願，謂心之摯。百舍重趼而不敢息。司馬彪曰：“百舍，百日止宿也。趼，胝也。”按：胝，足繭。今吾觀子，非聖人也，鼠壤有餘蔬而棄妹之者，按：妹之者，《釋文》本作“妹”。之者，衍文。鼠壤有餘蔬，謂聽任老鼠偷竊，不加防範。棄妹，謂嫁妹不養。不仁也！按：不仁，謂寬於鼠，嚴於人。生熟不盡於前，而積斂无崖。”按：積斂无崖，謂顆粒歸倉，无分人之心。《詩·小雅·大田》：“雨我公田，遂及我私。

彼有不獲稚,此有不斂穧。彼有遺秉,此有滯穗,伊寡婦之利。"老子漠然不應。士成綺明日復見,曰:"昔者吾有刺於子,郭象曰:"自怪刺譏之心。"今吾心正卻矣,按:正,君也。心正,謂心之君。卻,退也。何故也?"老子曰:"夫巧知神聖之人,吾自以爲脫焉。按:脫,擺脫。昔者子呼我牛也而謂之牛,呼我馬也而謂之馬。郭象曰:"隨物所名。"苟有其實,人與之名而弗受,再受其殃。按:再,兩次。吾服也恒服,按:服,習慣。恒服,謂虛而待物。《老子·二十八章》:"知其榮,守其辱,爲天下谷。爲天下谷,常德乃足,復歸於樸。"吾非以服有服。"按:以服有服,意謂逆來順受。《老子·五章》:"虛而不屈,動而愈出。多言數窮,不如守中。"士成綺鴈行避影,按:鴈行,謂側後相隨。《禮記·王制》:"道路,男子由右,婦人由左,車從中央。父之齒隨行,兄之齒鴈行,朋友不相踰。"履行遂進而問:按:履行,謂亦步亦趨。進,踰也。"修身若何?"老子曰:"而容崖然,成玄英曰:"自爲崖岸,不能舒適。"而目衝然,成玄英曰:"目亦馳動,故左盼右睞。"而顙頯然,成玄英曰:"顙頯高亢。"而口闞然,郭象曰:"虓豁之貌。"按:《詩·大雅·常武》:"王奮厥武,如震如怒。進厥虎臣,闞如虓虎。"闞然,猶闞如,怒張貌。而狀義然。按:義然,指獨立之貌。似繫馬而止也。郭象曰:"志在奔馳。"動而持,郭象曰:"不能自舒放也。"發也機,成玄英曰:"機,弩牙也。"按:發也機,謂蓄勢待發。察而審,按:審,詳也,謂苛察。知巧而覩於泰。按:泰,謂天光。《莊子·庚桑楚》:"宇泰定者,發乎天光。發乎天光者,人見其人,物見其物。"覩於泰,謂暴露无餘。凡以爲不信,按:凡,發語詞。不信,謂不信我之言。邊竟有人焉,其名爲竊。"按:竊,賊也。若不信我之言,覩竊賊之容,可自見矣。

夫子曰:按:夫子,謂老聃。"夫道,於大不終,按:大,謂大空間。終,極也。於大不終,謂雖大,无不充滿。於小不遺,按:小,謂小罅隙。遺,棄也。於小不遺,謂雖小,无不入。不終、不遺,謂道无所不至也。《莊子·天運》:"聽之不聞其聲,視之不見其形,充滿天地,苞裹六極。"故萬物備。按:《莊子·天地》:"循於道之謂備。"廣廣乎其无不容也,淵乎其不可測也。按:《莊子·天地》:"夫大壑之爲物也,注焉而不滿,酌焉而不竭。吾將遊焉!"形德仁義,按:形,通刑。《詩·大雅·文王》:

“儀刑文王，萬邦作孚。”**神之末也**，按：神之本，道也。《莊子·知北遊》：“精神生於道。”**非至人孰能定之！** 按：定之，謂不妄用。**夫至人有世，不亦大乎，而不足以爲之累。天下奮棅而不與之偕**；司馬彪曰：“棅，威權也。”按：奮棅，謂弄權。《莊子·天運》：“親權者，不能與人柄。”**審乎無假而不與利遷**，按：无假，謂无待於外物。**極物之真，**按：極，窮究。物之真，謂萬物之本質。美玉之真，石也；犧尊之真，木也。**能守其本**。按：《莊子·天道》：“夫虛静恬淡寂漠无爲者，萬物之本也。”**故外天地，遺萬物，而神未嘗有所困也。通乎道，合乎德，退仁義，賓禮樂，至人之心有所定矣！”**

四

　　世之所貴道者，按：道，言也。**書也。書不過語，語有貴也。語之所貴者，意也，意有所隨。**成玄英曰：“隨，從也。”**意之所隨者，不可以言傳也，而世因貴言傳書。世雖貴之，我猶不足貴也，爲其貴非其貴也。故視而可見者，形與色也；聽而可聞者，名與聲也。悲夫！ 世人以形色名聲爲足以得彼之情。**按：形色名聲，猶形德仁義，皆萬物之末，不足以得其情。**夫形色名聲，果不足以得彼之情，則知者不言，言者不知，而世豈識之哉！ 桓公讀書於堂上，輪扁斲輪於堂下，**司馬彪曰：“輪扁，斲輪人也，名扁。”**釋椎鑿而上，問桓公曰：“敢問，公之所讀者，何言邪？”公曰：“聖人之言也。”曰：“聖人在乎？”公曰：“已死矣。”曰：“然則君之所讀者，古人之糟魄已夫！”桓公曰：“寡人讀書，輪人安得議乎！ 有説則可，无説則死！”輪扁曰：“臣也以臣之事觀之。斲輪，**按：斲輪，謂拼裝車輪。《周禮·考工記》：“輪人爲輪，斬三材必以其時。三材既具，巧者和之。轂也者，以爲利轉也。輻也者，以爲直指也。牙也者，以爲固抱也。輪敝，三材不失職，謂之完。”和之，即拼裝車輪。車輪以轂爲圓心，三十輻拱之，牙在最外圍。輪之牙，呈環形，由諸多木塊拼接而成。組成車輪時，先裝輻於轂，然後再裝牙於輻，終成“牙抱轂”之勢。斲，猶敲也。斲輪，即通過敲打“牙”，收縮圓周，使之緊抱車轂。**徐則甘而不**

固，按：徐，謂用力小。甘，滑也。固，即《考工記》之“固抱”。甘而不固，謂車牙鬆散，不能緊抱車轂，結構不牢固。**疾則苦而不入**，按：疾，謂用力大。苦，猶緊也。車牙相抱，呈環形，若用力過大，則車牙互相擠壓，故曰“苦”。不入，謂車輻不能納入車牙。《淮南子·説林訓》：“轂立，三十輻各盡其力，不得相害。使一輻獨入，衆輻皆棄，豈能致千里哉！”苦而不入，謂車牙擠壓變形，不能納入三十車輻。**不徐不疾**，按：不徐不疾，謂敲擊力度適中。**得之於手而應於心，口不能言**，按：《韓詩外傳》記輪扁曰：“夫以規爲圓，矩爲方。此其可付乎子孫者也。若夫合三木而爲一，應乎心，動乎體，其不可得而傳者也。”三木，謂轂、輻、牙。**有數存焉於其間**。按：數，謂分寸。**臣不能以喻臣之子，臣之子亦不能受之於臣**，按：《莊子·大宗師》：“夫道，有情有信，无爲无形；可傳而不可受，可得而不可見。”**是以行年七十而老斲輪**。按：老斲輪者，謂其子不能受其技，代其勞也。**古之人與其不可傳也死矣，然則君之所讀者，古人之糟魄已夫！**”按：書之所載，道之末也；道之本，載於心也。讀書以求道，是捨本逐末也。

小　結

《天道》篇講天道與人道之關係。天道無爲，人道有爲，二者相反相成。聖人法天道，虛静無爲；臣民法人道，勤勞有爲。聖人之心，若車輪之轂。《老子·十一章》：“三十輻共一轂，當其無，有車之用。”聖人守虛静，運轉海内；若車轂中空，運轉三十輻。聖道運量海内，帝道運量天下，天道運量萬物，皆以“无”制“有”，“无爲”制“有爲”之義也。聖人用心若鏡，運物而不積，故无行跡可尋。今人貴聖人之書，以爲道之所載，不知聖人虛無恬淡，古書所載皆糟粕也。

天　運

《天運》篇講：天地運轉，萬物自化。本篇分四章，第一章講：天地不仁，聖人无親；第二章講：天樂无聲，萬物自鳴；第三章講：世道變遷，禮樂皆陳迹；第四章講：仁義惑心，亂性命之情。

一

"天其運乎？地其處乎？按：處，静也。《莊子·天道》："其動也天，其静也地。"日月其争於所乎？按：所，謂日月運行軌道。《左傳·昭公二十一年》："秋七月壬午朔，日有食之。公問於梓慎曰：'是何物也？禍福何爲？'對曰：'二至二分，日有食之，不爲災。日月之行也，分，同道也；至，相過也。其他月則爲災，陽不克也，故常爲水。'"孰主張是？按：張，開也，謂天地開闢。孰維綱是？按：維、綱，皆繩索，喻使天地相合之物。《淮南子·天文訓》："昔者共工與顓頊争爲帝，怒而觸不周之山。天柱折，地維絶。天傾西北，故日月星辰移焉；地不滿東南，故水潦塵埃歸焉。"孰居无事推而行是？按：推，推動。是，謂天地運處、日月争行。意者其有機緘而不得已邪？按：意，揣測之詞。機緘，猶機關，謂驅動裝置。有機緘，謂有機而未發。不得已，謂不得已而動。意者其運轉而不能自止邪？按：不能自止，謂保持原來運動狀態。雲者爲雨乎？雨者爲雲乎？按：雲興則成雨，雨落而雲高。雨者爲雲，謂雨過天晴，白雲垂天。孰隆施是？羅勉道曰："雲言隆；施言雨。"孰居无事淫樂而勸是？宣穎曰："雲雨乃陰陽交合之氣所成，故以爲造化之淫樂。"風起北方，按：《莊子·秋水》篇，風曰："予蓬蓬然起於北海而入於南海也。"一西一東，有上彷徨。成玄英曰："彷徨，迴轉之貌也。"按：有，張君房本作"在"。孰噓吸是？按：《莊子·齊物論》：“夫大塊噫氣，其名爲風。是唯无作，作則萬竅怒呺。”大塊，謂大地。孰居无事而披拂是？成玄英曰：“披拂，猶扇動也。”敢問何故？”巫咸祒曰：李頤曰：“巫咸，殷相也。祒，寄名也。”按：寄名，即假託之名。“來！吾語女。天有六極五常，司馬彪曰：“六極，四方上下也。”按：五常，謂五色、五味、五聲等。《左傳·昭公元年》：“天有六氣，降生五味，發爲五色，徵爲五聲，淫生六疾。”帝王順之則治，逆之則凶。九洛之事，呂惠卿曰：“九洛之事，即《洛》之九疇也。”按：九疇，見《尚書·洪範》：“初一曰五行，次二曰敬用五事，次三曰農用八政，次四曰協用五紀，次五曰建用皇極，次六曰乂用三德，次七曰明用稽疑，次八曰念用庶徵，次九曰嚮用五福，威用六極”。治成德備，監照下土，天下戴之，此謂上皇。”

　　商大宰蕩問仁於莊子。司馬彪曰：“商，宋也，太宰，官也，蕩，字也。”莊子曰：“虎狼，仁也。”曰：“何謂也？”莊子曰：“父子相親，何爲不仁！”曰：“請問至仁。”莊子曰：“至仁無親。”林疑獨曰：“問至仁，答以无親，任其性命之自適，雖親而不知其爲親也。”大宰曰：“蕩聞之，無親則不愛，不愛則不孝。謂至仁不孝，可乎？”莊子曰：“不然，夫至仁尚矣，孝固不足以言之。此非過孝之言也，不及孝之言也。夫南行者至於郢，北面而不見冥山，司馬彪曰：“冥山，北海山名。”是何也？則去之遠也。故曰：以敬孝易，按：敬孝，謂事親以禮。《論語·爲政》：“子曰：生，事之以禮；死，葬之以禮，祭之以禮。”以愛孝難；按：《孟子·萬章上》：“大孝終身慕父母。五十而慕者，予於大舜見之矣。”以愛孝易，以忘親難；按：親，謂父母。忘親，謂不獨親其親。《孟子·梁惠王上》：“老吾老，以及人之老；幼吾幼，以及人之幼。”忘親易，使親忘我難；按：親忘我，謂父母自得其樂，不待子女之養。使親忘我易，兼忘天下難；按：兼忘，謂父母忘我，我忘天下。《孟子·離婁上》：“天下大悅而將歸己，視天下悅而歸己猶草芥也，惟舜爲然。”兼忘天下易，使天下兼忘我難。按：天下兼忘我，謂萬民各得其樂，不見我之仁也。夫德遺堯舜而不爲也，林希逸曰：“遺，棄也，蔑視之意，蔑視堯舜，不足以爲德。”利澤施於萬世，天下莫知也，豈直大息而言仁孝乎哉！成玄英曰：“大息，猶嗟歎也。”夫孝悌仁義，忠信貞廉，此皆自勉以役其德者也，不足多也。故曰，**至貴，國爵并焉**；按：并，俱也。國爵并，謂與民共爵，无貴无賤也。《莊子·人間世》："內直者，與天爲徒。與天爲徒者，知天子之與己皆天之所子。"**至富，國財并焉**；按：國財并，謂藏財於民，與民共富也。《管子·山至》："王者藏於民，霸者藏於大夫，殘國亡家藏於篋。"**至願，名譽并焉。**按：願，志願也。名譽并，謂不求名譽，自埋於民。《論語·泰伯》："子曰：泰伯，其可謂至德也已矣！三以天下讓，民無得而稱焉。"又《莊子·天運》："名，公器也，不可多取。"**是以道不渝。**"按：渝，變質。《老子·四十一章》："質真若渝。"

二

北門成問於黃帝曰："**帝張咸池之樂於洞庭之野**，按：張，陳也。《左傳·定公十年》："且犧象不出門，嘉樂不野合。饗而既具，是弃禮也。"**吾始聞之懼，復聞之怠，卒聞之而惑；蕩蕩默默，乃不自得。**"按：不自得，謂不知所以然。《莊子·秋水》："迷亂而不能自得也。"**帝曰："汝殆其然哉！**按：殆，揣測之詞。**吾奏之以人**，按：奏之以人，謂奏天子之樂。**徵之以天**，按：徵，證也。徵之以天，謂法天。**行之以禮義**，按：行，推行。《論語·季氏》："孔子曰：天下有道，則禮樂征伐自天子出；天下無道，則禮樂征伐自諸侯出。"**建之以大清。**按：建，樹也。大清，即太清，謂天德。建之以大清，謂垂拱而治。《論語·衛靈公》："子曰：'無爲而治者，其舜也與？夫何爲哉？恭己正南面而已矣。'**夫至樂者，先應之以人事，順之以天理，行之以五德，應之以自然，然後調理四時，太和萬物。**蘇轍曰："夫至樂者，三十五字，係注語誤入正文。"**四時迭起，萬物循生；一盛一衰，文武倫經**；按：倫經，謂有度。文武，謂音樂節奏之快慢。文武倫經，謂張弛有度也。《禮記·雜記下》："張而不弛，文武弗能也；弛而不張，文武弗爲也。一張一弛，文武之道也。"文武，喻政之寬猛。《左傳·昭公二十年》記子產爲政，孔子曰："政寬則民慢，慢則糾之以猛。猛則民殘，殘則施之以寬。寬以濟猛，猛以濟寬，政是以和。"**一清一濁**，按：五聲，以清濁別。《淮南子·本經訓》："別五色，異清濁,味甘苦。"清濁,指代五聲。《文子·上禮》:"聽五音清濁、六律相生之數,以立君臣之義而成國。"五音,猶五聲。**陰陽調和**,按:陰陽,指代六律。《周禮·春官宗伯·大師》:"大師掌六律、六同以合陰陽之聲。陽聲:黃鍾、大蔟、姑洗、蕤賓、夷則、無射;陰聲:大呂、應鍾、南呂、函鍾、小呂、夾鍾;皆文之以五聲:宮商角徵羽;皆播之以八音:金石土革絲木匏竹。"**流光其聲**;按:流光,謂光之流。流光其聲,謂聲教流布之迅疾。**蟄蟲始作,吾驚之以雷霆**;按:雷霆,謂鐘鼓之聲。《禮記·月令》:"(仲春)是月也,日夜分。雷乃發聲,始電,蟄蟲咸動,啟戶始出。"**其卒无尾,其始无首**;按:樂之卒始,取法四時,故无首尾。《禮記·樂記》:"是故清明象天,廣大象地,終始象四時,周還象風雨。"**一死一生**,按:死,謂死聲。《左傳·襄公十八年》:"晋人聞有楚師,師曠曰:'不害。吾驟歌北風,又歌南風。南風不競,多死聲。楚必無功。'"風,謂曲調。**一僨一起**;按:僨,仆也。僨起,謂音聲之起落。死生、僨起,喻王朝之興衰,禮樂更替。《論語·爲政》:"子曰:'殷因於夏禮,所損益,可知也;周因於殷禮,所損益,可知也。其或繼周者,雖百世,可知也。'"**所常无窮**,按:常,通裳,藏也。常,謂法度。所常,謂遵循之法度。《禮記·樂記》:"五色成文而不亂,八風從律而不奸,百度得數而有常。"**而一不可待**。俞樾曰:"一不可待者,皆不可待也。"按:《莊子·秋水》:"昔者堯、舜讓而帝,之、噲讓而絕;湯、武爭而王,白公爭而滅。由此觀之,爭、讓之禮,堯、桀之行,貴賤有時,未可以爲常也。"**汝故懼也**。按:三代禮樂不同,不知所從,故懼。

　　吾又奏之以陰陽之和,按:陰陽,謂陰陽之氣。陰陽之和,即和暢之風,大地之樂也。**燭之以日月之明**;按:日月之明,普照也。《孟子·盡心上》:"日月有明,容光必照焉。"**其聲能短能長,能柔能剛**;按:長短,謂風聲之長短;剛柔,謂飄風、泠風。**變化齊一,不主故常**,按:天地之樂,如風吹眾竅。《莊子·齊物論》:"泠風則小和,飄風則大和,厲風濟則眾竅爲虛。"眾竅隨風發聲,故曰"齊一"。風不定,聲亦不定,故曰"不主故常"。**在谷滿谷,在阬滿阬**,按:阬,岡也。谷、岡,皆風盛之所。《詩·大雅·桑柔》:"大風有隧,有空大谷。"**塗卻守神**,按:塗,泥塞。卻,縫隙。微風入於罅隙,若泥之塗墻隙,故曰"塗卻"。神,謂心神。守神,謂待神之有郤。《莊子·達生》:"夫若是者,其天守全,其神无郤,物奚自入焉!"又《莊子·刻意》:"平易恬惔,則憂患不能入,邪氣不能襲,故其德全而神不虧。"

以物爲量。按：風力之大小，因物變化，故曰“以物爲量”。《莊子·秋水》：“故小而不寡，大而不多：知量无窮。”其聲揮綽，按：揮，謂發揚。綽，謂寬廣。揮綽，謂音聲之發揚，周遍天地。《莊子·讓王》謂曾子：“歌《商頌》，聲滿天地，若出金石。”其名高明。按：高明，謂剛健之德。《尚書·洪範》：“沈潛剛克，高明柔克。”孔安國曰：“沈潛謂地，雖柔亦有剛，能出金石。高明謂天，言天爲剛德，亦有柔克，不干四時。”是故鬼神守其幽，按：幽，静也。《莊子·繕性》：“陰陽和静，鬼神不擾，四時得節，萬物不傷。”日月星辰行其紀。郭象曰：“不失其度。”按：紀，軌道。吾止之於有窮，流之於无止。宣穎曰：“止乎其所不得止，行乎其所不得行。”按：有窮，謂盡頭。无止，謂可通之處。子欲慮之而不能知也，按：慮，思也。風无心，故思之不可得。望之而不能見也，按：風无象，故望之不能見。逐之而不能及也。按：風不定，不逐之不能及。儻然立於四虛之道，按：儻然，謂无所適從貌。《莊子·天地》：“儻乎若行而失其道也。”四虛之道，謂十字路口。立於通衢，謂風忽然而過，不知所往也。倚於槁梧而吟。按：倚槁梧而吟，沉思貌，謂慮而不能知。目知窮乎所欲見，力屈乎所欲逐，吾既不及已夫！形充空虛，按：形充，謂體胖。空虛，謂氣不足。《淮南子·原道訓》：“夫形者生之舍也，氣者生之充也，神者生之制也，一失位則三者傷矣。”乃至委蛇。按：委蛇，謂隨風而行。《莊子·庚桑楚》：“行不知所之，居不知所爲，與物委蛇，而同其波。”女委蛇，故怠。按：怠，謂精力不濟。風无形，人有形。人逐風而行，故怠。《莊子·刻意》：“形勞而不休則弊，精用而不已則勞，勞則竭。”

吾又奏之以无怠之聲，按：怠，通殆，止息也。无殆之聲，乃萬物自發之聲，即天樂。調之以自然之命。按：調，正音也。道法自然，故天道之樂必調之以“自然之命”。命，令也。自然之命，謂令萬物各任其性，各發其聲。故若混逐叢生，按：混逐，謂爭鳴。叢生，謂草木叢生。混逐叢生，謂百蟲吟於草叢。林樂而无形，按：林樂，謂林間之樂，百鳥爭喧。林樂无形，謂鳥鳴枝葉間，不見其形。布揮而不曳，按：布，遠播。揮，發揚。曳，引也。不曳，謂鳥鳴清脆，无沉濁之聲。《孔叢子·記義》：“孔子晝息於室而鼓琴焉。閔子自外聞之，以告曾子，曰：‘嚮也夫子之音清澈以和，淪入至道。今也，爲幽沈之聲。幽則利欲之所爲發，沈則貪得之所爲施。夫子何所之感而若是乎？吾從子入而問焉。’曾子曰：‘諾。’二子入問孔子，孔子曰：'然，汝言是也。吾有之，嚮見貓方取鼠，欲其得之，故爲之音也。汝二人者孰識諸？'曾子對曰：'是閔子。'夫子曰：'可與聽音矣。'"**幽昏而无聲**。按：幽，幽林；昏，黄昏。幽昏而无聲，謂日落西山，萬籟俱寂。**動於无方**，按：无方，謂无章法。**居於窈冥**；按：動，陽也；居，陰也。窈冥，謂陰之所居。《莊子·在宥》："我爲女遂於大明之上矣，至彼至陽之原也；爲女入於窈冥之門矣，至彼至陰之原也。"居於窈冥，謂静之至，若幽林之无聲。**或謂之死，或謂之生**；按：死生，謂若有聲，若无聲也。**或謂之實**，按：實，情也，謂發乎情也。《莊子·繕性》："中純實而反乎情，樂也。"**或謂之榮**；按：榮，華也，謂无情也。嵇康《聲無哀樂論》："音聲有自然之和，而無係於人情。克諧之音，成於金石；至和之聲，得於管絃也。"**行流散徙**，按：行流，謂音聲自然婉轉。散徙，即不主常聲。**不主常聲**。按：常聲，謂五聲、六律。**世疑之**，按：疑之，謂疑其非樂。**稽於聖人**。宣穎曰："世疑此樂，何不考於聖人。"**聖也者**，按：聖人，有虛静之心者。《莊子·天道》："言以虛静推於天地，通於萬物，此之謂天樂。天樂者，聖人之心，以畜天下也。"**達於情而遂於命也**。按：達於情，謂通曉萬物之情。遂於命，謂順自然之命。**天機不張而五官皆備**。按：天機，謂氣息發動處。張，開也，謂發動。天機不張，謂呼吸柔和，无强陽之氣。備，謂備數不用。**此之謂天樂**，按：天樂，謂萬物自鳴之聲。**无言而心説**。按：説，悦也。心説，謂與萬物和樂。陶淵明《停雲》："翩翩飛鳥，息我庭柯。斂翮閑止，好聲相和。"**故有焱氏爲之頌曰：'聽之不聞其聲**，其，謂天樂。**視之不見其形，充滿天地，苞裹六極。'女欲聽之而无接焉**，按：接，交接。天樂本无聲，故人无所聞。**而故惑也**。按：天樂，實指萬物自鳴之聲。世人以爲天樂別是一物，不知在鳥鳴蟲吟之中，故惑也。

　　樂也者，始於懼，懼故祟；按：祟，鬼祟。《左傳·襄公十年》："宋公享晉侯於楚丘，請以《桑林》。荀罃辭。荀偃、士匄曰：'諸侯宋、魯，於是觀禮。魯有禘樂，賓祭用之。宋以《桑林》享君，不亦可乎？'舞，師題以旌夏，晉侯懼而退入于房。去旌，卒享而還。及著雍，疾。卜，桑林見。"晉侯觀《桑林》之樂而病，是懼而祟。**吾又次之以怠，怠故遁**；按：遁，逃也。風之爲樂，視之不見，逐之不及，思之不得，勞精傷身，故逃之。**卒之於惑，惑故愚**；按：愚，无知也。《老子·二十章》："我愚人之心也哉！沌沌兮。"**愚故道**，按：道，謂純素之心。《莊子·齊物論》："聖人愚芚，參萬歲而一成純。"又《莊子·天地》："機心存於胸中,則純白不備;純白不備,則神生不定,神生不定者,道之所不載也。"**道可載而與之俱也。**"按:載道者,无知无欲。《莊子·馬蹄》："夫赫胥氏之時,民居不知所爲,行不知所之,含哺而熙,鼓腹而游。民能以此矣!"

<h1 style="text-align:center">三</h1>

孔子西遊於衛,顏淵問師金曰:李頤曰:"師,魯太師也。金,其名也。""**以夫子之行爲奚如?**"師金曰:"**惜乎! 而夫子其窮哉!**"顏淵曰:"**何也?**"師金曰:"**夫芻狗之未陳也,**李頤曰:"結芻爲狗,巫祝用之。"**盛以篋衍,**李頤曰:"衍,笥也,盛狗之物也。"**巾以文繡,**成玄英曰:"覆以文繡之巾。"**尸祝齋戒以將之。**成玄英曰:"將,送也。"**及其已陳也,行者踐其首脊,蘇者取而爨之而已;**李頤曰:"蘇,草也,取草者得以炊也。"按:《史記·淮陰侯列傳》:"聞千里餽糧,士有飢色,樵蘇後爨,師不宿飽。"**將復取而盛以篋衍,巾以文繡,遊居寢臥其下,彼不得夢,必且數眯焉。**成玄英曰:"眯,魘也。"按:魘,噩夢。**今而夫子亦取先王已陳芻狗,聚弟子遊居寢臥其下。故伐樹於宋,**按:《史記·孔子世家》:"孔子去曹適宋,與弟子習禮大樹下。宋司馬桓魋欲殺孔子,拔其樹。孔子去。弟子曰:'可以速矣。'孔子曰:'天生德於予,桓魋其如予何!'"**削迹於衛,**按:削迹,猶斂迹,謂不敢出門。《論語·憲問》:"子擊磬於衛,有荷蕢而過孔氏之門者,曰:'有心哉,擊磬乎!'既而曰:'鄙哉,硜硜乎,莫己知也,斯已而已矣。深則厲,淺則揭。'"**窮於商周,**成玄英曰:"商是殷地,周是東周,孔子屢聘,曾困於此。"**是非其夢邪?**按:夢,噩夢。**圍於陳蔡之間,七日不火食,死生相與鄰,**按:《論語·衛靈公》:"在陳絕糧,從者病,莫能興。子路慍見曰:'君子亦有窮乎?'子曰:'君子固窮,小人窮斯濫矣。'"**是非其眯邪? 夫水行莫如用舟,而陸行莫如用車。以舟之可行於水也而求推之於陸,則沒世不行尋常。**鍾泰曰:"尋,八尺。倍尋曰常,則十六尺也。"**古今非水陸與? 周魯非舟車與? 今蘄行周於魯,**陸德明曰:"蘄,求也。"按:《論語·陽貨》:"子曰:'夫召我者,而豈徒哉? 如有用我者,吾其爲東周

乎！'"是猶推舟於陸也！勞而无功，身必有殃。彼未知夫无方之傳，司馬彪曰："方，常也。"按：无方，謂不主故常。傳，謂傳世。《論語·爲政》："子曰：殷因於夏禮，所損益，可知也；周因於殷禮，所損益，可知也。其或繼周者，雖百世，可知也。"有方之傳，謂有因革，有損益。无方之傳，謂純任自然。應物而不窮者也。郭象曰："時移世異，禮亦宜變。"且子獨不見夫桔槔者乎？引之則俯，舍之則仰。彼，人之所引，非引人者也。故俯仰而不得罪於人。按：《老子·四十九章》："聖人無常心，以百姓心爲心。"故夫三皇五帝之禮義法度，不矜於同而矜於治。成玄英曰："矜，美也。"故譬三皇五帝之禮義法度，其猶柤棃橘柚邪！其味相反而皆可於口。故禮義法度者，應時而變者也。今取猨狙而衣以周公之服，彼必齕齧挽裂，按：齕齧，謂咬破。挽，撕也。盡去而後慊。李頤曰："慊，足也。"按：足，滿意。觀古今之異，猶猨狙之異乎周公也。故西施病心而矉其里，按：矉，皺眉。其里之醜人見之而美之，歸亦捧心而矉其里。其里之富人見之，堅閉門而不出；貧人見之，挈妻子而去走。按：挈，拉也。走，跑也。彼知矉美而不知矉之所以美。惜乎，而夫子其窮哉！"

孔子行年五十有一而不聞道，按：古人五十曰老。乃南之沛見老聃。老聃曰："子來乎？吾聞子，北方之賢者也，子亦得道乎？"孔子曰："未得也。"老子曰："子惡乎求之哉？"曰："吾求之於度數，按：《新書·六術》："數度之道，以六爲法。數加於少而度出於居，數度之始，始於微細。有形之物，莫細於毫。是故立一毫以爲度始，十毫爲髮，十髮爲釐，十釐爲分，十分爲寸，十寸爲尺，備於六，故先王以爲天下事用也。"五年而未得也。"老子曰："子又惡乎求之哉？"曰："吾求之於陰陽，按：《莊子·天下》："《易》以道陰陽。"又《論語·述而》："子曰：加我數年，五十以學《易》，可以无大過矣。"十有二年而未得也。"按：孔子晚年好《易》，故莊周借以虛設寓言。老子曰："然，使道而可獻，則人莫不獻之於其君；使道而可進，則人莫不進之於其親；使道而可以告人，則人莫不告其兄弟；使道而可以與人，則人莫不與其子孫。然而不可者，无它也，中无主而不止，按：主，謂虛靜之心。《莊子·人間世》："瞻彼闋者，虛室生白，吉祥止止。"外无正而不行。按：正，謂矢的。箭不虛發，言亦不虛出。《論語·衛靈公》：“子曰：可與言而不與言，失人；不可與言而與之言，失言。知者不失人，亦不失言。”**由中出者**，按：中出者，道也。《老子·三十五章》：“道之出口淡乎其無味，視之不足見，聽之不足聞，用之不足既。”**不受於外**，按：不受於外，謂天下淫其性，不足聞至道。《老子·四十一章》：“上士聞道勤而行之，中士聞道若存若亡，下士聞道大笑之，不笑不足以爲道。”**聖人不出**；按：出，謂傳道。**由外入者**，按：由外入者，謂名利、仁義。**無主於中**，按：无主於中，謂求之於心而不得。**聖人不隱**。按：隱，依也。《莊子·齊物論》：“南郭子綦隱机而坐。”聖人所依，仁也。《論語·述而》：“子曰：‘志於道，據於德，依於仁，游於藝。’”**名，公器也**，郭象曰：“夫名者，天下之所共用。”**不可多取**。按：《論語·衛靈公》：“子曰：君子疾没世而名不稱焉。”**仁義，先王之蘧廬也**，林希逸曰：“蘧廬，草屋也。”**止可以一宿而不可久處**，按：《莊子·齊物論》：“仁常而不成。”**覯而多責**。按：覯，謂沉積污垢。《左傳·成公六年》：“郇、瑕氏土薄水淺，其惡易覯。”多責，謂苛求。《論語·顏淵》：“顏淵問仁。子曰：‘克己復禮爲仁。一日克己復禮，天下歸仁焉。爲仁由己，而由人乎哉？’顏淵曰：‘請問其目？’子曰：‘非禮勿視，非禮勿聽，非禮勿言，非禮勿動。’”

　　古之至人，假道於仁，宣穎曰：“假道，借路。”**託宿於義，以游逍遥之墟，食於苟簡之田**，按：苟，苟且也。簡，約也。苟簡，謂失中道。食於苟簡之田，謂寡欲。《老子·十九章》：“見素抱樸，少私寡欲。”**立於不貸之圃**。按：貸，放貸。《左傳·襄公二十九年》：“宋亦饑，請於平公，出公粟以貸。使大夫皆貸。司城氏貸而不書，爲大夫之無者貸。宋无飢人。”立於不貸之圃，謂自足而已，无心施惠也。**逍遥，无爲也**；按：爲，僞也。无爲，謂率性而爲。**苟簡，易養也**；按：養，養心也。《孟子·盡心下》：“養心莫善於寡欲。其爲人也寡欲，雖有不存焉者，寡矣；其爲人也多欲，雖有存焉者，寡矣。”**不貸，无出也**。按：无出，謂无多餘蔬菜出貸。**古者謂是采真之遊**。按：采，擇也。真，謂素樸之天性。《莊子·漁父》：“禮者，世俗之所爲也；真者，所以受於天也，自然不可易也。故聖人法天貴真，不拘於俗。”

　　以富爲是者，不能讓禄；以顯爲是者，不能讓名；親權者，不能與人柄，操之則慄，按：慄，戰慄，懼失權柄也。**舍之則悲，而**

一無所鑒,按:鑒,謂自省。《論語·陽貨》:"子曰:'鄙夫可與事君也與哉?其未得之也,患得之;既得之,患失之。苟患失之,無所不至矣。'"以闚其所不休者,按:休,止。所不休者,謂祿名權等。是天之戮民也。按:天之戮民,與"采真者"相對。采真者,取真去俗;天之戮民,取俗棄真。怨恩、按:《論語·微子》:"周公謂魯公曰:君子不施其親,不使大臣怨乎不以。故舊無大故,則不棄也。"取與、按:取與,謂人君之賞罰。諫教、按:爲臣者,上諫君,下教民。生殺八者,正之器也。按:正,政也。唯循大變无所湮者爲能用之。按:大變,謂古今之變。循大變,謂順應時變。湮,滯也。故曰:正者,正也。按:正者,政也。正也,謂正人之性。《莊子·德充符》:"受命於天,唯堯、舜獨也正,在萬物之首。幸能正生,以正眾生。"其心以爲不然者,按:以爲不然,謂有成心。天門弗開矣。"按:天門弗開,謂不能入於天。《莊子·天地》:"有治在人,忘乎物,忘乎天,其名爲忘己。忘己之人,是之謂入於天。"

四

孔子見老聃而語仁義。老聃曰:"夫播穅眯目,則天地四方易位矣;蚊虻噆膚,鍾泰曰:"噆,讀咂,與孟子言'蠅蚋姑嘬之'之嘬同義。"則通昔不寐矣。郭象曰:"外物加之雖小,而傷性已大矣。"夫仁義憯然,按:憯,同慘,謂傷之深。《韓非子·解老》:"苦痛雜於腸胃之間,則傷人也憯。"乃憤吾心,按:憤,謂血氣旺。《左傳·僖公十五年》:"亂氣狡憤,陰血周作,張脈僨興。"亂莫大焉。吾子使天下无失其朴,吾子亦放風而動,司馬彪曰:"放,依也。"按:放,放任。《莊子·天地》:"有人治道若相放,可不可,然不然。"總德而立矣!按:總,收也。總德,謂德不外露。又奚傑然若負建鼓而求亡子者邪!成玄英曰:"傑然,用力貌。"按:建鼓,鼓名。《儀禮·大射儀》:"建鼓在阼階西。"鄭玄注:"建,猶樹也。以木貫而載之,樹之跗也。"求亡子,當呼其名,今擊鼓而求之,不得其法。

夫鵠不日浴而白,烏不日黔而黑。按:黔,熏也。《淮南子·脩務訓》:"孔子無黔突,墨子無煖席。"黔突,指熏黑的煙囱。《韓非子·姦劫弒臣》:"豫讓乃自黔劓,敗其形容,以爲智伯報襄子仇。"黔,謂熏其面。黑白之朴，郭象曰：“俱自然耳。”不足以爲辯；按：辯，謂善辯。名譽之觀，按：觀，炫耀。不足以爲廣。按：爲，展現。廣，大也。《莊子·天下》：“惠施以此爲大，觀於天下而曉辯者。”

　　泉涸，按：泉涸，喻无道之世。魚相與處於陸，相呴以濕，按：呴，猶嘘也。《莊子·刻意》：“吹呴呼吸，吐故納新。”濕，謂泉底濕氣。相濡以沫，按：濡，潤濕。沫，泡沫。《淮南子·説山訓》：“人莫鑒於沫雨，而鑒於澄水者，以其休止不蕩也。”不若相忘於江湖。”按：呴濡，喻仁愛也。

　　孔子見老聃歸，三日不談。弟子問曰：“夫子見老聃，亦將何規哉？”宣穎曰：“何以規正之。”按：規，正也。《尚書·胤征》：“官師相規，工執藝事以諫。”孔子曰：“吾乃今於是乎見龍！龍，合而成體，按：合，聚也。成體，謂雲氣之聚。散而成章，按：散，謂雲氣之散。《詩·大雅·棫樸》：“倬彼雲漢，爲章于天。”乘雲氣而養乎陰陽。按：陰陽，謂陰陽二氣也。雲氣、陰陽，皆天地間善變之物。予口張而不能嗋，陸德明曰：“嗋，合也。”予又何規老聃哉？”子貢曰：“然則人固有尸居而龍見，按：尸，謂享祭之尸。尸居，謂寂然不動。雷聲而淵默，按：淵默，謂行不言之教。發動如天地者乎？按：老聃動静自然，其動如天，其静如地。《莊子·天道》：“其動也天，其静也地，一心定而王天下。”賜亦可得而觀乎？”遂以孔子聲見老聃。林希逸曰：“稱夫子之門人而修謁也。”

　　老聃方將倨堂而應，成玄英曰：“倨，踞也。”按：踞，箕踞。微曰：按：微，隱也，謂隱語。“予年運而往矣，按：年運，謂年輪。子將何以戒我乎？”子貢曰：“夫三王五帝之治天下不同，陸德明曰：“三王，或作三皇。”其係聲名一也。而先生獨以爲非聖人，如何哉？”老聃曰：“小子少進！按：少，稍也。子何以謂不同？”對曰：“堯授舜，舜授禹。禹用力而湯用兵，成玄英曰：“禹治水而用力，湯伐桀而用兵。”文王順紂而不敢逆，按：《論語·泰伯》：“三分天下有其二，以服事殷。周之德，其可謂至德也已矣。”武王逆紂而不肯順，故曰不同。”老聃曰：“小子少進！余語汝三皇五帝之治天下。黄帝之治天下，使民心一，按：心一，謂无親疏。《莊子·徐无鬼》：“故无所甚親，无所甚疏，抱德煬和，以順天下，此謂真人。"民有其親死不哭而民不非也。按：不哭，謂心和。堯之治天下，使民心親。按：心親，謂親其親。民有爲其親殺其殺而民不非也。成玄英曰："爲降殺之服以別親疏。"舜之治天下，使民心競。按：競，爭也，謂別親疏。民孕婦十月生子，子生五月而能言，不至乎孩，按：孩，嬰兒笑。而始誰，郭象曰："誰者，別人之意也。"則人始有夭矣。鍾泰曰："早慧者往往不壽，故曰：人始有夭矣。"禹之治天下，使民心變，按：心變，謂背離良知、常情。人有心而兵有順，宣穎曰："人有心機，且以殺伐爲應天順人。"殺盜非殺，郭象曰："盜自應死，殺之順也，故非殺。"人自爲種，按：人自爲種，謂視他人爲異類。《左傳·襄公四年》："戎，禽獸也，獲戎失華，無乃不可乎？"是華夷之辨，不以戎狄爲人也。而天下耳。按：天下耳，謂輕視天下之士。《孟子·盡心上》："孔子登東山而小魯，登太山而小天下。"是以天下大駭，儒墨皆起。其作始有倫，按：倫，謂人倫。而今乎婦女，按：婦女，謂婦女无別。何言哉！余語汝，三皇五帝之治天下，名曰治之，而亂莫甚焉。三皇之知，上悖日月之明，下睽山川之精，陸德明曰："睽，乖也。"中墮四時之施。按：墮，壞也。四時之施，謂四季交替。其知憯於蠣蠆之尾，成玄英曰："憯，毒也。蠣蠆，尾端有毒也。"鮮規之獸，吳汝綸曰："規，當讀窺。鮮規，不常見者也。"莫得安其性命之情者，按：《莊子·山木》："夫豐狐文豹，棲於山林，伏於巖穴，靜也；夜行晝居，戒也；雖飢渴隱約，猶且胥疏於江湖之上而求食焉，定也。"而猶自以爲聖人，不可恥乎？其无恥也！"子貢蹵蹵然立不安。成玄英曰："蹵蹵，驚悚貌也。"

孔子謂老聃曰："丘治《詩》《書》《禮》《樂》《易》《春秋》六經，自以爲久矣，孰知其故矣；按：孰，熟也，謂通曉。故，故事也，謂舊例。《國語·魯語上》："哀姜至，公使大夫、宗婦覿用幣。宗人夏父展曰：'非故也。'公曰：'君作故。'"以奸者七十二君，王敔曰："奸干通。"論先王之道而明周、召之迹，一君无所鉤用。陸德明曰："鉤，取也。"甚矣夫！人之難說也，道之難明邪？"老子曰："幸矣，子之不遇治世之君也！夫六經，先王之陳迹也，豈其所以迹哉！按：迹，追蹤。《漢書·季布傳》："漢求將軍急，迹且至臣家。"今子之所言，猶迹也。夫迹，履之所出，而迹豈履哉！夫白鶂之相視，按：鶂，水鳥。《列子·天瑞》："河澤之鳥視而生曰鶂。"眸子不運而風化；按：不運，謂凝視。風，謂雄雌相誘。《尚書·費誓》："馬牛其風，臣妾逋逃。"蟲，雄鳴於上風，雌應於下風而化。類自爲雌雄，郭象曰："夫同類之雌雄，各自有以相感。"故風化。性不可易，按：性，謂民性。民性淳樸，不可易以"仁義"。命不可變，按：命，謂性命。時不可止，按：時，謂世道。時不可止，謂世道變遷，一刻不停。道不可壅。王敔曰："壅，滯也。"苟得於道，按：道，謂天道。按《莊子·天道》："天道運而无所積，故萬物成；帝道運而无所積，故天下歸；聖道運而无所積，故海內服。"无自而不可；按：无自而不可，謂无不可。《莊子·應帝王》："汝游心於淡，合氣於漠，順物自然而无容私焉，而天下治矣。"失焉者，按：失焉，謂泥古不化。无自而可。"孔子不出三月，復見曰："丘得之矣。烏鵲孺，李頤曰："孺，孚乳而生也。"按：孚，孵也，謂卵生。魚傅沫，司馬彪曰："傅沫者，以沫相育也。"按：以沫相育，謂魚類體外受精而生。細要者化，按：要，腰也。細腰者，謂蜂類昆蟲。蜂類由幼蟲變化而來，故曰"化"。有弟而兄啼。郭象曰："言人之性舍長而親幼，故啼也。"久矣，夫丘不與化爲人！按：化，謂造化。《莊子·大宗師》："彼方且與造物者爲人，而游乎天地之一氣。"不與化爲人，安能化人。"按：不與化爲人，猶守株待兔，以先王之典治當世之民。老子曰："可，丘得之矣！"

小　結

　　天地運轉，世道變遷，先王的禮樂已成陳迹。儒者固守禮樂，宣揚仁義，无異於守株待兔，必然徒勞无功。聖人應該效法天地，使天下忘己，各安其性命之情。在第二章中，黃帝張咸池之樂一段，是中國文學史上第一次描述音樂的經典文章。咸池之樂，內含人樂、地樂和天樂。人樂，指天子之樂，即先王的禮樂；地樂，指大地和暢之氣，即風聲；天樂，指无聲之樂，任萬物自鳴。天樂與天籟不同。天樂，乃鳥鳴蟲吟，是无心而發；天籟，乃諸子物論，是有心而發。天子之樂盛大，且歷代不同，讓人害怕，且無所適從；大地之樂，飄忽不定，讓人無法企及；唯天樂无聲，任萬物自鳴，使天下各安性命之情。

刻　意

　　《刻意》篇大旨講：虚无恬淡，乃合天德。本篇結構散亂，可分爲三章：第一章講：世人心有所好，不合天地之道；第二章講：聖人去知與故，動静循天之理；第三章講：真人能體純素，與天地精神往來。

一

　　刻意尚行，司馬彪曰："刻，削也，峻其意也。"按：刻，謂自律。《韓非子·安危》："人主不自刻以堯，而責人臣以子胥。"**離世異俗，高論怨誹，**李頤曰："非世無道，怨己不遇也。"**爲亢而已矣。**李頤曰："窮高曰亢。"按：《周易·乾卦》："上九，亢龍，有悔。"**此山谷之士，非世之人，**按：《管子·法禁》："拂世以爲行，非上以爲名。常反上之法制，以成群於國者，聖王之禁也。"**枯槁赴淵者之所好也。**按：《楚辭·漁父》："屈原既放，遊於江潭，行吟澤畔，顔色憔悴，形容枯槁。"**語仁義忠信，恭儉推讓，爲修而已矣。**按：修，修己也。《論語·季氏》："子路問君子。子曰：'脩己以敬。'曰：'如斯而已乎？'曰：'脩己以安人。'曰：'如斯而已乎？'曰：'脩己以安百姓。脩己以安百姓，堯、舜其猶病諸。'"**此平世之士，教誨之人，遊居學者之所好也。**按：孔子之徒，出處有時。不得志，則修德就閒。《孟子·盡心上》："古之人，得志，澤加於民；不得志，脩身見于世。窮則獨善其身，達則兼善天下。"**語大功，立大名，禮君臣，正上下，爲治而已矣。**按：《晏子春秋·内篇雜上》篇，晏子曰："夫社稷之臣，能立社稷，别上下之義，使當其理；制百官之序，使得其宜；作爲辭令，可分布于四方。"**此朝廷之士，尊主彊國之人，致功并兼者之所好也。**按：管仲不修小德而成大功。《論語·憲問》："子曰：'管仲相桓公，霸諸侯，一匡天下，民到于今受其賜。微管仲，吾其被髮左衽矣。'"就藪澤，處閒曠，釣魚閒處，无爲而已矣。按：爲，僞也。无爲，謂率性而爲。此江海之士，避世之人，閒暇者之所好也。按：閒暇，謂清心寡欲。《莊子·逍遥遊》記許由曰："鷦鷯巢于深林，不過一枝；偃鼠飲河，不過滿腹。"吹呴呼吸，鍾泰曰："出氣緩者呴，出氣急者吹。"吐故納新，熊經鳥申，成玄英曰："如熊攀樹而自經，類鳥飛空而伸脚。"按：自經，謂自掛於樹。爲壽而已矣。此道引之士，養形之人，彭祖壽考者之所好也。若夫不刻意而高，无仁義而修，无功名而治，无江海而閒，不道引而壽，郭象曰："所謂自然。"无不忘也，无不有也。按：聖人用心若鏡，其來不拒，故曰"无不有"，其去不止，故曰"无不忘"。澹然无極而衆美從之。按：澹然，淡漠，謂心无好惡。衆美，謂萬物。此天地之道，聖人之德也。按：《莊子·應帝王》："汝游心於淡，合氣於漠，順物自然而无容私焉，而天下治矣。"

二

故曰，夫恬惔寂漠，虚无无爲，按：虚无，謂内心虚静。爲，僞也。无爲，謂不愛表現。此天地之平而道德之質也。按：平，和也。天地之平，謂陰陽之氣調和。道德，謂自然之和。故曰，聖人休休焉則平易矣。褚伯秀曰："休休，和樂貌。"按：《尚書·泰誓》："其心休休焉，其如有容。"孔安國曰："其心休休焉樂善。"平易則恬淡矣。按：平易，謂親民。《史記·魯周公世家》："夫政不簡不易，民不有近；平易近民，民必歸之。"平易恬惔，則憂患不能入，邪氣不能襲，故其德全而神不虧。按：《莊子·達生》："壹其性，養其氣，合其德，以通乎物之所造。夫若是者，其天守全，其神无郤，物奚自入焉！"

故曰，聖人之生也天行，其死也物化。静而與陰同德，動而與陽同波。不爲福先，不爲禍始。成玄英曰："夫善爲福先，惡爲禍始。"感而後應，迫而後動，不得已而後起。去知與故，按：知，智謀。故，舊也。去故，謂日新其德。循天之理。按：天，謂自然。故无天災，无物累，无人非，无鬼責。按：責，譴也。无鬼責，謂問心无愧。

其生若浮，按：《莊子·列禦寇》："汎若不繫之舟，虛而敖遊者也。"其死若休。按：休，休息。不思慮，不豫謀。按：豫，先也。光矣而不耀，按：耀，謂閃耀。光耀則不能久。信矣而不期。按：期，必也。《論語·子路》："言必信，行必果，硜硜然，小人哉！"《孟子·離婁下》："孟子曰：'大人者，言不必信，行不必果，惟義所在。'"其寢不夢，其覺无憂。其神純粹，其魂不罷。虛无恬惔，乃合天德。

三

故曰，悲樂者，德之邪；喜怒者，道之過；好惡者，德之失。故心不憂樂，德之至也；按：德，和也。一而不變，静之至也；按：一，恒也。无所於忤，按：忤，逆也。虛之至也；不與物交，惔之至也；按：惔，淡漠。无所於逆，粹之至也。按：逆，迎也。《莊子·應帝王》："至人之用心若鏡，不將不迎，應而不藏，故能勝物而不傷。"故曰，形勞而不休則弊，精用而不已則勞，按：精，和氣也。勞則竭。

水之性，不雜則清，莫動則平；鬱閉而不流，亦不能清；天德之象也。故曰，純粹而不雜，静一而不變，惔而无爲，按：惔，謂內心恬淡。動而以天行，此養神之道也。夫有干越之劍者，司馬彪曰："干，吳也。吳越出善劍也。"柙而藏之，曹礎基曰："柙，通匣。"不敢用也，寶之至也。按：干越之劍，有形之物也；精神，无形之物也。有形之物，當柙而藏之；无形之物，當運而不積。精神四達並流，无所不極，上際於天，下蟠於地，按：蟠，伏也。《法言·問神》："龍蟠于泥。"化育萬物，不可爲象，其名爲同帝。按：帝，謂帝道。《莊子·天道》："天道運而无所積，故萬物成；帝道運而无所積，故天下歸。"

純素之道，唯神是守。按：守神，謂不勞心。《莊子·在宥》："目无所見，耳无所聞，心无所知，女神將守形，形乃長生。"守而勿失，與神爲一。一之精通，按：精，和氣也。精通，謂和氣上通於天。合於天倫。按：人倫，謂父子、君臣。合於天倫，謂以天地爲父母，與天地精神往來。《莊子·達生》："夫形全精復，與天爲一。天地者，萬物之父母也。"野

語有之曰:"衆人重利,廉士重名,賢士尚志,聖人貴精。"按:
精,和氣也。故素也者,謂其无所與雜也;純也者,謂其不虧其神
也。能體純素,謂之真人。按:《莊子·漁父》:"真者,所以受於天,自
然不可易也。"

小　結

　　《刻意》篇行文散亂,但主旨明確,多精妙之論。本篇分三個精神層次:
世人境界、聖人境界和真人境界。世人心有所好,違逆天地之道;聖人平易
恬淡,不用心知,不守故常,動静皆合乎自然之道。真人内心虛静,唯神是
守,終與天地精神往來。

繕　性

　　《繕性》篇講：世道日衰，人喪其性。本篇可分爲三章：第一章講：知與恬交相養，可修復人之本性；第二章講：世與道交相喪，人性无緣復其初；第三章講：聖人窮困隱伏，世人喪己於物，失性於俗。

一

　　繕性於俗，鍾泰曰："繕，謂補繕。性本無缺，有復之而已，何須於補？"按：俗，謂禮樂。《莊子·漁父》："禮者，世俗之所爲也；真者，所以受於天也。"繕性於俗，謂用禮樂彌補人性之缺。**俗學以求復其初；**按：俗學，謂仁義禮樂。《孟子·告子上》："孟子曰：'仁，人心也；義，人路也。舍其路而弗由，放其心而不知求，哀哉！人有雞犬放，則知求之；有放心，而不知求。學問之道無他，求其放心而已矣。'"**滑欲於俗，**陸德明曰："滑，亂也。"按：欲，求也。滑欲於俗，謂耽於禮樂。**思以求致其明；**按：明，謂明本性。《孟子·告子上》："惻隱之心，仁也；羞惡之心，義也；恭敬之心，禮也；是非之心，智也。仁義禮智，非由外鑠我也，我固有之也，弗思耳矣。"**謂之蔽蒙之民。**

　　古之治道者，以恬養知。按：恬，淡也，謂少私寡欲。知者，爭之器也。寡欲則不爭，不爭則无所用其知，故曰"以恬養知"。**知生而无以知爲也，**按：无以知爲，謂緣於不得已。《莊子·刻意》："不爲福先，不爲禍始。感而後應，迫而後動，不得已而後起。去知與故，循天之理。"**謂之以知養恬。知與恬交相養，而和理出其性。**鍾泰曰："和，出於恬；理，出於知也。"**夫德，和也；**按：和，謂調和其心。《莊子·人間世》："使之和豫，通而不失於兑。使日夜无郤，而與物爲春。"**道，理也。**按：道，路也。理，治也，謂清理道路。《孟子·盡心下》："孟子謂高子曰：'山徑之蹊間，介然用之而成路。爲閒不用，則茅塞之矣。今茅塞子之心矣。'"**德无不容，仁也**；按：仁，謂推己及人。《論語·雍也》："夫仁者，己欲立而立人，己欲達而達人。"**道无不理，義也**；按：義，宜也。《孟子·離婁上》："仁，人之安宅也；義，人之正路也。曠安宅而弗居，舍正路而不由，哀哉！"**義明而物親，忠也**；按：物，事也。物親，謂事必躬親。忠，謂盡職。《左傳·莊公十年》記曹劌論戰："公曰：小大之獄，雖不能察，必以情。對曰：忠之屬也。"**中純實而反乎情，樂也**；按：中，心也。反，謂物我相感。《禮記·樂記》："樂者，音之所由生也，其本在人心之感於物也。是故其哀心感者，其聲噍以殺；其樂心感者，其聲嘽以緩。"**信行容體而順乎文，禮也**。按：信行，謂忠信之行。容體，謂禮容。順乎文，謂喪其質也。《論語·雍也》："子曰：'質勝文則野，文勝質則史。文質彬彬，然後君子。'"**禮樂徧行**，按：禮樂徧行，謂徒具其文。《論語·陽貨》："子曰：禮云禮云，玉帛云乎哉？樂云樂云，鍾鼓云乎哉？"**則天下亂矣**。按：天下亂，謂真僞莫辨。**彼正而蒙己德**，林希逸曰："蒙，晦也。德積於己，不自眩露，而彼物自正。"**德則不冒**。按：冒，侵也。《左傳·成公十六年》："侵官，冒也；失官，慢也。"又《國語·周語中》："夫戎狄，冒没輕儳，貪而不讓。其血氣不治，若禽獸焉。"**冒則物必失其性也**。按：冒，謂以禮樂治天下。《莊子·在宥》："故君子不得已而臨蒞天下，莫若无爲。无爲也而後安其性命之情。"

二

古之人，在混芒之中，按：混芒，无知也。**與一世而得澹漠焉**。按：與，謂相與。與一世，謂无親疏之別。澹漠，寡欲也。**當是時也，陰陽和静，鬼神不擾，四時得節，萬物不傷，群生不夭，人雖有知，无所用之，此之謂至一**。按：一，謂物我爲一。《莊子·齊物論》："天地與我並生，而萬物與我爲一。"**當是時也，莫之爲而常自然。逮德下衰，及燧人**、按：《韓非子·五蠹》："民食果蓏蚌蛤，腥臊惡臭而傷害腹胃，民多疾病，有聖人作，鑽燧取火以化腥臊，而民説之，使王天下，號之曰燧人氏。”**伏羲始爲天下**，按：伏羲，又稱包犧氏。《周易·繫辭下》：“古者包犧氏之王天下也，仰則觀象於天，俯則觀法於地，觀鳥獸之文與地之宜，近取諸身，遠取諸物，于是始作八卦，以通神明之德，以類萬物之情。”**是故順而不一**。按：順，謂和順。不一，謂物我有別。**德又下衰，及神農**、按：神農，馴服百草者也。《周易·繫辭下》：“包犧氏没，神農氏作，斲木爲耜，揉木爲耒，耒耨之利，以教天下。”**黄帝始爲天下**，按：黄帝，馴服蠻夷者也。《山海經·大荒北經》：“蚩尤作兵伐黄帝，黄帝乃令應龍攻之冀州之野。”**是故安而不順**。按：安，謂相安无事。《莊子·山木》：“物物而不物於物，則胡可得而累邪！此神農、黄帝之法則也。”物物，謂馴服萬物。神農服物，黄帝服人，皆有悖自然之道。**德又下衰，及唐、虞始爲天下**，按：唐虞，謂堯舜。**興治化之流**，按：治化之源，道；治化之流，謂仁義。**澆淳散朴**，按：澆，通澆，亂也。《淮南子·泰族訓》：“今目悦五色，口嚼滋味，耳淫五聲，七竅交争以害其性，日引邪欲而澆其身。”**離道以善**，按：道，自然也。以，用也。《孟子·盡心上》：“孟子曰：‘舜之居深山之中，與木石居，與鹿豕遊，其所以異於深山之野人者幾希。及其聞一善言，見一善行，若決江河，沛然莫之能禦也。’”**險德以行**，按：險，危也。險德，意謂炫耀其德。《史記·五帝本紀》：“舜耕曆山，曆山之人皆讓畔；漁雷澤，雷澤上人皆讓居；陶河濱，河濱器皆不苦窳。一年而所居成聚，二年成邑，三年成都。”**然後去性而從於心**。按：性，天性也。《莊子·天地》：“若性之自爲，而民不知其所由然。”心，成心也。《莊子·人間世》：“聽止於耳，心止於符。”從於心，謂以己度人也。**心與心識知**，按：識知，謂揣度。《詩·小雅·巧言》：“他人有心，予忖度之。躍躍毚兔，遇犬獲之。”犬，我心；兔，彼心。**而不足以定天下**。按：《莊子·列禦寇》：“凡人心險於山川，難於知天。天猶有春秋冬夏旦暮之期，人者厚貌深情。”**然後附之以文**，按：文，謂禮文。**益之以博**。按：博，謂博學。《論語·雍也》：“子曰：君子博學於文，約之以禮，亦可以弗畔矣夫！”**文滅質**，按：質，謂仁義忠信。《論語·八佾》：“子曰：人而不仁，如禮何？人而不仁，如樂何？”**博溺心**，按：溺心，謂冥頑不靈。《戰國策·魏策三》：“宋人有學者，三年反而名其母。其母曰：‘子學三年，反而名我者何也？’其子曰：‘吾所賢者无過堯、舜，堯、舜名；吾所大者无大天地，天地名。今母賢不過堯、舜，母大不過天地，是以名母也。’”**然後民始惑亂，无以反其性情而復其初**。按：《老子·

五十五章》："含德之厚,比於赤子。"**由是觀之,世喪道矣**,按:《老子·五十三章》:"大道甚夷,而人好徑。"**道喪世矣**,按:道載於純素之心。今民心澆薄,道失其所,故曰"道喪世"。**世與道交相喪也。**

三

道之人何由興乎世,按:道之人,謂純素之人。**世亦何由興乎道哉!** 按:无素樸之人,世人亦不知所歸。**道无以興乎世,世无以興乎道,雖聖人不在山林之中,其德隱矣。隱,故不自隱。**成玄英曰:"時逢昏亂,故聖道不行,豈是韜光自隱其德邪?"**古之所謂隱士者,非伏其身而弗見也,非閉其言而不出也,非藏其知而不發也,時命大謬也。**按:謬,乖也。《列子·説符》:"凡得時者昌,失時者亡。子道與吾同,而功與吾异,失時者也,非行之謬也。"**當時命而大行乎天下**,郭象曰:"此澹漠之時也。"**則反一无迹**;按:一,道也。无迹,謂无名。《莊子·天地》:"大聖之治天下也,摇蕩民心,使之成教易俗,舉滅其賊心而皆進其獨志。若性之自爲,而民不知其所由然。"**不當時命而大窮乎天下,則深根寧極而待。**按:深根寧極,謂静觀其變。《老子·十六章》:"致虚極,守静篤。萬物並作,吾以觀復。夫物芸芸,各復歸其根。歸根曰静,是曰復命。復命曰常,知常曰明。不知常,妄作凶。"**此存身之道也。**

古之行身者,林希逸曰:"存,不用之時也;行,用之時也。"**不以辯飾知**,按:辯,巧言也。飾,誇飾。《莊子·秋水》篇公孫龍曰:"合同异,離堅白;然不然,可不可;困百家之知,窮衆口之辯。"**不以知窮天下**,按:窮,謂逼迫。《荀子·堯問》:"君子力如牛,不與牛爭力;走如馬,不與馬爭走;知如士,不與士爭知。"**不以知窮德**,按:德,和也。窮德,謂迫德外露。《莊子·刻意》:"平者,水停之盛也。其可以爲法也,内保之而外不蕩也。德者,成和之脩也。德不形者,物不能離也。"**危然處其所而反其性已**,按:危然,慎貌。反其性,謂自察其性之正否。**又何爲哉!**

道固不小行,德固不小識。按:《論語·微子》:"齊景公待孔子,曰:'若季氏則吾不能,以季、孟之閒待之。'曰:'吾老矣,不能用也。'孔子行。"**小識傷德,小行傷道。故曰:正己而已矣。**按:正,謂不屈。

《孔子家語·在厄》：“子貢曰：‘夫子之道至大，故天下莫能容。夫子盍少貶焉。’子曰：‘賜！良農能稼，不必能穡；良工能巧，不能爲順。君子能脩其道，綱而紀之，不必其能容。今不脩其道，而求其容，賜，爾志不廣矣！思不遠矣！’”樂全之謂得志。按：全，謂德全。《莊子·天地》：“天下之非譽，无益損焉，是謂全德之人哉！”

古之所謂得志者，非軒冕之謂也，謂其无以益其樂而已矣。按：《孟子·盡心上》：“孟子曰：‘君子有三樂，而王天下不與存焉。父母俱存，兄弟無故，一樂也。仰不愧於天，俯不怍於人，二樂也。得天下英才而教育之，三樂也。君子有三樂，而王天下不與存焉。’”今之所謂得志者，軒冕之謂也。軒冕在身，非性命也，物之儻來，成玄英曰：“儻者，意外忽來者耳。”寄者也。寄之，其來不可圉，陸德明曰：“圉，本又作禦。”按：禦，迎也。其去不可止。郭象曰：“在外物耳，得失之非我。”按：《孟子·告子上》：“孟子曰：‘人之所貴者，非良貴也。趙孟之所貴，趙孟能賤之。’”故不爲軒冕肆志，按：肆，謂放縱。《淮南子·主術訓》：“窮不易操，通不肆志。”不爲窮約趨俗，按：趨俗，諂也。《論語·學而》：“子貢曰：‘貧而無諂，富而無驕，何如？’子曰：‘可也。未若貧而樂，富而好禮者也。’”其樂彼與此同，郭象曰：“彼此，謂軒冕與窮約。”按：《莊子·讓王》：“古之得道者，窮亦樂，通亦樂，所樂非窮通也。道德於此，則窮通爲寒暑風雨之序矣。”故无憂而已矣！今寄去則不樂。由是觀之，雖樂，未嘗不荒也。按：荒，空也。《莊子·在宥》：“草木不待黃而落，日月之光益以荒矣。”故曰：喪己於物，失性於俗者，謂之倒置之民。崔譔曰：“逆其性命而不順也。”

小　結

俗學，即儒學，講仁義禮樂。世道衰微，人心大亂，儒者試圖用仁義挽救人心，用禮樂匡正亂世。在道家看來，這無異於以火救火，只會惡化問題。爲此，治道者提出“知與恬交相養”的方法，但世間喪道既久，世人迷失本性，已經不可救藥。聖人被忽視，只能静觀時變，獨善其身而已。

秋　水

　　《秋水》篇講：超越有形之物境，相忘於虛无之道術。本篇可分爲四章；第一章講：萬物有形體，大人无成心；第二章講：萬物變化无常，至德謹守其真；第三章講：風无形勝有形，莊子无知勝有知；第四章講：莊子物我兩忘，逍遥於天地之間。

一

　　秋水時至，李頤曰："水生於春，壯於秋。"**百川灌河。**成玄英曰："河，孟津也。"按：孟津，古渡口，在今河南省孟津縣東北。**涇流之大，**陸德明曰："涇，崔本作徑，云：直度曰徑。"**兩涘渚崖之間，**司馬彪曰："水中可居曰渚。"**不辯牛馬。於是焉河伯欣然自喜，以天下之美爲盡在己。順流而東行，至於北海，**按：北海，即今渤海。《史記·河渠書》："至于大陸，播爲九河，同爲逆河，入于勃海。"戰國時，黄河入海口在今天津市東北。**東面而視，不見水端。於是焉河伯始旋其面目，**李勉曰："旋，轉也。瞿然自慚，變其自滿之面目。"**望洋向若而歎曰：**按：望洋，又作望羊，遠眺貌。《晏子春秋·内篇諫上》："晏子朝，杜扃望羊待于朝。"又《孔子家語·辯樂解》篇謂周文王："曠如望羊，奄有四方。"**"野語有之曰：'聞道百以爲莫己若者。'**李頤曰："百，萬分之一也。"**我之謂也。且夫我嘗聞少仲尼之聞，而輕伯夷之義者，**按：伯夷事迹，見《莊子·讓王》篇。**始吾弗信。今我睹子之難窮也，吾非至於子之門則殆矣，吾長見笑於大方之家。"**

　　北海若曰："井鼃不可以語於海者，王引之曰："鼃，本作魚，後人改之也。"按：鼃，同蛙。**拘於虛也；**崔譔曰："拘於井中之空也。"**夏蟲**

不可以語於冰者,篤於時也;王敔曰:"篤,猶專也。"按:《管子·君臣下》:"小民篤於農,則財厚而備足。"曲士不可以語於道者,束於教也。今爾出於崖涘,觀於大海,乃知爾醜,按:醜,陋也,謂見識狹小。爾將可與語大理矣。按:大理,謂大之理。天下之水,莫大於海,萬川歸之,不知何時止而不盈;尾閭泄之,按:尾閭,蓋歸墟。《列子·湯問》:"渤海之東不知幾億萬里,有大壑焉,實惟無底之谷,其下無底,名曰歸墟。八紘九野之水,天漢之流,莫不注之,而無增無減焉。"不知何時已而不虛;春秋不變,水旱不知。此其過江河之流,不可爲量數。王引之曰:"爲,猶以也。"而吾未嘗以此自多者,自以比形於天地,按:比,比照。而受氣於陰陽,吾在於天地之間,猶小石小木之在大山也。方存乎見小,曹礎基曰:"存,察,看到。"又奚以自多!計四海之在天地之間也,不似礨空之在大澤乎?成玄英曰:"礨空,蟻穴也。"計中國之在海內,不似稊米之在大倉乎?成玄英曰:"稊,草似稗而米甚細少也。"號物之數謂之萬,人處一焉;人卒九州,司馬彪曰:"人卒,衆也。"穀食之所生,舟車之所通,人處一焉;此其比萬物也,不似豪末之在於馬體乎?五帝之所連,按:連,謂收拾。《墨子·尚同上》:"譬若絲縷之有紀,罔罟之有綱,所連收天下之百姓不尚同其上者也。"三王之所爭,仁人之所憂,任士之所勞,鍾泰曰:"仁人,指儒家言。任士,指墨家言。"盡此矣!伯夷辭之以爲名,仲尼語之以爲博。此其自多也,不似爾向之自多於水乎?"本節講:物有大小。

河伯曰:"然則吾大天地而小豪末,可乎?"北海若曰:"否。夫物,量无窮,按:量,體量,謂空間。時无止,按,時,謂時間。分无常,按:分,謂名分。《商君書·定分》:"一兔走,百人逐之,非以兔也。夫賣者滿市,而盜不敢取,由名分已定也。故名分未定,堯舜禹湯且皆如鶩焉而逐之;名分已定,貪盜不取。"終始无故。郭象曰:"日新也。"是故大知觀於遠近,按:遠觀見其全體,近觀察其精微。大知觀於遠近,謂致廣大,盡精微也。故小而不寡,按:小,謂體積小之物。寡,謂量少。大而不多:按:大,謂體積大之物。多,謂量大。知量无窮。按:量无窮,謂空間無限。證曏今故,按:證,謂揭示。《論語·子路》:"其父攘羊,而子證之。"鄉,同嚮,對也。故,古也。證鄉今故,謂對照古今之事。**故遥而不悶**,按:遥,遠也,謂往古之事。悶,謂不能釋懷。遥而不悶者,以往古无窮,不能盡知也。**掇而不跂**,按:掇,拾取,謂當今之事。跂,踮足也,自傲之貌。掇而不跂,謂雖察於時變,不自賢。**知時无止**;按:王羲之《蘭亭集序》:"後之視今,亦猶今之視昔,悲夫!"**察乎盈虚,故得而不喜,失而不憂,知分之无常也;明乎坦塗**,成玄英曰:"坦,平也。塗,道也。"按:坦塗,謂物化之大道。**故生而不說,死而不禍,知終始之不可故也。計人之所知,不若其所不知**;郭象曰:"所知各有限也。"**其生之時,不若未生之時**;郭象曰:"生時各有年也。"**以其至小,求窮其至大之域,是故迷亂而不能自得也。**按:《莊子·養生主》:"吾生也有涯,而知也无涯。以有涯隨无涯,殆已!"**由此觀之,又何以知毫末之足以定至細之倪**,林希逸曰:"倪,端也。"**又何以知天地之足以窮至大之域!**本節講:大小皆无窮。

　　河伯曰:"世之議者皆曰:'至精无形,至大不可圍。'成玄英曰:"至廣大者,不可圍繞。"**是信情乎?"**成玄英曰:"情,實也。"**北海若曰:"夫自細視大者不盡,自大視細者不明。夫精**,按:精,細米也。**小之微也;垺,大之殷也**:王敔曰:"垺,音孚,郭也。殷,盛也。"**故異便。**郭象曰:"大小異,故所便不得同。"**此勢之有也。**按:勢之有,謂勢必如此。按:《莊子·逍遥遊》:"今夫斄牛,其大若垂天之雲。此能爲大矣,而不能執鼠。"**夫精粗者,期於有形者也**;按:期,限也。《吕氏春秋·懷寵》:"徵斂无期,求索无厭。"**无形者,數之所不能分也;不可圍者,數之所不能窮也。可以言論者,物之粗也;可以意致者,物之精也;言之所不能論,意之所不能察致者,不期精粗焉。**按:不期精粗,謂不限於精粗。本節講:无形者无精粗。

　　是故大人之行,不出乎害人,按:害,妒也。《史記·屈原賈生列傳》:"上官大夫與之同列,爭寵而心害其能。"**不多仁恩**;按:《列子·説符》:"邯鄲之民以正月之旦獻鳩於簡子,簡子大悦,厚賞之。客問其故。簡子曰:'正旦放生,示有恩也。'客曰:'民知君之欲放之,故競而捕之,死者衆矣。君如欲生之,不若禁民勿捕。捕而放之,恩過不相補矣。'簡子曰:'然。'"**動不爲利**,按:《列子·説符》:"利不與争期,而争及之。"**不賤門**

隸；按：《左傳·定公二年》：“邾莊公與夷射姑飲酒，私出。閽乞肉焉。奪之杖以敲之。”**貨財弗爭，不多辭讓**；按：《論語·憲問》：“義然後取，人不厭其取。”**事焉不借人**，按：借人，謂因人成事。**不多食乎力**，按：食乎力，謂自食其力。**不賤貪污**；按：《列子·力命》記管仲以鮑叔牙爲知己，曰：“吾少窮困時，嘗與鮑叔賈，分財多自與；鮑叔不以我爲貪，知我貧也。”**行殊乎俗**，按：殊，異也。**不多辟異**；按：《禮記·中庸》：“子曰：‘素隱行怪，後世有述焉，吾弗爲之矣。’”**爲在從衆**，按：爲，行爲。**不賤佞諂**；按：佞，謂干進務入。《莊子·漁父》：“莫之顧而進之，謂之佞。”**世之爵禄不足以爲勸，戮恥不足以爲辱**；按：《莊子·逍遥遊》謂宋榮子：“且舉世而譽之而不加勸，舉世而非之而不加沮，定乎内外之分，辯乎榮辱之竟。”**知是非之不可爲分，細大之不可爲倪。聞曰：‘道人不聞**，按：不聞，謂无名也。《老子·四十一章》：“大象無形，道隱無名。”**至德不得**，按：得，謂自得。《老子·三十八章》：“上德不德，是以有德；下德不失德，是以無德。”**大人无己。’**按：无己，謂无成心。**約分之至也。”**按：約，束也。約之至，无約也，謂大人无成心，无拘无束。分之至，无分也，謂大人无偏私，磅礴万物。本節講：大人无成心。

二

河伯曰：“**若物之外，若物之内，惡至而倪貴賤？**按：惡至，謂如何。倪，區分。**惡至而倪小大？”**北海若曰：“**以道觀之，物无貴賤；以物觀之**，按：以物觀之，謂有物我、彼此之分。**自貴而相賤；以俗觀之，貴賤不在己**。按：《孟子·告子上》：“孟子曰：‘人之所貴者，非良貴也。趙孟之所貴，趙孟能賤之。’”**以差觀之**，按：差，別也。差觀，謂區別對待。**因其所大而大之，則萬物莫不大；因其所小而小之，則萬物莫不小。知天地之爲稊米也，知毫末之爲丘山也，則差數覩矣**。按：數，度數也，謂不同尺度。**以功觀之**，鍾泰曰：“功，如今云功用。”**因其所有而有之，則萬物莫不有；因其所无而无之，則萬物莫不无。知東西之相反而不可以相无，則功分定矣**。按：《老子·十一章》：“三十輻共一轂，當其無，有車之用。”**以趣觀**

之,按:趣,謂喜好。因其所然而然之,則萬物莫不然;因其所非而非之,則萬物莫不非。知堯、桀之自然而相非,則趣操覩矣。按:趣,往也;操,守也。趣操,猶取捨。昔者堯、舜讓而帝,之、噲讓而絕;陸德明曰:"之,燕相子之。噲,燕王名也。"按:《史記·燕召公世家》:"鹿毛壽謂燕王:'不如以國讓相子之。人之謂堯賢者,以其讓天下於許由,許由不受,有讓天下之名而實不失天下。今王以國讓於子之,子之必不敢受,是王與堯同行也。'燕王因屬國於子之,子之大重。"湯、武争而王,白公争而滅。陸德明曰:"白公,名勝,楚平王之孫,白縣尹,僭稱公,作亂而死。事見《左傳·哀公十六年》。"由此觀之,争讓之禮,堯、桀之行,貴賤有時,未可以爲常也。梁麗可以衝城,崔譔曰:"梁麗,屋棟也。"而不可以窒穴,言殊器也;騏驥驊騮,李頤曰:"騏驥驊騮,皆駿馬也。"一日而馳千里,捕鼠不如狸狌,言殊技也;鴟鵂夜撮蚤,按:鴟鵂,即貓頭鷹。蚤,即跳蚤。撮,抓。察毫末,晝出瞋目而不見丘山,司馬彪曰:"瞋,張也。"言殊性也。故曰,蓋師是而无非,陸德明曰:"師,順也。"按:无,謂忽略。師治而无亂乎?按:治亂相因,不可不察。《莊子·庚桑楚》:"大亂之本,必生於堯、舜之間,其末存乎千世之後。千世之後,其必有人與人相食者也。"是未明天地之理,按:天地之理,謂自然。萬物之情也。按:《孟子·滕文公上》:"夫物之不齊,物之情也。"是猶師天而无地,師陰而无陽,按:天動而地静,陰静而陽動。其不可行明矣!郭象曰:"天地陰陽,對生也;是非治亂,互有也;將奚去哉?"然且語而不舍,非愚則誣也!宣穎曰:"愚則不知,誣則知而妄言。"帝王殊禪,鍾泰曰:"帝者傳賢,王者傳子。"三代殊繼。按:殊繼,謂有所損益。《論語·爲政》:"子曰:'殷因於夏禮,所損益,可知也;周因於殷禮,所損益,可知也。其或繼周者,雖百世可知也。'"差其時,逆其俗者,謂之篡夫;當其時,順其俗者,謂之義之徒。默默乎河伯!女惡知貴賤之門,小大之家!"本節講:萬物殊性,貴賤无常。

　　河伯曰:"然則我何爲乎?何不爲乎?吾辭受趣舍,按:舍,止也。吾終奈何?"成玄英曰:"奈何,猶如何也。"北海若曰:"以道觀之,何貴何賤,按:以人觀之,高貴低賤;以道觀之,无貴无賤。是謂反衍;按:衍,溢也。反衍,謂盈虧之變。无拘而志,按:河伯之志,謂滔滔東流、就下之志。**與道大蹇。**按：蹇，難也《老子·八章》："上善若水。水善利萬物而不爭，處衆人之所惡，故幾於道。"**何少何多，**按：少多，謂水量多少。**是謂謝施；**司馬彪曰："謝，代也。"按：施，猶行。黄河之水，冬夏則枯，春秋則盛，是謂"謝施"。**无一而行，**按：一，直也。《論語·衛靈公》："子曰：'直哉史魚！邦有道，如矢；邦無道，如矢。君子哉蘧伯玉！邦有道，則仕；邦無道，則可卷而懷之。'"**與道參差。**郭象曰："不能隨變，則不齊於道。"**嚴乎若國之有君，**按：嚴，正也。**其无私德；**按：《莊子·則陽》："四時殊氣，天不賜，故歲成；五官殊職，君不私，故國治。"**繇繇乎若祭之有社，**按：社，謂社樹。繇繇，繁盛貌。《尚書·禹貢》："厥草惟繇，厥木惟條。"**其无私福；**成玄英曰："若衆人之祭社稷，而社稷无私福於人也。"**泛泛乎其若四方之无窮，**成玄英曰："泛泛，普徧之貌。"**其无所畛域。**按：《莊子·列禦寇》："河潤九里，澤及三族。"**兼懷萬物，其孰承翼？**按：承翼，謂覆載萬物。**是謂无方。**按：无方，謂天地。**萬物一齊，孰短孰長？**按：一齊，謂一視同仁。《淮南子·主術訓》："毋小大脩短，各得其宜，則天下一齊，無以相過也。聖人兼而用之，故無棄才。"**道无終始，物有死生，**郭象曰："死生者，无窮之變耳，非終始也。"**不恃其成。**按：其，謂萬物。《莊子·齊物論》："其分也，成也；其成也，毀也。凡物无成與毀，復通爲一。"**一虛一滿，**按：虛、滿，謂氣也。**不位乎其形。**按：位，止也。《莊子·大宗師》："若人之形者，萬化而未始有極也！"**年不可舉，**按：年，歲也。舉，盡也。《管子·牧民》："國多財則遠者來，地辟舉則民留處。"**時不可止。**按：時，謂四季。時不可止，謂四季循環。**消息盈虛，終則有始。是所以語大義之方，**按：大義，謂天地之生殺萬物。《莊子·則陽》："陰陽相照相蓋相治，四時相代相生相殺。"**論萬物之理也。物之生也，若驟若馳。**按：驟，加速跑；馳，匀速跑。**无動而不變，无時而不移。何爲乎，何不爲乎？夫固將自化。"**本節講：物有盛衰，與時俱化。

河伯曰："然則何貴於道邪？"成玄英曰："既任變化之自然，又何貴於道？"**北海若曰："知道者必達於理，**按：理，謂萬物之理。**達於理者必明於權，**按：權，謂萬物之變化。**明於權者不以物害己。至德者，**按：德，和也。《莊子·德充符》："自其同者視之，萬物皆一也。夫若然者，且不知耳目之所宜，而遊心乎德之和。"**火弗能熱，**按：熱，謂內熱。

水弗能溺,寒暑弗能害,禽獸弗能賊。按:賊,謂偷襲。非謂其薄之也,王先謙曰:"薄,猶迫也。"按:薄之,謂赴湯蹈火。言察乎安危,寧於禍福,按:寧,安也,謂心和也。《莊子·達生》:"利害相摩,生火甚多,衆人焚和。"謹於去就,按:去就,謂趨利避害。莫之能害也。故曰,天在內,按:天在內,謂內心恬淡。《莊子·刻意》:"虛无恬惔,乃合天德。"人在外,按:人在外,謂與世俗相處。《莊子·則陽》:"日與物化者,一不化者也。"德在乎天。按:德,和也。天,謂自然。德在乎天,謂與物爲春。知天人之行,按:《莊子·知北遊》:"古之人,外化而內不化,今之人,內化而外不化。與物化者,一不化者也。"本乎天,按:天,謂自然。位乎得;按:得,自得也。《莊子·讓王》:"日出而作,日入而息,逍遙於天地之間而心意自得。"蹢躅而屈伸,成玄英曰:"蹢躅,進退不定貌。"按:蹢躅,謂逍遥徘徊。屈伸,謂閒適貌。《論語·述而》:"子之燕居,申申如也,夭夭如也。"反要而語極。"按:要,精要。語極,謂論天人之際。曰:"何謂天?何謂人?"北海若曰:"牛馬四足,是謂天;落馬首,成玄英曰:"牛鼻可穿,馬首可絡。"穿牛鼻,是謂人。故曰,无以人滅天,按:人,人爲也;天,自然也。以人滅天,謂動心機。无以故滅命,按:故,舊也,謂積習。命,謂天性。《莊子·德充符》:"受命於地,唯松柏獨也在,冬夏青青;受命於天,唯堯、舜獨也正,在萬物之首。"无以得殉名。按:得,謂自適。《莊子·大宗師》:"申徒狄,是役人之役,適人之適,而不自適其適者也。"又《莊子·駢拇》:"小人則以身殉利,士則以身殉名。"謹守而勿失,按:守,謂天性。《莊子·德充符》:"審乎无假而不與物遷,命物之化而守其宗也。"是謂反其真。"按:真,天性也。《莊子·漁父》:"真者,所以受於天也,自然不可易也。"本節講:至德順物,反歸其真。

三

夔憐蚿,按:夔,一足神獸。《山海經·大荒東經》:"東海中有流波山,入海七千里。其上有獸,狀如牛,蒼身而無角,一足,出入水則必風雨,其光如日月,其聲如雷,其名曰夔。黃帝得之,以其皮爲鼓,橛以雷獸之骨,聲聞五百里,以威天下。"憐,羨慕。蚿憐蛇,按:蚿,即馬陸,无脊椎多足蟲。

蛇憐風，風憐目，目憐心。司馬彪曰："夔，一足；蚿，多足；蛇，無足；風，無形；目，形綴於此，明流於彼；心則質幽，爲神遊外。"夔謂蚿曰："吾以一足趻踔而行，成玄英曰："趻踔，跳躑也。"按：一足而跳，必時刻用心，以防摔倒。予无如矣。按：无如，謂无可奈何。今子之使萬足，獨奈何？"蚿曰："不然。子不見夫唾者乎？噴則大者如珠，小者如霧，雜而下者不可勝數也。今予動吾天機，按：動天機，謂不用心知。而不知其所以然。"按：《莊子·刻意》："感而後應，迫而後動，不得已而後起。去知與故，循天之理。"蚿謂蛇曰："吾以衆足行，而不及子之无足，何也？"按：无足，喻无爲而治。《老子·三十七章》："道常無爲而無不爲。侯王若能守之，萬物將自化。"蛇曰："夫天機之所動，何可易邪？按：何可易，謂亦動天機。《莊子·庚桑楚》："行不知所之，居不知所爲，與物委蛇，而同其波。是衛生之經已。"吾安用足哉！"按：《莊子·在宥》："尸居而龍見，淵默而雷聲，神動而天隨，從容无爲而萬物炊累焉。"蛇謂風曰："予動吾脊脅而行，成玄英曰："脅，肋也。"按：蛇行委蛇，順物之象。《莊子·應帝王》："汝游心於淡，合氣於漠，順物自然而无容私焉，而天下治矣。"則有似也。按：似，像也，謂蛇雖无足，而有用足之像。今子蓬蓬然起於北海，按：蓬蓬，盛貌。《詩·小雅·采菽》："維柞之枝，其葉蓬蓬。"蓬蓬然入於南海，而似无有，按：无有，謂无形。何也？"風曰："然，予蓬蓬然起於北海而入於南海也，然而指我則勝我，鰌我亦勝我。宣穎曰："鰌，同蹂，蹴也。"雖然，夫折大木，蜚大屋者，唯我能也。故以衆小不勝爲大勝也。按：小不勝，謂不逆物。大勝，謂畜天下。《莊子·天道》："言以虛静推於天地，通於萬物，此之謂天樂。天樂者，聖人之心，以畜天下也。"爲大勝者，唯聖人能之。"本節講：无形之風，勝有形之物。

孔子遊於匡，宋人圍之數帀，而弦歌不惙。王孝魚曰："惙，趙諫議本作輟。"子路入見，曰："何夫子之娛也？"孔子曰："來，吾語女。我諱窮久矣，成玄英曰："諱，忌也，拒也。"而不免，命也；求通久矣，而不得，時也。當堯、舜而天下无窮人，非知得也；當桀、紂而天下无通人，非知失也：時勢適然。按：適，碰巧。夫水行不避蛟龍者，漁父之勇也；陸行不避兕虎者，獵夫之勇也；白刃交於前,視死若生者,烈士之勇也;郭象曰:“情各有所安。”知窮之有命,按:《論語·堯曰》:“孔子曰:不知命,無以爲君子也。”知通之有時,臨大難而不懼者,聖人之勇也。由處矣!成玄英曰:“處,安息也。”吾命有所制矣!”按:有所制,謂受制於天。无幾何,將甲者進,辭曰:“以爲陽虎也,故圍之;今非也,請辭而退。”本節講:聖人順命,勝世人之勇。

公孫龍問於魏牟曰:司馬彪曰:“龍,趙人;牟,魏之公子。”“龍少學先王之道,長而明仁義之行;按:是謂博學多聞。合同異,離堅白;然不然,可不可;按:顛倒是非,謂知之盛。困百家之知,窮衆口之辯:按:是謂巧辯。吾自以爲至達已。今吾聞莊子之言,汒焉異之。成玄英曰:“汒然怪其奇異。”不知論之不及與?知之弗若與?今吾无所開吾喙,成玄英曰:“喙,口也。”敢問其方。”公子牟隱机大息,仰天而笑曰:“子獨不聞夫埳井之䵷乎?司馬彪曰:“埳井,壞井也。”謂東海之鱉曰:‘吾樂與!吾跳梁乎井幹之上,司馬彪曰:“井幹,井欄也。”按:跳梁,跳躍。入休乎缺甃之崖。陸德明曰:“甃,井壁也。”赴水則接腋持頤,宣穎曰:“水承兩腋;水浮兩頤。”蹶泥則没足滅跗。司馬彪曰:“滅,没也。跗,足跗也。”按:足跗,即脚背。蹶泥,謂跳入泥中。還虷蟹與科斗,司馬彪曰:“還,顧視也。”陸德明曰:“虷,井中赤蟲也。”莫吾能若也。且夫擅一壑之水,陸德明曰:“擅,專也。”而跨跱埳井之樂,按:跱,立也。《淮南子·脩務訓》:“鶴跱而不食。”此亦至矣。夫子奚不時來入觀乎?’東海之鱉左足未入,而右膝已縶矣。按:縶,絆也。於是逡巡而卻,按:逡巡,倒退貌。《莊子·田子方》:“履危石,臨百仞之淵,背逡巡,足而分垂在外。”告之海曰:‘夫千里之遠,不足以舉其大;千仞之高,不足以極其深。禹之時,十年九潦,而水弗爲加益;湯之時,八年七旱,而崖不爲加損。夫不爲頃久推移,成玄英曰:“頃,少時也。久,多時也。推移,變改也。”不以多少進退者,鍾泰曰:“多少,言雨水多少也。”此亦東海之大樂也。’於是埳井之䵷聞之,適適然驚,按:適適然,猶適適然,謂出乎意料。《淮南子·主術訓》:“不用適然之數,而行必然之道。”規規然自失也。按:規,通窺。規規然,膽怯貌。《莊子·庚桑楚》:“若規規然若喪父母,揭竿而求諸海。"且夫知不知是非之竟,按:知不知,謂其智未及。竟,境也。是非之境,謂是非觀念之局限。《莊子·達生》:"忘足,履之適也;忘要,帶之適也;知忘是非,心之適也。"而猶欲觀於莊子之言,是猶使蚊負山,商蚷馳河也,司馬彪曰:"商蚷,蟲名,北燕謂之馬蚿。"必不勝任矣。且夫知不知論極妙之言,按:極妙之言,謂和樂之言,厄言也。而自適一時之利者,按:自適,猶自快。一時,謂辯論之時。《莊子·天下》:"公孫龍辯者之徒,飾人之心,易人之意,能勝人之口,不能服人之心,辯者之囿也。"是非埳井之鼃與?且彼方跐黃泉而登大皇,陸德明曰:"跐,《廣雅》云:'蹋也,蹈也,履也。'"成玄英曰:"大皇,天也。"无南无北,按:天圓地方,地有南北,至於天頂,則无南无北矣。奭然四解,按:奭然,舒暢貌。四解,謂无拘无束。《莊子·刻意》:"精神四達並流,无所不極,上際於天,下蟠於地,化育萬物,不可爲象。"淪於不測;按:淪,喪也。不測,謂道。《莊子·天道》:"夫道,於大不終,於小不遺,故萬物備。廣廣乎其无不容也,淵淵乎其不可測也。"无東无西,始於玄冥,按:玄冥,謂不可知。《莊子·知北遊》:"視之无形,聽之无聲,於人之論者,謂之冥冥,所以論道,而非道也。"反於大通。按:大通,道也。《莊子·大宗師》:"墮肢體,黜聰明,離形去知,同於大通,此謂坐忘。"子乃規規然而求之以察,按:規規然,窺視貌。索之以辯,是直用管闚天,曹礎基曰:"直,但,僅僅。"用錐指地也,不亦小乎? 子往矣! 且子獨不聞夫壽陵餘子之學行於邯鄲與? 司馬彪曰:"壽陵,邑名。未應丁夫,爲餘子。"按:丁夫,謂成年男子。未得國能,按:國,都城。能,技也。國能,謂都城流行之步法。又失其故行矣,直匍匐而歸耳。今子不去,將忘子之故,失子之業。"公孫龍口呿而不合,司馬彪曰:"呿,開也。"舌舉而不下,乃逸而走。成玄英曰:"逸,奔也。"本節講:莊子之无知,勝公孫龍之有知。

四

莊子釣於濮水。按:濮水,水名,在今河南濮陽。楚王使大夫二人往先焉，陸德明曰：“先，謂宣其言也。”曰：“願以境内累矣！”莊子持竿不顧，曰：“吾聞楚有神龜，死已三千歲矣。《史記·龜策列傳》：“神龜出於江水中，廬江郡常歲時生龜長尺二寸者二十枚輸太卜官，太卜官因以吉日剔取其腹下甲。龜千歲乃滿尺二寸。王者發軍行將，必鑽龜廟堂之上，以決吉凶。今高廟中有龜室，藏内以爲神寶。”王巾笥而藏之廟堂之上。李頤曰：“藏之以笥，覆之以巾。”此龜者，寧其死爲留骨而貴乎？寧其生而曳尾於塗中乎？”二大夫曰：“寧生而曳尾塗中。”莊子曰：“往矣！吾將曳尾於塗中。”本節講：莊周重生，不殉天下。

惠子相梁，按：惠子，即惠施，宋人，莊周好友。莊子往見之。按：莊周心无貴賤，不以窮達易交；惠施貪富貴，忘人情之樂。《莊子·繕性》：“不爲軒冕肆志，不爲窮約趨俗，其樂彼與此同。”或謂惠子曰：“莊子來，欲代子相。”於是惠子恐，按：惠子恐，謂不知莊周之志。搜於國中三日三夜。莊子往見之，曰：“南方有鳥，其名爲鵷鶵，李頤曰：“鵷鶵乃鸞鳳之屬也。”子知之乎？夫鵷鶵，發於南海而飛於北海，非梧桐不止，按：《詩·大雅·卷阿》：“鳳凰鳴矣，于彼高岡。梧桐生矣，于彼朝陽。菶菶萋萋，雝雝喈喈。”鄭箋：“鳳凰之性，非梧桐不棲，非竹實不食。”非練實不食，成玄英曰：“練食，竹實也。”非醴泉不飲。於是鴟得腐鼠，鵷鶵過之，按：過，訪也。仰而視之曰：‘嚇！’今子欲以子之梁國而嚇我邪？”本節講：莊周寡欲，厭棄富貴。

莊子與惠子遊於濠梁之上。司馬彪曰：“濠，水名也。石絶水曰梁。”莊子曰：“儵魚出遊從容，陸德明曰：“儵，謂白儵魚也。”按：從容，謂无心也。《莊子·在宥》：“神動而天隨，從容无爲而萬物炊累焉。”是魚之樂也。”按：魚之樂，謂相忘乎江湖。《莊子·大宗師》：“魚相造乎水，人相造乎道。相造乎水者，穿池而養給；相造乎道者，无事而生定。故曰：魚相忘乎江湖，人相忘乎道術。”惠子曰：“子非魚，安知魚之樂？”莊子曰：“子非我，安知我不知魚之樂？”惠子曰：“我非子，固不知子矣；子固非魚也，子之不知魚之樂，全矣！”按：惠子割裂道術，有彼此、是非之心，故不見天地之純素，不能與萬物相知。莊子曰：“請循其本。林希逸曰：“循其本者，請反其初也。”子曰‘汝安知魚樂’云者,既已知吾知之而問我。我知之濠上也。"本節講: 莊周无己,倫與物忘。

小　　結

《秋水》篇,前兩章講由"有形"到"无形",後兩章講从"有"到"无"。在河伯與北海若的對話中,先講小大之辯,再把小大推向無窮,最終突破大小,進入无形的世界。《秋水》篇曰:"萬物一齊,孰短孰長?"一般認爲,這就是莊子的"齊物"思想。需要强調的是,一齊,講一視同仁,而不是否認萬物的差異性。第二章接著分析有形之物的缺點,即萬物千變萬化,都不能長久。第三章講"以无制有"之義,有形不如无形,有勇不如无勇,有言不如无言。第四章進一步講"物我兩忘",外忘富貴,内忘嗜欲,最終消解成心,與天地萬物相感通。濠梁之辯是點睛之筆,描述了莊周忘掉成心,神與物遊,逍遥於自然天地。

至　樂

　　《至樂》篇講：擺脱物累、生死，縱浪大化之樂。本篇可分爲四章：第一章講：至樂恬淡，无待於外物；第二章講：至樂順化，无待於死生；第三章講：至樂適性，安於性命之情；第四章講：至樂无己，順從物化之流。

一

　　天下有至樂无有哉？有可以活身者无有哉？今奚爲奚據？奚避奚處？奚就奚去？奚樂奚惡？ 按：《莊子·達生》："聖人藏於天，故莫之能傷也。"

　　夫天下之所尊者，按：尊，崇尚。富貴壽善也；所樂者，身安厚味美服好色音聲也；所下者，貧賤夭惡也；所苦者，身不得安逸，口不得厚味，形不得美服，目不得好色，耳不得音聲。若不得者，則大憂以懼，按：以，猶且。其爲形也亦愚哉！夫富者，苦身疾作，按：疾，急也。多積財而不得盡用，按：《詩·唐風·山有樞》："山有樞，隰有榆。子有衣裳，弗曳弗婁。子有車馬，弗馳弗驅。宛其死矣，他人是愉。"其爲形也亦外矣！夫貴者，按：貴者，謂執政者。夜以繼日，思慮善否，按：善否，謂政令。《左傳·襄公二十五年》："子大叔問政於子産。子産曰：'政如農功，日夜思之，思其始而成其終。朝夕而行之，行無越思，如農之有畔。其過鮮矣。'"其爲形也亦疏矣！人之生也，與憂俱生。壽者惛惛，按：惛惛，謂糊塗。《淮南子·要略》："惛惛然，弗能知也。"久憂不死，何苦也！其爲形也亦遠矣！烈士爲天下見善矣，按：《莊子·秋水》："白刃交于前，視死若生者，烈士之勇也。"未足以活身。吾未知善之誠善邪？誠不善邪？若以爲善矣，不足活身；以爲不善矣，足以活人。故曰："忠諫不聽，蹲循勿争。"林希逸曰："蹲循，與逡巡同。"按：逡巡，謂徘徊不前。《史記·平津侯列傳》謂公孫弘，曰："每朝會議，開陳其端，令人主自擇，不肯面折庭争。"故夫子胥争之以殘其形；按：《史記·吳太伯世家》："吳王聞之，大怒，賜子胥屬鏤之劍以死。將死，曰：'樹吾墓上以梓，令可爲器。抉吾眼置之吳東門，以觀越之滅吳也。'"不争，名亦不成。誠有善无有哉？

今俗之所爲與其所樂，吾又未知樂之果樂邪？果不樂邪？吾觀夫俗之所樂，舉群趣者，郭象曰："舉群趣其所樂，乃不避死也。"誙誙然如將不得已，鍾泰曰："誙誙，同硜硜，堅定而不移也。"而皆曰樂者，吾未之樂也，按：《莊子·徐无鬼》："盈者欲，長好惡，則性命之情病矣。"亦未之不樂也。果有樂无有哉？吾以无爲誠樂矣，按：爲，對也。无爲，猶无待，謂无待於外物。无爲之樂，謂恬淡自然，自得之樂。又俗之所大苦也。故曰："至樂无樂，按：至樂，謂恬淡。《莊子·刻意》："平易則恬淡矣。平易恬惔，則憂患不能入。"至譽无譽。"按：无譽，謂心无榮辱。

天下是非果未可定也。雖然，无爲可以定是非。按：爲，對也。无爲，謂无所偏向。《論語·顔淵》："子曰：'片言可以折獄者，其由也與？'"至樂活身，按：至樂，謂恬淡之樂。唯无爲幾存。按：爲，對也。无爲，猶无待。《莊子·田子方》："萬物亦然，有待也而死，有待也而生。"又《莊子·逍遥游》："若夫乘天地之正，而御六氣之辯，以遊无窮者，彼且惡乎待哉！"請嘗試言之：天无爲以之清，地无爲以之寧。故兩无爲相合，按：相合，謂天地之氣調和。萬物皆化。王叔岷曰："《闕誤》引江南古藏本，化下有生字，當據補。"按：化生，謂各自爲種，自然繁衍。芒乎芴乎，郭慶藩曰："芴芒，即忽荒也。"而无從出乎！按：无從出，謂天地无産門。芴乎芒乎，而无有象乎！按：无有象，謂天地无孕象。《老子·六章》："谷神不死，是謂玄牝。玄牝之門，是謂天地根。綿綿若存，用之不勤。"玄，謂无象也。萬物職職，按：職，主也。職職，謂各司其職，无待於官。《左傳·昭公二十九年》："夫物，物有其官，官修其方，朝夕思之。一日失職，則死及之。失官不食。官宿其業，其物乃至。若泯棄之，物乃坻伏，鬱湮不育。"皆從无爲殖。按：无爲殖，謂萬物自我繁衍。故曰："天地无爲也而无不爲也。"按：天地无爲，謂天地不仁，无所偏愛。无不爲，謂萬物化生。**人也孰能得无爲哉！**按：无爲，謂无爲而治。《論語·泰伯》：“巍巍乎，舜、禹之有天下也而不與焉！”不與，謂不相關。

二

莊子妻死，惠子弔之，莊子則方箕踞鼓盆而歌。成玄英曰：“盆，瓦缶也。”鍾泰曰：“箕踞，今所謂盤膝而坐，因兩膝張開如箕然，故謂之箕踞。”**惠子曰：“與人居，**按：人，謂莊子妻。**長子老身，**按：長，養也。《莊子·達生》：“長而不宰。”長子，謂養育兒女。老身，謂自身衰老。**死不哭亦足矣，又鼓盆而歌，不亦甚乎！”莊子曰：“不然。是其始死也，我獨何能无概然！**司馬彪曰：“概，感也。”按：概，通慨，謂感慨。**察其始而本无生，非徒无生也而本无形，非徒无形也而本无氣。雜乎芒芴之間，變而有氣，氣變而有形，形變而有生。今又變而之死。**按：天地之氣如江河之流，生命如水面之旋渦，隨聚隨散，隨生隨滅。**是相與爲春秋冬夏四時行也。**按：相與，謂死生相與。**人且偃然寢於巨室，**司馬彪曰：“以天地爲室也。”**而我嗷嗷然隨而哭之，**按：嗷嗷，呼號也。《禮記·曲禮上》：“毋側聽，毋嗷應。”鄭玄注：“嗷，號呼之聲也。”**自以爲不通乎命，故止也。”**

支離叔與滑介叔，按：介，界也，謂死生之別。《莊子·田子方》：“四支百體將爲塵垢，而死生終始將爲晝夜，而莫之能滑，而況得喪禍福之所介乎！”**觀於冥伯之丘，崑崙之虛，**按：《山海經·海內西經》：“海內昆侖之虛，在西北，帝之下都。昆侖之虛，方八百里，高萬仞。”**黃帝之所休。**按：黃帝之所休，蓋謂建木。《山海經·海內經》：“有木，青葉紫莖，玄華黃實，名曰建木，百仞無枝，有九欘，下有九枸，其實如麻，其葉如芒，大皡爰過，黃帝所爲。”**俄而柳生其左肘，**郭嵩燾曰：“柳，瘤字，一聲之轉。”**其意蹶蹶然惡之。**成玄英曰：“蹶蹶，驚動貌。”**支離叔曰：“子惡之乎？”滑介叔曰：“亡，**成玄英曰：“亡，無也。”**予何惡！生者，假借也。**按：假借，謂非自有也。《莊子·知北遊》：“生非汝有，是天地之委和也；性命非汝有，是天地之委順也；子孫非汝有，是天地之委蛻也。”**假之而生生者，塵垢也。死生爲晝夜。且吾與子觀化而化及我，**林希逸曰：“化及我者,言我將隨造物而變化。"**我又何惡焉!**"按:陶淵明《形影神·神釋》:"縱浪大化中,不喜亦不懼,應盡便須盡,无復獨多慮。"

莊子之楚,見空髑髏,成玄英曰:"空骨無肉。"**髐然有形。**司馬彪曰:"髐,白骨貌。"**撽以馬捶,**陸德明曰:"撽,旁擊也。馬捶,馬杖也。"按:撽,猶敲。**因而問之,曰:"夫子貪生失理,**按:《淮南子·氾論訓》:"楚人有乘船而遇大風者,波至而自投於水。非不貪生而畏死也,惑於恐死而反忘生也。故人之嗜欲,亦猶此也。"**而爲此乎?將子有亡國之事、斧鉞之誅,而爲此乎?將子有不善之行,愧遺父母妻子之醜而爲此乎?將子有凍餒之患,而爲此乎?將子之春秋故及此乎?"**成玄英曰:"春秋,猶年紀也。"**於是語卒,援髑髏,枕而臥。夜半,髑髏見夢曰:"子之談者似辯士,視子所言,皆生人之累也,死則无此矣。子欲聞死之説乎?"莊子曰:"然。"髑髏曰:"死,无君於上,无臣於下;亦无四時之事,從然以天地爲春秋,**陸德明曰:"從然,從容也。"**雖南面王樂,不能過也。"莊子不信,曰:"吾使司命復生子形,爲子骨肉肌膚,反子父母、妻子、閭里、知識,**鍾泰曰:"知識,謂素相知識之人。"**子欲之乎?"髑髏深矉蹙頞曰:**按:矉,通顰,皺眉。蹙,緊也。頞,鼻梁。深矉蹙頞,謂眉頭緊鎖,厭棄貌。《孟子·梁惠王下》:"百姓聞王鐘鼓之聲,管籥之音,舉疾首蹙頞而相告。"**"吾安能棄南面王樂而復爲人閒之勞乎!"**按:人閒,即人間。

<h1 style="text-align:center">三</h1>

顔淵東之齊,孔子有憂色。子貢下席而問曰:按:下席,猶避席。**"小子敢問,回東之齊,夫子有憂色,何邪?"孔子曰:"善哉汝問!昔者管子有言,丘甚善之,曰:'褚小者不可以懷大,**按:褚,裝衣袋。**綆短者不可以汲深。'**按:綆,井繩。**夫若是者,以爲命有所成,**按:命,謂性命。命有所成,謂天資各異。《莊子·達生》:"長於水而安於水,性也;不知吾所以然而然,命也。"**而形有所適也,**按:《莊子·駢拇》:"是故鳧脛雖短,續之則憂;鶴脛雖長,斷之則悲。故性長非所斷,性短非所續,无所去憂也。"**夫不可損益。吾恐回與齊侯言堯、

舜、黄帝之道，而重以燧人、神農之言。彼將内求於己而不得，不得則惑，人惑則死。按：人，謂齊侯。且女獨不聞邪？昔者海鳥止於魯郊，按：《國語·魯語上》：“海鳥曰爰居，止於魯東門之外三日，臧文仲使國人祭之。展禽曰：‘越哉，臧孫之爲政也！夫祀，國之大節也；而節，政之所成也。故慎制祀以爲國典。今無故而加典，非政之宜也。’”魯侯御而觴之于廟，成玄英曰：“御，迎也。”奏九韶以爲樂，具太牢以爲膳。鳥乃眩視憂悲，按：眩，目亂也。《國語·周語下》：“夫樂不過以聽耳，而美不過以觀目。若聽樂而震，觀美而眩，患莫甚焉。”不敢食一臠，不敢飲一杯，三日而死。此以己養養鳥也，非以鳥養養鳥也。夫以鳥養養鳥者，宜栖之深林，按：鳥喜静，故宜栖之深林。遊之壇陸，按：壇陸，猶壇場，謂高平之地。浮之江湖，食之鰌鰍，按：鰌，泥鰌。鰍，白鰷。隨行列而止，按：隨行列而止，謂不失群。委蛇而處。成玄英曰：“逶迤，寬舒自得也。”彼唯人言之惡聞，奚以夫譊譊爲乎！成玄英曰：“譊譊，喧聒也。”按：以，用也。咸池九韶之樂，張之洞庭之野，鳥聞之而飛，獸聞之而走，魚聞之而下入，人卒聞之，相與還而觀之。成玄英曰：“還，繞也。”按：繞，謂環繞。魚處水而生，人處水而死。彼必相與異，其好惡故異也。故先聖不一其能，不同其事。郭象曰“各隨其情”。按：《淮南子·齊俗訓》：“故伊尹之興土功也，脩脛者使之跖鑺，强脊者使之負土，眇者使之準，傴者使之塗，各有所宜，而人性齊矣。”名止於實，按：名，名號。實，事功。顔回以堯舜之道，説不肖之君，徒能立名，而不能建功。義設於適，按：義，謂君臣之義。適，合也，謂君臣相得。顔回欲盡君臣之義，而齊侯非其人。是之謂條達而福持。”錢穆曰：“福，當借作‘輻’。《老子》曰‘三十輻共一轂’，輻持，猶言輻湊。由外言之曰‘條達’，由中言之曰‘輻持’。”按：條達，謂三十輻直指，喻臣道；輻持，謂轂持三十輻，喻君道。條達而輻持，謂君臣相得，各盡其道。

四

　　列子行，食於道從，司馬彪曰：“從，道旁也。”見百歲髑髏，攓蓬而指之曰：司馬彪曰：“攓，拔也。”“唯予與汝知而未嘗死，未嘗生也。若果養乎？俞樾："養，讀爲恙。《爾雅·釋詁》：恙，憂也。"按：憂，謂野死不葬。予果歡乎？"

種有幾？按：種，謂萬物之種。幾，謂多少。種有幾，謂物種非多，雖所遇而變化。得水則爲㡭，成玄英曰："潤氣生物，從无生有，故更相繼續也。"按：《管子·水地》："水者，地之血氣，如筋脈之通流者也。"又曰："水者何也？萬物之本原也，諸生之宗室也，美惡、賢不肖、愚俊之所産也。"得水土之際則爲䵷蠙之衣。成玄英曰："䵷蠙之衣，青苔也，在水中若張綿，俗謂之蝦蟆衣也。"生於陵屯則爲陵舄，司馬彪曰："屯，阜也。言物因水成而陸産，生於陵屯，化爲車前，改名陵舄也。"按：車前，即車前草。陵舄得鬱棲則爲烏足，李頤曰："鬱棲，糞壤也。言陵舄在糞化爲烏足也。"烏足之根爲蠐螬，《太平御覽》引司馬彪曰："烏足，草名，生水邊。蠐螬，蟲也。"其葉爲胡蝶。司馬彪曰："胡蝶，蛺蝶也。草化爲蟲，蟲化爲草，未始有極。"胡蝶胥也化而爲蟲，郭嵩燾曰："胥也云者，謂互相化也。"生於竈下，司馬彪曰："得熱氣而生也。"其狀若脫，司馬彪曰："脫，新出皮悅好也。"其名爲鴝掇。成玄英曰："鴝掇，蟲名。"鴝掇千日爲鳥，其名爲乾餘骨。乾餘骨之沫爲斯彌，李頤曰："斯彌，蟲也。"斯彌爲食醯。成玄英曰："酢甕中蠛蠓，亦爲醯雞。"頤輅生乎食醯，司馬彪曰："頤輅、黃軦，皆蟲名。"黃軦生乎九猷，李頤曰："久，老也。猷，蟲名也。"瞀芮生乎腐蠸。成玄英曰："瞀芮，蟲名。腐蠸，螢火蟲也。"羊奚比乎不箰，司馬彪曰："羊奚，草名，根似蕪菁，與久竹比合而爲物，皆生於非類也。"久竹生青寧，司馬彪曰："青寧，蟲名。"青寧生程，成玄英曰："程，亦蟲名。"程生馬，成玄英曰："未詳所據。"馬生人，鍾泰曰："人食馬乳以生也。要之，此生字，非生産之生。"人又反入於機。按：機，謂天均之機。《莊子·寓言》："萬物皆種也，以不同形相禪，始終若環，莫得其輪，是謂天鈞。"萬物皆出於機，皆入於機。按：《莊子·知北遊》："有乎生，有乎死，有乎出，有乎入。入出而无見其形，是謂天門。"

小　結

《至樂》篇講无爲之樂。爲字，有"面對面"之義。《説文》云："𢎿，母猴也。”甲骨文破譯後，“爲”字并不作母猴之形。羅振玉云：“，爲字，古金文石鼓文並作。從爪，從象。絶不見母猴之狀。卜辭作手牽象形。”以手執象，本義是“展示形象”，後寫作爲“僞”字。僞，即刻意呈現某一形象。猶見字，有展示和看見兩義。爲字，亦有“示象”和“取象”兩義。取象，即當面抓住對方形象。爲字的“當面取象”之義，可在早期典籍中得到廣泛印證。《論語·述而》：“子在齊，聞《韶》，三月不知肉味，曰：不圖爲樂之至於斯也！”《孟子·盡心上》：“故觀於海者難爲水，游於聖人之門者難爲言。”爲樂、爲水、爲言，皆用其“當面取象”之義。又《漢書·韓安國傳》：“長公主具以告太后，太后喜曰：‘爲帝言之。’”《韓非子·外儲説右上》：“太子怒，入爲王，泣。”爲，則用其“面見”之義。可見，无爲，猶无待，謂超越外物，擺脱相對性存在。无爲之樂，意謂内心恬淡的自得之樂。

達　生

　　《達生》篇講：養生以輔天性爲宗旨。本篇可分三章：第一章講：養形守氣，以輔天性；第二章講：養生要内重外輕；第三章講：養生要順物之性。

一

　　達生之情者，按：情，實也。《莊子·大宗師》：“死生，命也，其有夜旦之常，天也。人之有所不得與，皆物之情也。”不務生之所无以爲；按：无以爲者，謂長生久視。達命之情者，不務知之所无奈何。按：命，時命。《莊子·德充符》：“死生、存亡、窮達、貧富、賢與不肖、毀譽、飢渴、寒暑，是事之變，命之行也。日夜相代乎前，而知不能規乎其始者也。”養形必先之以物，物有餘而形不養者有之矣；按：形不養，謂縱欲。有生必先无離形，形不離而生亡者有之矣。按：生亡，謂精魂去。《左傳·昭公二十五年》：“宋公享昭子，賦《新宮》。昭子賦《車轄》。明日宴，飲酒，樂，宋公使昭子右坐，語相泣也。樂祁佐，退而告人曰：‘今兹君與叔孫其皆死乎？吾聞之：“哀樂而樂哀，皆喪心也。”心之精爽，是謂魂魄。魂魄去之，何以能久？’”生之來不能卻，其去不能止。悲夫！世之人以爲養形足以存生；按：《莊子·刻意》：“吹呴呼吸，吐故納新，熊經鳥申，爲壽而已矣。此道引之士，養形之人，彭祖壽考者之所好也。”而養形果不足以存生，則世奚足爲哉！按：生且不存，遑論世事。《莊子·讓王》：“道之真以治身，其緒餘以爲國家，其土苴以治天下。”雖不足爲而不可不爲者，其爲不免矣！按：不免，以其有身也。《老子·十三章》：“吾所以有大患者，爲吾有身，及吾無身，吾有何患？”夫欲免爲形者，莫如棄世。胡文英曰：“棄世，不以世事爲務。”棄世則无累，按：无累，謂形不勞。**无累則正平**，按：正平，謂心氣平和。《管子·心術下》："凡民之生也，必以正平；所以失之者，必以喜樂哀怒。"**正平則與彼更生**，郭象曰："更生者，日新之謂也。"按：彼，謂外物。《莊子·德充符》："使日夜无郤，而與物爲春，是接而生時於心也。"**更生則幾矣！**成玄英曰："幾，盡也。"按：與物爲春，則物我兩全，故曰"幾矣"。**事奚足棄而生奚足遺？棄事則形不勞，遺生則精不虧**。按：遺生，謂不益生。《莊子·德充符》："常因自然而不益生也。"精，謂精氣。《莊子·刻意》："形勞而不休則弊，精用而不已則勞，勞則竭。"**夫形全精復**，按：復，歸也。《莊子·在宥》："必靜必清，无勞女形，无搖女精，乃可以長生。"**與天爲一**。按：與天爲一，謂清靜無爲。《莊子·刻意》："純粹而不雜，靜一而不變，惔而无爲，動而以天行，此養神之道也。"**天地者，萬物之父母也**。按：《莊子·至樂》："天无爲以之清，地无爲以之寧。故兩无爲相合，萬物皆化生。"**合則成體，散則成始**。按：萬物之始，氣也。《莊子·知北遊》："人之生，氣之聚也。聚則爲生，散則爲死。"**形精不虧，是謂能移**。按：移，謂物化。《莊子·知北遊》："今彼神明至精，與彼百化，物已死生方圓，莫知其根也。"**精而又精，反以相天**。按：天，謂天性。

　　子列子問關尹曰："至人潛行不窒，按：潛行，謂水下憋氣而行。《晏子春秋·內篇諫下》篇古冶子曰："吾嘗從君濟于河，黿銜左驂以入砥柱之流。當是時也，冶少不能游，潛行逆流百步，順流九里，得黿而殺之，左操驂尾，右挈黿頭，鶴躍而出。津人皆曰：'河伯也！'"**蹈火不熱**，按：蹈火，謂救火。《墨子·兼愛中》："昔越王句踐好士之勇，教馴其臣，和合之焚舟失火，試其士曰：'越國之寶盡在此！'越王親自鼓其士而進之。士聞鼓音，破碎亂行，蹈火而死者左右百人有餘。越王擊金而退之。"**行乎萬物之上而不慄**。林雲銘曰："如伯昏無人登高山，履危石，臨百仞之淵是也。"**請問何以至於此？"關尹曰："是純氣之守也**，按：純，不雜也。《莊子·刻意》："平易恬惔，則憂患不能入，邪氣不能襲，故其德全而神不虧。"**非知巧果敢之列**。按：知巧，謂水下換氣之巧。果敢，謂赴湯蹈火之勇。**居，予語女！凡有貌象聲色者，皆物也，物與物何以相遠？**宣穎曰："既亦爲物，何以能遠於物。"**夫奚足以至乎先？**按：先，謂超越。**是色而已**。按：色，謂物色。**則物之造乎不形**，按：造，至也。不形，謂厚德。《莊子·德充符》："德者，成和之脩也。德不形者，物不能離也。"**而**

止乎无所化。按：无所化，謂素樸之性。《莊子·馬蹄》："同乎无知，其德不離；同乎无欲，是謂素樸。素樸而民性得矣。"夫得是而窮之者，按：窮，盡也，謂毫無保留。物焉得而止焉！按：物，謂外物。止，謂滯留於心。陶淵明《飲酒》之五："結廬在人境，而無車馬喧。問君何能爾？心遠地自偏。"彼將處乎不淫之度，按：彼，謂至人。不淫，謂心无所好。而藏乎无端之紀，按：无端，謂外物變化多端。《莊子·德充符》："死生、存亡、窮達、貧富、賢與不肖、毀譽、飢渴、寒暑，是事之變，命之行也。日夜相代乎前，而知不能規乎其始者也。故不足以滑和，不可入於靈府。"藏，謂不與物遷。遊乎萬物之所終始。按：終始，謂死生。萬物之所終始，謂天地。《莊子·德充符》："審乎无假而不與物遷，命物之化而守其宗也。"壹其性，按：壹其性，謂得常性。養其氣，按：氣，謂精氣。合其德，按：合，謂收斂。合其德，猶德不形。以通乎物之所造。按：造，至也。物之所造，道也。《老子·十六章》："致虛極，守靜篤。萬物並作，吾以觀復。夫物芸芸，各復歸其根。歸根曰静，是曰復命。"夫若是者，其天守全，按：天，謂本性。全，謂无損。《莊子·庚桑楚》："性者，生之質也。性之動，謂之爲；爲之僞，謂之失。"其神无郤，按：神无郤，謂不用知。《莊子·刻意》："純素之道，唯神是守。守而勿失，與神爲一。一之精通，合於天倫。"物奚自入焉！按：《莊子·在宥》："慎女內，閉女外，多知爲敗。"夫醉者之墜車，雖疾不死。按：疾，謂車速。骨節與人同而犯害與人異，其神全也。按：神全，謂不用心知，神不外騖。乘亦不知也，墜亦不知也，死生驚懼不入乎其胸中，是故遻物而不慴。按：遻，忤也。慴，懼也。彼得全於酒而猶若是，而況得全於天乎？按：天，謂天性。聖人藏於天，按：藏於天，謂无心以順物。《老子·五章》："天地不仁，以萬物爲芻狗；聖人不仁，以百姓爲芻狗。"故莫之能傷也。按：《莊子·知北遊》："聖人處物不傷物。不傷物者，物亦不能傷也。唯无所傷者，爲能與人相將迎。"復讎者不折鏌干；郭象曰："夫干將鏌鋣，雖與讎爲用，然報讎者不事折之，以其無心。"雖有忮心者，按：忮，忌恨。不怨飄瓦，郭象曰："飄落之瓦，雖復中人，人莫之怨者，由其無情。"是以天下平均。按：天下平均，謂一視同仁。《莊子·徐无鬼》："故无所甚親，无所甚疏，抱德煬和，以順天下。"故无攻戰之亂，无殺戮之刑者，由此道也。成玄英曰：“是知无心之義大矣。”不開人之天，按：人之天，謂有心之天。《尚書·湯誓》：“有夏多罪，天命殛之。”又《尚書·泰誓上》：“商罪貫盈，天命誅之。”天本无心，人假之以行其私，是謂“人之天”。而開天之天。按：天之天，謂无心之天。開天者德生，按：德，謂和氣。《莊子·天地》：“物得以生，謂之德。”開人者賊生。按：賊，謂邪氣。不厭其天，按：厭，足也。天，謂純素之德。不忽於人，宣穎曰：“常依天理，慎防人心。”民幾乎以其真。”按：真，謂素樸天性。《莊子·大宗師》：“其一與天爲徒，其不一與人爲徒，天與人不相勝也，是之謂真人。”

二

　　仲尼適楚，出於林中，按：出於，謂途經。見痀僂者承蜩，鍾泰曰：“承蜩，竿頭著膠以黐蜩也。不曰黐而曰承者，承者自下而接上之辭。”按：黐，木膠。猶掇之也。成玄英曰：“掇，拾也。”仲尼曰：“子巧乎，有道邪？”按：道，謂道術。曰：“我有道也。五六月累丸二而不墜，郭象曰：“累二丸於竿頭，是用手之停審也。”則失者錙銖；成玄英曰：“所失不多。”累三而不墜，則失者十一；累五而不墜，猶掇之也。吾處身也，若厥株拘；按：厥，其也。株，樹椿。拘，拳曲。吾執臂也，若槁木之枝。雖天地之大，萬物之多，而唯蜩翼之知。吾不反不側，按：不反不側，謂心无旁騖。不以萬物易蜩之翼，何爲而不得！”孔子顧謂弟子曰：“用志不分，乃凝於神。按：凝，静也。凝於神，謂形凝於神，形神相保。其痀僂丈人之謂乎！”按：《莊子·在宥》：“无視无聽，抱神以静，形將自正。”

　　顏淵問仲尼曰：“吾嘗濟乎觴深之淵，成玄英曰：“觴深，淵名也。其狀如杯，因以爲名。”津人操舟若神。按：津人，即擺渡人。吾問焉，曰：‘操舟可學邪？’曰：‘可。善游者數能。嚴復曰：“數能，猶速成也。”按：數，速也。《莊子·天地》：“給數以敏，其性過人。”若乃夫没人，郭象曰：“没人，謂能鶩没於水底。”成玄英曰：“鶩，鴨子也。”則未嘗見舟而便操之也。’吾問焉而不吾告，敢問何謂也？”仲尼曰：“善游者數能，忘水也。按：忘水，謂忘落水之患。若乃夫没人之未嘗見舟而便操之也，按：舟覆之險，有甚於落水。舟覆，則人在舟下，須潛水而出。没人能潛行水底，故不懼舟覆。彼視淵若陵，視舟之覆猶其車卻也。覆卻萬方陳乎前而不得入其舍，成玄英曰：“舍，猶心中也。”惡往而不暇！郭象曰：“所遇皆閒暇也。”以瓦注者巧，成玄英曰：“注，射也。用瓦器賤物而戲賭射者，既心無矜惜，故巧而中也。”以鉤注者憚，按：憚，謂心有忌憚，恐不中也。以黃金注者殙。按：殙，昏也。賭博有勝負，今以黃金下注，期在必勝，是謂利令智昏。其巧一也，而有所矜，按：矜，持也，謂心有所累。則重外也。凡外重者内拙。”

田開之見周威公，威公曰：“吾聞祝腎學生，司馬彪曰：“學生，學養生之道也。”吾子與祝腎游，亦何聞焉？”田開之曰：“開之操拔篲以侍門庭，成玄英曰：“拔篲，掃帚也。”亦何聞於夫子！”威公曰：“田子无讓，寡人願聞之。”開之曰：“聞之夫子曰：‘善養生者，若牧羊然，視其後者而鞭之。’”郭嵩燾曰：“鞭其後，則前者于于然行矣。”威公曰：“何謂也？”田開之曰：“魯有單豹者，巖居而水飲，不與民共利，成玄英曰：“不争名利。”行年七十而猶有嬰兒之色，不幸遇餓虎，餓虎殺而食之。有張毅者，高門縣薄，林雲銘曰：“高門，大家也。縣薄，謂懸帷薄於門首，間閻之小户也。”按：閻，里中門。无不走也，按：走，猶趨，敬也。《吕氏春秋·孝行覽》：“張毅好恭，門閭帷薄聚居衆无不趨，輿隸媟嬪小童无不敬，以定其身。不終其壽，内熱而死。”行年四十而有内熱之病以死。按：《淮南子·人間訓》：“張毅好恭，過官室廊廟必趨，見門閭聚衆必下，厮徒馬圉，皆與伉禮。然不終其壽，内熱而死。”豹養其内而虎食其外，毅養其外而病攻其内。此二子者，皆不鞭其後者也。”仲尼曰：“无入而藏，按：入，謂居家。《論語·子罕》：“出則事公卿，入則事父兄。”入而藏，謂居家不仕。无出而陽，按：出而陽，謂奔走求名。柴立其中央。按：柴，木也，謂形如槁木。柴立中央，謂不出不入，不仕不隱也。三者若得，其名必極。按：名之極，謂无名。夫畏塗者，成玄英曰：“塗，道路也。夫路有劫賊，險難可畏。”十殺一人，則父子兄弟相戒也，必盛卒徒而後敢出焉，不亦知乎！人之所取畏者，衽席之上，陸德明曰：“鄭注《禮記》云：卧席也。”飲食之間，按：衽席之上、飲食之間，謂名利場。而不知爲之戒者,過也!”郭象曰:“十殺一耳,便大畏之;至於色欲之害,動皆至死地而莫不冒之,斯過之甚也。”

祝宗人玄端以臨牢筴,李頤曰:“牢,豕室也。筴,木欄也。”説彘曰:“汝奚惡死! 吾將三月豢汝,司馬彪曰:“豢,養也。”十日戒,三日齊,藉白茅,加汝肩尻乎雕俎之上,按:尻,臀部。則汝爲之乎?”爲彘謀,曰不如食以糠糟而錯之牢筴之中。陸德明曰:“錯,置也。”自爲謀,則苟生有軒冕之尊,死得於腞楯之上,王念孫曰:“腞,讀爲輇,謂載樞車也。楯讀爲輴,亦謂載樞車也。”聚僂之中則爲之。王念孫也:“聚僂,謂樞車飾也。衆飾所聚,故曰聚僂;亦以其形中高而四下,故言僂也。”爲彘謀則去之,自爲謀則取之,所異彘者何也!”按:軒冕,大利也。外重之至,以身殉軒冕。

桓公田於澤,管仲御,見鬼焉。公撫管仲之手曰:“仲父何見?”對曰:“臣无所見。”公反,誒詒爲病,李頤曰:“誒詒,失魂魄也。”數日不出。齊士有皇子告敖者,司馬彪曰:“皇,姓;告敖,字;齊之賢士。”曰:“公則自傷,鬼惡能傷公! 夫忿滀之氣,李頤曰:“忿,滿也。滀,結聚也。”散而不反,則爲不足;上而不下,則使人善怒;下而不上,則使人善忘;不上不下,中身當心,則爲病。”桓公曰:“然則有鬼乎?”曰:“有。沈有履。司馬彪曰:“沈,水汙泥也。履,神名。”竈有髻。司馬彪曰:“髻,竈神,著赤衣,狀如美女。”户内之煩壤,雷霆處之;成玄英曰:“門户内糞壤之中,其間有鬼,名曰雷霆。”東北方之下者,倍阿鮭蠪躍之;司馬彪曰:“倍阿,神名也。鮭蠪,狀如小兒,長一尺四寸,黑衣赤幘大冠,帶劍持戟。”西北方之下者,則泆陽處之。司馬彪曰:“泆陽,豹頭馬尾,一作狗頭。”水有罔象,司馬彪曰:“狀如小兒,赤黑色,赤爪,大耳,長臂。”丘有峷,司馬彪曰:“狀如狗,有角,文身五采。”山有夔,按:《山海經·大荒東經》:“東海中有流波山,入海七千里。其上有獸,狀如牛,蒼身而無角,一足,出入水則必風雨,其光如日月,其聲如雷,其名曰夔。黄帝得之,以其皮爲鼓,橛以雷獸之骨,聲聞五百里,以威天下。”野有彷徨,盧文弨曰:“方皇,今本作彷徨。”司馬彪曰:“方皇,狀如蛇,兩頭,五采文。”澤有委蛇。”公曰:“請問委蛇之狀何如?”皇子曰:“委蛇,其大如轂,其長如轅,紫衣而朱冠。其爲物也,惡聞雷車之聲，鍾泰曰："雷車者，車聲如雷駭也。"按：《山海經·海內東經》："雷澤中有雷神，龍身而人頭，鼓其腹。在吳西。"則捧其首而立。見之者殆乎霸。"桓公輾然而笑曰：李頤曰："輾，大笑貌。""此寡人之所見者也。"於是正衣冠與之坐，不終日而不知病之去也。按：《莊子·刻意》："平易恬惔，則憂患不能入，邪氣不能襲，故其德全而神不虧。"

紀渻子爲王養鬥雞。成玄英曰："姓紀，名渻子。"十日而問："雞已乎？"曰："未也，方虛憍而恃氣。"按：憍，通驕。《大戴禮記·武王踐阼》："戒之憍，憍則逃。"虛憍而恃氣，猶謂虛張聲勢。十日又問，曰："未也，猶應嚮景。"林希逸曰："聞嚮而應，見景而動，則是此心猶爲外物所動也。"按：《太玄·釋》："動于嚮景，不足觀聽也。"應嚮景，謂動靜隨人，心未定。十日又問，曰："未也，猶疾視而盛氣。"按：疾視，謂怒目而視。《孟子·梁惠王下》："夫撫劍疾視，曰：'彼惡敢當我哉！'此匹夫之勇，敵一人者也。"十日又問，曰："幾矣。雞雖有鳴者，已无變矣，按：无變，謂心不動。望之似木雞矣，按：似木雞，謂盛氣消。其德全矣。按：德，和也。德全，謂和氣充盈。異雞无敢應者，反走矣。"按：雞之所鬥者，氣也。木雞虛以待物，異於常雞，故衆雞不敢應而走。

三

孔子觀於呂梁，酈道元《水經注》云："泗水之上有石梁焉，故曰呂梁也。懸濤漰渀，寔爲泗險，孔子所謂魚鼈不能游。"縣水三十仞，流沫四十里，黿鼉魚鼈之所不能游也。見一丈夫游之，以爲有苦而欲死也。按：有苦，謂含冤。《詩·小雅·小明》："心之憂矣，其毒大苦。"使弟子並流而拯之。宣穎曰："並流，沿流行也。"數百步而出，被髮行歌而游於塘下。按：塘，隄也。《淮南子·齊俗訓》："禹遭洪水之患，陂塘之事，故朝死而暮葬。"孔子從而問焉，曰："吾以子爲鬼，察子則人也。請問，蹈水有道乎？"曰："亡，吾无道。吾始乎故，長乎性，成乎命。與齊俱入，司馬彪曰："齊，回水如磨齊也。"按：磨齊，謂磨盤上的孔，糧食從中漏下，進入磨盤中間，被研磨成粉也。與汨偕出，司馬彪曰：“汩，涌波也。”按：《管子·奢靡》：“水，鼎之汩也，人聚之。”從水之道而不爲私焉。郭象曰：“任水而不任己。”此吾所以蹈之也。”孔子曰：“何謂始乎故，長乎性，成乎命？”曰：“吾生於陵而安於陵，故也；宣穎曰：“故，素習也。”長於水而安於水，性也；宣穎曰：“性，生成也。”不知吾所以然而然，命也。”按：命，謂不可易也。

梓慶削木爲鐻，司馬彪曰：“鐻，樂器也，似夾鍾。”鐻成，見者驚猶鬼神。郭象曰：“不似人所作也。”魯侯見而問焉，曰：“子何術以爲焉？”對曰：“臣工人，何術之有！雖然，有一焉。臣將爲鐻，未嘗敢以耗氣也，司馬彪曰：“耗，損也。”按：氣，謂生氣。必齊以静心。齊三日，而不敢懷慶賞爵禄；齊五日，不敢懷非譽巧拙；齊七日，輒然忘吾有四枝形體也。當是時也，无公朝。按：公，謂魯侯。公朝，謂回報魯侯。其巧專而外骨消，成玄英曰：“滑，亂也。專精内巧之心，消除外亂之事。”按：骨，或作滑。然後入山林，觀天性；按：天性，謂木質軟硬、紋理等。形軀至矣，按：形軀，謂木之形。形軀至，謂木形與鐻形相合。然後成見鐻，按：成，謂成鐻見於心。然後加手焉；不然則已。則以天合天，林希逸曰：“以我之自然，合其物之自然，故曰以天合天。”器之所以疑神者，按：《莊子·天地》：“无心得而鬼神服。”其是與！”

東野稷以御見莊公，李頤曰：“東野，姓；稷，名也。”進退中繩，左右旋中規。莊公以爲文弗過也。司馬彪曰：“謂過織組之文也。”按：車迹之美，勝於織組之文。使之鉤百而反。成玄英曰：“任馬旋回，如鉤之曲，百度反之，皆復其跡。”顔闔遇之，入見曰：“稷之馬將敗。”公密而不應。按：密，不作聲。少焉，果敗而反。公曰：“子何以知之？”曰：“其馬力竭矣，而猶求焉，故曰敗。”

工倕旋而蓋規矩，按：旋，謂手指畫圓。蓋，勝也。《莊子·大宗師》：“以善處喪蓋魯國。”蓋規矩，謂勝於規矩。規，唯能畫正圓；矩，唯能畫正方。工倕之勝規矩，所畫无定形也。指與物化而不以心稽，按：物，謂所畫之物。稽，考證。《莊子·天運》：“世疑之，稽於圣人。”指與物化，猶東坡之“隨物賦形”也。規矩有方圓之心，故唯能畫方圓；工倕无成心，故畫无定形。故其靈臺一而不桎。按：靈臺，心也。一，静也。桎，桎梏。

不桎,謂无成心。**忘足,履之適也;忘要,帶之適也;**郭象曰:"百體皆適,則都忘其身也。"**知忘是非,心之適也;**按:心之適,謂和豫也。**不內變,**按:內變,謂心有好惡。**不外從,**按:外從,謂爲外物所牽。**事會之適也;**郭象曰:"所遇而安,故无所變從也。"按:事會,謂事之至。《莊子·刻意》:"感而後應,迫而後動,不得已而後起。去知與故,循天之理。"事會之適,謂无心而應物。**始乎適而未嘗不適者,忘適之適也。**

有孫休者,踵門而詫子扁慶子曰:按:踵門,猶登門。詫,謂問難。**"休居鄉不見謂不脩,**按:脩,善也。《莊子·人間世》:"其君因其修以擠之。"**臨難不見謂不勇。然而田原不遇歲,事君不遇世,賓於鄉里,**宣穎曰:"賓,擯。"按:擯,棄也。**逐於州部,則胡罪乎天哉?**成玄英曰:"有何罪於上天?"**休惡遇此命也?"**按:惡,猶何也。**扁子曰:"子獨不聞夫至人之自行邪?**按:自行,謂不累於物。**忘其肝膽,遺其耳目,芒然彷徨乎塵垢之外,逍遙乎无事之業,**按:業,職業。**是謂爲而不恃,**按:不恃,謂不恃之而生。至人逍遙乎无事之業,雖爲之,而不恃之以生。**長而不宰。**按:長,君也。宰,制也。至人彷徨乎塵垢之外,雖爲萬物之長,而任其自生。**今汝飾知以驚愚,**按:飾知,謂巧辯。《莊子·繕性》:"古之行身者,不以辯飾知,不以知窮天下。"**脩身以明汙,**按:《莊子·人間世》:"而彊以仁義繩墨之言術,暴人之前者,是以人惡有其美也,命之曰菑人。菑人者,人必反菑之。"**昭昭乎若揭日月而行也。**成玄英曰:"昭昭明白,自炫其能。"**汝得全而形軀,具而九竅,无中道夭於聾盲跛蹇而比於人數,亦幸矣,又何暇乎天之怨哉!子往矣!"孫子出,扁子入。坐有閒,仰天而歎。弟子問曰:"先生何爲歎乎?"扁子曰:"向者休來,吾告之以至人之德,吾恐其驚而遂至於惑也。"弟子曰:"不然。孫子之所言是邪?先生之所言非邪?非固不能惑是。**按:《莊子·駢拇》:"夫小惑易方,大惑易性。"**孫子所言非邪?先生所言是邪?彼固惑而來矣,又奚罪焉!"**按:是弟子寬慰之言。**扁子曰:"不然。昔者有鳥止於魯郊,魯君説之,爲具太牢以饗之,奏九韶以樂之。鳥乃始憂悲眩視,不敢飲食。此之謂以己養養鳥也。若夫以鳥養養鳥者,宜棲之深林,浮之江湖,食之以委蛇,**司馬彪曰:"委蛇,泥鰌。"則平陸而已矣。按：平陸，謂遊之平陸。今休，款啓寡聞之民也，李頤曰："款，空也。啓，開也；如空之開，所見小也。"按：款，通窾，謂縫隙。《莊子·養生主》："批大郤，導大窾。"窾，謂骨節間縫隙。吾告以至人之德，譬之若載鼷以車馬，成玄英曰："鼷，小鼠也。"樂鴳以鐘鼓也，彼又惡能无驚乎哉！"

小　結

　　《達生》篇的核心觀點在第一章，後面十幾段故事，都在説明這個道理。莊子認爲，養生的關鍵在於合乎天性。人有生老病死，形體注定無法長久。如果非要養形的話，最好是放棄人間事務，專心保養身體和精神。養神的關鍵在"純氣之守"，即克制欲望，不用心知，以此保養生命的原始精氣。精氣不損，天性不喪，才能長生久視，最終回歸生命之根。

山　木

《山木》篇講：虚己以遊世。本篇可分四章：第一章講：无知无欲，浮游於世；第二章講：无名无實，陸沉於俗；第三章講：无窮无達，樂天知命；第四章講：无美无惡，入鄉隨俗。

一

莊子行於山中，見大木，枝葉盛茂。伐木者止其旁而不取也。問其故，曰："无所可用。"莊子曰："此木以不材得終其天年。"夫子出於山，陸德明曰："夫子，謂莊子也。"舍於故人之家。成玄英曰："舍，息也。"故人喜，命豎子殺雁而烹之。成玄英曰："豎子，童僕也。"郭慶藩曰："雁，鵞也。"豎子請曰："其一能鳴，其一不能鳴，請奚殺？"主人曰："殺不能鳴者。"明日，弟子問於莊子曰："昨日山中之木，以不材得終其天年；今主人之雁，以不材死。先生將何處？"莊子笑曰："周將處乎材與不材之間。材與不材之間，似之而非也，故未免乎累。鍾泰曰："未免乎累者，或以材累，或以不材累，其爲累一也。"若夫乘道德而浮遊則不然。按：道德，謂恬淡之心。《莊子·天道》："夫虚静恬淡寂漠无爲者，天地之平而道德之至也。"乘道德，謂恬淡无爲。《莊子·應帝王》："汝游心於淡，合氣於漠，順物自然而无容私焉。"浮遊，謂漫遊。《莊子·在宥》篇鴻蒙曰："浮游，不知所求；猖狂，不知所往；遊者鞅掌，以觀无妄。朕又何知！"无譽无訾，陸德明曰："訾，毁也。"按：无譽无訾，謂不爲善惡。《莊子·養生主》："爲善无近名，爲惡无近刑，緣督以爲經，可以保身，可以全生，可以養親，可以盡年。"一龍一蛇，與時俱化，按：《莊子·天地》："夫聖人鶉居而鷇食，鳥行而无彰；天下有道，則與物皆昌；天下无道，則修德就閒。"**而无肯專爲**；按：專爲，謂執著。《論語·衛靈公》："子曰：'直哉史魚！邦有道，如矢；邦無道，如矢。君子哉蘧伯玉！邦有道則仕，邦無道則可卷而懷之。'"**一上一下，以和爲量**，按：上下，謂調適。和，謂內心和豫。量，度也。《莊子·德充符》："死生、存亡、窮達、貧富、賢與不肖、毀譽、飢渴、寒暑，是事之變，命之行也。日夜相代乎前，而知不能規乎其始者也。故不足以滑和，不可入於靈府。使之和豫，通而不失於兌。使日夜无郤，而與物爲春，是接而生時於心者也。"**浮遊乎萬物之祖**；按：萬物之父，天也。萬物之祖，道也。浮遊乎萬物之祖，意謂相忘於道術之江湖。《莊子·大宗師》："魚相造乎水，人相造乎道。相造乎水者，穿池而養給；相造乎道者，无事而生定。"**物物而不物於物**，按：物物，猶乘物。不物於物，謂无物累。《莊子·人間世》："且夫乘物以游心，托不得已以養中，至矣。"**則胡可得而累邪！此神農、黃帝之法則也。**按：神農，黃帝之法則，謂无心以應物。《莊子·讓王》："昔者神農之有天下也，時祀盡敬而不祈喜；其於人也，忠信盡治而无求焉。樂與政爲政，樂與治爲治。不以人之壞自成也，不以人之卑自高也，不以遭時自利也。"**若夫萬物之情，人倫之傳**，司馬彪曰："傳，事類可傳行也。"按：傳，謂流俗。《呂氏春秋·季秋紀·順民》："湯達乎鬼神之化、人事之傳也。"**則不然。合則離**，按：合與離，謂人之相交。《莊子·山木》："君子之交淡若水，小人之交甘若醴。君子淡以親，小人甘以絶，彼无故以合者，則无故以離。"**成則毀**；按：成與毀，謂人之相約。**廉則挫**，按：廉，廉正。挫，謂受摧折。**尊則議**，按：尊，謂位高。議，謂遭非議。**有爲則虧**，按：虧，缺失。**賢則謀**，按：謀，謂遭人算計。**不肖則欺**。按：不肖，无才智。欺，謂受欺凌。**胡可得而必乎哉！**按：必，必然。**悲夫，弟子志之，其唯道德之鄉乎！**"按：道德之鄉，謂自然无爲之天地。《莊子·至樂》："天无爲以之清，地无爲以之寧。故兩无爲相合，萬物皆化生。"

　　市南宜僚見魯侯，魯侯有憂色。市南子曰："君有憂色，何也？"魯侯曰："吾學先王之道，脩先君之業；吾敬鬼尊賢，親而行之，无須臾離居。按：離居，謂失職。《詩·小雅·雨無正》："正大夫離居，莫知我勩。"**然不免於患，吾是以憂。"市南子曰："君之除患之術淺矣！夫豐狐文豹**，司馬彪曰："豐，大也。"**棲於山林，伏於巖**

穴,静也;夜行晝居,戒也;雖飢渴隱約,按:隱約,謂窮困。《楚辭·哀時命》:"居處愁以隱約兮,志沈抑而不揚。"猶且胥疏於江湖之上而求食焉,羅勉道曰:"胥,相也。疏,遠也。"按:旦,世德堂本作且,是也。胥疏,謂遠離人群。《詩·小雅·角弓》:"兄弟昏姻,無胥遠矣。"定也;按:定,謂心志堅定。然且不免於罔羅機辟之患,是何罪之有哉? 其皮為之災也。按:《莊子·應帝王》:"虎豹之文來田,猿狙之便執斄之狗來藉。"今魯國獨非君之皮邪? 吾願君刳形去皮,成玄英曰:"刳形,忘身也。去皮,忘國也。"洒心去欲,成玄英曰:"洒心,忘智也。去欲,息貪也。"而遊於无人之野。成玄英曰:"无人之野,謂道德之鄉。"南越有邑焉,名為建德之國。其民愚而朴,按:《論語·陽貨》:"古之愚也直,今之愚也詐而已矣。"少私而寡欲;知作而不知藏,按:藏,謂匿其力。《呂氏春秋·審分覽》:"今以衆地者,公作則遲,有所匿其力也;分地則速,無所匿遲也。"與而不求其報;不知義之所適,按:適,可也。《論語·里仁》:"子曰:'君子之於天下也,无適也,无莫也,義之與比。'"不知禮之所將。成玄英曰:"將,行也。"按:《詩·小雅·何草不黃》:"何草不黃? 何日不行? 何人不將,經營四方。"猖狂妄行,成玄英曰:"猖狂,无心也。妄行,混跡也。"乃蹈乎大方。按:大方,謂大地。《淮南子·俶真訓》:"能戴大員者,履大方;鏡太清者,視大明。"其生可樂,其死可葬。吾願君去國捐俗,與道相輔而行。"君曰:"彼其道遠而險,又有江山,我无舟車,奈何?"市南子曰:"君无形倨,成玄英曰:"勿恃高尊,形容倨傲。"按:《禮記·曲禮上》:"遊毋倨,立毋跛,坐毋箕,寢毋伏。"遊,行也。倨,謂昂首而行,不見足矣。无留居,司馬彪曰:"無留安其居。"以為君車。"按:貴者不徒行。貴者无車不出,久則忘足矣。以為君車,猶謂安步當車。君曰:"彼其道幽遠而无人,按:人,謂逆旅主人。《左傳·僖公三十年》:"若舍鄭以為東道主,行李之往來,共其乏困。"吾誰與為鄰? 吾无糧,我无食,安得而至焉?"市南子曰:"少君之費,按:費,謂用度。寡君之欲,雖无糧而乃足。君其涉於江而浮於海,望之而不見其崖,愈往而不知其所窮。送君者皆自崖而反。按:送君者,謂臣民。君自此遠矣! 故有人者累,郭象曰:"有人者,有之以為己私也。"見有於人者憂。按:見,現也。見

有於人,則人謀之。**故堯非有人**,按:《論語·泰伯》:"子曰:'巍巍乎,
舜、禹之有天下也,而不與焉!'"**非見有於人也**。按:非見有於人,謂
讓賢。**吾願去君之累,除君之憂,而獨與道遊於大莫之國**。鍾
泰曰:"莫,同漠。大莫,猶廣莫也。"**方舟而濟於河**,司馬彪曰:"方,並
也。"**有虛船來觸舟,雖有惼心之人不怒**;陸德明曰:"惼,《爾雅》:
急也。"**有一人在其上,則呼張歙之**;鍾泰曰:"張,今俗所謂撐開;
歙,今俗所謂合攏也。"按:《淮南子·詮言訓》:"有一人在其中,一謂張
之,一謂歙之,再三呼而不應,必以醜聲隨其後。"**一呼而不聞,再呼而
不聞,於是三呼邪,則必以惡聲隨之。向也不怒而今也怒,
向也虛而今也實。人能虛己以遊世**,按:虛己,謂无私。**其孰能
害之!"**

　　北宮奢爲衛靈公賦斂以爲鐘,按:賦斂,謂徵集鑄鐘之銅。**爲
壇乎郭門之外**。鍾泰曰:"壇者,鼓鑄之所。"**三月而成上下之縣**。褚
伯秀曰:"設架縣鐘,上下各六,所謂編鐘也。"**王子慶忌見而問焉**,陸德
明曰:"怪其簡速,故問之。"**曰:"子何術之設?"**按:設,佈置。**奢曰:
"一之間**,按:一,謂純一之心。**无敢設也**。按:設,立也,謂摻雜私心。
奢聞之:'既雕既琢,復歸於朴。'按:雕琢,謂禮樂。朴,謂民心。
《詩·大雅·靈臺》:"經始靈臺,經之營之。庶民攻之,不日成之。經始勿
亟,庶民子來。"民心素朴,則君不急民,而民自疾作。**侗乎其无識**,郭象
曰:"任其純朴而已。"按:其,謂百姓。侗乎,无知貌。《詩·大雅·文王》:
"不識不知,順帝之則。"**儻乎其怠疑**;按:儻,謂无所適從。怠,輕慢。
疑,定也。《詩·大雅·桑柔》:"靡所止疑,云徂何往?"怠疑,猶今語"傻站
著"。**萃乎芒乎**,按:萃,聚也;萃乎,來貌。芒乎,去貌也。《莊子·天
下》:"芒乎何之,忽乎何適。"萃乎芒乎,謂百姓之往來。**其送往而迎來;
來者勿禁,往者勿止**;按:无禁无止,謂用心若鏡。**從其強梁**,陸德明
曰:"梁,多力也。"按:強梁,謂富強之民。從其強梁,謂強者多出力而不禁。
隨其曲傅,按:傅,附也,謂依附於人。曲傅,謂貧弱之民。**因其自窮**。
郭嵩燾曰:"名爲賦斂而聽民之自致,故曰因其自窮。"**故朝夕賦斂而毫
毛不挫**,按:挫,謂傷民。**而況有大塗者乎!"**按:大塗,喻天道。有大
塗,謂使民以時,合自然之道。

二

孔子圍於陳蔡之間，七日不火食。大公任往弔之，成玄英曰："大公，老者稱也。任，名也。"曰："子幾死乎?"曰："然。""子惡死乎?"曰："然。"任曰："予嘗言不死之道。宣穎曰："謂不致犯患而死之道。"東海有鳥焉，其名曰意怠。其爲鳥也，盼盼趚趚，司馬彪曰："盼盼趚趚，舒遲貌。"而似无能；引援而飛，按：引援，謂結伴而飛。迫脅而棲；李頤曰："不敢獨棲，迫脅在群鳥中，纏足容身而宿，辟害之至也。"進不敢爲前，退不敢爲後；食不敢先嘗，必取其緒。王念孫曰："緒者，餘也，言食不敢先嘗，而但取其餘也。"是故其行列不斥，郭象曰："與群俱也。"按：斥，散佈。《左傳·襄公十八年》："晉人使司馬斥山澤之險，雖所不至，必斾而疏陳之。"而外人卒不得害，按：行列緊湊，則相警相保，故人終不能害之。是以免於患。直木先伐，甘井先竭。按：甘井，喻善人。子其意者，按：意，刻意。《莊子·刻意》："刻意尚行，離世異俗。"飾知以驚愚，脩身以明汙，昭昭乎如揭日月而行，司馬彪曰："揭，擔也。"按：《論語·子張》："子貢曰：'君子之過也，如日月之食焉：過也人皆見之，更也人皆仰之。'"故不免也。昔吾聞之大成之人曰：成玄英曰："大成之人，即老子也。"按：《老子·四十五章》："大成若缺，其用不弊。"'自伐者无功，功成者墮，名成者虧。'孰能去功與名而還與眾人！按：《老子·十七章》："悠兮其貴言，功成事遂，百姓皆謂我自然。"道流而不明居，按：《禮記·月令》："可以居高明，可以遠眺望，可以升山陵，可以處臺榭。"明居，謂高明之地。《老子·六十六章》："江海所以能爲百谷王者，以其善下之，故能爲百谷王。"得行而不名處；按：《老子·三十四章》："大道氾兮，其可左右。萬物恃之而生而不辭，功成不名有。"純純常常，按：純，全也。純純，謂德全。常，通裳，藏也。《説文》段注："常，下裙也。《釋名》：'裳，障也，以自障蔽也。'今字裳行而常廢。"常常，謂德不形。乃比於狂；按：比，近也。狂，謂不拘於俗。《莊子·天地》："雖以天下譽之，得其所謂，謷然不顧；以天下非之，失其所謂，儻然不受。天下之非譽，无益損焉，是謂全德之人哉！"削迹捐勢，不爲功名。

是故无責於人，人亦无責焉。至人不聞，_{成玄英曰：“至德之人，不}
_{顯於世。”}子何喜哉！”_{按：喜，謂好名。《論語·衛靈公》：“子曰：‘君子疾}
_{没世而名不稱焉。’”}孔子曰：“善哉！”辭其交遊，去其弟子，逃於
大澤，衣裘褐，食杼栗，入獸不亂群，入鳥不亂行。_{郭象曰：“若草}
_{木之無心，故爲鳥獸所不畏。”}鳥獸不惡，而況人乎！_{按：《列子·黃}
_{帝》：“海上之人有好漚鳥者，每旦之海上，從漚鳥游，漚鳥之至者百住而不}
_{止。其父曰：‘吾聞漚鳥皆從汝游，汝取來，吾玩之。’明日之海上，漚鳥舞而}
_{不下也。”}

孔子問子桑雽曰：_{李頤曰：“桑，姓；雽，其名，隱人也。”}“吾再
逐於魯，伐樹於宋，削迹於衛，窮於商周，圍於陳蔡之間。吾
犯此數患，親交益疏，徒友益散，何與？”子桑雽曰：“子獨不
聞假人之亡與？_{李頤曰：“假，國名。”}林回棄千金之璧，負赤子
而趨。或曰：‘爲其布與？_{郭象曰：“布，謂財帛也。”}赤子之布寡
矣；爲其累與？赤子之累多矣；棄千金之璧，負赤子而趨，何
也？’林回曰：‘彼以利合，此以天屬也。’_{司馬彪曰：“屬，連也。”}
夫以利合者，迫窮禍患害相棄也；以天屬者，迫窮禍患害相
收也。夫相收之與相棄亦遠矣，且君子之交淡若水，小人之
交甘若醴。君子淡以親，小人甘以絕。彼无故以合者，則无
故以離。”孔子曰：“敬聞命矣！”徐行翔佯而歸，_{成玄英曰：“翔}
_{翔閒放，逍遥自得。”}絕學捐書，弟子无挹於前，_{按：挹，通揖。《晏}
_{子春秋·內篇諫下》：“晏子下車挹之。”}其愛益加進。_{按：愛，親也。}
_{師徒以禮相待，故雖敬而不親。}異日，桑雽又曰：“舜之將死真，
_{按：真，身也。《莊子·山木》：“見利而忘其真。”}泠禹曰：_{王引之曰：}
_{“泠，或爲命，又作令。命，猶教也。”}‘汝戒之哉！形莫若緣，_{按：}
_{緣，委曲也。}情莫若率。_{按：率，直率也。}緣則不離，_{按：不離，謂}
_{不離群。}率則不勞。_{按：不勞，謂不勞心。}不離不勞，則不求文
以待形；_{按：待，應也。文，謂禮樂也。求文以待形，謂學禮樂，立身爲}
_{君子。}不求文以待形；固不待物。’”_{按：物，謂外物。以文待物，}
_{謂以禮樂應物。}

三

莊子衣大布而補之，成玄英曰："大布，猶粗布也。"正緳係履而過魏王。李頤曰："履穿，故係。"按：緳，麻帶。履穿，謂无底。《史記·滑稽列傳》："東郭先生久待詔公車，貧困飢寒，衣敝，履不完。行雪中，履有上無下，足盡踐地。道中人笑之，東郭先生應之曰：'誰能履行雪中，令人視之，其上履也，其履下處乃似人足者乎？'"魏王曰："何先生之憊邪？"莊子曰："貧也，非憊也。士有道德不能行，憊也；衣弊履穿，貧也，非憊也，此所謂非遭時也。王獨不見夫騰猿乎？其得柟梓豫章也，鍾泰曰："豫章，今所謂樟樹。柟，今俗作楠。梓，亦名楸。"攬蔓其枝而王長其間，俞樾曰："率其屬居其上而自爲君長也，故曰王長其間。"雖羿、蓬蒙不能眄睨也。李頤曰："眄睨，邪視也。"及其得柘棘枳枸之間也，鍾泰曰："柘，桑屬。棘，似棗樹而小。枳、枸皆橘屬。"危行側視，振動悼慄，此筋骨非有加急而不柔也，按：急，緊也。筋急，謂肢體攣縮之症。《素問·五藏生成篇》："多食辛，則筋急而爪枯。"又《神農本草經·上經》："薏苡仁：味甘，微寒。主筋急，拘攣不可屈伸，風濕痹。"處勢不便，未足以逞其能也。今處昏上亂相之間，成玄英曰："主昏於上，臣亂於下。"而欲无憊，奚可得邪？此比干之見剖心徵也夫！"郭象曰："勢不便而强爲之，則受戮矣。"

孔子窮於陳蔡之間，七日不火食。左據槁木，右擊槁枝，而歌猋氏之風，陸德明曰："猋氏，古之無爲帝王也。"有其具而无其數，宣穎曰："有枝擊木，而无節奏。"有其聲而无宮角。木聲與人聲，犁然有當於人之心。按：犁，雜也。《論語·雍也》："犁牛之子騂且角。"何晏曰："犁，雜文；騂，赤也。"犁然，謂衆聲雜然。顏回端拱還目而窺之。按：還，回也。還目，謂斜視。仲尼恐其廣己而造大也，按：廣，寬也。廣己，謂寬慰孔子。造，作也。造大，謂故作放達。《孔子家語·在厄》記顏回曰："夫子之道至大，天下莫能容。雖然，夫子推而行之，世不我用，有國者之醜也。夫子何病焉？不容，然後見君子。"愛己而造哀也，按：己，謂孔子。造，作也。哀，謂夫子之不遇。曰："回，无受天損易，按：无，不也。天損，謂命運多舛。无受天損，謂樂天知命，安貧樂道。**无受人益難**；按：益，謂助益。无受人益，謂拒絕他人之助益。**无始而非卒也，人與天一也。夫今之歌者其誰乎！**回曰："**敢問无受天損易。**"仲尼曰："**飢渴寒暑，窮桎不行**，郭嵩燾曰："窮桎不行，言飢渴寒暑足以桎梏人，而使不自適。"**天地之行也，運物之泄也**，按：運物者，謂天地。泄，遺漏。運物之泄，謂天道循環，而我獨不得脫困。**言與之偕逝之謂也**。按：與之偕逝，謂不怨天尤人，背離天道。**爲人臣者，不敢去之**。按：《論語·里仁》："子曰：'富與貴，是人之所欲也；不以其道得之，不處也。貧與賤，是人之所惡也；不以其道得之，不去也。'"**執臣之道猶若是，而況乎所以待天乎？**"按：《論語·顏淵》："死生有命，富貴在天。""**何謂无受人益難？**"仲尼曰："**始用四達**，王敔曰："一試用而即通顯。"**爵祿並至而不窮。物之所利，乃非己也**，按：己，謂人臣。**吾命其在外者也**。按：在外者，謂君主。《孟子·告子上》："人之所貴者，非良貴也。趙孟之所貴，趙孟能賤之。"**君子不爲盜，賢人不爲竊，吾若取之，何哉？**按：爵祿出於君主，故君子不盜，賢人不竊。《論語·述而》："子曰：'飯疏食飲水，曲肱而枕之，樂亦在其中矣。不義而富且貴，於我如浮雲。'"**故曰：鳥莫知於鷾鴯**，陸德明曰："鷾鴯，或云燕也。"**目之所不宜處，不給視**，按：給，捷也。《莊子·天地》："給數以敏。"又《莊子·徐无鬼》："敏給搏捷矢。"給視，謂仔細察看。**雖落其實，棄之而走**。成玄英曰："假令銜食落地，急棄而走，必不復收。"**其畏人也，而襲諸人間**。按：襲，謂寄居。《説苑·善説》："襲於窮巷，无所告愬。"**社稷存焉爾！**"按：社稷，謂父母之邦。《論語·微子》："柳下惠爲士師，三黜。人曰：'子未可以去乎？'曰：'直道而事人，焉往而不三黜？枉道而事人，何必去父母之邦？'""**何謂无始而非卒？**"仲尼曰："**化其萬物而不知其禪之者**，按：其，謂天地。化其萬物，謂聖人教化萬物。**焉知其所終？**按：終，謂萬物之所歸。**焉知其所始？**按：萬物始於天，終歸於地。**正而待之而已耳。**"按：正，謂乘天地之正。《莊子·大宗師》："不忘其所始，不求其所終；受而喜之，忘而復之，是之謂不以心捐道，不以人助天。""**何謂人與天一邪？**"仲尼曰："**有人，天也**；按：人，謂聖人，孔子自謂。天也，謂天生聖人。《論語·述而》："子曰：'天生德於予，桓魋其

如予何!'"**有天**,按:有天,謂受天命。**亦天也。**按:亦天,謂天命不可
知。《論語·子罕》:"子畏於匡,曰:'文王既没,文不在兹乎? 天之將喪斯
文也,後死者不得與於斯文也;天之未喪斯文也,匡人其如予何?'"**人之不
能有天**,按:有天,謂知天命。**性也。聖人晏然體逝而終矣!"**按:
晏然,謂安天命也。《論語·公冶長》:"子貢曰:'夫子之文章,可得而聞也;
夫子之言性與天道,不可得而聞也。'"

四

　　莊周遊於雕陵之樊,司馬彪曰:"雕陵,陵名,樊,藩也,謂遊栗園藩
籬之内也。"**覩一異鵲自南方來者。翼廣七尺**,按:翼廣,謂翼展。
目大運寸,成玄英曰:"運,員也。"**感周之顙**,李頤曰:"感,觸也。"**而集
於栗林。莊周曰:"此何鳥哉! 翼殷不逝**,司馬彪曰:"殷,大也。"
王敔曰:"盛大不遠飛。"**目大不覩。"**按:不飛、不覩,謂呆鳥。**蹇裳躩
步**,司馬彪曰:"躩,疾行也。"**執彈而留之。**按:留,候也。**覩一蟬,方
得美蔭而忘其身。螳蜋執翳而搏之**,鍾泰曰:"翳,螳臂,前有鉅齒,
其形有似於舞者所執之翳,故亦名爲翳。"**見得而忘其形;異鵲從而利
之,見利而忘其真。**按:真,謂本性。《莊子·漁父》:"禮者,世俗之所
爲也;真者,所以受於天也,自然不可易也。故聖人法天貴真,不拘於俗。"忘
其真,謂異鵲忘己乃呆鳥也。**莊周怵然曰:"噫! 物固相累,二類相
召也。"**郭象曰:"相爲利者,恒相爲累。"**捐彈而反走,虞人逐而誶
之。**按:誶,唾罵。**莊周反入,三月不庭。**按:庭,直也。不庭,意謂心
情不暢。《詩·大雅·韓奕》:"朕命不易,榦不庭方。"毛傳:"庭,直也。"**藺
且從而問之**:司馬彪曰:"藺且,莊子弟子。"**"夫子何爲頃間甚不庭
乎?"**按:頃間,謂頃刻之間。**莊周曰:"吾守形而忘身,觀於濁水而
迷於清淵。**按:濁水,謂世俗之物。清淵,謂虛静之心。迷於清淵,謂不
能自鑒。**且吾聞諸夫子曰:'入其俗,從其令。'**鍾泰曰:"如古詩曰:
'君子防未然,不處嫌疑間。瓜田不納履,李下不整冠。'栗林所在,必亦有其
禁。今周不知嫌,而蹇裳躩步,致犯虞人之疑,則不明其俗之過也。"**今吾
遊於雕陵而忘吾身,異鵲感吾顙,遊於栗林而忘真。**按:忘真,

謂莊周忘己乃呆人，不通人情世故。《韓非子·説林下》："堯以天下讓許由，許由逃之，舍於家人，家人藏其皮冠。夫棄天下而家人藏其皮冠，是不知許由者也。"栗林虞人以吾爲戮，吾所以不庭也。"

　　陽子之宋，司馬彪曰："陽子，陽朱也。"宿於逆旅。成玄英曰："逆旅，店也。"逆旅人有妾二人，其一人美，其一人惡。惡者貴而美者賤。陽子問其故，逆旅小子對曰：按：小子，謂童僕。"其美者自美，吾不知其美也；其惡者自惡，吾不知其惡也。"按：美惡、是非、賢與不肖，未可定也。《莊子·齊物論》篇王倪曰："毛嬙麗姬，人之所美也；魚見之深入，鳥見之高飛，麋鹿見之決驟，四者孰知天下之正色哉？自我觀之，仁義之端，是非之塗，樊然殽亂，吾惡能知其辯！"陽子曰："弟子記之：行賢而去自賢之行，林希逸曰："有賢者之德而無自矜之行。"安往而不愛哉！"

小　結

　　《山木》篇與《人間世》篇互爲表裏，《人間世》篇宏深，而《山木》篇精妙。乘道德而浮游，是本篇的核心觀點。道德，指恬淡无爲，无用世之心。内心恬淡，不貪圖富貴，才能逃避傷害，才能解除憂患。第二章申述"臨人以德"之害，只有捐棄名實，才能被世俗接納。第三章講"君子固窮"，只有看破窮達，才能樂天知命。第四章講"入鄉隨俗"，只有辨明真俗，才能順人而不失己。

田 子 方

　　《田子方》篇講：去僞存真。本篇由十則寓言組成,可分爲五章：第一章講：真人天虚,清而照物;第二章講：真人心和,日與物化;第三章講：真人重道,不拘禮容;第四章講：真人无爲,无待名實;第五章講：真人尚德,无待爵禄。

一

　　田子方侍坐於魏文侯,李頤曰：“田子方,魏文侯師也,名無擇。”數稱谿工。文侯曰：“谿工,子之師邪?”子方曰：“非也,無擇之里人也。稱道數當,按：道,言也。當,中也。《論語·先進》：“魯人爲長府。閔子騫曰：‘仍舊貫,如之何? 何必改作?’子曰：‘夫人不言,言必有中。’”故无擇稱之。”文侯曰：“然則子无師邪?”子方曰：“有。”曰：“子之師誰邪?”子方曰：“東郭順子。”文侯曰：“然則夫子何故未嘗稱之?”子方曰：“其爲人也真。按：《莊子·刻意》：“能體純素,謂之真人。”人貌而天虚,按：天,謂天性。虚,謂无知无欲。《莊子·列禦寇》：“巧者勞而知者憂,无能者无所求,飽食而敖遊,汎若不繫之舟,虚而敖遊者也!”緣而葆真,按：緣,謂從俗。真,謂天性。《莊子·外物》：“唯至人乃能遊於世而不僻,順人而不失己。”清而容物。按：清,謂恬淡。《莊子·刻意》：“水之性,不雜則清,莫動則平;鬱閉而不流,亦不能清;天德之象也。”物无道,正容以悟之,按：真人正容,猶水之静也,使人自見美醜。《莊子·天道》：“水静猶明,而況精神! 聖人之心静乎! 天地之鑑也,萬物之鏡也。”使人之意也消。按：意,謂喜怒之意。無擇何足以稱之!”子方出,文侯儻然,按：儻然,謂无所適從。《莊子·天地》："儻乎若行而失其道也。"終日不言。召前立臣而語之曰："遠矣，鍾泰曰："遠矣者，言其不可企及也。"全德之君子！按：《莊子·天地》："雖以天下譽之，得其所謂，警然不顧；以天下非之，失其所謂，儻然不受。天下之非譽，无益損焉，是謂全德之人哉！"始吾以聖知之言、仁義之行爲至矣。吾聞子方之師，吾形解而不欲動，按：解，通懈。口鉗而不欲言。吾所學者，直土梗耳！司馬彪曰："土梗，土人也，遭雨則壞。"夫魏真爲我累耳！"

溫伯雪子適齊，李頤曰："溫伯雪子，南國賢人。"舍於魯。魯人有請見之者，溫伯雪子曰："不可。吾聞中國之君子，明乎禮義而陋於知人心。按：《莊子·在宥》："人心排下而進上，上下囚殺，淖約柔乎剛强，廉劌雕琢，其熱焦火，其寒凝冰。其疾俯仰之間而再撫四海之外。其居也淵而靜，其動也縣而天。僨驕而不可係者，其唯人心乎！"吾不欲見也。"至於齊，反舍於魯，是人也又請見。溫伯雪子曰："往也蘄見我，成玄英曰："蘄，求也。"今也又蘄見我，是必有以振我也。"成玄英曰："振，動也。"出而見客，入而歎。明日見客，又入而歎。其僕曰："每見之客也，按：之客，此客也。必入而歎，何耶？"曰："吾固告子矣：'中國之民，明乎禮義而陋乎知人心。'昔之見我者，進退一成規、一成矩，從容一若龍、一若虎。按：龍蟠似圓，虎據似方。其諫我也似子，按：《論語·里仁》："子曰：'事父母幾諫，見志不從，又敬不違，勞而不怨。'"其道我也似父，是以歎也。"仲尼見之而不言。子路曰："吾子欲見溫伯雪子久矣。見之而不言，何邪？"仲尼曰："若夫人者，目擊而道存矣，按：目擊，謂二人對視。存，察也。存道，謂見彼此之心也。《孟子·離婁上》："存乎人者，莫良於眸子。眸子不能掩其惡。胸中正則眸子瞭焉，胸中不正則眸子眊焉。聽其言也，觀其眸子，人焉廋哉！"亦不可以容聲矣！"按：容，用也。《老子·五十章》："虎無所措其爪，兵無所容其刃。"

二

顏淵問於仲尼曰："夫子步亦步，夫子趨亦趨，夫子馳亦馳;夫子奔逸絕塵,_{宣穎曰:"絕塵,謂无跡可尋矣。皆以馬喻。"}而回瞠若乎後矣!"_{成玄英曰:"瞠,直目貌也。"}夫子曰:"回,何謂邪?"曰:"夫子步,亦步也;夫子言,亦言也。夫子趨,亦趨也;夫子辯,亦辯也。夫子馳,亦馳也;夫子言道,回亦言道也。及奔逸絕塵而回瞠若乎後者,夫子不言而信,_{按:《論語·陽貨》:"子曰:'予欲無言。'子貢曰:'子如不言,則小子何述焉?'子曰:'天何言哉?四時行焉,百物生焉,天何言哉?'"}不比而周,_{按:比,親也。周,密也。《尚書·泰誓中》:"雖有周親,不如仁人。"}无器而民滔乎前,_{按:器,謂國之利器。《韓非子·六微》:"賞罰,利器也。"无器,謂无君人之位。《莊子·德充符》:"无君人之位以濟乎人之死,无聚禄以望人之腹。"滔,勤勉貌。《淮南子·精神訓》:"滔乎,莫知其所止息。"}而不知所以然而已矣。"仲尼曰:"惡!可不察與;夫哀莫大於心死,_{按:死,謂凝滯。《莊子·刻意》:"水之性,不雜則清,莫動則平;鬱閉而不流,亦不能清;天德之象也。"}而人死亦次之。日出東方而入於西極,萬物莫不比方,_{郭嵩燾曰:"日之出也,乘之以動焉;其入也,人斯息焉,惟其明也。"按:比方,謂效法。}有目有趾者,待是而後成功。是出則存,是入則亡。_{王先謙曰:"日出則有世事,日入則无世事。"}萬物亦然,有待也而死,_{按:死,謂見日而死。}有待也而生。吾一受其成形,_{按:形,謂形骸。}而不化以待盡。效物而動,_{宣穎曰:"效,猶感也。"}日夜无隙,而不知其所終;薰然其成形,_{羅勉道曰:"薰然者,如氣之熏蒸而成也。"}知命不能規乎其前。_{按:規,畫圓。前,猶始也。規乎其前,謂回歸生之初。}丘以是日徂。_{按:徂,往也。日徂,謂日新其德。《莊子·寓言》:"孔子行年六十而六十化,始時所是,卒而非之,未知今之所謂是之非五十九非也。"}吾終身與女,_{按:與,謂相與為師徒。}交一臂而失之,_{按:交臂,謂擦肩而過。師徒同行,或先或後,或快或慢,故常失之交臂。}可不哀與?_{郭象曰:"變化不可執而留也。"}女殆著乎吾所以著也。_{按:著,立也。《左傳·昭公十一年》:"朝有著定,會有表。"}彼已盡矣,而女求之以為有,是求馬於唐、肆也。_{成玄英曰:"唐,道;肆,市也。唐肆非停馬之處也,向者見馬市道而行,今時覆尋,馬已過去。"按:《爾雅·釋宮》:"廟中路,謂之唐。"}吾服女也甚忘,女服吾也甚忘。_{郭象曰:"服,思存之謂也。"}

按：服，謂思慕。《詩·周南·關雎》："求之不得，寤寐思服。"甚忘，猶健忘。雖然，女奚患焉！雖忘乎故吾，吾有不忘者存。"按：不忘者，謂忠恕之心。《論語·里仁》："子曰：'參乎！吾道一以貫之。'曾子曰：'唯。'子出，門人問曰：'何謂也？'曾子曰：'夫子之道，忠恕而已矣！'"

孔子見老聃，老聃新沐，方將被髮而乾，慹然似非人。司馬彪曰："慹然，不動貌。"孔子便而待之。按：便，謂便宜從事。《管子·兵法》："因便而教，准利而行。"少焉見，曰："丘也眩與？其信然與？阮毓崧曰："豈所見之未真耶？抑至人常如是耶？"向者先生形體掘若槁木，按：掘，通崛，獨立貌。《史記·滑稽列傳》："今世之處士，時雖不用，崛然獨立，塊然獨處。"似遺物離人而立於獨也。"按：獨，无待也。老聃曰："吾游心於物之初。"按：物之初，謂德厚也。《老子·五十五章》："含德之厚，比於赤子。蜂蠆虺蛇不螫，猛獸不據，攫鳥不搏。骨弱筋柔而握固，未知牝牡之合而全作，精之至也。終日號而不嗄，和之至也。"孔子曰："何謂邪？"曰："心困焉而不能知，口辟焉而不能言。成玄英曰："辟，口開不合也。"按：《莊子·天地》："性修反德，德至同於初。同乃虛，虛乃大。合喙鳴；喙鳴合，與天地爲合。其合緡緡，若愚若昏，是謂玄德，同乎大順。"嘗爲女議乎其將。按：將，盛也，謂德厚。至陰肅肅，至陽赫赫。按：肅肅、赫赫，盛壯貌。肅肅出乎天，赫赫發乎地。成玄英曰："肅肅，陰氣寒也；赫赫，陽氣熱也。"兩者交通成和而物生焉，按：《老子·四十二章》："萬物負陰而抱陽，沖氣以爲和。"或爲之紀而莫見其形。按：其，謂陰陽和氣，即天地之精氣。消息滿虛，一晦一明，日改月化，日有所爲，而莫見其功。生有所乎萌，死有所乎歸，始終相反乎无端，而莫知乎其所窮。按：《莊子·知北遊》："生也死之徒，死也生之始，孰知其紀！"非是也，且孰爲之宗！"按：宗，謂天地。《莊子·達生》："夫形全精復，與天爲一。天地者，萬物之父母也。合則成體，散則成始。形精不虧，是謂能移。精而又精，反以相天。"孔子曰："請問遊是。"老聃曰："夫得是，至美至樂也。按：至美，謂天地之美。至樂，謂天人相和之樂。得至美而遊乎至樂，謂之至人。"按：《莊子·天地》："忘乎物，忘乎天，其名爲忘己。忘己之人，是之謂入於天。"孔子曰："願聞其方。"曰："草食之獸不疾易藪；成玄英曰："疾，患也。"水生之蟲不疾易水。行小變而不失其大常也，按：大常，謂常性。《莊子·馬蹄》："彼民有常性，織而衣，耕而食，是謂同德；一而不黨，命曰天放。"喜怒哀樂不入於胷次。李頤曰："次，中也。"夫天下也者，萬物之所一也。按：天下，萬物之府也。《莊子·天地》："萬物一府，死生同狀。"得其所一而同焉，按：《莊子·齊物論》："天地與我並生，而萬物與我爲一。"則四支百體將爲塵垢，而死生終始將爲晝夜而莫之能滑，按：滑，亂也。《莊子·大宗師》："死生，命也，其有夜旦之常，天也。人之所不得與，皆物之情也。"而況得喪禍福之所介乎！成玄英曰："愈不足以介懷也。"棄隸者若棄泥塗，按：塗，泥也。知身貴於隸也，貴在於我而不失於變。按：變，謂得失之變。且萬化而未始有極也，按：極，止也。《莊子·知北遊》："人之生，氣之聚也。聚則爲生，散則爲死。若死生爲徒，吾又何患！故萬物一也。"夫孰足以患心！按：《莊子·大宗師》："死生，命也，其有夜旦之常，天也。"已爲道者解乎此。"郭象曰："所謂縣解。"按：《莊子·養生主》："安時而處順，哀樂不能入也，古者謂是帝之縣解。"孔子曰："夫子德配天地，而猶假至言以修心。古之君子，孰能脱焉！"成玄英曰："脱，免也。"老聃曰："不然。夫水之於汋也，按：汋，即瀾汋。《爾雅·釋水》："井一有水一無水爲瀾汋。"一有水一無水，謂井中泉眼間歇出水。无爲而才自然矣。按：自然，謂清澈。至人之於德也，按：《莊子·刻意》："水之性，不雜則清，莫動則平；鬱閉而不流，亦不能清；天德之象也。"不修而物不能離焉。按：《莊子·德充符》："人莫鑑於流水而鑑於止水。唯止能止衆止。"若天之自高，地之自厚，日月之自明，夫何脩焉！"按：《莊子·天道》："聖人之心静乎！天地之鑑也，萬物之鏡也。"孔子出，以告顔回曰："丘之於道也，其猶醯雞與！郭象曰："醯雞，甕中之蠛蠓。"微夫子之發吾覆也，吾不知天地之大全也。"按：大全，謂大道。《莊子·天下》："後世之學者，不幸不見天地之純，古人之大體。道術將爲天下裂。"

三

莊子見魯哀公。司馬彪曰："莊子與魏惠王、齊威王同時，在哀公後百二十年。"哀公曰："魯多儒士，少爲先生方者。"成玄英曰："方，術也。"莊子曰："魯少儒。"哀公曰："舉魯國而儒服，按：《禮記·儒行》："魯哀公問於孔子曰：'夫子之服，其儒服與？'孔子對曰：'丘少居魯，衣逢掖之衣；長居宋，冠章甫之冠。丘聞之也，君子之學也博，其服也鄉，丘不知儒服。'"何謂少乎？"莊子曰："周聞之，儒者冠圜冠者，知天時；履句屨者，李頤曰："句，方也。"知地形；緩佩玦者，郭慶藩曰："緩，寬綽之意。緩佩玦，言所佩者玦，而繫之帶間，寬綽有餘也。"事至而斷。君子有其道者，未必爲其服也；爲其服者，未必知其道也。公固以爲不然，何不號於國中曰：陸德明曰："號，號令也。"'无此道而爲此服者，其罪死！'"於是哀公號之五日，而魯國无敢儒服者。獨有一丈夫，儒服而立乎公門。公即召而問以國事，千轉萬變而不窮。莊子曰："以魯國而儒者一人耳，成玄英曰："人，謂孔子。"可謂多乎？"

百里奚爵禄不入於心，故飯牛而牛肥，使秦穆公忘其賤，與之政也。有虞氏死生不入於心，按：有虞氏，舜也。心，謂孝悌之心。故足以動人。按：《史記·五帝本紀》："瞽叟尚復欲殺之，使舜上塗廩，瞽叟從下縱火焚廩。舜乃以兩笠自扞而下，去，得不死。後瞽叟又使舜穿井，舜穿井爲匿空旁出。舜既入深，瞽叟與象共下土實井，舜從匿空出，去。"宋元君將畫圖，成玄英曰："宋國之君，欲畫國中山川地土圖樣。"衆史皆至，受揖而立，鍾泰曰："古者臣拜，君以揖答之。立，謂就位。"舐筆和墨，在外者半。成玄英曰："在外者半，言其趨競者多。"有一史後至者，儃儃然不趨，李頤曰："儃儃，舒閒之貌。"受揖不立，因之舍。公使人視之，則解衣般礴臝。司馬彪曰："般礴，謂箕坐也。"按：般礴，謂盤腿而坐。君曰："可矣，是真畫者也。"林希逸曰："无心於求知，乃真畫者。"

四

文王觀於臧，李頤曰："臧，地名也。"見一丈夫釣，而其釣莫釣，按：釣，釣鉤。《列子·湯問》："一釣而連六鰲。"莫釣，謂无鉤。非持其釣。有釣者也，常釣也。按：常釣，謂普通釣魚法。文王欲舉而授之政，而恐大臣父兄之弗安也；欲終而釋之，而不忍百姓之无天也。按：天，謂萬物之父母。於是旦而屬之大夫曰：“昔者寡人夢見良人，黑色而頯，按：頯，同頄。乘駁馬而偏朱蹄，李頤曰："偏朱蹄，一蹄偏赤也。"號曰：‘寓而政於臧丈人，庶幾乎民有瘳乎！’”諸大夫蹵然曰：“先君王也。”成玄英曰："文王之父季歷生存之日，黑色多頄，好乘駁馬，駁馬蹄偏赤。"文王曰：“然則卜之。”諸大夫曰：“先君之命，王其无它，司馬彪曰："无它，无違令。"又何卜焉。”遂迎臧丈人而授之政。典法无更，偏令无出。按：偏，半也。偏令无出，謂不出號令。三年，文王觀於國，則列士壞植散群，按：植，門栓。壞植，謂不閉戶，家无私財。散群，謂不結黨。壞植散群，謂不結黨營私。長官者不成德，按：德，謂仁義禮智信。斔斛不敢入於四竟。李頤曰："六斔四斗曰斔。"按：竟，境也。列士壞植散群，則尚同也；按：列士无私无黨，故曰尚同。長官者不成德，則同務也；按：同務，謂无君子、小人之分。《孟子·滕文公上》："或勞心，或勞力；勞心者治人，勞力者治於人；治於人者食人，治人者食於人：天下之通義也。"斔斛不敢入於四竟，按：斔斛，量具也。西周境內，俗尚禮讓，无欺詐之事。若帶斔斛如周，是自取其辱也，故曰“不敢”。則諸侯无二心也。按：无二心，謂服周之德。《史記·周本紀》："西伯陰行善，諸侯皆來決平。於是虞、芮之人有獄不能決，乃如周。入界，耕者皆讓畔，民俗皆讓長。虞、芮之人未見西伯，皆慚，相謂曰：‘吾所爭，周人所恥，何往爲，祇取辱耳。’遂還，俱讓而去。諸侯聞之，曰‘西伯蓋受命之君’。"文王於是焉以爲大師，北面而問曰：鍾泰曰："尊而師之也，故北面而問。"“政可以及天下乎？”按：政及天下，意謂取代殷商。《莊子·齊物論》："昔者十日並出，萬物皆照，而況德之進乎日者乎！"臧丈人昧然而不應，按：昧然，无視貌。《左傳·僖公二十四年》："目不別五色之章爲昧。"泛然而辭，按：泛然，无心貌。朝令而夜遁，終身无聞。顏淵問於仲尼曰：“文王其猶未邪？又何以夢爲乎？”仲尼曰：“默，汝无言！夫文王盡之也，而又何論刺焉！彼直以循斯須也。”成玄英曰："斯須者，猶須臾也。"按：循斯須，謂達於權變。《孟子·告子上》："庸敬在兄，斯須之敬在鄉人。”朱熹注：“庸，常也。斯須，暫時也。言因時制宜。”

　　列禦寇爲伯昏无人射，引之盈貫，郭象曰：“盈貫，謂溢鏑也。”按：盈貫，謂拉滿弓，箭鏑至於握弓處。**措杯水其肘上，**成玄英曰：“措，置也。”**發之，適矢復沓，**郭嵩燾曰：“適矢復沓，狀矢之發。《説文》：‘沓，多言沓沓，如水之流。’言一矢適發，一矢復涌出也。”按：適矢，謂連發。《列子·仲尼》：“善射者能令後鏃中前括，發發相及，矢矢相屬；前矢造准而無絕落，後矢之括猶銜弦，視之若一焉。”**方矢復寓。**按：方，并也。方矢，謂雙發。復寓，謂射中同一靶點。**當是時，猶象人也。**成玄英曰：“象人，木偶土梗人也。”**伯昏无人曰：“是射之射，非不射之射也。**按：不射之射，謂无假弓箭之射。**嘗與汝登高山，履危石，臨百仞之淵，若能射乎？”於是无人遂登高山，履危石，臨百仞之淵，背逡巡，**成玄英曰：“逡巡，猶卻行也。”**足二分垂在外，揖禦寇而進之。禦寇伏地，汗流至踵。伯昏无人曰：“夫至人者，上闚青天，下潛黃泉，揮斥八極，神氣不變。**按：揮斥，謂魂氣往來天地間。**今汝怵然有恂目之志，**按：恂，慄也。恂目，謂目動。《左傳·文公十二年》：“使者目動而言肆，懼我也，將遁矣。”恂目之志，謂欲逃。**爾於中也殆矣夫！”**按：中，謂中的。射之射，形不動；不射之射，心不動。

五

　　肩吾問於孫叔敖曰：“子三爲令尹而不榮華，三去之而无憂色。按：《論語·公冶長》：“子張問曰：‘令尹子文三仕爲令尹，無喜色；三已之，無慍色。舊令尹之政，必以告新令尹。何如？’子曰：‘忠矣。’”忠，謂无私。**吾始也疑子，今視子之鼻間栩栩然，**林雲銘曰：“鼻間栩栩然，心平則氣静也。”**子之用心獨奈何？”孫叔敖曰：“吾何以過人哉！吾以其來不可卻也，**按：其，謂爵禄。**其去不可止也。吾以爲得失之非我也，而无憂色而已矣。我何以過人哉！且不知其在彼乎？其在我乎？其在彼邪？亡乎我；在我邪？亡乎彼。**林希逸曰：“令尹之貴，若在於令尹，則與我無預，我之可貴，若在於我，則與令尹無預。”**方將躊躇，**按：《莊子·外物》：“聖人躊躇以興事，以每成功。"**方將四顧**，按：四顧，謂求民之病。《詩·大雅·皇矣》："皇矣上帝，臨下有赫。監觀四方，求民之莫。"**何暇至乎人貴人賤哉！**"仲尼聞之曰："**古之真人**，按：真人，謂未喪天性。**知者不得説，美人不得濫，盜人不得劫，伏戲、黃帝不得友。死生亦大矣，而无變乎己，況爵禄乎！若然者，其神經乎大山而无介**，按：大山，野獸所居。无介，謂无所繫懷。《莊子·田子方》："死生終始將爲晝夜，而莫之能滑，而況得喪禍福之所介乎！"**入乎淵泉而不濡，處卑細而不憊**，按：卑細，謂身份卑微。憊，謂萎靡不振。《莊子·山木》："士有道德不能行，憊也；衣弊履穿，貧也，非憊也，此所謂非遭時也。"**充滿天地**，按：《莊子·讓王》謂曾子居衞，曰："曳縱而歌《商頌》，聲滿天地，若出金石。"**既以與人，己愈有。**"按：《老子·八十一章》："聖人不積，既以爲人，己愈有；既以與人，己愈多。"

　　楚王與凡君坐，按：凡，國名，姬姓，周公之後也。凡君，蓋亡國之君，寓居於楚。《孟子·萬章下》："諸侯失國，而後託於諸侯，禮也。"**少焉，楚王左右曰"凡亡"者三。**按：蓋諷凡君不可與楚王亢禮也。**凡君曰："凡之亡也，不足以喪吾存。**按：吾存，謂君德存。**夫凡之亡不足以喪吾存，則楚之存不足以存存。**按：存存，謂存君德。**由是觀之，則凡未始亡而楚未始存也。**"按：君，社稷之主。君德不失，則社稷不亡。

小　　結

　　《田子方》篇講真人的各種表現，與《大宗師》篇之"真知"相互發明。真與僞相對。真，指素樸的天性。僞，指仁義禮樂。人貌而天虛，是本篇的核心觀點。天虛，謂天生无知无欲。真人心静如水，澄澈光明，毫無掩飾，故孔子曰"目擊而道存"。真人受天地和氣而生，日與物化，逍遥於天地之間。三、四、五章皆講"去僞存真"之旨，即忘禮容，忘名實，忘爵禄，保守素樸之天性。

知 北 遊

《知北遊》篇，講道與物之關係。本篇分四章：第一章講：離形去知，歸根於道；第二章講：道不離物，與物无際；第三章講：道不當名，无有无爲；第四章講：道无終始，萬物化生。

一

知北遊於玄水之上，按：玄水，謂深不可測。《老子·十五章》："古之善爲士者，微妙玄通，深不可識。"登隱弅之丘，李頤曰："隱弅，隱出弅起，丘貌。"按：弅，高起貌。而適遭无爲謂焉。按：无爲謂，虛擬人名，天德之人。《論語·陽貨》："子曰：'予欲無言。'子貢曰：'子如不言，則小子何述焉？'子曰：'天何言哉？四時行焉，百物生焉，天何言哉？'"知謂无爲謂曰："予欲有問乎若：成玄英曰："若，汝也。""何思何慮則知道？何處何服則安道？按：服，歸也。《楚辭·橘頌》："后皇嘉樹，橘徠服兮。受命不遷，生南國兮。"何從何道則得道？"按：從，隨也。道，謂取道。三問而无爲謂不答也。非不答，不知答也。按：《莊子·列禦寇》："知道易，勿言難。知而不言，所以之天也；知而言之，所以之人也；古之人，天而不人。"知不得問，反於白水之南，按：白，明也。水之北，陽也。水之南，陰也。白水之南，謂處明暗之間。登狐闋之上，而睹狂屈焉。知以之言也問乎狂屈。司馬彪曰："之，是也。"狂屈曰："唉！予知之，將語若。"按：《莊子·在宥》："渾渾沌沌，終身不離；若彼知之，乃是離之。"中欲言而忘其所欲言。按：《老子·二十八章》："知其白，守其黑，爲天下式。"欲言，知其白也；忘言，守其黑也。知不得問，反於帝宮，見黃帝而問焉。黃帝曰："无思无慮始知道，无處无服始安道,无從无道始得道。"成玄英曰:"一无,答於三問。"知問黄帝曰:"我與若知之,彼與彼不知也,其孰是邪?"黄帝曰:"彼无爲謂真是也,按:真,誠也。狂屈似之;按:似,近也。狂屈於道,時離時合,故曰"似之"。我與汝終不近也。按:黄帝知"道",是與道離,故曰"不近"。夫知者不言,言者不知,故聖人行不言之教。道不可致,德不可至。按:德之至,謂生之初。《莊子·天地》:"性修反德,德至同於初。"仁可爲也,按:爲,謂有心而爲。《論語·述而》:"子曰:'仁遠乎哉?我欲仁,斯仁至矣。'"義可虧也,按:虧,虧心也,謂用忍情。禮相僞也。按:僞,謂无情實。《論語·八佾》:"子曰:'人而不仁,如禮何?人而不仁,如樂何?'"故曰:'失道而後德,按:道,謂自然。德,謂心之和。失德而後仁,按:仁,謂惻隱之心。失仁而後義,按:義,謂是非之心。失義而後禮。按:禮,謂尊卑、上下。禮者,道之華而亂之首也。'林希逸曰:"華,外飾而無其實也。"故曰:'爲道者日損,郭象曰:"捐華僞也。"損之又損之,宣穎曰:"絶義棄仁。"以至於无爲,按:爲,僞也。无爲,謂率性而爲,无拘无束。无爲而无不爲也。'按:无不爲,謂逍遥自在。今已爲物也,按:已爲物,謂難化。《莊子·大宗師》:"一受其成形,不亡以待盡。與物相刃相靡,其行盡如馳,而莫之能止,不亦悲乎!"欲復歸根,按:根,道也。《老子·十六章》:"致虛極,守静篤。萬物並作,吾以觀復。夫物芸芸,各復歸其根。歸根曰静,是曰復命。"不亦難乎! 其易也,其唯大人乎! 按:大人无己,與天地同體。《莊子·秋水》:"道人不聞,至德不得,大人无己。"生也死之徒,阮毓崧曰:"徒,從也。即隨從其後之意。"死也生之始,孰知其紀! 按:紀,謂法度。《莊子·天運》:"日月星辰行其紀。"人之生,氣之聚也。聚則爲生,散則爲死。若死生爲徒,吾又何患! 故萬物一也。是其所美者爲神奇,其所惡者爲臭腐。臭腐復化爲神奇,神奇復化爲臭腐。故曰:'通天下一氣耳。'聖人故貴一。"林希逸曰:"一者,无分別也。"知謂黄帝曰:"吾問无爲謂,无爲謂不應我,非不我應,不知應我也;按:《莊子·齊物論》:"天地與我並生,而萬物與我爲一。既已爲一矣,且得有言乎?"吾問狂屈,狂屈中欲告我而不我告,非不我告,中欲告而忘之也。按:欲告而忘,謂與道若即若離。

陶淵明《飲酒》:"採菊東籬下,悠然見南山。山氣日夕佳,飛鳥相與還。此還有真意,欲辯已忘言。"今予問乎若,若知之,奚故不近?"按:知而告,謂與道離也。黄帝曰:"彼其真是也,以其不知也;此其似之也,以其忘之也;予與若終不近也,以其知之也。"狂屈聞之,以黄帝爲知言。按:《莊子·知北遊》:"至言去言,至爲去爲。"本節講:爲道日損,復歸於根。

　　天地有大美而不言,四時有明法而不議,萬物有成理而不説。聖人者,原天地之美而達萬物之理。按:原,本也。原天地之美,謂以自然美爲本。是故至人无爲,郭象曰:"任其自然而已。"按:无爲,謂率性而爲,不愛表現。《莊子·天下》:"獨與天地精神往來,而不敖倪於萬物,不譴是非,以與世俗處。"大聖不作,郭象曰:"唯因任也。"觀於天地之謂也。按:觀,意謂效法。《莊子·在宥》:"聖人觀於天而不助。"今彼神明至精,按:彼,謂至人。至精,謂形神合一。《莊子·刻意》:"純素之道,唯神是守。守而勿失,與神爲一。一之精通,合於天倫。"與彼百化;按:彼,謂天地。精,乃天地間和氣。《莊子·達生》:"形精不虧,是謂能移。精而又精,反以相天。"物已死生方圓,按:死生方圓,謂萬物形體之變化。《尹文子·大道上》:"群形自得其方圓。"莫知其根也。按:其根,謂萬物之本根。扁然而萬物自古以固存。按:扁然,卑貌。《詩·小雅·白華》:"有扁斯石,履之卑兮。"扁然,謂默默无聞。《莊子·在宥》:"賤而不可不任者,物也;卑而不可不因者,民也。"六合爲巨,未離其内;按:其,道也。秋豪爲小,待之成體;天下莫不沈浮,按:沈浮,謂盛衰。終身不故;郭象曰:"日新也。"陰陽四時運行,各得其序;按:《莊子·大宗師》:"維斗得之,終古不忒;日月得之,終古不息。"惛然若亡而存;按:惛,昏也。惛然,不明貌。若亡若存,謂道之用。油然不形而神;按:油然,謂自然而然。《孟子·梁惠王上》:"天油然作云,沛然下雨,則苗浡然興之矣。"萬物畜而不知。按:萬物生於天地之間,猶牛羊畜養於圈,故曰"畜"。此之謂本根,按:本根,道也。《莊子·大宗師》:"自本自根,未有天地,自古以固存。"可以觀於天矣!本節講:萬物觀於天,莫知其本根。

　　齧缺問道乎被衣,被衣曰:"若正汝形,一汝視,按:一,同也。一視，謂无好惡。《莊子·德充符》：“自其異者視之，肝膽楚越也；自其同者視之，萬物皆一也。夫若然者，且不知耳目之所宜，而遊心乎德之和。”**天和將至**；按：天和，謂心之自然和豫。**攝汝知**，按：攝，謂收緊。攝汝知，謂閉其知。**一汝度**，按：度，謀也。一度，謂緣于不得已。《莊子·刻意》：“不爲福先，不爲禍始。感而後應，迫而後動，不得已而後起。去知與故，循天之理。”**神將來舍。德將爲汝美**，按：爲，猶與。《論語·衛靈公》：“道不同，不相爲謀。”爲汝美，謂與汝共美。**道將爲汝居**。按：《莊子·天地》：“機心存於胸中，則純白不備；純白不備，則神生不定，神生不定者，道之所不載也。”**汝瞳焉如新生之犢**，成玄英曰：“瞳焉，无知直視之貌。”**而无求其故。**”宣穎曰：“勿容心推測往迹。”**言未卒，齧缺睡寐。**林希逸曰：“收視反聽，而假寐也。”**被衣大説，行歌而去之，曰：“形若槁骸，心若死灰，真其實知**，按：真，謂素樸。實知，謂常識。真其實知，謂清除知者偏知。《韓非子·外儲説左上》：“兒説，宋人，善辯者也，持‘白馬非馬也’服齊稷下之辯者。乘白馬而過關，則顧白馬之賦。”**不以故自持**。按：故，謂舊習。以故自持，意謂守株待兔。**媒媒晦晦**，宣穎曰：“媒，同昧。”**无心而不可與謀**。按：《莊子·天道》：“知謀不用，必歸其天，此之謂太平，治之至也。”**彼何人哉！**”按：齧缺，至人也。《莊子·天下》：“不離於真，謂之至人。”本節講：去知以歸根。

二

舜問乎丞：陸德明曰：“古有四輔，前疑後丞，蓋官名。”**“道可得而有乎？”曰：“汝身非汝有也，汝何得有夫道！”舜曰：“吾身非吾有也，孰有之哉？”曰：“是天地之委形也**；鍾泰曰：“委，寄也。曰寄者，暫託於此，其根固必有在矣。”**生非汝有，是天地之委和也**；按：和，謂陰陽之和。《莊子·田子方》：“至陰肅肅，至陽赫赫。肅肅出乎天，赫赫發乎地。兩者交通成和而物生焉。”**性命非汝有，是天地之委順也**；按：順，謂順天命。《莊子·德充符》：“受命於地，唯松柏獨也在，冬夏青青；受命於天，唯堯、舜獨也正，在萬物之首。幸能正生，以正衆生。”**孫子非汝有，是天地之委蜕也**。宣穎曰：“形形相禪，故曰蜕。”**故行不知所**

往,按:行,謂氣散而死。《莊子·大宗師》:"偉哉造化！又將奚以汝爲,將奚以汝適？以汝爲鼠肝乎？以汝爲蟲臂乎？"**處不知所持**,按:持,謂氣聚而生。《莊子·大宗師》:"特犯人之形而猶喜之。若人之形者,萬化而未始有極也,其爲樂可勝計邪！"**食不知所味**。按:五味,乃六氣所變化。《左傳·昭公元年》:"天有六氣,降生五味,發爲五色,徵爲五聲,淫生六疾。"**天地之强陽氣也**,郭象曰:"强陽,猶運動也。"按:《莊子·寓言》:"彼來則我與之來,彼往則我與之往,彼强陽則我與之强陽。强陽者,又何以有問乎！"**又胡可得而有邪！**"

孔子問於老聃曰:"今日晏閒,**敢問至道**。"老聃曰:"**汝齊戒,疏瀹而心**,鍾泰曰:"瀹,同淪。疏瀹,疏導之使清也。"**澡雪而精神**,按:澡,洗也。雪,擦也。《韓非子·外儲説左下》:"黍者,非飯之也,以雪桃也。"澡雪,謂去除污垢,使光鮮也。《莊子·天道》:"水静猶明,而况精神。"**掊擊而知！**成玄英曰:"掊擊,打破也。"**夫道,窅然難言哉！**按:窅然,深遠貌,謂幽深不可測。《莊子·知北遊》:"窅然空然。終日視之而不見,聽之而不聞,搏之而不得也。"**將爲汝言其崖略**。成玄英曰:"舉其崖分,粗略言之。"**夫昭昭生於冥冥**,按:昭昭,謂精神。冥冥,謂道。**有倫生於无形**,按:倫,類也。有倫,謂萬物。无形,謂氣。**精神生於道**,按:道,謂虛静之道。《莊子·刻意》:"純粹而不雜,静一而不變,淡而无爲,動而以天行,此養神之道也。"**形本生於精**,按:精,謂天地間和氣。《莊子·在宥》:"吾欲取天地之精,以佐五穀,以養民人。"**而萬物以形相生**。按:精寄於形,形化而精移。《莊子·達生》:"形精不虧,是謂能移。精而又精,反以相天。"**故九竅者胎生,八竅者卵生**。成玄英曰:"人獸九竅而胎生,禽魚八竅而卵生,秉之自然,不可相易。"按:萬物相生,各從其類,不相亂也。**其來无迹**,按:其,謂精氣。**其往无崖**,按:无崖,謂无止。**无門无房**,按:門,謂守候於門。《左傳·僖公二十八年》:"晉侯圍曹,門焉,多死。"无門,謂不擁堵於門。房,側室,謂私密之所。无房,謂不隱藏於房。**四達之皇皇也**。按:皇皇,美盛貌。《詩·魯頌·泮水》:"桓桓于征,狄彼東南。烝烝皇皇,不吴不揚。"**邀於此者**,成玄英曰:"邀,遇也。"**四肢彊,思慮恂達**,按:恂,信也。恂達,謂暢通无礙。思慮恂達,謂无成心之蔽。**耳目聰明。其用心不勞**,按:心不勞,静也。《莊子·天道》:"水静猶明,而况精神！聖人之心静乎！天地之鑑也,萬物之鏡也。"**其應**

物无方。按：无方，謂无窮。《莊子·應帝王》：“至人之用心若鏡，不將不迎，應而不藏，故能勝物而不傷。”天不得不高，按：得，謂得道。地不得不廣，日月不得不行，萬物不得不昌，此其道與！

“且夫博之不必知，按：《老子·八十一章》：“知者不博，博者不知。”辯之不必慧，按：辯，謂言辯也。慧，謂心辯。《墨子·脩身》：“慧者心辯而不繁説。”聖人以斷之矣！宣穎曰：“以，同已。”若夫益之而不加益，損之而不加損者，按：道无量，故不損不增。聖人之所保也。按：无益无損，若聖人之心。《莊子·齊物論》：“孰知不言之辯，不道之道？若有能知，此之謂天府。注焉而不滿，酌焉而不竭，而不知其所由來，此之謂葆光。”淵淵乎其若海，按：淵淵，言深也。《莊子·天地》謂東海大壑，曰：“夫大壑之爲物也，注焉而不滿，酌焉而不竭。吾將遊焉！”魏魏乎其終則復始也。按：魏，通巍，高也。魏魏，謂天德盛大。《論語·泰伯》：“子曰：‘大哉堯之爲君也！巍巍乎！唯天爲大，唯堯則之，蕩蕩乎，民无能名焉。巍巍乎其有成功也，焕乎其有文章！’”終則復始，謂天道循環。運量萬物而不匱。按：運，載也。量，盛也。不匱，謂容量窮。《莊子·田子方》：“人貌而天虛，緣而葆真，清而容物。”則君子之道，按：則，猶若。君子之道，謂仁義禮樂。彼其外與！按：外，謂不切情實。《莊子·應帝王》：“夫聖人之治也，治外乎？正而後行，確乎能其事者而已矣。”萬物皆往資焉而不匱，按：資，取也。《儀禮·喪服》傳：“不足則資之宗。”此其道與！”按：《莊子·天道》：“夫道，於大不終，於小不遺，故萬物備。廣廣乎其无不容也，淵淵乎其不可測也。”

“中國有人焉，按：中國，謂四海之内。非陰非陽，按：陰陽，謂陰陽二氣。非陰非陽，謂心和之至，喜怒不生。《莊子·在宥》：“人大喜邪？毗於陽；大怒邪？毗於陰。陰陽並毗，四時不至，寒暑之和不成，其反傷人之形乎！”處於天地之間，直且爲人，宣穎曰：“彼直姑且爲人耳。”將反於宗。按：宗，謂天。自本觀之，按：本，根也，道也。生者，喑醷物也。按：喑，氣虛之症。《文子·原道》：“人大怒破陰，大喜墜陽，薄氣發喑，驚怖爲狂。”醷，通噫，謂氣旺之症。《説文》：“噫，飽出息也。”喑醷物，謂氣息盛衰之物。雖有壽夭，相去幾何？須臾之説也，按：説，通脱，謂物化而去。奚足以爲堯、桀之是非！”按：爲，猶辯。

“果蓏有理，成玄英曰：“在樹曰果，在地曰蓏。桃李之屬，瓜瓠之徒，木生藤生，皆有其理。”人倫雖難，所以相齒。王引之曰：“所，猶可也。言可以相齒。”按：相齒，謂長幼序齒。聖人遭之而不違，按：遭之，謂在人倫之中。不違，謂順從世俗。過之而不守。按：過，超越。不守，謂不拘於世俗。調而應之，按：調，謂調適其心。德也；按：德，和也。《莊子·庚桑楚》：“惡欲喜怒哀樂六者，累德也。”偶而應之，按：偶，對也。《淮南子·說林訓》：“聖人之偶物也，若以鏡視形，曲得其情。”偶而應之，謂用心若鏡。《莊子·應帝王》：“至人之用心若鏡，不將不迎，應而不藏，故能勝物而不傷。”道也。按：《管子·心術上》：“是故有道之君，其處也若無知，其應物也若偶之。靜因之道也。”帝之所興，王之所起也。”按：《莊子·天道》：“聖人之心靜乎！天地之鑑也，萬物之鏡也。”

“人生天地之間，若白駒之過郤，按：郤，謂門縫。忽然而已。注然勃然，莫不出焉；按：注然，謂天之精氣下流。勃然，謂生機勃勃。出，謂草木發芽。油然漻然，莫不入焉。按：油然，謂精氣上浮。漻然，謂秋高氣爽之貌。《淮南子·兵略訓》：“滔滔如春，嘗嘗如夏，湫漻如秋，典凝如冬。”已化而生，又化而死。生物哀之，按：生物，謂有生之物。人類悲之。解其天弢，陸德明曰：“弢，《字林》云：‘弓衣也。’”墮其天袠。成玄英曰：“袠，束囊也。”陸長庚曰：“人之有軀殼，如物之有弢袠然，一受其成形，即爲軀殼所累，解而墮之，彼方適然自以爲快。”紛乎宛乎，按：紛乎，謂魂氣發散歸天。宛，藏也。《孔子家語·五儀解》：“富則天下無宛財，施則天下不病貧。”《荀子·富國》：“民夏不宛暍，冬不凍寒。”宛乎，謂形魄收藏歸地。《禮記·郊特牲》：“魂氣歸于天，形魄歸于地。”魂魄將往，乃身從之。按：魂魄先亡，而身從之。《左傳·昭公二十五年》：“心之精爽，是謂魂魄。魂魄去之，何以能久？”乃大歸乎！”按：大歸，謂歸根。

“不形之形，形之不形，成玄英曰：“氣聚而有其形，氣散而歸於无形也。”是人之所同知也，按：是，謂生與死。同知，謂人盡皆知。非將至之所務也，按：將至，謂近於道。此衆人之所同論也。按：同論，謂死生不在我。彼至則不論，按：彼，謂論死生者。至，謂通觀死生。《莊子·大宗師》：“死生，命也，其有夜旦之常，天也。人之有所不得與，皆物之情也。”論則不至。按：論，謂故作達觀之論。論則不至，謂論死生者,未忘死生。**明見无值**,按:明見,謂顯明之論。值,持也。无值,謂无須持論。《莊子·天道》:"夫鵠不日浴而白,烏不日黔而黑。黑白之朴,不足以爲辯;名譽之觀,不足以爲廣。"**辯不若默;道不可聞,聞不若塞**:按:塞,謂收視反聽。**此之謂大得。**"按:大得,謂得天道。本段對話講:道運量萬物。

　　東郭子問於莊子曰:李頤曰:"東郭子,居東郭也。""**所謂道,惡乎在?**"**莊子曰:"无所不在。**"**東郭子曰:"期而後可。**"郭象曰:"欲令莊子指明所在。"**莊子曰:"在螻蟻。**"**曰:"何其下邪?**"**曰:"在稊稗。**"**曰:"何其愈下邪?**"**曰:"在瓦甓。**"**曰:"何其愈甚邪?**"**曰:"在屎溺。**"**東郭子不應。莊子曰:"夫子之問也,固不及質。**按:質,箭靶。不及質,謂无的放矢。**正獲之問於監市,履、狶也,**按:正獲,人名。監市,典市之官。《禮記·王制》講天子巡狩,曰:"命市納賈,以觀民之所好惡。"鄭玄注:"市,典市者。賈,謂物貴賤厚薄也。質則用物貴,淫則侈物貴。"履,鞋也;狶,豬也。履狶二物,皆市中常見之貨物。問履狶之價,則知物價之高低。猶今問豬肉價格,以知物價之起落。**每下愈況。**按:況,比照。《老子·二十三章》:"天地尚不能久,而況於人?"每下愈況,意謂越是普通商品,越能反映整体物價水平。**汝唯莫必,**陸長庚曰:"汝惟莫必,謂不必指定道在何處。"**无乎逃物。**按:无,通毋。逃物,謂離物而求道。**至道若是,大言亦然。**按:大言,謂大詞、大概念也。馬,大言也。今捨白馬、黑馬而求馬,必不能得。捨物而求道,猶捨白馬、黑馬而求馬。**周、徧、咸三者,**按:周、徧、咸三字,亦"大言"。**異名同實,其指一也。**按:指,謂字義所指。

　　嘗相與游乎无何有之宮,按:相與,謂與造物者遊。《莊子·天下》:"上與造物者遊,而下與外死生、无終始者爲友。"**同合而論,**按:同合,謂親密无間,忘彼此之分。《莊子·大宗師》:"墮肢體,黜聰明,離形去知,同於大通,此謂坐忘。"大通,道也。**无所終窮乎!嘗相與无爲乎!**按:爲,偽也。相與,謂交遊。无爲,謂率真自然,无目的性。**澹而静乎!漠而清乎!調而閒乎!**按:調,和也。閒,无事也。《莊子·大宗師》:"魚相造乎水,人相造乎道。相造乎水者,穿池而養給;相造乎道者,无事而生定。"**寥已吾志,**郭象曰:"寥然空虛。"按:寥,虛也。《莊子·庚桑楚》:

“貴富顯嚴名利六者，勃志也。”无往焉而不知其所至，鍾泰曰：“无字，當是衍文。”去而來而不知其所止，吾已往來焉而不知其所終。按：《莊子·秋水》：“无拘而志，與道大蹇。”彷徨乎馮閎，李頤曰：“馮閎，皆大也。”按：馮，滿也。閎，大也。馮閎，謂无所不在。《莊子·天運》：“聽之不聞其聲，視之不見其形，充滿天地，苞裹六極。”大知入焉，按：入焉，謂入道而觀。《莊子·秋水》：“大知觀於遠近，故小而不寡，大而不多：知量无窮。”而不知其所窮。按：《莊子·秋水》：“夫精粗者，期於有形者也；无形者，數之所不能分也；不可圍者，數之所不能窮也。”道无形，无內无外，故入而不知其所窮。

物物者與物无際，陸長庚曰：“物物者，道也。道無在而無不在，故與物無際。”按：際，分也。无際，謂道不離物。而物有際者，所謂物際者也。按：物際，謂萬物彼此之分。不際之際，際之不際者也。按：不際之際，猶天倪也。《莊子·寓言》：“萬物皆種也，以不同形相禪，始卒若環，莫得其倫，是謂天均。天均者，天倪也。”謂盈虛衰殺，按：盈虛衰殺，謂萬物之死生、盛衰。彼爲盈虛非盈虛，按：彼，謂造化。彼爲盈虛非盈虛，謂造物者運量萬物，萬物有盈虛，而道无盈虛。彼爲衰殺非衰殺，彼爲本末非本末，按：本末，謂生死。《淮南子·泰族訓》：“凡人之所以事生者，本也；其所以事死者，末也。本末，一體也。”彼爲積散非積散也。”按：積散，謂氣之聚散。氣聚成形，氣散則形滅。就人形而言，則氣有聚散；就造物者而言，則氣无聚散。本段對話講：道與物无際。

三

妸荷甘與神農同學於老龍吉。神農隱几，闔戶晝瞑。按：晝瞑，謂晝寢。《論語·公冶長》：“宰予晝寢。子曰：‘朽木不可雕也，糞土之牆，不可杇也；於予與何誅？’”妸荷甘日中奓戶而入，司馬彪曰：“奓，開也。”曰：“老龍死矣！”神農隱几擁杖而起，按：擁，扶也。擁杖，謂悲不自勝。《禮記·檀弓上》：“故君子之執親之喪也，水漿不入於口者三日，杖而後能起。”又《韓非子·顯學》：“儒者破家而葬，服喪三年，大毀扶杖，世主以爲孝而禮之。”㪊然放杖而笑，李頤曰：“㪊，放杖聲也。”曰：

"天知予僻陋慢訑,按:天,謂老龍吉。《莊子·在宥》:"不明於天者,不純於德。"以其德純,故謂之"天"。訑,謂輕慢也。《孟子·告子下》:"夫苟不好善,則人將曰:'訑訑,予既已知之矣。'訑訑之聲音顏色,距人於千里之外。"故棄予而死。已矣夫子!无所發予之狂言而死矣夫!"按:發,啓發。狂言,指純素之言。《莊子·山木》:"純純常常,乃比於狂。"弇堈弔聞之,曰:"夫體道者,按:體,體悟。天下之君子所繫焉。按:君子所繫,謂儒家聖人。《論語·八佾》:"儀封人請見,曰:'君子之至於斯也,吾未嘗不得見也。'從者見之。出曰:'二三子何患於喪乎?天下之無道也久矣,天將以夫子爲木鐸。'"今於道,秋豪之端萬分未得處一焉,而猶知藏其狂言而死,按:其,謂老龍吉。《莊子·列禦寇》:"知道易,勿言難。知而不言,所以之天也;知而言之,所以之人也;古之人,天而不人。"又況夫體道者乎!視之无形,聽之无聲,於人之論者,謂之冥冥,宣穎曰:"論者終不能明道也。"所以論道,而非道也。"本段講:道不可論。

於是泰清問乎无窮,曰:"子知道乎?"无窮曰:"吾不知。"又問乎无爲,无爲曰:"吾知道。"曰:"子之知道,亦有數乎?"按:數,謂辨識度。《周禮·秋官司寇·司厲》:"辨其物,皆有數量。"又《禮記·表記》:"仁有數,義有長短小大。中心憯怛,愛人之仁也;率法而強之,資仁者也。"曰:"有。"曰:"其數若何?"无爲曰:"吾知道之可以貴、可以賤、按:《莊子·天道》:"明此以南鄉,堯之爲君也;明此以北面,舜之爲臣也。以此處上,帝王天子之德也;以此處下,玄聖素王之道也。"可以約、可以散,按:約,謂集於一人;散,謂散在百家。《莊子·天下》:"後世之學者,不幸不見天地之純,古人之大體。道術將爲天下裂。"此吾所以知道之數也。"按:道之數,无定數。泰清以之言也問乎无始,曰:"若是,則无窮之弗知與无爲之知,孰是而孰非乎?"无始曰:"不知深矣,知之淺矣;弗知内矣,知之外矣。"按:可貴可賤、可約可散,皆道之表象、粗迹,故曰"知之淺、知之外"。於是泰清中而歎曰:陸德明曰:"崔本,中作卬。"按:卬,通仰。"弗知乃知乎!知乃不知乎!孰知不知之知?"无始曰:"道不可聞,聞而非也;道不可見,見而非也;道不可言,言而非也!知形形之不形乎?按:形形者,道也。《莊子·知北遊》:"精神生於道,形本生於精,而萬物以形相生。"**道不當名。**"按：《老子·二十五章》："吾不知其名，字之曰道，强爲之名曰大。"**无始曰："有問道而應之者，不知道也；雖問道者，亦未聞道。道无問，問无應。无問問之，是問窮也；**宣穎曰："問窮，終无可答。"**无應應之，是无内也。**按：内，謂虚静之心。**以无内待問窮，若是者，外不觀乎宇宙，**按：宇宙，謂天地、古今。不觀乎宇宙，謂外不見物。**内不知乎大初。**按：大初，无也。《莊子·天地》："泰初有无，无有无名。"**是以不過乎崑崙，**按：崑崙，謂大有。《山海經·海内西經》："海内昆侖之虚，在西北，帝之下都。昆侖之虚，方八百里，高萬仞。"**不遊乎太虚。**"按：太虚，謂大无。本節講：道不可知。

光曜問乎无有曰："夫子有乎？ 其无有乎？"光曜不得問，而孰視其狀貌，按：孰，熟也。**窅然空然。**按：窅然，深遠貌。**終日視之而不見，聽之而不聞，搏之而不得也。**按：搏，猶抓。**光曜曰："至矣！ 其孰能至此乎！ 予能有无矣，**按：无，謂无形。**而未能无无也。**按：无无，謂无象。**及爲无有矣，何從至此哉！"**本段講：道以无爲體。

大馬之捶鉤者，成玄英曰："大馬，官號，楚之大司馬也。捶，打鍛也。"按：之，往也。鉤，馬體之飾也。《詩·小雅·采芑》："路車有奭，簟茀魚服，鉤膺鞗革。"毛傳："鉤膺，樊纓也。"**年八十矣，而不失豪芒。**按：鉤之制，或以金，或以革，皆可謂"鍛"。《周禮·考工記》："凡甲，鍛不摯則不堅，已敝則橈。"鄭衆曰："鍛，鍛革也。摯謂質也。鍛革大孰，則革敝无强，曲橈也。"鍛甲與鍛鉤通。不失毫芒，蓋謂革之軟硬適中。**大馬曰："子巧與？ 有道與？"曰："臣有守也。**按：守，道也。《老子·三十七章》："道常無爲而無不爲。侯王若能守之，萬物將自化。"**臣之年二十而好捶鉤，於物无視也，非鉤无察也。是用之者，**按：用，謂用心。用之者，捶鉤也。**假不用者也，**按：不用者，謂无心於外物。**以長得其用，而況乎无不用者乎！**按：无不用者，謂虚静之心。**物孰不資焉！"**按：資，謂取法。《莊子·天道》："聖人之静也，非曰静也善，故静也；萬物无足以鐃心者，故静也。水静則明燭鬚眉，平中準，大匠取法焉。"本段講：物以无爲用。

四

冉求問於仲尼曰:"未有天地可知邪?"按:道生天地,天地生萬物。冉求問"未有天地",是求古之道也。仲尼曰:"可。古猶今也。"按:古猶今,謂古之道猶今之道。冉求失問而退。成玄英曰:"失其問意。"明日復見,曰:"昔者吾問'未有天地可知乎?'夫子曰:'可。古猶今也。'昔日吾昭然,按:昭然,謂悟其意。今日吾昧然。敢問何謂也?"仲尼曰:"昔之昭然也,神者先受之;按:神者,謂和順之心。《莊子·庚桑楚》:"欲靜則平氣,欲神則順心。"又《莊子·徐无鬼》:"夫神者,好和而惡姦。"今之昧然也,且又爲不神者求邪!按:不神者,謂心知。《莊子·天地》:"純白不備,則神生不定,神生不定者,道之所不載也。"

无古无今,按:《莊子·大宗師》:"无古今,而後能入於不死不生。殺生者不死,生生者不生。"无始无終。按:无古无今、无始无終,道也。未有子孫而有子孫,可乎?"按:道生萬物,故曰"有子孫";萬物各自爲種,生生不息,故曰"未有子孫"。冉求未對。仲尼曰:"已矣,未應矣!林希逸曰:"已矣,未應矣,言汝到此不必更形於言矣。"不以生生死,按:以,因也。生死,謂起死回生。不以生生死,謂不爲了生,而刻意起死回生。不以死死生。按:不以死死生,謂不爲了死,而刻意殺生。死生有待邪?按:死生,若有待,若无待。《莊子·齊物論》:"方生方死,方死方生。"皆有所一體。按:一體,謂死生一體。《莊子·大宗師》:"孰能以无爲首,以生爲脊,以死爲尻,孰知生死存亡之一體者,吾與之友矣。"有先天地生者物邪?物物者非物,按:物物者,道也。物出不得先物也,猶其有物也。錢穆曰:"物之先,仍物也。"猶其有物也,无已!按:无已,謂死生若環。《莊子·寓言》:"萬物皆種也,以不同形相禪,始卒若環,莫得其倫,是謂天均。"聖人之愛人也終无已者,按:已,止也。《莊子·知北遊》:"是其所美者爲神奇,其所惡者爲臭腐。臭腐復化爲神奇,神奇復化爲臭腐。"亦乃取於是者也。"本段講:道无古今。

顏淵問乎仲尼曰:"回嘗聞諸夫子曰:'无有所將,无有所迎.'按:《莊子·應帝王》:"至人之用心若鏡,不將不迎,應而不藏,故能勝物而不傷。"回敢問其遊。"按:游,謂心之遊。仲尼曰:"古之人,外化而内不化,按:外化,謂順物。《莊子·大宗師》:"淒然似秋,煖然似春,喜怒通四時,與物有宜而莫知其極。"内不化,謂和豫之心不化。《莊子·德充符》:"使之和豫,通而不失於兑。使日夜无郤,而與物爲春,是接而生時於心者也。"今之人,内化而外不化。按:内化,謂心之衰。《莊子·齊物論》:"其形化,其心與之然,可不謂大哀乎?"外不化,謂與物相傷。《莊子·齊物論》:"一受其成形,不亡以待盡。與物相刃相靡,其行盡如馳,而莫之能止,不亦悲乎!"與物化者,按:與物化,謂外化。一不化者也。按:一不化者,謂素樸之天性。安化安不化,安與之相靡?羅勉道曰:"安,何也。何所謂化,何所謂不化,何能與之相磨?"必與之莫多。郭象曰:"不將不迎,則足而止。"按:與之,謂與物相交。《莊子·知北遊》:"故无所甚親,无所甚疏,抱德煬和,以順天下,此謂真人。"狶韋氏之囿,按:囿,苑囿也。《詩·大雅·靈臺》:"王在靈囿,麀鹿攸伏。麀鹿濯濯,白鳥翯翯。"狶韋氏之囿,謂狶韋氏與萬物同遊。黄帝之圃,按:圃,場圃。《禮記·射義》:"孔子射於矍相之圃,蓋觀者如堵墙。"黄帝之圃,謂黄帝與鄉人遊。有虞氏之宫,按:宫,屋舍也。宫外有墙。有虞氏之宫,謂舜僅與家人遊。湯武之室。按:室,居室也。湯武之室,謂湯武僅與妻子遊。君子之人,若儒墨者師,按:儒者師,謂孔子;墨者師,謂墨翟。故以是非相鳌也,按:故,通固。鳌,磨碎。相鳌,謂不能同遊。而況今之人乎!按:今之人,謂不能順物。

聖人處物不傷物。不傷物者,物亦不能傷也。按:傷,謂内傷。《莊子·德充符》:"道與之貌,天與之形,无以好惡内傷其身。"唯无所傷者,爲能與人相將迎。按:《莊子·天下》:"獨與天地精神往來,而不敖倪於萬物,不譴是非,以與世俗處。"山林與!皋壤與!按:皋,澤也。按:《莊子·刻意》:"就藪澤,處閑曠,釣魚閑處,无爲而已矣。此江海之士,避世之人,閒暇者之所好也。"使我欣欣然而樂與!按:我,謂避世者。樂未畢也,哀又繼之。按:哀,謂孤獨之哀。《莊子·徐无鬼》:"去國數日,見其所知而喜;去國旬月,見所嘗見於國中者喜;及期年也,見似人者而喜矣;不亦去人滋久,思人滋深乎?夫逃虛空者,藜藋柱乎鼪鼬之逕,踉位其空,聞人足音跫然而喜矣。"哀樂之來,吾不能禦,其去弗能止。悲夫,世人直爲物逆旅耳! 成玄英曰:"逆旅,客舍也。"

夫知遇而不知所不遇,按:遇,生也。所不遇,死也。知能能而不能所不能。按:能能,謂修德也。所不能,謂改命。无知无能者,按:无知者,死也。无能,謂无能爲力。固人之所不免也。夫務免乎人之所不免者,按:不免者,謂死生。《莊子·大宗師》:"死生,命也,其有夜旦之常,天也。人之有所不得與,皆物之情也。"豈不亦悲哉! 至言去言,至爲去爲。按:去爲,謂安之若命。《莊子·人間世》:"自事其心者,哀樂不易施乎前,知其不可奈何而安之若命,德之至也。"齊知之所知,按:知之所知,物也。齊知之所知,謂齊物。《莊子·齊物論》:"夫天下莫大於秋豪之末,而大山爲小;莫壽於殤子,而彭祖爲夭。"萬物不齊而强齊之,是謂"齊物"。則淺矣!"按:萬物不可齊,而可通爲一。《莊子·齊物論》:"故爲是舉莛與楹,厲與西施,恢詭譎怪,道通爲一。其分也,成也;其成也,毀也。凡物无成與毀,復通爲一。"成與毀,謂萬物之死生,物化也。通者,謂通於大化之流。

小 結

《知北遊》篇可與《大宗師》篇相互發明。《大宗師》篇講"道"對"物"的絕對駕馭,而《知北遊》篇則强調"道"與"物"共存性。本篇核心觀點是:"物物者與物无際。"物物者,即造物者,也就是"道"。際,指分界。无際,謂道不離物,渾然一體。在第二章,莊子講:道在螻蟻、稊稗、瓦甓、屎溺,意在强調道本无有,不可離物以求道。第四章重申"道"與"物"的共生關係。冉求問:"未有天地可知邪?"是在問天地萬物未生之前,道的獨立狀態。仲尼説"古猶今也",是説從來没有脱離物而獨立存在的"道"。區別在於,道无終始,物有死生。但萬物以形相禪,薪盡火傳,也可以説循環无窮。由此看來,《老子·四十二章》"道生一,一生二,二生三,三生萬物"之所謂"生",並不是講誰先誰後的問題。

雜　篇

庚　桑　楚

　　《庚桑楚》篇講：自然无爲，天下安寧。本篇可分爲五章：第一章講：舉賢任知，後患无窮；第二章講：絶仁棄義，返生之初；第三章講：心静如水，映照萬物；第四章講：道通萬物，无有无爲；第五章講：虛静无爲，動以天行。

一

　　老聃之役有庚桑楚者，<small>司馬彪曰：“役，學徒弟子也。”按：庚桑楚，聖人也，聖人无名。老聃，至人也，至人无己。</small>偏得老聃之道，<small>按：偏，未盡也。《左傳·成公十五年》：“桓氏雖亡，必偏。”</small>以北居畏壘之山。其臣之畫然知者去之，<small>按：畫，界也。畫然，是非分明貌。</small>其妾之挈然仁者遠之。<small>按：挈，牽也。挈然，不捨之貌。</small>擁腫之與居，<small>按：擁腫，謂不修身之人。《楚辭·九章·橘頌》：“紛緼宜脩，姱而不醜兮。”</small>鞅掌之爲使。<small>奚侗曰：“《詩》：王事鞅掌。《毛傳》：鞅掌，失容也。謂不修容儀。”</small>居三年，畏壘大壤。<small>陸德明曰：“壤，本亦作穰。”按：聖人法天地，故畏壘大穰。《老子·第五章》：“天地不仁，以萬物爲芻狗；聖人不仁，以百姓爲芻狗。”</small>畏壘之民相與言曰：“庚桑子之始來，吾洒然異之。<small>按：洒，鮮也。《詩·邶風·新臺》：“新臺有洒，河水浼浼。”洒然，新奇貌。</small>今吾日計之而不足，<small>向秀曰：“无旦夕小利也。”</small>歲計之而有餘。<small>向秀曰：“順時而大穰。”</small>庶幾其聖人乎！<small>按：聖人，謂有功於天下。</small>子胡不相與尸而祝之，社而稷之乎？”<small>宣穎曰：“立之尸而祝祭之。附之社而稷享之。”</small>

　　庚桑子聞之，南面而不釋然。弟子異之。庚桑子曰：“弟子何異於予？夫春氣發而百草生，正得秋而萬寶成。<small>按：正，謂</small>

正朔。《史記·曆書》：“正不率天，又不由人，則凡事易壞而難成矣。”萬寶，謂萬物之實。**夫春與秋，豈无得而然哉？** 按：得，德也，謂得天地之和。**天道已行矣。** 按：聖人法天，有功而不居。《論語·陽貨》：“子曰：‘天何言哉？四時行焉，百物生焉，天何言哉？’”**吾聞至人，** 按：至人无己。**尸居環堵之室，** 司馬彪曰：“一丈曰堵。環堵者，面各一丈，言小也。”**而百姓倡狂不知所如往。** 宣穎曰：“如相忘於天地。”**今以畏壘之細民，而竊竊焉欲俎豆予于賢人之間。** 成玄英曰：“俎，切肉之几；豆，盛脯之具；皆禮器也。”按：賢人，謂德不足。《莊子·徐无鬼》：“以德分人謂之聖，以財分人謂之賢。”**我其杓之人邪！** 按：杓，謂勺柄。杓之人，言爲人所制。《淮南子·兵略訓》：“故淩人者勝，待人者敗，爲人杓者死。”**吾是以不釋於老聃之言。”**

弟子曰：“不然。**夫尋常之溝，** 陸德明曰：“八尺曰尋，倍尋曰常。尋常之溝，則《周禮》洫澮之廣深也。”**巨魚无所還其體，而鯢鰍爲之制；** 王叔之曰：“制，謂擅之也。鯢鰌專制於小溝也。”**步仞之丘陵，** 陸德明曰：“六尺爲步，七尺曰仞，廣一步，高一仞也。”**巨獸无所隱其軀，而孽狐爲之祥。** 按：孽，庶孽也。祥，謂吉宅。**且夫尊賢授能，先善與利，** 按：先善，謂優待善於己者。與利，謂結交利於己者。**自古堯舜以然，而況畏壘之民乎！** 按：《莊子·徐无鬼》：“羊肉不慕蟻，蟻慕羊肉，羊肉羶也。舜有羶行，百姓悦之，故三徙成都，至鄧之虛而十有萬家。”**夫子亦聽矣！”**

庚桑子曰：“小子來！**夫函車之獸，** 成玄英曰：“其獸極大，口能含車。”按：《淮南子·詮言訓》：“夫函牛之鼎沸，而蠅蚋弗敢入。”**介而離山，** 陸德明曰：“介，《廣雅》：‘獨也。’”**則不免於罔罟之患；吞舟之魚，碭而失水，** 陸德明曰：“碭溢而失水也。”**則蟻能苦之。故鳥獸不厭高，魚鱉不厭深。夫全其形生之人，藏其身也，不厭深眇而已矣！且夫二子者，** 郭象曰：“二子，謂堯舜。”**又何足以稱揚哉！是其於辯也，** 按：辯，謂治理天下。《左傳·昭公元年》：“主齊盟者，誰能辯焉？”杜預注：“辯，治也。”。**將妄鑿垣牆而殖蓬蒿也。** 按：鑿垣墻，謂揖盜也。殖蓬蒿，謂樹不肖之人。**簡髮而櫛，數米而炊，** 按：天下生民无算，若必選賢而任能，是猶擇髮而櫛，數米而炊也。**竊竊乎又何足**

以濟世哉！舉賢則民相軋，按：《老子·三章》：“不尚賢，使民不爭。”任知則民相盜。按：盜，賊也，謂助成其惡。之數物者，成玄英曰：“數物者，謂舉賢任知等也。”不足以厚民。按：厚，敦厚。《論語·學而》：“曾子曰：‘慎終追遠，民德歸厚矣。’”民之於利甚勤，按：《史記·貨殖列傳》：“天下熙熙，皆爲利來；天下壤壤，皆爲利往。”子有殺父，臣有殺君，正晝爲盜，日中穴阫。向秀曰：“阫，墙也。”按：阫，通坯，土坯墙。吾語女，大亂之本，按：大亂之本，謂擾亂人心。《莊子·在宥》：“天下脊脊大亂，罪在攖人心。”必生於堯、舜之間，其末存乎千世之後。按：存，察也。千世之後，其必有人與人相食者也。”

南榮趎蹵然正坐曰：成玄英曰：“蹵然，驚悚貌。”“若趎之年者已長矣，將惡乎託業以及此言邪？”按：業，學業。《孟子·告子下》：“願留而受業於門。”庚桑子曰：“全汝形，按：全汝形，謂謹言慎行。《論語·爲政》：“子張學干祿。子曰：‘多聞闕疑，慎言其餘，則寡尤；多見闕殆，慎行其餘，則寡悔。言寡尤，行寡悔，禄在其中矣。’”抱汝生，按：抱，約束也。抱汝生，謂寡欲。《孟子·盡心下》：“養心莫善於寡欲。其爲人也寡欲，雖有不存焉者，寡矣；其爲人也多欲，雖有存焉者，寡矣。”无使汝思慮營營。按：營營，煩亂也，用知之貌。《莊子·在宥》：“慎女内，閉女外，多知爲敗。”若此三年，則可以及此言矣！”

南榮趎曰：“目之與形，按：目之與形，謂眼之成形。吾不知其異也，而盲者不能自見；耳之與形，吾不知其異也，而聾者不能自聞；心之與形，吾不知其異也，而狂者不能自得。郭象曰：“目與目，耳與耳，心與心，其形相似而所能不同。”形之與形亦辟矣，按：辟，通擘，掰也，謂人心離析。而物或間之邪？按：物，謂名實。《莊子·人間世》：“名實者，聖人之所不能勝也。”欲相求而不能相得。按：同聲相應，同氣相求。相得，謂匹配。《吕氏春秋·先識覽》：“智者其所能接遠也，愚者其所能接近也。所能接近而告之以遠化，奚由相得？无由相得，說者雖工，不能喻矣。”今謂趎曰：‘全汝形，抱汝生，勿使汝思慮營營。’趎勉聞道達耳矣！”按：達耳，謂未達於心。庚桑子曰：“辭盡矣，曰奔蜂不能化藿蠋，司馬彪曰：“奔蜂，小蜂也，一云土蜂。藿蠋，豆藿中大青蟲也。”越雞不能伏鵠卵，司馬彪曰：“越雞，小雞也。或云荆雞也。”

魯雞固能矣！<small>向秀曰：“魯雞，大雞也，今蜀雞也。”</small>雞之與雞，其德非不同也。有能與不能者，其才固有巨小也。今吾才小，不足以化子。子胡不南見老子！”

二

南榮趎贏糧，<small>成玄英曰：“贏，裹也，擔也。”</small>七日七夜至老子之所。老子曰：“子自楚之所來乎？”南榮趎曰：“唯。”老子曰：“子何與人偕來之衆也？”<small>按：衆，謂仁、義、知三心。</small>南榮趎懼然顧其後。老子曰：“子不知吾所謂乎？”南榮趎俯而慚，仰而歎曰：“今者吾忘吾答，因失吾問。”<small>按：吾答，謂己之成見。吾問，謂嚮之所問于庚桑楚。</small>老子曰：“何謂也？”南榮趎曰：“不知乎？人謂我朱愚。<small>鍾泰曰：“朱，與趎同一字，於一文中作兩體書者，古書多有之矣。”</small>知乎，反愁我軀。<small>按：《莊子·列禦寇》：“巧者勞而知者憂，無能者無所求，飽食而敖遊，汎若不繫之舟，虛而敖遊者也！”</small>不仁則害人，仁則反愁我身；不義則傷彼，義則反愁我己。我安逃此而可？<small>按：《莊子·徐无鬼》：“修胸中之誠，以應天地之情而勿攖。”</small>此三言者，趎之所患也。願因楚而問之。”<small>按：楚，庚桑楚。</small>

老子曰：“向吾見若眉睫之間，吾因以得汝矣。<small>成玄英曰：“已得汝心。”按：《韓詩外傳》卷四曰：“苟有温良在其中，則眉睫著之矣。疵瑕在其中，則眉睫亦不匿之。”《列子·説符》：“晉國苦盜，有邻雍者，能視盜之貌，察其眉睫之間，而得其情。”</small>今汝又言而信之。<small>按：信，驗證。</small>若規規然若喪父母，<small>按：規，通窺。規規然，窺視貌。</small>揭竿而求諸海也。<small>按：揭竿，謂揭竿為旗，欲以招父母。</small>女亡人哉，<small>按：亡人，謂迷失本性，不知所歸。</small>惘惘乎！<small>按：惘，迷茫。</small>汝欲反汝情性而无由入，<small>按：情，實也。《莊子·馬蹄》：“同乎无知，其德不離；同乎无欲，是謂素樸。素樸而民性得矣。”</small>可憐哉！”

南榮趎請入就舍，召其所好，去其所惡。<small>按：南榮趎從欲，以此返其情性，大誤矣。《莊子·徐无鬼》：“君將盈耆欲，長好惡，則性命之情病矣。”</small>十日自愁，復見老子。老子曰：“汝自洒濯，<small>按：洒濯，謂去</small>

其所惡。**熟哉鬱鬱乎！**王孝魚曰："熟，世德堂本作孰。"嚴靈峰曰："孰，何也。'孰哉鬱鬱乎'乃倒裝句，猶云何鬱鬱乎哉也。"**然而其中津津乎猶有惡也。**按：津，滲也。《淮南子·天文訓》："故陽燧見日則燃而爲火；方諸見月則津而爲水。"方諸，大蛤也。津津，謂惡之外滲。**夫外韄者不可繁而捉，**李頤曰："韄，縛也。"按：韄，謂纏裹刀柄之絲革。外韄者，謂自外而來之惡物。繁，多也。捉，謂持去。不可繁而捉，謂惡物繁多，不勝捉也。**將內揵；**郭象曰："揵，關揵也。"按：揵，通楗，謂門之關楗。內楗，謂門內側之楗落下，拒絕一切外物。**內韄者不可繆而捉，**按：內韄者，謂仁、義、知等惡物。繆，糾纏。不可繆而捉，謂三者糾纏，不可清除。**將外揵。**按：外揵，謂門外側之楗下落，欲去之而不能。**外內韄者，**按：外內韄，謂心閉塞不通。《莊子·刻意》："水之性，不雜則清，莫動則平；鬱閉而不流，亦不能清。"**道德不能持，**按：道德，謂恬淡之心。持，保持。《莊子·天道》："夫虛靜恬淡寂漠无爲者，天地之平而道德之至。"**而況放道而行者乎！"**按：放，棄也。道，謂自然。

南榮趎曰："里人有病，里人問之，病者能言其病，然其病，按：然，明也。《淮南子·覽冥訓》："雖有明智，弗能然也。"然其病，謂明了病情。**病者猶未病也。**按：未病，謂尚可救治。《莊子·天地》："知其愚者，非大愚也；知其惑者，非大惑也。大惑者，終身不解；大愚者，終身不靈。"**若趎之聞大道，**按：《莊子·天地》："大聲不入於里耳，折楊皇荂，則嗑然而笑。是故高言不止於衆人之心。"**譬猶飲藥以加病也。**按：加病，謂用藥過猛。**趎願聞衛生之經而已矣。"**成玄英曰："經，常也。已，止也。"按：南榮趎不能明大道，故退而求"衛生之經"。**老子曰："衛生之經，能抱一乎？**按：一，謂形神合一。《莊子·在宥》："目无所見，耳无所聞，心无所知，女神將守形，形乃長生。"**能勿失乎？**按：《莊子·刻意》："純素之道，唯神是守。守而勿失，與神爲一。一之精通，合於天倫。"**能无卜筮而知吉凶乎？**按：无卜筮，謂心恒。知吉凶，謂知常性。《老子·十六章》："知常曰明，不知常，妄作，凶。"**能止乎？**按：止，靜也。《莊子·人間世》："虛室生白，吉祥止止。"**能已乎？能舍諸人而求諸己乎？**成玄英曰："自得其性也。"按：《莊子·駢拇》："夫不自見而見彼，不自得而得彼者，是得人之得而不自得其得者也，適人之適而不自適其適者也。"**能翛**

然乎？能侗然乎？林希逸曰："无所累之貌，无所知之貌。"能兒子乎？成玄英曰："同於赤子也。"按：《老子·十章》："專氣致柔，能嬰兒乎？"兒子終日嗥而嗌不嗄，司馬彪曰："嗌，咽也。楚人謂嗁極无聲爲嗄。"按：嗥，啼也。和之至也；按：和，謂氣之和也。《莊子·在宥》："我守其一，以處其和。"終日握而手不挽，陸德明曰："挽，《爾雅》：'捉也。'"共其德也；按：共，恭也。德，和也。《莊子·天地》："性修反德，德至同於初。"終日視而目不瞚，陸德明曰："不瞚，字又作瞬，同。"按：不瞚，謂目不轉睛。偏不在外也。宣穎曰："无所偏向於外，視猶不視。"按：《莊子·在宥》："目无所見，耳无所聞，心无所知，女神將守形，形乃長生。"行不知所之，居不知所爲，與物委蛇，而同其波。是衛生之經已。"按：此衛生之經，謂修心之和。

南榮趎曰："然則是至人之德已乎？"曰："非也。是乃所謂冰解凍釋者，按：冰解凍釋，謂喜怒消解。能乎？按：《莊子·刻意》："故心不憂樂，德之至也；一而不變，靜之至也；无所於忤，虛之至也。"夫至人者，相與交食乎地而交樂乎天，按：相與，謂物我相與。《莊子·天道》："夫明白於天地之德者，此之謂大本大宗，與天和者也；所以均調天下，與人和者也。與人和者，謂之人樂；與天和者，謂之天樂。"不以人物利害相攖，不相與爲怪，不相與爲謀，不相與爲事，按：不相與，謂不累於物。翛然而往，侗然而來。是謂衛生之經已。"按：此衛生之經，謂修心之虛。曰："然則是至乎？"曰："未也。吾固告汝曰：'能兒子乎！'按：兒子，謂生之初。《莊子·天地》："性修反德，德至同於初。"兒子動不知所爲，行不知所之，身若槁木之枝而心若死灰。按：槁木死灰，謂坐忘。《莊子·天地》："有治在人，忘乎物，忘乎天，其名爲忘己。忘己之人，是之謂入於天。"若是者，禍亦不至，福亦不來。禍福无有，惡有人災也！"按：衛生之至，忘己入於天。

三

宇泰定者，按：宇，謂天地。宇泰定者，謂聖人。《莊子·天道》："水静猶明，而況精神！聖人之心静乎！天地之鑑也，萬物之鏡也。"**發乎天光**。按：天光，謂清天之光。天光无影，窮形盡相。《莊子·天地》："上神乘光，與形滅亡，是謂照曠。"**發乎天光者，人見其人**，按：見，現也。**物見其物。人有脩者**，按：脩，謂養神。《莊子·刻意》："純粹而不雜，静一而不變，淡而无爲，動而以天行，此養神之道也。"**乃今有恒**。按：恒，静也。《莊子·刻意》："水之性，不雜則清，莫動則平；鬱閉而不流，亦不能清；天德之象也。"**有恒者，人舍之**，按：舍，止也。《莊子·德充符》："人莫鑑於流水而鑑於止水。唯止能止衆止。"**天助之。人之所舍，謂之天民；天之所助，謂之天子。**

學者，學其所不能學也；按：學者，謂好學之人，蓋孔子門人。**行者，行其所不能行也**；按：行者，謂苦行之人，蓋墨翟之徒。**辯者，辯其所不能辯也**。按：辯者，謂好辯之人，蓋惠子之流。三者耽于所好，不知止也。**知止乎其所不能知，至矣；若有不即是者**，按：即，靠近。是，止也。**天鈞敗之**。按：天鈞，謂造化之輪。敗，謂早夭。

備物以將形，羅勉道曰："將，養也。"按：《莊子·達生》："養形必先之以物，物有餘而形不養者有之矣；有生必先无離形，形不離而生亡者有之矣。"**藏不虞以生心**，郭象曰："虞者，億度之謂。"按：藏，懷也。藏不虞，謂不用智謀。《莊子·繕性》："不爲福先，不爲禍始。感而後應，迫而後動，不得已而後起。去知與故，循天之理。"生心，謂與物爲春。《莊子·德充符》："使日夜无郤，而與物爲春，是接而生時於心者也。"**敬中以達彼**。按：敬中，誠也。達，通也。彼，謂外物。《莊子·大宗師》："若然者，其心忘，其容寂，其顙頯；淒然似秋，煖然似春，喜怒通四時，與物有宜而莫知其極。"**若是而萬惡至者，皆天也，而非人也**，宣穎曰："非我致之。"**不足以滑成**，按：滑，亂也。成，謂平静之心。《莊子·天道》："水静則明燭鬚眉，平中準，大匠取法焉。"**不可内於靈臺**。郭象曰："靈臺者，心也。"**靈臺者有持**，按：持，保也。《莊子·德充符》："平者，水停之盛也。其可以爲法也，内保之而外不蕩也。"**而不知其所持**，按：不知其所持，謂无心爲之。《莊子·天道》："聖人之静也，非曰静也善，故静也；萬物无足以鏡心者，故静也。"**而不可持者也。不見其誠己而發，每發而不當**，按：《莊子·漁父》："不精不誠，不能動人。故强哭者雖悲不哀，强怒者雖嚴不威，强親者雖笑不和。"**業入而不舍**，按：業，謂所學。《周易·文言》："君子進德修業。忠信所以進德也。修辭立其誠,所以居業也。"君子之居業,不惟修辭,必立其誠。苟无誠而修辭,必不能居其業。**每更爲失**。按:更,謂學業之更替。每更爲失,以其无誠也。苟无誠心,雖日更其業,无益也。**爲不善乎顯明之中者,人得而誅之;爲不善乎幽閒之中者**,按:《禮記·大學》:"所謂誠其意者,毋自欺也。如惡惡臭,如好好色,此之謂自謙。故君子必慎其獨也。"**鬼得而誅之。明乎人,明乎鬼者**,按:明,誠也。《左傳·襄公二十七年》:"子木問於趙孟曰:'范武子之德何如?'對曰:'夫子之家事治,言於晉國无隱情。其祝史陳信於鬼神,无愧辭。'子木歸以語王。王曰:'尚矣哉!能歆神、人,宜其光輔五君以爲盟主也。'"**然後能獨行**。按:獨行,謂心无累。《莊子·刻意》:"去知與故,循天之理。故无天災,无物累,无人非,无鬼責。"故,謂舊習也,猶業也。去知與故,則靈臺虛靜不滯。

　　券內者,按:券,契約。券內,謂藏券於內,不示人。《老子·七十九章》:"是以聖人執左券,而不責於人。有德司契,无德司徹。"司徹,謂賦斂於民。司契,謂深藏契約,不求兑現。**行乎无名**;按:无名,謂不居債主之名。**券外者**,按:券外者,謂執券而用之人。《史記·田敬仲完世家》:"公常執左券,以責於秦韓。"**志乎期費**。按:期,約也。費,謂所出之財。期費,謂按契約付出之財物。**行乎无名者,唯庸有光**;按:庸,不用也。《莊子·齊物論》:"凡物无成與毀,復通爲一。唯達者知通爲一,爲是不用而寓諸庸。"光,葆光也。《莊子·刻意》:"光矣而不耀,信矣而不期。"**志乎期費者,唯賈人也**。按:賈人,謂唯利是圖也。**人見其跂**,按:人,衆人。跂,謂跂足而望利。**猶之魁然**。按:猶,通尤,責也。《詩·小雅·斯干》:"兄及弟矣,式相好矣,无相猶矣。"鄭玄曰:"无相詢病也。"魁然,高貌。猶之魁然,謂責其求利之切。**與物窮者**,按:窮,盡也。與物窮,謂逐物不返。**物入焉**;按:入,謂入於心。**與物且者**,宣穎曰:"且者,待物苟且也。"**其身之不能容,焉能容人!不能容人者无親,无親者盡人**。林希逸曰:"盡,絕也。"**兵莫憯於志**,郭慶藩曰:"憯與慘同。《説文》:'憯,毒也。'"按:志,謂殺人之心也。**鏌邪爲下;寇莫大於陰陽**,按:陰陽,謂喜怒也。《莊子·在宥》:"人大喜邪?毗於陽;大怒邪?毗於陰。陰陽並毗,四時不至,寒暑之和不成,其反傷人之形乎!"**无所逃於天地之間。非陰陽賊之,心則使之也。**郭象曰："心使氣。"按：《老子·五十五章》："心使氣曰强。物壯則老,謂之不道,不道早已。"

四

道通,按：通,謂流通。《莊子·天地》："故通於天地者,德也;行於萬物者,道也。"**其分也**,按：分,散也。其分,謂道散於萬物。《老子·三十九章》："昔之得一者,天得一以清,地得一以寧,神得一以靈,谷得一以盈,萬物得一以生,侯王得一以爲天下貞。"**其成也**,按：成,謂物之生。**毀也**。按：毀,謂物之死。**所惡乎分者**,按：所,發語詞。惡,何也。**其分也以備**;按：備,謂无遺漏。《莊子·徐无鬼》："東郭子問於莊子曰：'所謂道,惡乎在?'莊子曰：'无所不在。'"**所以惡乎備者,其有以備**。按：有以備,謂无窮盡。《莊子·知北遊》："淵淵乎其若海,魏魏乎其終則復始也。運量萬物而不匱。萬物皆往資焉而不匱。"**故出而不反**,按：出,生也。反,謂歸根。**見其鬼**;按：鬼,屬鬼也。《左傳·昭公七年》："及子産適晉,趙景子問焉,曰：'伯有猶能爲鬼乎?'子産曰：'能。人生始化曰魄,既生魄,陽曰魂。用物精多,則魂魄强。是以有精爽至於神明。匹夫匹婦强死,其魂魄猶能馮依於人,以爲淫厲。'"**出而得**,按：得,謂得其天性。《莊子·天道》："彼正正者,不失其性命之情。"**是謂得死**。按：得死,謂回歸天地。《禮記·郊特牲》："夫形全精復,與天爲一。天地者,萬物之父母也。合則成體,散則成始。形精不虧,是謂能移。精而又精,反以相天。"**滅而有實**,按：滅,謂形滅;實,謂氣不滅。**鬼之一也**。按：一,歸一也。《左傳·昭公七年》："子産曰：'鬼有所歸,乃不爲厲,吾爲之歸也。'"**以有形者象无形者而定矣**!羅勉道曰："以有形者相無形者,以人而象鬼也。"按：有形者,尸也。无形者,鬼也。定,謂人鬼皆安。

出无本,按：出,謂物之生。无本,謂萬物以形相生。《莊子·寓言》："萬物皆種也,以不同形相禪,始卒若環,莫得其倫,是謂天均。"**入无竅**。按：入,謂萬物之死也。无竅,謂无所逃於天地之間。《莊子·知北遊》："物已死生方圓,莫知其根也。扁然而萬物自古以固存。"**有實而无乎處**,按：有實,謂天地有形體。无乎處,謂生命流通於天地之間。**有長**

而无乎本剽，《釋文》：“本剽，本亦作標。”盧文弨曰：“標，當作標。”按：長，謂生生不已。標，樹梢。无本標，謂天地无始无終。有所出而无竅者，按：有所出，謂天地生萬物。无竅，謂天地密合，无漏洞。有實。有實而无乎處者，宇也。有長而无本剽者，宙也。按：《文子·自然》：“往古來今謂之宙，四方上下謂之宇。”有乎生，有乎死，有乎出，有乎入。入出而无見其形，是謂天門。按：天門，謂生死之門。《老子·六章》：“谷神不死，是謂玄牝。玄牝之門，是謂天地根。綿綿若存，用之不勤。”天門者，无有也，按：无有，意謂无脫離萬物之天門。萬物出乎无有。有不能以有爲有，必出乎无有，而无有一无有。按：一，恒也。《莊子·知北遊》：“有先天地生者物邪？物物者非物，物出不得先物也，猶其有物也。猶其有物也，无已！”聖人藏乎是。

　　古之人，其知有所至矣。惡乎至？有以爲未始有物者，按：物，謂成形之物。《莊子·達生》：“凡有貌象聲色者，皆物也，物與物何以相遠？”未始有物，謂視萬物爲一氣。《莊子·大宗師》：“彼方且與造物者爲人，而游乎天地之一氣。”至矣，盡矣，弗可以加矣！其次以爲有物矣，按：物，謂萬物。將以生爲喪也，按：喪，离家也。《莊子·齊物論》：“予惡乎知説生之非惑邪！予惡乎知惡死之非弱喪而不知歸者邪！”以死爲反也，按：反，歸根也。《老子·十六章》：“夫物芸芸，各復歸其根。歸根曰静，是曰復命。”是以分已。按：分，謂生死、成毁之别。其次曰始无有，按：无有，无形也。《莊子·至樂》：“雜乎芒芴之間，變而有氣，氣變而有形，形變而有生。今又變而之死。是相與爲春秋冬夏四時行也。”既而有生，生俄而死。以无有爲首，以生爲體，以死爲尻；按：《莊子·大宗師》：“孰能以无爲首，以生爲脊，以死爲尻，孰知生死存亡之一體者，吾與之友矣。”孰知有无死生之一守者，按：一守，一體也。吾與之爲友。鍾泰曰：“有首有尾，則猶有本末終始之見存，故又次之。”按：有本末終始，則不能歸根矣。是三者雖異，按：三者，謂未始有物者、以爲有物者，死生一守。公族也。宣穎曰：“言同一大宗。蓋同宗乎道也。”昭景也，陸德明曰：“一説云：‘昭景甲三者，皆楚同宗也。’”著戴也；按：著，明也。戴，擁戴。甲氏也，按：甲，蓋封邑之名也。著封也，非一也。按：非一，謂三族命名方式不同。

有生黦也，司馬彪曰：“黦，有疵也。”按：黦，黑痣。披然曰移是。成玄英曰：“披，分散也。”按：披然，猶紛然，謂衆口紛紜。移是，謂去除黑痣。嘗言移是，非所言也。按：非所言，謂不當言。黑痣天生，非人能去，故不當言。雖然，不可知者也。按：不可知，謂不知黑痣何時消。臘者之有腺胲，可散而不可散也；成玄英曰：“臘者，大祭也。腺，牛百葉也。胲，備也，亦言是牛蹄也。臘祭之時，牲牢甚備，至於四肢五藏，並皆陳設。祭事既訖，方復散之，則以散爲是；若其祭未了，則不合散，則以散爲不是。”觀室者周於寢廟，按：觀室者，即分享祭肉之人。又適其偃焉，郭象曰：“偃，謂屏廁。”按：屏廁，即廁所。爲是舉移是。按：爲是，謂方食之肉。舉移是，謂皆化屎尿。請嘗言移是。按：移是，謂人性之移。是以生爲本，按：生，謂生人經驗。《論語·先進》：“季路問事鬼神。子曰：‘未能事人，焉能事鬼？’曰：‘敢問死。’曰：‘未知生，焉知死？’”以知爲師，按：《莊子·養生主》：“吾生也有涯，而知也无涯。以有涯隨无涯，殆已！已而爲知者，殆而已矣！”因以乘是非；按：乘是非，謂乘是非之車。《莊子·齊物論》：“故有儒墨之是非，以是其所非而非其所是。欲是其所非而非其所是，則莫若以明。”果有名實，按：果，足也。名實，謂名號與功業。《莊子·人間世》：“名實者，聖人之所不能勝也，而況若乎！”因以己爲質；按：質，矢的。爲質，謂成爲衆矢之的。《淮南子·道應訓》：“爵高者士妒之；官大者主惡之；禄厚者怨處之。”使人以爲己節，成玄英曰：“節，至操也。”按：節，節操。《莊子·讓王》謂伯夷、叔齊，曰：“高節戾行，獨樂其志，不事於世。此二士之節也。”因以死償節。陸德明曰：“殺身以成名，節成而身死，故曰以死償節也。”若然者，以用爲知，以不用爲愚，以徹爲名，宣穎曰：“徹，通也。”按：徹，謂顯達。以窮爲辱。移是，今之人也，是蜩與學鳩同於同也。按：同於同，謂合於世俗。《莊子·駢拇》：“自三代以下者，天下莫不以物易其性矣！小人則以身殉利，士則以身殉名，大夫則以身殉家，聖人則以身殉天下。”

<h2 style="text-align:center">五</h2>

蹍市人之足，曹礎基曰：“蹍，踩。”則辭以放驁，宣穎曰：“辭謝，

以放肆自引罪。"兄則以嫗，按：嫗，撫慰。《淮南子·俶真訓》："嫗掩萬民
百姓，使知之欣欣然。"大親則已矣。按：大親，謂父母。故曰，至禮有
不人，按：人，人情。不人，謂不近人情。至義不物，按：物，辨也。
《詩·小雅·六月》："比物四驪，閑之維則。"又《周禮·夏官·校人》："凡軍
事，物馬而頒之。"至知不謀，至仁无親，至信辟金。郭象曰："金玉
者，小信之質耳，至信則除。"徹志之勃，按：徹，去也。志，謂治氣。《莊
子·盜跖》："今吾告子以人之情，目欲視色，耳欲聽聲，口欲察味，志氣欲
盈。"勃，謂洶湧。解心之謬，陸德明曰："謬，一本作繆。"成玄英曰："繆，
繫縛也。"去德之累，按：德，和也。《莊子·德充符》："德者，成和之脩
也。"達道之塞。貴富顯嚴名利六者，按：嚴，威嚴。《詩·大雅·常
武》："赫赫業業，有嚴天子。"勃志也。容動色理氣意六者，謬心也。
惡欲喜怒哀樂六者，累德也。按：《莊子·刻意》："悲樂者，德之邪；
喜怒者，道之過；好惡者，德之失。故心不憂樂，德之至也。"去就取與知
能六者，塞道也。按：去就，謂趨利避害。取與，謂損益。此四六者不
盪智中則正，按：正，平也。正則靜，靜則明，按：《莊子·天道》："水
靜則明燭鬚眉，平中準，大匠取法焉。水靜猶明，而況精神！聖人之心靜乎！
天地之鑑也，萬物之鏡也。"明則虛，虛則无爲而无不爲也。按：无不
爲，謂遍照萬物。

　　道者，德之欽也；按：欽，敬順也。《尚書·堯典》："欽若昊天，曆象
日月星辰，敬授人時。"《尚書·仲虺之誥》："欽崇天道，永保天命。"生者，
德之光也；按：生，謂生命。德，謂陰陽之和。《莊子·天地》："物得以生，
謂之德。"性者，生之質也。按：生之質，素樸也。《莊子·馬蹄》："素樸
而民性得矣。"性之動，按：性之動，謂无所用心。《莊子·天地》："若性之
自爲，而民不知其所由然。"謂之爲；按：爲，謂率性而爲。爲之僞，按：
僞，謂有心而爲。謂之失。按：失，謂喪本性。《莊子·駢拇》："天下莫不
奔命於仁義。是非以仁義易其性與？"知者，按：知，識也。接也；按：接，
應也，謂認知。《莊子·大宗師》："知天之所爲，知人之所爲者，至矣！知天
之所爲者，天而生也；知人之所爲者，以其知之所知，以養其知之所不知，終
其天年而不中道夭者，是知之盛也。"知者，謨也。按：知，通智。謨，思慮
也。吳毓江注《墨子》曰："思慮者，以其既有知識，更求其所未知之知識

也。"知者之所不知,猶睨也。按:《墨子·經説上》:"慮,慮也者以其知有求也,而不必得之,若睨。"孫詒讓曰:"言以知求索,而得否不可必。若睨而視之,見不見未可必也。"動以不得已之謂德,按:不得已,謂不用心知。德,謂心之和。《莊子·刻意》:"感而後應,迫而後動,不得已而後起。去知與故,循天之理。"動无非我之謂治,郭象曰:"動而效彼則亂。"按:《莊子·駢拇》:"夫不自見而見彼,不自得而得彼者,是得人之得而不自得其得者也,適人之適而不自適其適者也。"名相反而實相順也。按:名相反,謂"不得已"與"无非我"之名相反。相順,謂相反相成。《莊子·外物》:"唯至人乃能遊於世而不僻,順人而不失己。彼教不學,承意不彼。"

羿工乎中微而拙乎使人无己譽。成玄英曰:"工,巧也。"聖人工乎天而拙乎人。宣穎曰:"善法天道,未能自晦。"夫工乎天而俍乎人者,成玄英曰:"俍,善也。"按:俍乎人,謂自埋於民。《莊子·天地》:"夫明白入素,无爲復樸,體性抱神,以遊世俗之間者,汝將固驚邪?"唯全人能之。唯蟲能蟲,唯蟲能天。按:蟲,龍也。能蟲,謂能如蟲之蟄伏。天,謂飛龍在天。能蟲、能天,謂通於天人。全人惡天,惡人之天,按:人之天,謂有好惡之天。《尚書·湯誓》:"有夏多罪,天命殛之。"天本无心,人假之以行其私,是謂"人之天"。而況吾天乎、人乎?按:《莊子·在宥》:"天道之與人道也,相去遠矣,不可不察也。"

一雀適羿,按:適,謂經過。羿必得之,威也。按:威,懾服也。《詩·小雅·采芑》:"顯允方叔,征伐玁狁,蠻荆來威。"以天下爲之籠,則雀无所逃。按:《莊子·大宗師》:"藏小大有宜,猶有所遯。若夫藏天下於天下而不得所遯,是恒物之大情也。"是故湯以胞人籠伊尹,按:胞,通庖。胞人,猶宰人,謂一國之宰。《史記·殷本紀》:"伊尹名阿衡。阿衡欲奸湯而無由,乃爲有莘氏媵臣,負鼎俎,以滋味説湯,致于王道。"秦穆公以五羊之皮籠百里奚。按:五羊之皮,謂五羖大夫之爵。《史記·秦本紀》:"百里傒亡秦走宛,楚鄙人執之。繆公聞百里傒賢,欲重贖之,恐楚人不與,乃使人謂楚曰:'吾媵臣百里傒在焉,請以五羖羊皮贖之。'楚人遂許與之。"是故非以其所好籠之而可得者,无有也。介者拸畫,按:介,一足也。拸,拽也。畫,謂摇晃。介者一足而行,另一腿則拖拽、摇晃,故曰"拸畫"。外非譽也;按:外非譽,謂无視外人嘲笑。胥靡登高而不懼,司馬彪曰:"胥靡,刑徒人也。"遺死生也。郭象曰:"无賴於生,故不畏死。"**夫復謵不餽而忘人**，陸德明曰："謵，翫也。"復，往來也。謵，謂熟識。餽，同饋，贈也。不饋，謂不以利交。忘人，謂相忘於江湖。《莊子·田子方》："吾服女也甚忘，女服吾也甚忘。"**忘人，因以爲天人矣**。按：天人，謂天性素樸。《莊子·天下》："不離於宗，謂之天人。"**故敬之而不喜，侮之而不怒者，唯同乎天和者爲然**。按：天和，謂自然平淡。《莊子·刻意》："夫明白於天地之德者，此之謂大本大宗，與天和者也。"**出怒不怒**，按：不怒，謂无怒心。**則怒出於不怒矣；出爲无爲，則爲出於无爲矣**。按：无爲，謂无心而爲。《莊子·在宥》："故君子不得已而臨莅天下，莫若无爲。无爲也而後安其性命之情。"**欲静則平氣，欲神則順心。有爲也，欲當則緣於不得已。不得已之類，聖人之道**。按：生人之道，謂取法天地。《莊子·刻意》："感而後應，迫而後動，不得已而後起。去知與故，循天之理。"

小　結

《庚桑楚》篇開篇最難，南榮趎問庚桑楚，又北上見老聃，一則寓言講了兩個問題，故而分爲兩章。第一章講舉賢授能之害，最令人驚心。庚桑楚告誡弟子，曰："吾語女，大亂之本，必生於堯、舜之間，其末存乎千世之後。千世之後，其必有人與人相食者也。"舉賢授能，導之以利，必會引起紛爭，誘發欺詐，破壞人的素樸本性，爲大亂埋下禍根。聖人爲救世，倡導仁義，以節制、調和紛爭。然而，仁義非天性，强而行之，必愁苦五臟，傷害生命。爲此，老聃提出回歸生命之初。《天地》篇曰："性修反德，德至同於初。"初，即初生嬰兒，也就是本篇所謂"兒子"。嬰兒秉天地和氣而生，無知無欲，最富有生命力。以下三章，講虛静无爲，修己之誠，以應天地之情。

徐　无　鬼

　　《徐无鬼》篇講：清静无爲，安性命之情。本篇由四章組成：第一章講：人君有爲，賊害天下；第二章講：賢人逞能，傷生害命；第三章講：大人无名，乘天地之誠。第四章講：真人无爲，不以人入天。

一

　　徐无鬼因女商見魏武侯，_{陸德明曰：“魏武侯，名擊，文侯之子，治安邑。”按：安邑，魏都城，故址在今山西省夏縣西北禹王城。}武侯勞之曰：“先生病矣，苦於山林之勞，故乃肯見於寡人。”徐无鬼曰：“我則勞於君，君有何勞於我！君將盈耆欲，長好惡，則性命之情病矣；_{按：情，實也。}君將黜耆欲，_{陸德明曰：“黜，退也。”}擎好惡，_{崔譔曰：“擎，引去也。”}則耳目病矣。_{按：《莊子·讓王》：“不能自勝而强不從者，此之謂重傷。重傷之人，无壽類矣！”}我將勞君，君有何勞於我！”武侯超然不對。_{司馬彪曰：“超然，猶悵然也。”按：《韓詩外傳》卷九：“世俗之士超然自知不及遠矣。”}少焉，徐无鬼曰：“嘗語君，吾相狗也。下之質執飽而止，是狸德也；_{俞樾曰：“《廣雅·釋獸》：‘狸，貓也。’貓之捕鼠，飽而止矣，故曰是狸德。”}中之質若視日；_{按：犬視日，必瞇其目，似閉目養神之狀。若視日，謂志在養神。《莊子·在宥》：“目无所見，耳无所聞，心无所知，女神將守形，形乃長生。慎女内，閉女外，多知爲敗。”}上之質若亡其一。_{按：一，恒也。若亡其一，謂无定象。《吕氏春秋·士容論》：“士不偏不黨。柔而堅，虚而實。其狀朗然不儇，若失其一。”}吾相狗，又不若吾相馬也。吾相馬，直者中繩，曲者中鉤，方者中矩，圓者中規，是國馬也，_{按：《莊子·達生》：“東野稷以御見莊公，}

進退中繩,左右旋中規。莊公以爲文弗過也。使之鉤百而反。"而未若天下馬也。天下馬有成材,陸德明曰:"言自然已足,不須教習也。"若卹若失,按:卹,同恤,憂也。失,通佚,樂也。《列子·説符》:"良馬可形容筋骨相也。天下之馬者,若滅若没,若亡若失,若此者絶塵弭轍。"若喪其一,按:喪其一,謂无定象。《孟子·公孫丑上》:"非其君不事,非其民不使;治則進,亂則退,伯夷也。何事非君,何使非民;治亦進,亂亦進,伊尹也。可以仕則仕,可以止則止,可以久則久,可以速則速,孔子也。"若是者,超軼絶塵,不知其所。"武侯大説而笑。按:徐无鬼以天下馬自况,自謂无可无不可,故武侯大悦而笑。

徐无鬼出,女商曰:"先生獨何以説吾君乎?吾所以説吾君者,横説之則以《詩》《書》《禮》《樂》,從説之則以《金板》《六弢》,陸德明曰:"司馬、崔云:'《金版》《六弢》,皆《周書》篇名。本又作《六韜》,謂太公《六韜》,文武虎豹龍犬也。"奉事而大有功者不可爲數,按:奉事,謂事奉武侯。而吾君未嘗啓齒。今先生何以説吾君,使吾君説若此乎?"徐无鬼曰:"吾直告之吾相狗馬耳。"女商曰:"若是乎?"成玄英曰:"怪奇術淺,故有斯問。"曰:"子不聞夫越之流人乎?司馬彪曰:"流人,有罪見流徙者也。"去國數日,見其所知而喜;去國旬月,見所嘗見於國中者喜;及期年也,見似人者而喜矣;不亦去人滋久,思人滋深乎?夫逃虚空者,按:虚空,飢也。逃虚空,謂逃荒。《孟子·告子下》:"餓其體膚,空乏其身。"又《韓詩外傳》卷三:"四體不掩,則鮮仁人。五藏空虚,則无立士。"藜藋柱乎鼪鼬之徑,郭慶藩曰:"藜,蒿也。藋,即今所謂灰藋也。藜藋皆生于不治之地,其高過人,必排之而后得進。"踉位其空,按:踉,跳也。位,立也。其中,謂未生藜藋、荆棘之空地。踉位其空,猶竄伏。《楚辭·九思》:"走鬯罔兮乍東西,欲竄伏兮其焉如。"聞人足音跫然而喜矣,陸德明曰:"跫,悚也。"按:跫然,驚喜貌。又況乎昆弟親戚之謦欬其側者乎!鍾泰曰:"謦欬,喉中出聲也。"久矣夫莫以真人之言謦欬吾君之側乎!"按:真人,謂素朴之人。

徐无鬼見武侯,武侯曰:"先生居山林,食芧栗,厭蔥韭,以賓寡人,陸德明曰:"賓,本或作擯。司馬云:擯,棄也。"久矣夫!今老邪？其欲干酒肉之味邪？李頤曰："干，求也。"其寡人亦有社稷之福邪？"徐无鬼曰："无鬼生於貧賤，未嘗敢飲食君之酒肉，將來勞君也。"君曰："何哉！奚勞寡人？"曰："勞君之神與形。"武侯曰："何謂邪？"徐无鬼曰："天地之養也一，鍾泰曰："天地之養也一，言天地至於萬物，使皆得其養，无有厚薄不均也。"登高不可以爲長，居下不可以爲短。按：登高、居下，喻尊卑、貴賤。君獨爲萬乘之主，以苦一國之民，按：《左傳·襄公十四年》："天之愛民甚矣。豈其使一人肆於民上，以從其淫，而棄天地之性？必不然矣。"以養耳目鼻口，夫神者不自許也。林希逸曰："外物之養者，形；而於心中不自得。"按：神者，謂心神也。夫神者，好和而惡姦。按：和，和豫也。《莊子·德充符》："夫若然者，且不知耳目之所宜，而遊心乎德之和。"夫姦，按：姦，謂外物之擾。《尚書·舜典》："蠻夷猾夏，寇賊姦宄。"孔安國曰："在外曰姦，在內曰宄。"病也，按：《老子·十二章》："五色令人目盲，五音令人耳聾，五味令人口爽，馳騁畋獵令人心發狂，難得之貨令人行妨。"故勞之。唯君所病之，何也？"武侯曰："欲見先生久矣！吾欲愛民而爲義偃兵，其可乎？"徐无鬼曰："不可。愛民，害民之始也；爲義偃兵，造兵之本也。按：爲義偃兵，謂稱霸會盟。君自此爲之，則殆不成。按：成，平也。《春秋·桓公二年》："公會齊侯、陳侯、鄭伯于稷，以成宋亂。"凡成美，按：成美，謂盟約之美。惡器也。按：惡器，謂不可久。《老子·四十五章》："大成若缺，其用不弊。"君雖爲仁義，幾且僞哉！成玄英曰："幾，近也。"形固造形，郭象曰："仁義有形，固僞形必作。"成固有伐，按：伐，驕矜也。《戰國策·秦策三》："昔者，齊桓公九合諸侯，一匡天下，至葵丘之會，有驕矜之色，畔者九國。"變固外戰。按：變，謂心變。外戰，謂殺伐之色見也。《呂氏春秋·審應覽》："齊桓公合諸侯，衛人後至。公朝而與管仲謀伐衛，退朝而入，衛姬望見君，下堂再拜，請衛君之罪。公曰：'吾於衛无故，子曷爲請？'對曰：'妾望君之入也，足高氣彊，有伐國之志也。見妾而有動色，伐衛也。'"君亦必无盛鶴列於麗譙之間。李頤曰："鶴列，謂兵如鶴之列行。"郭象曰："麗譙，高樓也。"无徒驥於錙壇之宮，林希逸曰："錙壇，祭祀之地。古人祭祀必於路寢，此言宮之內也。"郭嵩燾曰："徒驥，猶徒御也，行兵也。"无藏逆於得！按：逆，謂逆民心。得，適意也。《莊子·天地》：“楊、墨乃始離跂自以爲得，非吾所謂得也。”无以巧勝人，按：《莊子·人間世》：“且以巧鬥力者，始乎陽，常卒乎陰，大至則多奇巧。”无以謀勝人，无以戰勝人。夫殺人之士民，兼人之土地，以養吾私與吾神者，按：吾私，謂耳目之欲。神，謂神氣。其戰不知孰善？勝之惡乎在？按：愛民而殺人，偃兵而造病，雖戰而勝之，不知其善也。君若勿已矣！按：勿已，謂不得已。《列子·力命》：“勿已，則隰朋可。”修胸中之誠，以應天地之情而勿攖。按：攖，擾也。天地之情，謂清静无爲。《莊子·至樂》：“天无爲以之清，地无爲以之寧。故兩无爲相合，萬物皆化生。”夫民死已脱矣，君將惡乎用夫偃兵哉！”按：《莊子·在宥》：“故君子不得已而臨蒞天下，莫若无爲。无爲也而後安其性命之情。”

　　黄帝將見大隗乎具茨之山，按：具茨之山，又名大隗山，在今河南省新密市東南。方明爲御，按：方，并也。方明，謂兩目明也。御者必目明，故謂之“方明”。昌寓驂乘，按：《説文》：“昌，美言。”昌寓，謂美言之所寄，耳也。張若、按：張若，口也。詔朋前馬，按：詔朋，鼻也。詔，習也。朋，比也。詔朋，謂兩鼻孔。前四者，謂視、聽、食、息。昆閽、按：昆，衆也。閽，謂守門人。滑稽後車；按：滑稽，謂多智，善辯。《史記·樗里子列傳》：“樗里子滑稽多智，秦人號曰‘智囊’。”又《史記·滑稽列傳》：“淳于髡者，齊之贅婿也。長不滿七尺，滑稽多辯，數使諸侯，未嘗屈辱。”至於襄城之野，七聖皆迷，陸德明曰：“黄帝一，方明二，昌寓三，張若四，詔朋五，昆閽六，滑稽七也。”无所問塗。適遇牧馬童子，問塗焉，曰：“若知具茨之山乎？”曰：“然。”“若知大隗之所存乎？”成玄英曰：“存，在也。”曰：“然。”黄帝曰：“異哉小童！非徒知具茨之山，又知大隗之所存。請問爲天下。”小童曰：“夫爲天下者，亦若此而已矣，鍾泰曰：“此，即指牧馬。”又奚事焉！予少而自遊於六合之内，予適有瞀病，李頤曰：“瞀，風眩貌。”按：瞀病，蓋今之沙眼。有長者教予曰：‘若乘日之車而遊於襄城之野。’按：日，象徵時間。乘日之車，意謂超越時間，逍遥自在。今予病少痊，予又且復遊於六合之外。按：遊於六合之外，謂不以天下爲事。夫爲天下，亦若此而已。按：若此，謂牧馬如不牧，任馬自牧。予又奚事焉！”按：

《莊子·天道》：“夫子若欲使天下无失其牧乎？則天地固有常矣，日月固有明矣，星辰固有列矣，禽獸固有群矣，樹木固有立矣。”黃帝曰：“夫爲天下者，則誠非吾子之事，雖然，請問爲天下。”小童辭。黃帝又問。小童曰：“夫爲天下者，亦奚以異乎牧馬者哉！亦去其害馬者而已矣！”按：害群之馬，謂賢人。《老子·三章》：“不尚賢，使民不爭。”又《莊子·庚桑楚》：“舉賢則民相軋，任知則民相盜。”黃帝再拜稽首，稱天師而退。

二

知士无思慮之變則不樂，按：變，謂機變。《孟子·盡心上》：“爲機變之巧者，無所用恥焉。”又《莊子·胠篋》：“夫弓弩畢弋機變之知多，則鳥亂於上矣。”辯士无談説之序則不樂，按：序，謂交替。談説之序，謂主客交替問難。察士无淩誶之事則不樂，按：淩誶，猶零碎，謂瑣屑之事。察士見微知著，故樂觀“淩誶之事”。皆囿於物者也。按：物，謂所樂之物。招世之士興朝，陸長庚曰：“招世者，招摇於世以自見者也。”中民之士榮官。林希逸曰：“中民者，庸人也。榮官，但以爵禄爲榮也。”按：《管子·君臣下》：“有大臣之亂，有中民之亂，有小人之亂。”黎翔鳳注：“中民，謂百吏之屬也。”筋力之士矜難，宣穎曰：“多力，故以禦難自矜。”按：《莊子·漁父》：“人同於己則可，不同於己，雖善不善，謂之矜。”勇敢之士奮患，宣穎曰：“負氣，故遇患則奮。”兵革之士樂戰，枯槁之士宿名，阮毓崧曰：“宿，守也。”按：《左傳·昭公二十九年》：“官宿其業，其物乃至。”法律之士廣治，按：廣，謂自大。《莊子·天運》：“名譽之觀，不足以爲廣。”治，謂法治。禮樂之士敬容，鍾泰曰：“容，所謂禮容也。”按：《後漢書·桓榮列傳》：“榮入會庭中，詔賜奇果，受者皆懷之，榮獨舉手捧之以拜。帝笑指之曰：‘此真儒生也。’”仁義之士貴際。按：際，謂交際。貴際，謂慎交遊。《論語·學而》：“子曰：‘君子不重，則不威。學則不固。主忠信。無友不如己者。過則勿憚改。’”農夫无草萊之事則不比，按：比，親也。《論語·爲政》：“子曰：‘君子周而不比，小人比而不周。’”商賈无市井之事則不比。按：市井之事，謂貨物交易也。庶人有旦暮之業則勸,按:旦暮之業,謂穩定職業。《商君書·農戰》:"夫民之親上死制也,以其旦暮從事於農。"百工有器械之巧則壯。宣穎曰:"得所藉則精神鼓舞。"按:壯,謂心氣足。《文子·九守》:"夫精神氣志者,靜而日充以壯,躁而日耗以老。"錢財不積則貪者憂,權勢不尤則夸者悲,成玄英曰:"尤,甚也。"按:《韓非子·解老》:"雖勢尊衣美,不以夸賤欺貧。"《鶡冠子·世兵》:"夸者死權,自貴矜容。"勢物之徒樂變,按:勢物,猶勢利。樂變,謂樂於趨時,隨世俯仰。遭時有所用,不能无爲也,按:《論語·泰伯》:"天下有道則見,無道則隱。邦有道,貧且賤焉,恥也;邦無道,富且貴焉,恥也。"此皆順比於歲,按:歲,謂一年之收成。順比於歲,謂飢穰隨時。不物於易者也,按:物,相也。《左傳·成公二年》:"先王疆理天下,物土之宜,而布其利。"易,治也。易者,謂良田。《詩·小雅·甫田》:"禾易長畝,終善且有。"馳其形性,潛之萬物,終身不反,悲夫!

莊子曰:"射者非前期而中,郭象曰:"不期而中,謂誤中者也,非善射也。"謂之善射,天下皆羿也,可乎?"惠子曰:"可。"莊子曰:"天下非有公是也,按:公,公認。天下皆堯也,可乎?"惠子曰:"可。"莊子曰:"然則儒墨楊秉四,洪頤煊曰:"'秉'疑'宋'之譌,宋鈃也。"與夫子爲五,果孰是邪?或者若魯遽者邪?其弟子曰:'我得夫子之道矣,吾能冬爨鼎而夏造冰矣!'成玄英曰:"冬取千年燥灰以擁火,須臾出火,可以爨鼎;盛夏以瓦瓶盛水,湯中煮之,縣瓶井中,須臾成冰也。"魯遽曰:'是直以陽召陽,以陰召陰,鍾泰曰:"以陽召陽,以陰召陰,以喻同於己則是之,異於己則非之。"非吾所謂道也。吾示子乎吾道。'於是爲之調瑟,廢一於堂,成玄英曰:"廢,置也。"廢一於室,鼓宮宮動,鼓角角動,音律同矣。夫或改調一弦,於五音无當也,按:无當,謂在五音之外。鼓之,二十五弦皆動,未始異於聲,而音之君已。按:音之君,喻道術。《莊子·天下》:"後世之學者,不幸不見天地之純,古人之大體。道術將爲天下裂。"且若是者邪?"曹礎基曰:"莊子問惠施,問他的學問是否和魯遽的'音之君'一樣,能得到各家的相應。"惠子曰:"今乎儒墨楊秉,且方與我以辯,相拂以辭,按:拂,逆也。相拂以辭,謂辯難。相鎮以聲,按:聲,音聲也。《後漢書·郭太列傳》謂郭太:"博通墳典,善談論,美音制。"而未始吾非也,按：未始吾非，謂彼此音聲相和，相反形成也。則奚若矣？"莊子曰：
"齊人蹢子於宋者，鍾泰曰："蹢，讀如謫，責也。"按：謫，謂罪謫也。蹢
子，謂責善之甚也。《孟子·離婁上》："古者易子而教之，父子之間不責善。
責善則離，離則不祥莫大焉。"其命閽也不以完，按：命閽，謂任命守門之
人。完，謂形體完整。命閽不以完，謂不求其善否也。其求銒鐘也以束
縛，陸德明曰："《字林》云：'銒似小鍾而長頸。'"王敔曰："夫欲銒鐘之鳴，
必懸之于虛。加以束縛，則无聲矣。"其求唐子也而未始出域，郭象曰：
"唐，失也。"有遺類矣！按：遺類，謂楚人。夫楚人寄而蹢閽者，俞樾
曰："蹢，當讀謫。楚人寄而謫閽者，謂寄居人家，則怒責其閽者也。"夜半
於无人之時而與舟人鬪，按：夜半，謂船停泊岸邊之時。夜半與舟人
鬪，不慎落水，則莫之拯矣。未始離於岑而足以造於怨也。"郭象曰：
"岑，岸也。"

　　莊子送葬，過惠子之墓，顧謂從者曰："郢人堊慢其鼻端若
蠅翼，陸德明曰："慢，本亦作漫。"成玄英曰："堊，白善土。漫，汙也。"使
匠石斲之。匠石運斤成風，聽而斲之，宣穎曰："聽，任手也。"盡堊
而鼻不傷，郢人立不失容。宋元君聞之，召匠石曰：'嘗試爲寡
人爲之。'匠石曰：'臣則嘗能斲之。雖然，臣之質死久矣。'成
玄英曰："質，對也。"自夫子之死也，吾无以爲質矣，吾无與言
之矣！"

　　管仲有病，桓公問之，按：問，問疾。曰："仲父之病病矣，可
不諱云，至於大病，陸德明曰："大病，謂死也。"則寡人惡乎屬國而
可？"管仲曰："公誰欲與？"公曰："鮑叔牙。"曰："不可。其爲
人絜廉善士也。其於不己若者不比之。按：比，親也。又一聞人
之過，終身不忘。使之治國，上且鉤乎君，按：鉤，求也。《周易·
繫辭上》："聖人探賾索隱，鉤深致遠，以定天下之吉凶。"鉤乎君，謂求全責
備。下且逆乎民。其得罪於君也，將弗久矣！"公曰："然則孰
可？"對曰："勿已，則隰朋可。其爲人也，上忘而下畔，按：上，君
也。上忘，謂不求於君；下，謂屬吏。畔，離也，謂不盡職。《尚書·胤征》：
"惟時羲和顛覆厥德，沈亂于酒，畔官離次，俶擾天紀，遐棄厥司。"下畔，謂不
盡督吏之責。《史記·曹相國世家》："相舍後園近吏舍，吏舍日飲歌呼。從

吏惡之,無如之何,乃請參游園中,聞吏醉歌呼,從吏幸相國召按之。乃反取酒張坐飲,亦歌呼與相應和。參見人之有細過,專掩匿覆蓋之,府中無事。"愧不若黃帝而哀不己若者。按:《論語·衛靈公》:"子曰:'躬自厚而薄責於人,則遠怨矣。'"以德分人謂之聖,按:以德分人,不居德也。以財分人謂之賢。按:以財分人,讓財也。以賢臨人,未有得人者也;以賢下人,未有不得人者也。其於國有不聞也,其於家有不見也。按:《孔子家語·入官》:"古者聖主冕而前旒,所以蔽明也;紘紞充耳,所以掩聰也。水至清則無魚,人至察則无徒。"勿已,則隙朋可。"

吳王浮於江,登乎狙之山,眾狙見之,恂然棄而走,成玄英曰:"恂,怖懼也。"逃於深蓁。成玄英曰:"蓁,棘叢也。"有一狙焉,委蛇攫抓,按:委蛇,謂遊走枝條間。攫抓,謂攀援樹枝。見巧乎王。王射之,敏給搏捷矢。俞樾曰:"敏給,當以狙言,謂狙性敏給,能搏捷矢也。"王命相者趨射之,司馬彪曰:"相者,佐王獵者也。"狙執死。司馬彪曰:"執死,見執而死也。"王顧謂其友顏不疑曰:"之狙也,伐其巧恃其便以敖予,以至此殛也。成玄英曰:"殛,死也。"戒之哉!嗟乎,无以汝色驕人哉?"顏不疑歸而師董梧,以鋤其色,去樂辭顯,宣穎曰:"去樂,甘困苦也;辭顯,就韜晦也。"三年而國人稱之。

三

南伯子綦隱几而坐,成玄英曰:"猶是《齊物》中南郭子綦也。"仰天而噓。顏成子入見曰:"夫子,物之尤也。形固可使若槁骸,心固可使若死灰乎?"曰:"吾嘗居山穴之中矣。當是時也,田禾一覩我,盧文昭曰:"田禾,即齊太公和。"而齊國之眾三賀之。按:賀之,謂賀君得賢。"我必先之,彼故知之;我必賣之,彼故鬻之。成玄英曰:"我聲名在先,故使物知我;我便是賣於名聲,故田禾見而販之。"若我而不有之,彼惡得而知之?若我而不賣之,彼惡得而鬻之?成玄英曰:"只為不能滅迹匿端,故為物之所賣鬻也。"嗟乎!我悲人之自喪者,按:喪,謂喪其天性。《莊子·繕性》:"喪己於物,失性於俗者,謂之倒置之民。"吾又悲夫悲人者。按：悲人者,子綦自謂也。吾又悲夫悲人之悲者,按：悲人之悲,謂不自知。其後而日遠矣！"按：其,謂悲人之悲者。日遠,謂虛度光陰。

仲尼之楚,楚王觴之。李頤曰："觴,酒器之總名也。"孫叔敖執爵而立,陸德明曰："案《左傳》,孫叔敖是楚莊王相,孔子未生。"市南宜僚受酒而祭,陸德明曰："哀公十六年,仲尼卒後,白公爲亂。宜僚未嘗仕楚。"曰："古之人乎！按：古之人,謂猶秉周禮者。於此言已。"按：言,謂祝酒之辭。曰："丘也聞不言之言矣,按：《莊子·寓言》："言无言,終身言,未嘗言；終身不言,未嘗不言。"未之嘗言,於此乎言之。市南宜僚弄丸而兩家之難解,按：丸,球也。弄丸,謂自娛自樂。孫叔敖甘寢秉羽而郢人投兵。司馬彪曰："言叔敖願安寢恬臥,以養德於廟堂之上,折衝於千里之外,敵國不敢犯,郢人投兵,无所攻伐也。郢,楚都也。"按：甘寢,酣睡也。秉羽,謂自搖羽扇。丘願有喙三尺。"陸長庚曰："凡鳥喙長者,多不能言,如鸛、鶴之類。"

彼之謂不道之道,郭象曰："彼,謂二子。"此之謂不言之辯,郭象曰："此,謂仲尼。"故德總乎道之所一。按：總,集也。一,安也。道之所一,謂素樸之心。《莊子·天地》："機心存於胸中,則純白不備；純白不備,則神生不定,神生不定者,道之所不載也。"而言休乎知之所不知,按：休,止也。知之所不知,謂素樸之心。《莊子·人間世》："聞以有知知者矣,未聞以无知知者也。瞻彼闋者,虛室生白,吉祥止止。"至矣。道之所一者,德不能同也；按：同,化也。《莊子·馬蹄》："同乎无知,其德不離；同乎无欲,是謂素樸。素樸而民性得矣。"知之所不能知者,辯不能舉也；按：舉,謂稱說。名若儒墨而凶矣。按：儒墨善辯,故"凶"。故海不辭東流,大之至也；按：《老子·七十八章》："受國之垢,是謂社稷主；受國不祥,是爲天下王。"聖人並包天地,澤及天下,而不知其誰氏。成玄英曰："莫識其氏族矣。"按：聖人之治,无親无疏,不辨氏族,澤及天下。是故生无爵,死无諡,按：諡者,立族之號。《左傳·隱公八年》："无駭卒。羽父請諡與族。公問族於衆仲。衆仲對曰：'天子建德,因生以賜姓,胙之土而命之氏。諸侯以字爲諡,因以爲族。官有世功,則有官族,邑亦如之。'公命以字爲展氏。"諸侯以諡立族。无諡者,則其後不能立族矣。實不聚,名不立,此之謂大人。按:大人以天地爲家。狗不以善吠爲良,人不以善言爲賢,而況爲大乎!夫爲大不足以爲大,按:《老子·六十三章》:“聖人終不爲大,故能成其大。”而況爲德乎!按:《老子·三十八章》:“上德不德,是以有德;下德不失德,是以無德。”夫大備矣,莫若天地;然奚求焉,按:奚求,謂无求於萬物也。而大備矣!知大備者,无求,无失,按:无失,謂萬物自歸。无棄,按:无棄,謂天地不棄物。不以物易己也。按:己,謂己之天性。《莊子·駢拇》:“自三代以下者,天下莫不以物易其性矣!小人則以身殉利,士則以身殉名,大夫則以身殉家,聖人則以身殉天下。”反己而不窮,按:反己,謂求諸己。《文子·下德》:“故人性欲平,嗜欲害之。唯有道者,能遺物反己。有以自鑒,則不失物之情;无以自鑒,則動而惑營。”循古而不摩,按:循古,謂遵古道。摩,通磨。不摩,謂順物之化。《莊子·知北遊》:“古之人,外化而內不化,今之人,內化而外不化。與物化者,一不化者也。安化安不化,安與之相靡?必與之莫多。”大人之誠!按:誠,真也,謂素樸之性。《莊子·漁父》:“真者,精誠之至也。不精不誠,不能動人。”

　　子綦有八子,成玄英曰:“子綦,楚司馬子綦也。”陳諸前,召九方歅曰:陸德明曰:“九方歅,善相馬人。《淮南子》作‘九方皋’。”“爲我相吾子,孰爲祥?”成玄英曰:“祥,善也。”九方歅曰:“梱也爲祥。”子綦瞿然喜曰:李頤曰:“瞿然,驚視貌。”“奚若?”曰:“梱也將與國君同食以終其身。”子綦索然出涕曰:按:索,盡也。《儀禮·鄉射禮》:“取矢不索。”索然出涕,謂眼淚盡出。“吾子何爲以至於是極也?”九方歅曰:“夫與國君同食,澤及三族,而況父母乎!今夫子聞之而泣,是禦福也。陸德明曰:“禦,距也,逆也。”子則祥矣,父則不祥。”子綦曰:“歅,汝何足以識之。而梱祥邪?盡於酒肉,鍾泰曰:“盡,猶止也,謂不過酒肉入於鼻口而止耳。”按:《商君書·畫策》:“女事盡於內,男事盡於外,則入多矣。”入於鼻口矣,而何足以知其所自來?成玄英曰:“自,從也。”吾未嘗爲牧而牂生於奧,未嘗好田而鶉生於宎,成玄英曰:“牂,羊也。奧,西南隅未地,羊位也;宎,東南隅辰地也,辰爲鶉位;故言牂鶉生也。夫羊須牧養,鶉因田獵,若祿藉功著,然後可致富貴。今梱功行未聞,而與國君同食,何異乎无牧而忽有羊也,不田而獲鶉也！非牧非田，怪如何也！"若勿怪，何邪？ 吾所與吾子遊者，按：吾子，梱也。遊於天地。吾與之邀樂於天，郭象曰："邀，遇也。"吾與之邀食於地。吾不與之爲事，不與之爲謀，不與之爲怪；按：怪，謂怪異之行。《禮記·中庸》："子曰：'素隱行怪，後世有述焉，吾弗爲之矣。"吾與之乘天地之誠，按：誠，真也。天地之誠，謂清静无爲。《莊子·至樂》："天无爲以之清，地无爲以之寧。故兩无爲相合，萬物皆化生。"而不以物與之相攖，按：物，謂名實。吾與之一委蛇而不與之爲事所宜，按：宜，當也。《莊子·大宗師》："若然者，過而弗悔，當而不自得也。"今也然有世俗之償焉！宣穎曰："然者，居然也。"凡有怪徵者，按：徵，謂預兆也。必有怪行，按：行，謂事之行。殆乎！非我與吾子之罪，幾天與之也！按：幾，庶幾。吾是以泣也。"郭象曰："不爲而自至，則不可奈何也，故泣之。"无幾何而使梱之於燕，盜得之於道，全而鬻之則難，不若刖之則易。郭象曰："全恐其逃，故不如刖之易售也。"於是乎刖而鬻之於齊，適當渠公之街，胡文英曰："渠公，齊宫中街名。"按：當，謂值守。然身食肉而終。

四

齧缺遇許由曰："子將奚之？"曰："將逃堯。"曰："奚謂邪？"曰："夫堯，畜畜然仁，按：畜，積也。畜畜然，謂處心積慮。吾恐其爲天下笑。後世其人與人相食與！按：僞風大行，則人皆賤棄仁義，縱禽獸之行。夫民，不難聚也；愛之則親，利之則至，譽之則勤，致其所惡則散。愛利出乎仁義，捐仁義者寡，按：捐，棄也。捐仁義，謂无心爲仁義。利仁義者衆。夫仁義之行，按：行，謂大行其道。唯且无誠，按：唯且，猶今言"不僅"。且假乎禽貪者器。按：禽，擒也。禽貪，謂貪取獵物。是以一人之斷制利天下，王叔岷曰："'斷制'下有利字，不詞，疑涉制字而誤衍，唐寫本正无利字。"譬之猶一覕也。郭象曰："覕，割也。"曹礎基曰："一覕，一刀切。"夫堯知賢人之利天下也，而不知其賊天下也，夫唯外乎賢者知之矣。"按：外，猶遠也。外乎賢，謂遠離賢人。

有暖姝者，成玄英曰：“暖姝，自許之貌。”按：暖，溫也。姝，美也。暖姝，謂自我滿足。**有濡需者**，按：濡，滯也。需，待也。濡需，謂身有所待。**有卷婁者**。陸德明曰：“卷婁，猶拘攣也。”**所謂暖姝者，學一先生之言，則暖暖姝姝而私自説也**，按：暖暖姝姝，自足之貌。《論語·雍也》：“子曰：‘賢哉，回也！一簞食，一瓢飲，在陋巷。人不堪其憂，回也不改其樂。賢哉，回也！’”**自以爲足矣，而未知未始有物也**。按：未始有物，道也。《莊子·天地》：“泰初有无，无有无名。一之所起，有一而未形。物得以生，謂之德；未形者有分，且然无間，謂之命。”**是以謂暖姝者也**。按：暖姝者，謂賢士。**濡需者，豕蝨是也，擇疏鬣自以爲廣宮大囿**。鍾泰曰：“鬣，毛之生於領者。”**奎蹄曲隈**，《説文》：“奎，兩髀之間。”向秀曰：“隈，股間也。”**乳間股脚，自以爲安室利處。不知屠者之一旦鼓臂布草操煙火**，鍾泰曰：“鼓臂，猶攘臂。”**而己與豕俱焦也**。按：《韓非子·説林下》：“三蝨食彘，相與訟，一蝨過之，曰：‘訟者奚説？’三蝨曰：‘爭肥饒之地。’一蝨曰：‘若亦不患臘之至而茅之燥耳，若又奚患？’於是乃相與聚嘬其身而食之。彘臞，人乃弗殺。”**此以域進，此以域退**，按：域，喻朝廷、社稷。**此其所謂濡需者也**。按：濡需者，謂賢大夫。《莊子·駢拇》：“士則以身殉名，大夫則以身殉家，聖人則以身殉天下。”**卷婁者，舜也。羊肉不慕蟻，蟻慕羊肉，羊肉羶也。舜有羶行，百姓悦之，故三徙成都**，按：《史記·五帝本紀》：“舜耕歷山，歷山之人皆讓畔；漁雷澤，雷澤上人皆讓居；陶河濱，河濱器皆不苦窳。一年而所居成聚，二年成邑，三年成都。”**至鄧之虛而十有萬家**。向秀曰：“鄧，邑名。”**堯聞舜之賢，舉之童土之地**，向秀曰：“童土，地无草木也。”**曰冀得其來之澤**。成玄英曰：“望鄰境承儀，蒼生蒙澤。”**舜舉乎童土之地，年齒長矣，聰明衰矣，而不得休歸，所謂卷婁者也**。按：卷婁，謂賢君。**是以神人惡衆至**，按：衆至，求利也。**衆至則不比**，按：比，親也。**不比則不利也**。按：不利，謂紛争起。《管子·形勢解》：“與人交，多詐僞，无情實，偷取一切，謂之烏集之交。烏集之交，初雖相驩，後必相咄。故曰：烏集之交，雖善不親。”**故无所甚親，无所甚疏，抱德煬和**，按：煬，烤火。《淮南子·齊俗訓》：“短褐不掩形，而煬竈口。”**以順天**

下，按：順天下，謂无親疏之心也。《老子·四十九章》："聖人無常心，以百姓心爲心。善者，吾善之；不善者，吾亦善之，德善。"**此謂真人。**按：真人，謂其心純素。《莊子·刻意》："故素也者，謂其无所與雜也；純也者，謂其不虧其神也。能體純素，謂之真人。"**於蟻棄知，**按：蟻，喻庶民。《莊子·人間世》："知也者，爭之器也。"**於魚得計，**按：魚，喻真人。得計，謂自養之計。《莊子·大宗師》："魚相造乎水，人相造乎道。相造乎水者，穿池而養給；相造乎道者，无事而生定。"**於羊棄意。**按：羊，喻賢人。羊好鬥。棄意，謂棄相爭之意。《老子·三章》："不尚賢，使民不争。"**以目視目，以耳聽耳，以心復心。**宣穎曰："无所視，无所聽，无用心。"按：復，返也，謂内保也。《莊子·德充符》："平者，水停之盛也。其可以爲法也，内保之而外不蕩也。"**若然者，其平也繩，**按：繩，謂木匠之墨繩。《莊子·天道》："水静則明燭鬚眉，平中準，大匠取法焉。"**其變也循。**按：循，謂有常。《莊子·刻意》："水之性，不雜則清，莫動則平；鬱閉而不流，亦不能清；天德之象也。"**古之真人！以天待人，**按：天，謂虛静之心。待，應也。《莊子·應帝王》："至人之用心若鏡，不將不迎，應而不藏，故能勝物而不傷。"**不以人入天。**按：人，人爲。人入天，猶塵垢之染鏡。《莊子·德充符》："鑒明則塵垢不止，止則不明也。"**古之真人！**

得之也生，失之也死；得之也死，失之也生，藥也。鍾泰曰："此首以藥譬：用之宜，則可以回生；用之不當，則可以致死。"按：藥，喻救世賢人。**其實，**按：其實，謂藥物。**菫也，**司馬彪曰："菫，烏頭也，治風冷痹。"**桔梗也，**司馬彪曰："桔梗治心腹血瘀瘕痹。"**雞癕也，**司馬彪曰："即雞頭也。一名芡，與藕子合爲散，服之延年。"**豕零也，**司馬彪曰："一名豬苓，根似豬卵，可以治渴。"**是時爲帝者也，**郭慶藩曰："時者，更也；帝者，主也；言菫、桔梗、雞癕、豕零，更相爲主也。"按：主，謂主藥。**何可勝言！**按：賢士若藥，或得之以生，或得之以死，所用之異也。

句践也以甲楯三千棲於會稽，按：《史記·吳太伯世家》："吳王悉精兵以伐越，敗之夫椒，報姑蘇也。越王句踐乃以甲兵五千人棲於會稽，使大夫種因吳太宰嚭而行成，請委國爲臣妾。"**唯種也能知亡之所以存，**按：《史記·越王句踐世家》："句踐欲殺妻子，燔寶器，觸戰以死。種止句踐曰：'夫吳太宰嚭貪，可誘以利，請閒行言之。'"**唯種也不知其身之所以愁。**按：愁，憂也。《史記·越王句踐世家》："范蠡遂去，自齊遺大夫種書曰：'蜚鳥盡，良弓藏；狡兔死，走狗烹。越王爲人長頸鳥喙，可與共患難，不可與共樂。子何不去？'種見書，稱病不朝。人或讒種且作亂，越王乃賜種劍曰：'子教寡人伐吳七術，寡人用其三而敗吳，其四在子，子爲我從先王試之。'種遂自殺。"**故曰：鴟目有所適**，按：鴟，貓頭鷹。**鶴脛有所節，解之也悲。**成玄英曰："鴟目晝闇而夜開，則適夜不適晝；鶴脛禀分而長，則能長不能短。枝節如此，故解去則悲，亦猶種闇於謀身，長於存國也。"按：種，賢大夫也，然鳥盡弓藏，亦殉國而已。本段講：賢大夫之害。

故曰：風之過河也有損焉，按：損，喻生命之衰。**日之過河也有損焉。請只風與日相與守河**，陳壽昌曰："只，是也。"**而河以爲未始其攖也，恃源而往者也。**按：恃源，謂守其宗。《莊子·德充符》："審乎无假而不與物遷，命物之化而守其宗也。"**故水之守土也審**，王敔曰："審，謂密而无間。"**影之守人也審，物之守物也審**。按：物之守物，謂以物養身。《莊子·山木》："養形必先之以物，物有餘而形不養者有之矣。"**故目之於明也殆，耳之於聰也殆，心之於殉也殆。**成玄英曰："殉，逐也。"按：殉，謂好智。《莊子·駢拇》："吾生也有涯，而知也无涯。以有涯隨无涯，殆已！已而爲知者，殆而已矣！"**凡能其於府也殆**，按：能，材智也。材智之府，心也。《莊子·在宥》："慎女內，閉女外，多知爲敗。"**殆之成也不給改。**按：不給改，謂不可救藥。**禍之長也玆萃**，郭象曰："萃，聚也。"**其反也緣功**，按：反，復性也。功，謂修養功夫。《莊子·繕性》："古之治道者，以恬養知。生而无以知爲也，謂之以知養恬。"**其果也待久。**曹礎基曰："果，有成效。"按：《莊子·知北遊》："今已爲物也，欲復歸根，不亦難乎！"**而人以爲己寶**，按：寶，謂才智。**不亦悲乎！故有亡國戮民无已，不知問是也。**

故足之於地也踐，雖踐，恃其所不蹍而後善，博也；按：博，謂地之大。**人之於知也少，雖少，恃其所不知而後知，天之所謂也。**按：天，謂天府。《莊子·齊物論》："故知止其所不知，至矣。孰知不言之辯，不道之道？若有能知，此之謂天府。"**知大一**，按：大一，即太一，道也。《老子·四十二章》："道生一，一生二，二生三，三生萬物。"道生一，故道爲"太一"。**知大陰**，按：大陰，謂至陰之氣。《莊子·在宥》："至陰肅肅，至陽赫赫。肅肅出乎天，赫赫發乎地。"**知大目**，按：大目，謂日月。《莊子·天道》："天德而出寧，日月照而四時行，若晝夜之有經，雲行而雨施矣!"**知大均**,按：大均,謂天鈞。知大鈞,謂知物化之流。《莊子·寓言》："萬物皆種也,以不同形相禪,始卒若環,莫得其倫,是謂天均。"**知大方**,按：大方,大方无隅。《淮南子·俶真訓》："是故能戴大員者,履大方,鏡太清者視大明。"知大方,謂大地之静。**知大信**,按：大信,謂天行有常也。《莊子·天道》："則天地固有常矣,日月固有明矣,星辰固有列矣。"**知大定**,按：大定,謂天地之定。《莊子·大宗師》："相造乎道者,无事而生定。"**至矣! 大一通之**,按：通之,謂通萬物之化。《莊子·知北遊》："人之生,氣之聚也。聚則爲生,散則爲死。若死生爲徒,吾又何患! 故萬物一也。"**大陰解之**,按：和氣生物,陰氣傷物。解,謂萬物分解,歸於大地。《左傳·昭公七年》："人生始化曰魄,既生魄,陽曰魂。用物精多,則魂魄强,是以有精爽至于神明。"又《禮記·郊特牲》："魂氣歸於天,形魄歸於地。"**大目視之**,按：大目視之,謂日月照臨萬物也。**大均緣之**,鍾泰曰："均,本取陶均爲義。陶均之用在旋轉,故以‘緣’言之,謂其圓轉而无礙也。"按：緣,謂圍繞也。萬物,猶陶器也。造物者之運天鈞,猶陶工制運陶鈞,須緣泥胚而成體也。**大方體之**,按：體之,謂大地承載萬物。**大信稽之**,按：稽,考也。《莊子·天運》："天有六極五常,帝王順之則治,逆之則凶。"**大定持之**。按：大定,謂聖人之心。《莊子·天道》："其動也天,其静也地,一心定而王天下；其鬼不祟,其魂不疲,一心定而萬物服。"

盡有天,按：盡,謂毫無保留。《莊子·天道》："有治在人,忘乎物,忘乎天,其名爲忘己。忘己之人,是之謂入於天。"**循有照**,按：照,謂日月。循有照,日出而作日入而息。**冥有樞**,按：冥,謂无知无識。有樞,謂有所守。《莊子·天下》："不離於宗,謂之天人；不離於精,謂之神人；不離於真,謂之至人。以天爲宗,以德爲本,以道爲門,兆於變化,謂之聖人。"**始有彼**。按：彼,謂所守之道。**則其解之也,似不解之者**；按：解,理解。**其知之也似不知之也,不知而後知之。其問之也,不可以有崖,而不可以无崖。**林疑獨曰："問而有崖,切問也。問而無崖,泛問也。"**頡滑有實**,向秀曰："頡滑,謂錯亂也。"按：頡滑,謂道之文。實,謂道之質。《莊子·應帝王》："吾與汝既其文,未既其實。而固得道與?"**古今不代**,按：代,更也。**而不可以虧**,按：不可虧,謂道。《莊子·齊物論》："孰知不言之辯,不道之道? 若有能知,此之謂天府。注焉而不滿,酌焉而不竭,而不知其所由來,此之謂葆光。"**則可不謂有大揚搉乎!** 按：

揚，謂簸揚。大揚，箕星也。《詩·小雅·大東》："維南有箕，不可以簸揚。維北有斗，不可以挹酒漿。"摧，通榷，酒榷也。大榷，謂北斗星。天體運轉，吐納萬物，若箕斗之揚挹，故謂之"大揚摧"。《淮南子·本經訓》："取焉而不損，酌焉而不竭，莫知其所由出，是謂瑤光。瑤光者，資糧萬物者也。"瑤光，即北斗七星之搖光。**閩不亦問是已**，成玄英曰："閩，何不也。"按：問是，謂問天也。**奚惑然爲！** 郭象曰："奚爲而惑若此也。"**以不惑解惑**，按：不惑，謂不用知。《莊子·胠篋》："人含其知，則天下不惑矣。"**復於不惑，是尚大不惑**。按：大，大略。《莊子·駢拇》："夫小惑易方，大惑易性。"

小　　結

《徐无鬼》篇的主旨是：修胸中之誠，以應天地之情。誠，指素樸之心。修誠，即清除嗜欲、好惡和仁義等。天地之情，指清静无爲。《至樂》篇説："天无爲以之清，地无爲以之寧。故兩无爲相合，萬物皆化生。"魏武侯内多欲而外行仁義，所謂"爲義偃兵"，只會挑起更大的戰爭，使天下生靈塗炭。惠子多智，殫精竭慮，早早斷送生命，豈若逍遥濠梁之上。故大人无名，真人无爲，抱樸守真，以安性命之情。

則　陽

《則陽》篇講：恬淡无爲，任物自化。本篇分四章：第一章講：聖人平易恬淡，與物有宜；第二章講：大人游心物外，與世相違；第三章講：人君肆意妄爲，滅裂天性；第四章講：大道无有无爲，在物之虛。

一

則陽游於楚，陸德明曰："則陽，姓彭，名則陽。"**夷節言之於王，**陸德明曰："夷節，楚臣。"按：夷，平也。夷節，謂无節操。《周易·節》："上六：苦節，貞凶，悔亡。"**王未之見。夷節歸。彭陽見王果曰：**司馬彪曰："王果，楚賢人。"按：果，敢也，謂敢於任事。《論語·子路》："言必信，行必果，硜硜然，小人哉！""**夫子何不譚我於王？"**陸德明曰："譚，本亦作談。"**王果曰："我不若公閲休。"**按：休，安也。《莊子·刻意》："聖人休休焉則平易矣。平易則恬淡矣。"閲休平易恬淡，心无好惡，故楚王悦其言。**彭陽曰："公閲休奚爲者邪？"**成玄英曰："奚，何也。"**曰："冬則擉鱉於江，**司馬彪曰："擉，刺也。"**夏則休乎山樊。**李頤曰："樊，傍也。"**有過而問者，曰：'此予宅也。'**按：公閲休心和，安時處順。《莊子·天地》："夫聖人鶉居而鷇食，鳥行而无彰；天下有道，則與物皆昌；天下无道，則修德就閒。"**夫夷節已不能，而況我乎！吾又不若夷節。夫夷節之爲人也，无德而有知，**按：德，和也。知，謂自知也。《老子·三十三章》："知人者智，自知者明。"**不自許，**按：自許，謂自賢。《莊子·繕性》："古之存身者，不以辯飾知，不以知窮天下。"**以之神其交，**按：神，謂八面玲瓏。交，謂交遊。**固顛冥乎富貴之地。**按：顛冥，謂玩世不恭。顛冥乎富貴之地，猶東方朔之避世金馬門。《史記·滑稽列傳》記東方朔,曰:"時坐席中,酒酣,據地歌曰:'陸沈於俗,避世金馬門。宮殿中可以避世全身,何必深山之中,蒿廬之下。'"**非相助以德**,按:德,謂仁義。《論語·子罕》子曰:"主忠信,無友不如己者,過則勿憚改。"**相助消也。夫凍者假衣於春,暍者反冬乎冷風。**高亨曰:"反者,求也。《墨子·非攻下》篇:'必反大國之説',謂必求大國之悦也。"按:暍,謂傷暑。冷風,謂秋風。《淮南子·俶真訓》:"凍者假兼衣于春,而暍者望冷風于秋。"**夫楚王之爲人也,形尊而嚴。其於罪也,无赦如虎。**宣穎曰:"病在凍者,不知熱之可畏;病在暍者,不知寒之可畏,病在貪富貴者不知楚王暴厲之可畏。"**非夫佞人正德,**呂惠卿曰:"佞人則夷節;正德則公閲休也。"按:德,和也。正德,謂平易恬淡。《莊子·田子方》:"人貌而天虛,緣而葆真,清而容物。物无道,正容以悟之,使人之意也消。"**其孰能橈焉!**按:橈,同撓,謂搔虎須。

　　故聖人,其窮也,使家人忘其貧;其達也,使王公忘爵禄而化卑。按:王公化卑,以其不受爵禄也。**其於物也,與之爲娛矣;**按:物,謂爵禄。與物爲娛,謂不累於物。**其於人也,樂物之通而保己焉。**按:通,達也。樂物之通,謂與物皆昌。《論語·雍也》:"夫仁者,己欲立而立人,己欲達而達人。"保己,謂守其天性。《莊子·外物》:"夫孰能不波,唯至人乃能遊於世而不僻,順人而不失己。"**故或不言而飲人以和,**按:和,謂恬淡之氣。《莊子·天道》:"故敬之而不喜,侮之而不怒者,唯同乎天和者爲然。"**與人並立而使人化,父子之宜。**宣穎曰:"不啻父子之相親。"**彼其乎歸居,**按:乎,通于。歸居,謂退休。《莊子·天道》:"周之徵藏史有老聃者,免而歸居。"**而一閒其所施。**按:閒,謂閒置。施,用也。閒其所施,意謂不在其位不謀其政。**其於人心者,**按:《莊子·在宥》:"人心排下而進上,上下囚殺,淖約柔乎剛强,廉劌彫琢,其熱焦火,其寒凝冰。其疾俯仰之間而再撫四海之外。其居也淵而靜,其動也縣而天。僨驕而不可係者,其唯人心乎!"**若是其遠也。故曰'待公閲休'。"**

　　聖人達綢繆,成玄英曰:"綢繆,結縛也。"按:綢繆,謂嗜欲好惡。**周盡一體矣,**按:周,謂周流。周盡一體,謂和氣暢達全身。《莊子·大宗師》:"真人之息以踵,衆人之息以喉。屈服者,其嗌言若哇。其耆欲深者,其天機淺。"**而不知其然,性也。**按:《莊子·馬蹄》:"同乎无知,其德不離;同乎无欲,是謂素樸。素樸而民性得矣。"**復命搖作而以天爲師,**

按：命，謂天性。復命，謂歸根。《老子·十六章》：“致虛極，守靜篤，萬物並作，吾以觀復。夫物芸芸，各復歸其根。歸根曰靜，是謂復命。”搖作，猶炊累，謂飄搖而起。以天爲師，謂无爲而治。《莊子·在宥》：“尸居而龍見，淵默而雷聲，神動而天隨，從容无爲而萬物炊累焉。”**人則從而命之也**。陸德明曰：“命，名也。”按：命之，謂名之爲聖人。**憂乎知**，按：憂乎知，謂患智之害。《莊子·人間世》：“德蕩乎名，知出乎爭。名也者，相軋也；智也者，爭之器也。二者凶器，非所以盡行也。”**而所行恒无幾時**，按：行，謂用知。无幾時，謂短暫。**其有止也**，按：其，假設之詞。止，謂不用知。**若之何！**按：若之何，謂无以復加。《老子·六十五章》：“民之難治，以其智多。故以智治國，國之賊。不以智治國，國之福。”

生而美者，人與之鑑，不告則不知其美於人也。郭象曰：“譬之聖人，人與之名。”**若知之，若不知之，若聞之，若不聞之，其可喜也終无已**，按：可喜，猶可愛。《楚辭·橘頌》：“綠葉素榮，紛其可喜兮。”**人之好之亦无已，性也**。按：《莊子·山木》：“行賢而去自賢之行，安往而不愛哉！”**聖人之愛人也，人與之名，不告則不知其愛人也**。按：《莊子·大宗師》：“故聖人之用兵也，亡國而不失人心；利澤施乎萬世，不爲愛人。”**若知之，若不知之，若聞之，若不聞之，其愛人也終无已，人之安之亦无已，性也**。按：性，謂天生如此。**舊國舊都，望之暢然**。成玄英曰：“國都，喻其真性也。夫少失本邦，流離他邑，歸望桑梓，暢然喜歡。”按：《孟子·告子上》：“孟子曰：‘仁，人心也；義，人路也。舍其路而弗由，放其心而不知求，哀哉！人有雞犬放，則知求之；有放心，而不知求。學問之道無他，求其放心而已矣。’”**雖使丘陵草木之緡**，郭象曰：“緡，合也。”按：緡，謂迷失本性。《孟子·盡心下》篇，孟子謂高子曰：“山徑之蹊閒，介然用之而成路。爲閒不用，則茅塞之矣。今茅塞子之心矣。”**人之者十九**，俞越曰：“入者，謂入於丘陵草木所掩蔽之中也。”按：十九，謂十居其九。**猶之暢然**。按：之，往也。暢然，謂心情舒暢。**況見見聞聞者也**，按：見見聞聞者，謂未離舊國舊都之人。**以十仞之臺縣衆閒者也**。按：十仞之臺，謂舊鄉之遺迹，喻真性之所在。**冉相氏得其環中以隨成**，郭象曰：“冉相氏，古之聖王也。”按：環，謂物化之環流。環中，謂虛靜之心。隨成，謂順物自化。《莊子·寓言》：“萬物皆種也，以不同形相禪，始卒若環，莫得其倫，是謂天均。”**與物无終无始，无幾无時**。按：

幾,盡也。**日與物化者,一不化者也。**按:一不化者,謂虛静之心。
闔嘗舍之!按:嘗,試也。舍,止也。《莊子·人間世》:"瞻彼闋者,虛室
生白,吉祥止止。夫且不止,是之謂坐馳。"

　　夫師天而不得師天,成玄英曰:"若有心師學,則乖於自然,故不
得。"**與物皆殉,**按:殉,喪也。與物皆殉,謂與物相傷。**其以爲事也,**
按:以爲事,謂鄭重其事。《韓非子·內儲説上》:"當苗時,禁牛馬入人田
中,固有令,而吏不以爲事。"**若之何? 夫聖人未始有天,未始有人,
未始有始,未始有物,**郭象曰:"物我兩忘。"**與世偕行而不替,**成玄
英曰:"替,廢也。"。**所行之備而不洫,**按:備,謂自足。《莊子·徐无
鬼》:"知大備者,无求,无失,无棄,不以物易己也。"洫,枯竭。《莊子·齊物
論》:"其厭也如緘,以言其老洫也。"**其合之也,**按:合之,謂合於天地。
《莊子·徐无鬼》:"修胸中之誠,以應天地之情而勿攖。"**若之何? 湯得
其司御、門尹、登恒,**宣穎曰:"司御、門尹,官名。登恒,或是有道人耶?"
爲之傅之,按:爲,助也。爲之傅之,謂三臣輔助商湯。**從師而不囿,**
按:師,謂司御、門尹、登恒三臣。《荀子·堯問》:"諸侯自爲得師者王,得友
者霸,得疑者存,自爲謀而莫己若者亡。"不囿,謂轉益多師。**得其隨成,**
按:其,謂群臣。隨成,謂不爲而成。《莊子·天道》:"天不産而萬物化,地
不長而萬物育,帝王无爲而天下功。"**爲之司其名,**按:司,主也。《韓非
子·揚權》:"君操其名,臣效其形,形名參同,上下和調也。"**之名嬴法,**
按:嬴,勝也。嬴法,謂成功之法。**得其兩見。**按:兩見,謂君臣各盡其
職。《莊子·在宥》:"有天道,有人道。无爲而尊者,天道也;有爲而累者,
人道也。主者,天道也;臣者,人道也。"**仲尼之盡慮,**按:盡慮,謂殫精竭
慮。《論語·爲政》:"子曰:'爲政以德,譬如北辰,居其所而衆星共之。'"
爲之傅之。按:爲之傅之,謂輔助君主。**容成氏曰:"除日无歲,无
內无外。"**按:積日成歲,日實而歲虛。日,喻剛健君子;歲,喻虛无大人。
內虛外實,猶三十輻共一轂。《老子·十一章》:"三十輻共一轂,當其無,有
車之用。"

二

魏瑩與田侯牟約,馬彪曰:"瑩,魏惠王也。田侯,齊威王也,名

牟。"田侯牟背之，魏瑩怒，將使人刺之。犀首公孫衍聞而耻之，司馬彪曰："犀首，若今虎牙將軍，公孫衍爲此官。"曰："君爲萬乘之君也，而以匹夫從讎。按：從讎，謂尋讎。衍請受甲二十萬，爲君攻之，虜其人民，係其牛馬，使其君内熱發於背，成玄英曰："國破人亡而懷恚怒，故熱氣蘊於心，癰疽發於背也。"然後拔其國，忌也出走。陸德明曰："姓田，名忌，齊將也。"然後抶其背，折其脊。"成玄英曰："擊抶其背，打折腰脊。"季子聞而耻之，陸德明曰："季子，魏臣。"曰："築十仞之城，城者既十仞矣，則又壞之，此胥靡之所苦也。成玄英曰："胥靡，徒役人也。"今兵不起七年矣，此王之基也。衍亂人，不可聽也。"華子聞而醜之，陸德明曰："華子，亦魏臣。"曰："善言伐齊者，亂人也；按：伐齊，謂好征伐，行霸道也。善言勿伐者，亦亂人也；按：勿伐，謂修文德，行王道。謂伐之與不伐亂人也者，又亂人也。"按：亂人，謂不合天道。《莊子·列禦寇》："知道易，勿言難。知而不言，所以之天也；知而言之，所以之人也；古之人，天而不人。"君曰："然則若何？"曰："君求其道而已矣！"按：道，謂來由。不信而約，是失其道；信而後約，是得其道。《老子·十七章》："信不足焉，有不信焉。"惠子聞之，而見戴晉人。陸德明曰："戴晉人，梁國賢人，施惠薦之於魏王。"戴晉人曰："有所謂蝸者，李頤曰："蝸蟲有兩角，俗謂之蝸牛。"君知之乎？"曰："然。""有國於蝸之左角者，曰觸氏；有國於蝸之右角者，曰蠻氏，時相與爭地而戰，伏尸數萬，逐北旬有五日而後反。"君曰："噫！其虛言與？"曰："臣請爲君實之。按：實，謂現實。君以意在四方上下，王叔岷引《爾雅·釋詁》："在，察也。"有窮乎？"君曰："无窮。"曰："知游心於无窮，而反在通達之國，郭象曰："人跡所及爲通達，謂今四海之内也。"按：通達，謂无封疆、關隘之限。若存若亡乎？"君曰："然。"曰："通達之中有魏，於魏中有梁，於梁中有王，王與蠻氏，有辯乎？"君曰："无辯。"客出而君惝然若有亡也。成玄英曰："心之悼矣，恍然如失。"客出，惠子見。君曰："客，大人也，按：大人，謂以天地爲家。《莊子·秋水》："自以比形於天地，而受氣於陰陽，吾在於天地之間，猶小石小木之在大山也。"聖人不足以當之。"成玄英曰："聖人，謂堯、舜也。"惠子曰："夫吹筦也，陸德明曰:"筦,本亦作管。"猶有嗃也;按:嗃,語氣詞,謂抱怨之聲。《周易·家人》:"九三:家人嗃嗃,悔厲,吉。婦子嘻嘻,終吝。"吹劍首者,司馬彪曰:"劍首,謂劍環頭小孔也。"吷而已矣。司馬彪曰:"吷,吷然如風過。"堯、舜,人之所譽也。道堯、舜於戴晉人之前,譬猶一吷也。"

孔子之楚,舍於蟻丘之漿。李頤曰:"蟻丘,山名。之漿,賣漿家。"其鄰有夫妻臣妾登極者,司馬彪曰:"極,屋棟也。升之以觀也。"按:觀,謂觀孔子之徒。子路曰:"是稯稯何爲者邪?"李頤曰:"稯稯,聚貌。"按:蓋孔子與弟子習禮,引來衆人圍觀。《史記·孔子世家》:"孔子去曹適宋,與弟子習禮大樹下。"仲尼曰:"是聖人僕也。是自埋於民,郭象曰:"與民同。"自藏於畔。王叔之曰:"脩田農之業,是隱藏於壠畔。"其聲銷,郭象曰:"損其名也。"其志无窮,按:其志无窮,謂志在天地之間。其口雖言,郭象曰:"所言者,皆世言。"其心未嘗言。郭象曰:"心與世異。"方且與世違而心不屑與之俱。按:違,離也。是陸沉者也,郭象曰:"人中隱者,譬无水而沈也。"是其市南宜僚邪?"子路請往召之。孔子曰:"已矣!成玄英曰:"已,止也。"彼知丘之著於己也,按:著,矚目。知丘之適楚也,以丘爲必使楚王之召己也。彼且以丘爲佞人也。按:佞,謂急於入仕。夫若然者,其於佞人也羞聞其言,而況親見其身乎!而何以爲存!"按:而,你。存,存問。子路往視之,其室虛矣。

三

長梧封人問子牢曰:陸德明曰:"長梧,地名。封人,守封疆之人。"司馬彪曰:"子牢,即琴牢,孔子弟子。""君爲政焉勿鹵莽,治民焉勿滅裂。鍾泰曰:"鹵莽,如今云草率;滅裂,如今云胡亂。"昔予爲禾,耕而鹵莽之,則其實亦鹵莽而報予;芸而滅裂之,陸德明曰:"芸,除草也。"其實亦滅裂而報予。予來年變齊,按:變,更也。齊,敬慎也。《荀子·修身》:"齊給便利,則節之以動止。"又《商君書·弱民》:"楚國之民,齊疾而均,速若飄風。"**深其耕而熟耰之**,司馬彪曰:"耰,鋤也。"
其禾繁以滋,予終年厭飧。"莊子聞之曰:"今人之治其形,理
其心,多有似封人之所謂,**遁其天**,按:天,謂天年。遁其天,謂樂生
惡死。《莊子·養生主》:"是遁天倍情,忘其所受,古者謂之遁天之刑。"**離
其性**,按:性,謂素樸之性。離其性,謂盛嗜欲、多好惡。《莊子·徐无鬼》:
"君將盈耆欲,長好惡,則性命之情病矣。"**滅其情**,按:滅其情,謂好詐偽。
《莊子·徐无鬼》:"修胸中之誠,以應天地之情而勿攖。"**亡其神**,按:亡其
神,謂心機動。《莊子·天地》:"機心存於胸中,則純白不備;純白不備,則
神生不定,神生不定者,道之所不載也。"**以衆爲。**按:以,從也。以衆爲,
謂喪失自我。《莊子·繕性》:"喪己於物,失性於俗者,謂之倒置之民。"**故
鹵莽其性者,欲惡之孽爲性**;按:欲惡,猶好惡。**萑葦蒹葭**,陸德明
曰:"萑,葦類。葦,蘆也。蒹,薕也。葭,亦蘆也。"按:萑葦蒹葭,喻好惡之
孽生。**始萌以扶吾形**,按:扶,持也。**尋擢吾性**;俞越曰:"尋與始相對
爲義,尋之言寖尋也。"按:擢,拔也。**並潰漏發**,章太炎曰:"並,皆爲旁,
漢人言並海,並河,並皆作傍字,是其例也。"**不擇所出,漂疽疥癰**,陸德
明曰:"漂,本亦作瘭。瘭疽,謂病瘡膿出也。"**内熱溲膏是也。**"成玄英
曰:"溲膏,溺精也。"按:内熱,謂火氣盛。《列子·楊朱》:"一朝處以柔毛
綈幕,薦以梁肉蘭橘,心痀體煩,内熱生病矣。"

　　柏矩學於老聃,陸德明曰:"柏矩,有道之人。"曰:"**請之天下
遊。**"老聃曰:"已矣! 天下猶是也。"又請之,老聃曰:"汝將何
始?"曰:"始於齊。"**至齊,見辜人焉**,俞越曰:"辜,謂辜磔也。《周
官》:掌戮殺王之親者辜之。鄭注:辜之言枯也,謂磔。是其義。《漢·
景帝紀》改磔曰棄市,顏注:磔,謂張其尸也。是古之辜磔人者,必張其尸於
市,故柏矩推而强之,解朝服而幕之也。"**推而强之**,陸德明曰:"强,字亦
作彊。"章炳麟曰:"彊,借爲僵。"**解朝服而幕之**,司馬彪曰:"幕,覆也。"
號天而哭之,曰:"子乎! 子乎! 天下有大菑,按:大菑,謂人君无
道。**子獨先離之。**按:離,遭也。**曰莫爲盜! 莫爲殺人!** 馬其昶
曰:"二句,推執法者罪之之辭。"按:《孟子·梁惠王上》:"若民,則無恒產,
因無恒心。苟無恒心,放辟邪侈,無不爲已。及陷於罪,然後從而刑之,是罔
民也。"**榮辱立**,按:榮,謂富貴;辱,謂貧賤。**然後覩所病**;按:病,謂弑
君。《孟子·梁惠王上》:"萬乘之國弑其君者,必千乘之家;千乘之國弑其

君者,必百乘之家。"貨財聚,然後覩所爭。按:爭,謂盜賊。《論語·顏淵》:"季康子患盜,問於孔子。孔子對曰:'苟子之不欲,雖賞之不竊。'"今立人之所病,按:所病,謂爵祿。《文子·符言》:"人有三怨:爵高者人妬之,官大者主惡之,祿厚者人怨之。"聚人之所爭,按:《老子·三章》:"不貴難得之貨,使民不爲盜;不見可欲,使民心不亂。"窮困人之身,按:《商君書·弱民》:"民,辱則貴爵,弱則尊官,貧則重賞。"使无休時,欲无至此,得乎!郭象曰:"上有所好,則下不能安其本分。"古之君人者,以得爲在民,以失爲在己;以正爲在民,以枉爲在己;按:《尚書·盤庚上》:"邦之臧,惟汝衆;邦之不臧,惟予一人有佚罰。"故一形有失其形者,按:一形,謂舉止。形,通刑,法也。《詩·大雅·思齊》:"刑于寡妻,至于兄弟,以御于家邦。"退而自責。今則不然,匿爲物而愚不識,按:物,蓋鬼神事。《荀子·天論》:"卜筮然後決大事,非以爲得求也,以文之也。故君子以爲文,而百姓以爲神。以爲文則吉,以爲神則凶也。"大爲難而罪不敢,按:爲難,謂作亂。重爲任而罰不勝,遠其塗而誅不至。民知力竭,則以僞繼之。日出多僞,士民安取不僞!夫力不足則僞,知不足則欺,財不足則盜。盜竊之行,於誰責而可乎?"郭象曰:"當責上也。"按:《荀子·大略》:"多積財而羞無有,重民任而誅不能,此邪行之所以起,刑罰之所以多也。"

蘧伯玉行年六十而六十化,按:蘧伯玉,孔子之友,當衛靈公時。六十化,謂寡過遷善也。《論語·憲問》:"蘧伯玉使人於孔子,孔子與之坐而問焉,曰:'夫子何爲?'對曰:'夫子欲寡其過而未能也。'"未嘗不始於是之,而卒詘之以非也。未知今之所謂是之非五十九非也。萬物有乎生而莫見其根,按:《老子·十六章》:"夫物芸芸,各復歸其根。歸根曰靜,是曰復命。"有乎出而莫見其門。按:門,謂天門。《老子·六章》:"谷神不死,是謂玄牝。玄牝之門,是謂天地根。"《莊子·庚桑楚》:"有乎生,有乎死,有乎出,有乎入。入出而无見其形,是謂天門。天門者,无有也,萬物出乎无有。"人皆尊其知之所知,而莫知恃其知之所不知而後知,按:後知,智也。《莊子·齊物論》:"故知止其所不知,至矣。"可不謂大疑乎!按:疑,惑也。《莊子·秋水》:"計人之所知,不若其所不知;其生之時,不若未生之時;以其至小,求窮其至大之域,是故迷亂而不能自得也。”已乎！已乎！且无所逃。此所謂然與，然乎？

　　仲尼問於大史大弢、伯常騫、狶韋曰：“夫衛靈公飲酒湛樂，不聽國家之政；田獵畢弋，成玄英曰：“畢，大網也。弋，繩繫箭而射也。”不應諸侯之際；司馬彪曰：“際，盟會之事。”其所以爲靈公者何邪？”大弢曰：“是因是也。”成玄英曰：“依周公謚法，亂而不損曰靈。”按：《論語·憲問》：“子言衛靈公之無道也，康子曰：‘夫如是，奚而不喪？’孔子曰：‘仲叔圉治賓客，祝鮀治宗廟，王孫賈治軍旅。夫如是，奚其喪？’”伯常騫曰：“夫靈公有妻三人，同濫而浴。成玄英曰：“濫，浴器。”史鰌奉御而進所，司馬彪曰：“史鰌，史魚也。”按：奉御，謂記君言行、得失。《孔叢子·答問》：“古者，人君外朝則有國史，內朝則有女史。舉則左史書之，言則右史書之，以無諱示後世，善以爲式，惡以爲戒。廢而不記，史失其官。故凡若晉侯、驪姬牀第之私、房中之事，不得掩焉。”所，謂浴室。搏幣而扶翼。陸德明曰：“幣，帛也。”司馬彪曰：“扶翼，謂公及浴女相扶翼自隱也。”其慢若彼之甚也，見賢人若此其肅也，按：肅，敬也，謂敬史魚之直也。《論語·衛靈公》：“子曰：‘直哉史魚！邦有道，如矢；邦无道，如矢。’”是其所以爲靈公也。”狶韋曰：“夫靈公也死，卜葬於故墓不吉，卜葬於沙丘而吉。掘之數仞，得石槨焉，洗而視之，有銘焉，曰：‘不馮其子，靈公奪而里之。’司馬彪曰：“言子孫不足可憑，故使公得此處爲冢也。”夫靈公之爲靈也久矣！之二人何足以識之！”按：靈公之无道，天性也，靈公之謚，天命也，皆非知之所知。

<h2 style="text-align:center">四</h2>

　　少知問於大公調曰：“何謂丘里之言？”林希逸曰：“丘里之言者，公一里之言也。”按：丘里之言，謂鄉議、公論也。大公調曰：“丘里者，合十姓百名而以爲風俗也，按：名，謂徽幟。《周禮·夏官司馬·大司馬》：“中夏，教茇舍，如振旅之陳，群吏撰車徒，讀書契，辨號名之用，帥以門名，縣鄙各以其名，家以號名，鄉以州名，野以邑名，百官各象其事，以辨軍之夜事。”鄭玄注：“號名者，徽識所以相別也。鄉遂之屬謂之名，家之屬謂

之號,百官之屬謂之事。"**合異以爲同,散同以爲異**。按:同,謂公論。異,謂異議。異議,猶百家之言。合合百家言爲公論,然終非古之道術。今指馬之百體而不得馬,而馬係於前者,立其百體而謂之馬也。**是故丘山積卑而爲高,江河合水而爲大,大人合并而爲公**。按:大,言其能容也。《老子·十六章》:"知常容,容乃公,公乃王,王乃天,天乃道。"合并,謂會同鄉人之議。公,謂公論。大人无私,融匯衆議以爲公論。**是以自外入者**,按:入,謂入大人之心。自外入者,謂鄉人之議。**而不執**;按:執,謂先入爲主。不執,謂大人无常心。《老子·四十九章》:"聖人無常心,以百姓心爲心。"**由中出者**,按:中,心也。中出者,謂大人之議。**有正而不距**。按:正,矢的也,喻知我者。《莊子·天運》:"中無主而不止,外無正而不行。由中出者,不受於外,聖人不出;由外入者,无主於中,聖人不隱。"距,止也。不距,謂暢所欲言。《莊子·在宥》:"大人之教,若形之於影,聲之於響。有問而應之,盡其所懷,爲天下配。"本節講:大人无私,合成公論。

　　四時殊氣,按:氣,謂六氣。《左傳·昭公元年》:"六氣曰陰、陽、風、雨、晦、明也。分爲四時,序爲五節,過則爲菑。"**天不賜**,按:賜,謂賜福。**故歲成**;按:歲成,謂五穀豐登。**五官殊職**,按:《禮記·曲禮下》:"天子之五官,曰司徒、司馬、司空、司士、司寇、典司五衆。"**君不私**,按:不私,謂不自用。《論語·泰伯》:"子曰:'巍巍乎,舜、禹之有天下也,而不與焉!'"**故國治**;按:五官各盡其職,不待君勞而國治。**文武**,按:文武,蓋謂性之緩急。《莊子·天運》:"一盛一衰,文武倫經;一清一濁,陰陽調和,流光其聲。"**大人不賜**,按:賜,謂獎賞。《莊子·徐无鬼》:"夫民,不難聚也;愛之則親,利之則至,譽之則勸,致其所惡則散。"**故德備**;按:德備,謂民性未喪。《莊子·徐無鬼》:"自三代以下者,匈匈焉終以賞罰爲事,彼何暇安其性命之情哉!"**萬物殊理**,按:殊理,謂物種不同。**道不私**,按:不私,謂任物自化。**故无名**。按:无名,不可名。《老子·四十一章》:"大音希聲,大象無形,道隱無名。"**无名故无爲**,按:爲,僞也,謂展示形象。**无爲而无不爲**。按:无不爲,謂萬物自化。《老子·三十七章》:"道常無爲而無不爲。侯王若能守之,萬物將自化。"本節講:大道无私,任物自化。

　　時有終始,按:時,四時也。**世有變化**。按:世,謂世道。世道變遷,禍福相隨。**禍福淳淳**,按:淳,稠也。《左傳·襄公十一年》:"廣車、軘車淳十五乘。"杜預注："淳，耦也。"楊伯峻曰："淳，同純。古代投壺禮與射禮，一算爲奇，二算爲純。此淳亦耦義。"**至有所拂者而有所宜，**按：至，謂福禍之來。拂，惡也；宜，好也。**自殉殊面；**按：面，謂喜怒之色。自殉殊面，謂心有好惡，面有喜怒。**有所正者有所差，**按：正，謂持平之論。差，謂偏頗之論。**比於大澤，百材皆度；觀於大山，木石同壇。**按：大澤、大山，喻公論；白材、木石，喻衆議。**此之謂丘里之言。"**本節講：公論駮雜，非古之道術。

少知曰："然則謂之道，足乎？"大公調曰："不然，今計物之數，不止於萬，而期曰萬物者，成玄英曰："期，限也。"以數之多者號而讀之也。李頤曰："讀，猶語也。"是故天地者，形之大者也；陰陽者，氣之大者也；道者爲之公。按：爲，通謂，《荀子·勸學》："蘭槐之根是爲芷。"因其大以號而讀之則可也，按：《老子·二十五章》："吾不知其名，字之曰道，强爲之名，曰大。"已有之矣，按：之，謂"道"之名。乃將得比哉！按：比，謂以"公"比"道"。則若以斯辯，譬猶狗馬，其不及遠矣。"按：公論非道術，猶狗馬之異也。

少知曰："四方之内，六合之里，萬物之所生惡起？"郭象曰："問此者，或謂道能生之。"大公調曰："陰陽相照相蓋相治，鍾泰曰："陰陽相照，謂日月也。日陽而月陰，故曰相照。相蓋，猶相勝。"四時相代相生相殺。欲惡去就於是橋起，錢穆《纂箋》引王筠，曰："橋，桔橰也。"按：《淮南子·主術訓》："橋直植立而不動，俛仰取制焉。"橋起，謂若桔橰之俯仰。雌雄片合，胡文英曰："片，與牉同。《儀禮》'夫婦牉合'，謂合其半以成夫婦。雌雄，即夫婦也。"於是庸有。按：庸，謂常見。安危相易，禍福相生，緩急相摩，按：摩，通靡，謂密切交往。《莊子·人間世》："凡交近則必相靡以信，遠則必忠之以言。"聚散以成。按：聚散，謂死生。《莊子·知北遊》："人之生，氣之聚也。聚則爲生，散則爲死。"此名實之可紀，按：名實，謂安危、禍福之變。精微之可志也。按：精微，謂緩急、聚散之變。隨序之相理，成玄英曰："夫四序循環，更相治理。"按：四序，四季也。橋運之相使，按：運，謂循環往復。桔橰之兩端，一端升，則一端必降，一端降則一端必升，故曰"相使"。窮則反，終則始，此物之所有。成玄英曰："物極則反，終而復始。物之所有，理盡於斯。"言

之所盡,知之所至,極物而已。按:極物,謂窮盡萬物之理。覩道之
人,按:《莊子·大宗師》:"朝徹,而後能見獨;見獨,而後能无古今;无古
今,而後能入於不死不生。"睹道无古今,故能見萬物死生循環之理。不隨
其所廢,按:廢,謂一物之滅。不原其所起,按:原,追溯。起,謂一物
之生。此議之所止。"本節講:物化循環,與道始終。

少知曰:"季真之莫爲,接子之或使。郭象曰:"季真曰,道莫爲
也。接子曰:道或使。或使者,有使物之功也。"二家之議,孰正於其
情,按:情,謂萬物之實情。孰徧於其理?"奚侗曰:"徧,爲'偏'之誤。"
大公調曰:"雞鳴狗吠,是人之所知;雖有大知,不能以言讀其
所自化,按:讀,謂解釋。自化,謂雞狗之繁衍。又不能以意其所將
爲。按:意,預測。《管子·小問》:"君子善謀,而小人善意。"斯而析之,
按:斯,分也。《詩·陳風·墓門》:"墓門有棘,斧以斯之。"斯而析,謂分析
萬物之理。精至於无倫,按:倫,謂紋理。无倫,謂不可分。精至於无倫,
謂求之於物內。大至於不可圍。按:大至於不可圍,謂求之於物外。不
可圍,謂天地。或之使,按:或之使,謂萬物另有主宰。莫之爲,按:莫
之爲,則萬物自我主宰。未免於物而終以爲過。按:真宰非物,而以物
視之,故曰"未免於物"。或使則實,按:實,滯實也。雞鳴狗吠,出於自
然,必謂有使之者,則過於滯實。莫爲則虛。按:虛,空也。雞鳴狗吠,雜
而不亂,若謂无主之者,則淪於虛无。有名有實,是物之居;按:有名有
實,謂未免於物也。居,謂囿於物內也。无名无實,按:名實,物也。无名
无實,謂出於物外。在物之虛。按:道不離物,不在其實,在其虛。《老
子·十一章》:"三十輻共一轂,當其無,有車之用。"可言可意,言而愈
疏。按:《莊子·秋水》:"可以言論者,物之粗也;可以意致者,物之精也;
言之所不能論,意之所不能察致者,不期精粗焉。"未生不可忌,按:忌,
諱,謂抗拒出生。已死不可徂。陸德明曰:"徂,一本作阻。"死生非遠
也,理不可覩。鍾泰曰:"不可忌、不可阻,則似有使之者,而不得謂之莫
爲,然理不可睹,則又似莫之爲,而不得謂之或使。"或之使,莫之爲,疑
之所假。林希逸曰:"世之疑情,方假此而起。"吾觀之本,其往无窮;
吾求之末,其來无止。宣穎曰:"欲究其始,則往者已無窮,不知何始也。
欲究其終,則來者方無止,不知何終也。"无窮无止,言之无也,按:之,

謂道。无，謂无古今，无始終。**與物同理**；按：道在物中，故與物同理。**或使莫爲，言之本也，與物終始。道不可有**，按：有，謂名實。**有不可无。**鍾泰曰："有者，物也。"按：无，謂无名實。**道之爲名**，按：名，謂大也。**所假而行。**按：假，假物也。**或使莫爲，在物一曲**，按：一曲，猶一隅。在物一曲，謂未觀大化之周流。**夫胡爲於大方？**按：爲，猶觀也。《孟子·盡心上》："觀於海者難爲水，遊於聖人之門者難爲言。"大方，謂大方之家。**言而足**，按：足，謂盡道。言而足，假設之辭。**則終日言而盡道；言而不足**，按：不足，謂不能盡道。**則終日言而盡物。**按：物，謂精粗之物。**道物之極**，按：道物，謂道與物。極，謂精微之處。**言默不足以載**；按：道固不可言，物之精微處，亦不可言。道物之極，非言默所能載。**非言非默，議有所極。"**本節講：道不可有，在物之虛。

小　結

　　繼《知北遊》篇之後，《則陽》篇第四章進一步闡釋"道"與"物"的關係。《知北遊》篇第二章的觀點是："物物者與物无際。"物物者，即道。際，指分界。物物者與物无際，謂道與物渾然一體，不可離物而求道。《則陽》篇則進一步提出："无名无實，在物之虛。"无實，即无有。物之虛，即物的非實體部分。《老子·十一章》："三十輻共一轂，當其無，有車之用。"車轂，即車輪之虛。車輪能成形負重，乃由三十輻支撐，而車輪之旋轉，則得因車轂之虛空。由是觀之，"莫爲"與"或使"的紛爭，便不難解決。无爲，謂无心之爲。莫爲，謂不爲。季真之莫爲，意謂道與物各自獨立，兩不相干。接子之或使，意謂道驅使萬物，物出於被動狀態。"莫爲"和"或使"兩個觀點，是先把"道"和"物"分開，然後探討二者的關係，犯了離物而求道的錯誤。道通萬物之虛，若氣之充塞天地，與萬物渾然一體，不可分別觀之。

外　物

　　《外物》篇講：天下无道，至人遊世。本篇可分四章：第一章講：陰陽錯行，天下失序；第二章講：小人得志，大人困窮；第三章講：小儒爲盜，大儒爲禍；第四章講：小知速禍，至人遊世。

一

　　外物不可必，按：必，期必。《孟子·盡心上》：“孟子曰：‘求則得之，舍則失之，是求有益於得也，求在我者也。求之有道，得之有命，是求无益於得也，求在外者也。’”**故龍逢誅**，按：龍逢，即關龍逢。《韓非子·人主》：“昔關龍逢説桀，而傷其四肢。”**比干戮**，按：比干，紂之臣。《史記·宋微子世家》：“王子比干者，亦紂之親戚也。見箕子諫不聽而爲奴，則曰：‘君有過而不以死争，則百姓何辜！’乃直言諫紂。紂怒曰：‘吾聞聖人之心有七竅，信有諸乎？’乃遂殺王子比干，刳視其心。’”**箕子狂**，按：箕子，紂之庶叔。《史記·宋微子世家》：“紂爲淫泆，箕子諫，不聽。人或曰：‘可以去矣。’箕子曰：‘爲人臣諫不聽而去，是彰君之惡而自説於民，吾不忍爲也。’乃被髮詳狂而爲奴。”**惡來死**，按：《史記·秦本紀》：“蜚廉生惡來。惡來有力，蜚廉善走，父子俱以材力事殷紂。周武王之伐紂，並殺惡來。”**桀、紂亡**。按：桀、紂皆材力過人之君。《史記·殷本紀》：“帝紂資辨捷疾，聞見甚敏；材力過人，手格猛獸；知足以距諫，言足以飾非；矜人臣以能，高天下以聲，以爲皆出己之下。”又《淮南子·主術訓》：“桀之力，制觡伸鈎，索鐵歠金。椎移大犧，水殺黿鼉，陸捕熊羆；然湯革車三百乘，困之鳴條，擒之焦門。由此觀之，勇力不足以持天下矣。”**人主莫不欲其臣之忠，而忠未必信，故伍員流于江**，按：伍員，即伍子胥。《左傳·哀公十一年》：“吳將伐齊，越子率其衆以朝焉，王及列士皆有饋賂。吳人皆喜，惟子胥懼，曰：‘是蒙吴也夫！’”**萇弘死于蜀**，按：《左傳·哀公三年》：“劉氏、范氏世爲昏姻，萇弘事劉文公，故周與范氏。趙鞅以爲討。六月癸卯，周人殺萇弘。”劉氏，周卿士。范氏，晉大夫。**藏其血三年而化爲碧**。按：碧，謂青白色。《公孫龍子·通辯論》：“木賊金者碧，碧則非正舉矣。青白不相與，而相與不相勝，則兩明也。争而明，其色碧也。”木賊金，謂青染白。正舉，即正色。**人親莫不欲其子之孝，而孝未必愛，故孝己憂而曾參悲**。李頤曰：“孝己，殷高宗之太子。曾參至孝，爲父所憎，嘗見絶糧而後蘇。”**木與木相摩則然，金與火相守則流。陰陽錯行，則天地大絃**，按：絃，通駭，驚也。**於是乎有雷有霆，水中有火**，司馬彪曰：“水中有火，謂電也。”**乃焚大槐。有甚憂兩陷而无所逃**。按：兩陷，謂陰陽。《莊子·在宥》：“人大喜邪？毗於陽；大怒邪？毗於陰。陰陽並毗，四時不至，寒暑之和不成，其反傷人之形乎！”**蠠蝱不得成**，郭嵩燾曰：“蠠當作蝀。《爾雅·釋天》：蝃蝀，虹也。蠠蝱，猶言虹蜺。《淮南·説山訓》：天二氣則成虹。二氣者，陰陽之相薄者也。相薄而兩相争勝，則虹蜺亦不得成。”按：倪虹成，謂雨霽日出，天地清明。**心若縣於天地之間**，按：心若縣，謂憂心不降。**慰暋沈屯**，司馬彪曰：“沈，深也。屯，難也。”按：沈屯，謂心情沉重。**利害相摩**，按：《莊子·庚桑楚》：“不仁則害人，仁則反愁我身；不義則傷彼，義則反愁我己。”**生火甚多，衆人焚和**，按：和，謂和氣。**月固不勝火**，按：月，陰也。火，陽也。《淮南子·天文訓》：“積陽之熱氣生火，火氣之精者爲日；積陰之寒氣爲水，水氣之精者爲月。”**於是乎有僓然而道盡**。按：僓，壞也，謂陽盛陰衰。道盡，謂陽獨盛。本章講：陰陽失調，天下失道。

二

莊周家貧，故往貸粟於監河侯。陸德明曰：“監河侯，《説苑》作魏文侯。”按：河潤九里，澤及萬民，以刺監河者之不仁。**監河侯曰：“諾，我將得邑金**，成玄英曰：“待我歲終，得百姓租賦封邑之物乃貸子。”**將貸子三百金，可乎？”莊周忿然作色曰：“周昨來，有中道而呼者。周顧視車轍中，有鮒魚焉**。按：鮒魚，鯽魚也。**周問之曰：‘鮒魚**

來！子何爲者耶？'對曰：'我，東海之波臣也。君豈有斗升之水而活我哉？'周曰'諾，我且南游吳越之王，激西江之水而迎子，成玄英曰："西江，蜀江也。江水至多，北流者衆，惟蜀江從西來，故謂之西江是也。"可乎？'鮒魚忿然作色曰：'吾失我常與，我无所處。我得斗升之水然活耳。按：君子取足而已，不求富貴。《晏子春秋·内篇雜上》："齊有北郭騷者，結罘罔，捆蒲葦，織屨，以養其母，猶不足，踵門見晏子曰：'竊説先生之義，願乞所以養母者？'晏子使人分倉粟府金而遺之。辭金受粟。"君乃言此，曾不如早索我於枯魚之肆！李頤曰："枯魚，猶乾魚也。"

任公子爲大鉤巨緇，司馬彪曰："巨緇，大黑綸也。"五十犗以爲餌，鍾泰曰："犗，犗牛也。牛犗則壯碩。"蹲乎會稽，陸德明曰："會稽，山名。"投竿東海，旦旦而釣，期年不得魚。鍾泰曰："期年，周年也。"已而大魚食之，牽巨鉤，錎没而下，陸德明曰："錎，《字林》：猶如陷字。"按：錎或作陷，墜也，謂巨鉤落入魚口。鶩揚而奮鬐，成玄英曰："馳鶩而下，揚其頭尾，奮其鱗鬐。"白波若山，海水震蕩，聲侔鬼神，憚赫千里。任公子得若魚，陸德明曰："若魚，猶言此魚。"離而腊之，自制河以東，司馬彪曰："制河，浙江，今在會稽錢塘。"蒼梧已北，成玄英曰："蒼梧，山名，在嶺南，舜葬之所。"莫不厭若魚者。已而後世輇才諷説之徒，李頤曰："輇，量人也。"按：輇，通銓，考量也。輇才，謂好量人者。《楚辭·離騷》："衆皆競進以貪婪兮，憑不猒乎求索。羌内恕己以量人兮，各興心而嫉妒。"皆驚而相告也。夫揭竿累，司馬彪曰："累，綸也。"趣灌瀆，司馬彪曰："灌瀆，溉灌之瀆。"守鯢鮒，李頤曰："鯢鮒，皆小魚也。"按：鯢，泥鰍。其於得大魚難矣。飾小説以干縣令，林希逸曰："縣令，猶今揭示也。縣與懸同。縣揭之號令，猶今賞格之類。"按：干，求也。干縣令，謂揭榜求賞。其於大達亦遠矣，按：大達，謂大道。《孟子·滕文公下》："居天下之廣居，立天下之正位，行天下之大道；得志與民由之；不得志獨行其道。富貴不能淫，貧賤不能移，威武不能屈，此之謂大丈夫。"是以未嘗聞任氏之風俗，按：任公子，大人也。《莊子·則陽》："江河合水而爲大，大人合并而爲公。"任氏之風俗，謂大公无私。其不可與經於世亦遠矣！按：經世，謂濟天下。

三

儒以詩禮發冢。大儒臚傳曰：向秀曰：“從上語下，曰臚傳。”
“東方作矣，司馬彪曰：“東方作矣，謂日出也。”事之何若？”小儒曰：
成玄英曰：“小儒，弟子也。”“未解裙襦，口中有珠。”鍾泰曰：“古者死
人以玉含斂，故口中得有珠。珠，玉之圓者，非蚌之所産珠。”《詩》固有之
曰：‘青青之麥，生於陵陂。生不布施，死何含珠爲？’司馬彪曰：
“此逸詩，刺死人。”“接其鬢，成玄英曰：“接，撮也。”壓其顪，司馬彪曰：
“顪，頤下毛也。”儒以金椎控其頤，王念孫曰：“儒作而，是也。而，汝
也。”按：控，敲也。徐別其頰，鍾泰曰：“別，謂別開之。”无傷口中
珠！”本章講：小儒爲盜，詩書發冢。

老萊子之弟子出薪，陸德明曰：“老萊子，楚人。出薪，出採薪也。”
按：老萊子，即老子。《戰國策·楚策四》：“公不聞老萊子之教孔子事君乎？
示之其齒之堅也，六十而盡，相靡也。”遇仲尼，反以告，曰：“有人於
彼，修上而趨下，李頤曰：“趨下，下短也。”末僂而後耳，李頤曰：“末
僂，末上，謂頭前也。”司馬彪曰：“後耳，耳卻後也。”按：僂，彎也。頭低，故
耳在頭之後。末僂而後耳，謂磬折恭立之狀。視若營四海，按：營，經營。
《詩·小雅·北山》：“旅力方剛，經營四方。”又《世説新語·德行》：“陳仲舉
言爲士則，行爲世範，登車攬轡，有澄清天下之志。”不知其誰氏之子。”
老萊子曰：“是丘也，召而來。”仲尼至。曰：“丘，去汝躬矜與
汝容知，鍾泰曰：“躬矜，矜之見於躬也。容知，知之見於容也。”斯爲君
子矣。”按：君子，謂謙謙君子。《周易·謙》：“初六，謙謙君子，用涉大川，
吉。”仲尼揖而退，蹙然改容而問曰：“業可得進乎？”陸德明曰：
“問可行仁義於世乎？”老萊子曰：“夫不忍一世之傷，而驚萬世之
患。陸德明曰：“驚，本亦作敖。”按：敖，謂輕慢。《莊子·庚桑楚》：“大亂
之本，必生於堯、舜之間，其末存乎千世之後。千世之後，其必有人與人相食
者也。”抑固窶邪？按：窶，謂無恒産。《詩·邶風·北門》：“出自北門，憂
心殷殷。終窶且貧，莫知我艱。”又《漢書·霍光傳》：“諸儒生多窶人子，遠
客飢寒，喜妄説狂言，不避忌諱。”亡其略，按：略，謂封地。《左傳·昭公

七年》:"天子經略,諸侯正封,古之制也。封略之内,何非君土?"**弗及邪?**按:及,謂從政。《論語·子路》:"子曰:'苟有用我者,期月而已可也,三年有成。'"**惠以歡爲,**按:惠,謂利民。爲,助也。《論語·堯曰》:"子曰:'因民之所利而利之,斯不亦惠而不費乎?擇可勞而勞之,又誰怨?'"**鷔終身之醜,中民之行進焉耳。**按:中民,謂庸常之人。**相引以名,**按:相引以名,謂互相吹捧。《商君書·農戰》:"學者成俗,則民舍農從事于談説,高言僞議,舍農遊食而以言相高也。"**相結以隱。**按:隱,謂包庇。**與其譽堯而非桀,**按:桀,无道之君;堯,有道之君。**不如兩忘而閉其所譽。**按:兩忘,謂忘窮達。《禮記·中庸》:"君子素其位而行,不願乎其外。素富貴,行乎富貴;素貧賤,行乎貧賤;素夷狄,行乎夷狄;素患難,行乎患難,君子无入而不自得焉。"**反无非傷也。**按:反,謂逆世而行。《禮記·中庸》:"子曰:'愚而好自用,賤而好自專,生乎今之世,反古之道:如此者,裁及其身者也。'"反,復也。**動无非邪也。**按:動,謂希世而行。《莊子·讓王》:"原憲笑曰:'夫希世而行,比周而友,學以爲人,教以爲己,仁義之慝,輿馬之飾,憲不忍爲也。'"**聖人躊躇以興事,**林希逸曰:"躊躇者,欲進不進之意。以躊躇興事,即不得已而後應也。"**以每成功。**成玄英曰:"不逆物情,故其功每成。"**奈何哉,其載焉終矜爾!"**按:載焉,謂負載躬矜與容知。本章講:大儒爲賊,遺禍後世。

四

　　宋元君夜半而夢人被髮闚阿門,成玄英曰:"阿。曲也,謂阿旁曲室之門。"**曰:"予自宰路之淵,**李頤曰:"宰路,淵名,龜所居。"**予爲清江使河伯之所,**按:清江,又名夷水,發源於今湖北省恩施齊岳山,在宜都市入長江。《水經注》卷三十:"夷水出巴郡魚復縣江。夷水即很山清江也,水色清照,十丈分沙石,蜀人見其澄清,因名清江也。"**漁者余且得予。"**鍾泰曰:"江曰清江者,對河之濁而言。亦見由清江而入濁河,所以不習,而爲漁者所得也。"按:《淮南子·説山訓》:"以清入濁必困辱,以濁入清必覆傾。"**元君覺,使人占之,曰:"此神龜也。"君曰:"漁者有余且乎?"左右曰:"有。"君曰:"令余且會朝。"明日,余且朝。君**

曰：“漁何得？”對曰：“且之網得白龜焉，其圓五尺。”君曰：“獻若之龜。”龜至，君再欲殺之，再欲活之，心疑，卜之，曰：“殺龜以卜吉。”乃刳龜，七十二鑽而无遺筴。司馬彪曰：“鑽，命卜，以所卜事而灼之。”宣穎曰：“每占必鑽龜。凡占七十二次，皆驗也。”仲尼曰：“神龜能見夢於元君，而不能避余且之網；知能七十二鑽而无遺筴，不能避刳腸之患。如是，則知有所困，神有所不及也。雖有至知，萬人謀之。按：謀之，猶今曰“算計”也。魚不畏網而畏鵜鶘。陸德明曰：“鵜鶘，水鳥也，一名淘河。”王叔岷引《御覽》曰：“網者公平无私，鵜鶘有欲得之心，故畏魚。”去小知而大知明，按：小知，謂材智。大知，謂保身之智。去善而自善矣。按：善，賢也。《莊子·山木》：“行賢而去自賢之行，安往而不愛哉！”嬰兒生，无石師而能言，陸德明曰：“石師，一本作所師，又作碩師。”按：碩師所言，蓋雅言。《論語·述而》：“子所雅言，《詩》《書》，執禮，皆雅言也。”與能言者處也。”本章講：小知用世，爲人所謀。

　　惠子謂莊子曰：“子言无用。”莊子曰：“知无用而始可與言用矣。天地非不廣且大也，人之所用容足耳，然則廁足而墊之致黃泉，司馬彪曰：“墊，掘也。”人尚有用乎？”惠子曰：“无用。”莊子曰：“然則无用之爲用也亦明矣。”本章講：大知遁世，无所可用。

　　莊子曰：“人有能遊，且得不遊乎？按：遊，謂无待。人而不能遊，按：不能遊，謂有所累。《莊子·德充符》：“故聖人有所遊，而知爲孽，約爲膠，德爲接，工爲商。”且得遊乎？夫流遁之志，按：流遁，避世也。《論語·子罕》：“子欲居九夷。或曰：陋，如之何？子曰：君子居之，何陋之有？”決絶之行，按：決絶，棄世也。《論語·公冶長》：“子曰：道不行，乘桴浮於海。”噫，其非至知厚德之任與！按：至知，知世也。厚德，不忍也。《史記·宋微子世家》：“紂爲淫泆，箕子諫，不聽。人或曰：‘可以去矣。’箕子曰：‘爲人臣諫不聽而去，是彰君之惡而自説於民，吾不忍爲也。’乃被髮詳狂而爲奴。遂隱而鼓琴以自悲，故傳之曰《箕子操》。”覆墜而不反，阮毓崧曰：“覆墜，謂危亂將亡之國。”按：不反，謂遁逃者不返。火馳而不顧。按：火馳，謂國事如焚。不顧，謂決絶之行。雖相與爲君臣,時也,按:時,謂一時也。易世而无以相賤。按:易世,謂時過境遷。故曰:至人不留行焉。鍾泰曰:"行而不留,所謂遊也。"夫尊古而卑今,鍾泰曰:"尊古卑今,是不知化者。"學者之流也。郭象曰:"古无所尊,今无所卑,而學者尊古而卑今,失其原矣。"且以狶韋氏之流觀今之世,成玄英曰:"狶韋,三皇已前帝號也。"夫孰能不波,按:波,謂心不定。《莊子·天地》:"若夫人者,非其志不之,非其心不爲。雖以天下譽之,得其所謂,謷然不顧;以天下非之,失其所謂,儻然不受。天下之非譽,无益損焉,是謂全德之人哉!我之謂風波之民。"唯至人乃能遊於世而不僻,按:僻,邪也,謂喪失本性。順人而不失己。按:《莊子·知北遊》:"古之人,外化而内不化,今之人,内化而外不化。與物化者,一不化者也。"彼教不學,承意不彼。按:彼,意謂排斥。《論語·憲問》:"或問子產。子曰:'惠人也。'問子西。曰:'彼哉!彼哉!'"

目徹爲明,成玄英曰:"徹,通也。"耳徹爲聰,鼻徹爲顫,成玄英曰:"顫者,辛臭之事也。"按:顫,抖也,謂打噴嚏。人打噴嚏,則鼻腔通暢,故曰"鼻徹爲顫"。口徹爲甘,按:甘,謂知味。心徹爲知,按:知,謂通曉萬物。知徹爲德。按:德,謂心之和豫。凡道不欲壅,按:道,謂耳、目、口、鼻、心之通道。壅,堵也。人爲外物所惑,則耳目口鼻之道塞。壅則哽,陸德明曰:"哽,塞也。"哽而不止則跈,郭象曰:"當通而塞,則理有不泄而相騰踐也。"按:跈,踩踏也。跈則衆害生。按:《莊子·天地》:"且夫失性有五:一曰五色亂目,使目不明;二曰五聲亂耳,使耳不聰;三曰五臭熏鼻,困惾中顙;四曰五味濁口,使口厲爽;五曰趣舍滑心,使性飛揚。此五者,皆生之害也。"物之有知者恃息,其不殷,按:殷,深也。《莊子·大宗師》:"古之真人,其寢不夢,其覺无憂,其食不甘,其息深深。真人之息以踵,衆人之息以喉。屈服者,其嗌言若哇。其耆欲深者,其天機淺。"非天之罪。天之穿之,按:穿,謂疏通。日夜无降,成玄英曰:"降,止也。"人則顧塞其竇。成玄英曰:"竇,孔也。"胞有重閬,于鬯曰:"胞,當讀庖。閬,或但作郎,《周書·作雒》篇'重郎',孔晁解云:'累屋也。'蓋即今簷之制也。屋有重簷,室内多空虛處。"心有天遊。按:天遊,神遊也。室无空虛,按:室,謂廚房。廚房小,則婆媳相擾。《莊子·人間世》:"瞻彼闋者,虛室生白,吉祥止止。"則婦姑勃豀;司馬彪曰:"勃豀,反戾也。"按:婦姑,謂媳婦與婆婆。反戾,謂爭吵。心无天遊,則六鑿相攘。司馬彪曰:"六鑿,謂六情攘奪。"按:《莊子·盜跖》:"今吾告子以人之情,目欲視色,耳欲聽聲,口欲察味,志氣欲盈。"**大林丘山之善於人也,亦神者不勝。**按:亦,只是。神者,心也。心内不虛,總有大林丘山,亦不能暢懷。本章講:至人遊世,心有天遊。

德溢乎名,按:德,謂心之和。《莊子·在宥》:"夫不恬不愉。非德也。"**名溢乎暴**,按:暴,急也,謂暴得大名。**謀稽乎誸**,郭象曰:"誸,急也。"按:稽,至也。謀稽乎誸,謂急中生智。**知出乎爭**,按:《莊子·人間世》:"德蕩乎名,知出乎爭。名也者,相軋也;知也者,爭之器也。"**柴生乎守官**,陸德明曰:"柴,積也。"鍾泰曰:"守官者,局於常例,往往不知應變之權,於是有窒礙難行之弊。"按:《莊子·天運》:"仁義,先王之蘧廬也,止可以一宿而不可久處。覯而多責。"**事果乎衆宜**。按:果,果斷。衆宜,謂衆人皆好之。**春雨日時,草木怒生,銚鎒於是乎始脩**,成玄英曰:"銚,耜之類也。鎒,鋤也。"**草木之到植者過半而不知其然。**"盧文弨曰:"到,古倒字。"按:草木倒植,喻人縱欲養生,反傷生也。《列子·楊朱》:"若觸情而動,耽於嗜慾,則性命危矣。"觸情而動,猶草木春生。**静然可以補病**,按:静,謂神之静。《莊子·在宥》:"无視无聽,抱神以静,形將自正。"**眥搣可以休老**,郭嵩燾曰:"搣,本亦作揻。《廣韻》:'揻,按也,摩也。'似謂以兩手按摩目眥。"**寧可以止遽**。按:遽,急躁。《禮記·問喪》:"堂上不趨,示不遽也。"**雖然,若是,勞者之務也,非佚者之所**,按:所,猶道也。《禮記·哀公問》:"求得當欲,不以其所。"**未嘗過而問焉**。郭象曰:"若是猶有勞,故佚者超然不顧。"

聖人之所以駴天下,按:駴,同駭,驚也。駴天下,聖人取法天地,安天下百姓。《論語·泰伯》:"子曰:'大哉堯之爲君也! 巍巍乎! 唯天爲大,唯堯則之,蕩蕩乎,民无能名焉。巍巍乎其有成功也,焕乎其有文章!'"**神人未嘗過而問焉**;按:神人无功,不以天下爲事。《莊子·逍遥遊》記藐姑射神人,曰:"其神凝,使物不疵癘而年穀熟。"**賢人所以駴世**,按:賢人駴世,謂引發傾軋之心。《莊子·庚桑楚》:"舉賢則民相軋,任知則民相盗。之數物者,不足以厚民。"**聖人未嘗過而問焉;君子所以駴國**,按:君子,守禮樂。《論語·雍也》:"子曰:'君子博學于文,約之以禮,亦可以弗畔矣夫!'"**賢人未嘗過而問焉**;按:君子守虛文,有名無實,故賢人輕之。**小人所以合時**,按:合時,謂識時務。**君子未嘗過而問焉。**

按：君子不合時，以其固窮也。《論語·衛靈公》："子曰：'君子固窮，小人窮斯濫矣。'"**演門有親死者**，陸德明曰："演門，宋城門名。"**以善毀**，按：毀，謂居喪哀毀。《禮記·曲禮上》："居喪之禮，毀瘠不形，視聽不衰。"**爵爲官師**，按：官師，蓋衆工之長。《國語·晉語四》："官師之所材也，戚施直鎛，蘧篨蒙璆，侏儒扶盧，矇瞍修聲，聾聵司火。"又《漢書·賈誼傳》："故古者聖王制爲等列，內有公卿大夫士，外有公侯伯子男，然後有官師小吏，延及庶人，等級分明。"**其黨人毀而死者半**。郭象曰："慕賞而孝，去真遠矣，斯尚賢之過也。"**堯與許由天下，許由逃之；湯與務光，務光怒之；紀他聞之，帥弟子而踆於窾水**，陸德明曰："踆，《字林》云：'古蹲字。'"**諸侯弔之**。司馬彪曰："恐其自沈，故弔之。"**三年，申徒狄因以踣河**。按：踣，倒也。踣河，即跳河。本章講：世道衰微，民易其性。

荃者所以在魚，陸德明曰："荃，魚笱也。"按：魚笱，即捕魚之簍。**得魚而忘荃；蹄者所以在兔**，陸德明曰："蹄，兔罥也。又云：兔弶也，係其脚，故曰蹄也。"**得兔而忘蹄；言者所以在意，得意而忘言**。按：《周易·繫辭上》："子曰：書不盡言，言不盡意。"**吾安得夫忘言之人而與之言哉！**按：《莊子·天下》："以天下爲沈濁，不可與莊語，以卮言爲曼衍，以重言爲真，以寓言爲廣。獨與天地精神往來，而不敖倪於萬物，不譴是非，以與世俗處。"按：本章講：天下混濁，不可與莊語。

小　　結

《外物》篇的重點在第四章，闡釋"至人遊世"的思想。人要遊世，首先要"无用"，避免被利用，從而獲得人身自由；其次，要清心寡欲，避免被自己的欲望驅使，從而獲得心靈自由。其三，要"无名"，避免勞心費神爭奪虛名，從而獲得精神自由。生在亂世，一切都失去了秩序，是非顛倒，禍福无常。人不能正道直行，至人只能委蛇而行，即所謂"遊世"。但是，至人能遊世而不僻，順人而不失己，沒有喪失內在的素樸本性。至人遊世，猶魚游於水，無論清濁，身常潔净，一无所染。

寓　言

　　《寓言》篇講：天均旋轉，物化如流。本篇可分爲三章：第一章講：巵言日出，彌合物論；第二章講：死生一體，遊於天地；第三章講：天均旋轉，身心俱化。

一

　　寓言十九，陸德明曰：“寓，寄也。以人不信己，故託之他人。”林希逸曰：“十九者，言此書之中十居其九，謂寓言多也。”重言十七，按：重言，猶深言，謂肺腑之言。巵言日出，羅勉道曰：“巵言，如巵酒相歡之言。”按：巵，酒器。巵言，謂和樂之言。日出，謂隨機應變，層出不窮。和以天倪。成玄英曰：“天倪，自然之分也。”按：倪，謂分際。天倪，謂自然之分際。和之以天倪，意謂彌合是非，求同存異。寓言十九，藉外論之。郭象曰：“言出於己，俗多不受，故借外耳。肩吾連叔之類，皆所借者也。”親父不爲其子媒。親父譽之，不若非其父者也；非吾罪也，人之罪也。與己同則應，不與己同則反；郭象曰：“互相非也。”同於己爲是之，異於己爲非之。王引之曰：“爲，猶則也。”重言十七，所以己言也。按：所，發誓之辭。《左傳·僖公二十四年》載重耳曰：“所不與舅氏同心者，有如白水。”以，用也。己言，謂我之言。《莊子·應帝王》：“與天爲徒者，知天子之與己皆天之所子，而獨以己言蘄乎而人善之，蘄乎而人不善之邪？”是爲耆艾，成玄英曰：“耆艾，壽考者之稱也。”按：是爲，猶所謂。年先矣，而无經緯本末，按：經緯，謂條理。本末，謂因果。无經緯本末，意謂思維混亂，前言不搭後語。以期年耆者，郭象曰：“期，待也。”按：期年耆者，謂倚老賣老。是非先也。按：先，先進也。《論語·先進》：“子曰：

‘先進於禮樂，野人也；後進於禮樂，君子也。如用之，則吾從先進。’”**人而无以先人，无人道也**；按：人道，謂人倫。无人道，意謂人倫中无位置。《莊子・天道》：“夫天地至神，而有尊卑先後之序，而況人道乎！宗廟尚親，朝廷尚尊，鄉黨尚齒，行事尚賢，大道之序也。”**人而无人道，是之謂陳人。**郭象曰：“直是陳久之人耳。”**卮言日出，和以天倪，因以曼衍**，按：曼衍，謂鋪陳。《漢書・晁錯傳》：“土山丘陵，曼衍相屬。”因之以曼衍，謂卮言鋪陳，彌合是非之分。**所以窮年。**按：窮年，謂享受天年。**不言則齊，**按：齊，一也。《莊子・天運》：“變化齊一，不主故常。”不言則齊，謂不生物論。**齊與言不齊，言與齊不齊也。**按：言必生亂，故曰“不齊”。**故曰无言。**按：《莊子・齊物論》：“大道不稱，大辯不言。”**言无言？**按：言，抑或不言？皆不能盡道。《莊子・則陽》：“言而足，則終日言而盡道；言而不足，則終日言而盡物。道物之極，言默不足以載。”**終身言，未嘗不言**；王叔岷曰：“不字，蓋涉下文‘未嘗不言’而衍，古抄卷子本、《道藏》成《疏》本、林希逸《口義》本、褚伯秀《義海纂微》本、羅勉道《循本》本，皆無不字。”按：未嘗言，謂未能盡道。**終身不言，**按：不言，謂得道而忘言。**未嘗不言。有自也而可，**按：有自，謂言出於成心。可，謂百家之言，各有所長。**有自也而不可；**按：不可，謂不見天地之純，割裂大道。**有自也而然，有自也而不然。**按：然，猶可也。成心之言，各有其是非。**惡乎然？然於然；惡乎不然？不然於不然。惡乎可？可於可；惡乎不可？不可於不可。物固有所然，物固有所可。无物不然，无物不可。**按：物固有所然，謂萬物各有成心；物固有所可，謂萬物各有其是非。**非卮言日出，和以天倪，孰得其久！**按：久，謂相安无事。《莊子・齊物論》：“聖人和之以是非而休乎天鈞。”**萬物皆種也，**宣穎曰：“皆有種類。”**以不同形相禪，**按：相禪，謂萬物自我繁衍。**始卒若環，莫得其倫，**成玄英曰：“倫，理也。”按：倫，謂物化之理。**是謂天均。**鍾泰曰：“均者，陶均之均，其圓如盤，而可以旋轉者也。泥之在均，惟陶者之所爲；萬物之在宇內，亦惟天之所爲。”**天均者，天倪也。**按：天均旋轉，物化如流，彌合彼此、是非，故曰“天倪”。

莊子謂惠子曰：“孔子行年六十而六十化。按：《論語・爲政》：“子曰：‘吾十有五而志于學，三十而立，四十而不惑，五十而知天命，六十而耳順,七十而從心所欲,不踰矩。’”始時所是,卒而非之,未知今之所謂是之非五十九非也。”惠子曰:“孔子勤志服知也。”_{成玄英曰:“服,用也。”}莊子曰:“孔子謝之矣,_{按:謝,辭也。謝之,謂不用知。}而其未之嘗言。孔子云:‘夫受才乎大本,_{按:大本,天也。《論語·述而》:“子曰:‘天生德於予,桓魋其如予何!’”}復靈以生。_{按:靈,謂智慧。《莊子·天地》:“大惑者,終身不解;大愚者,終身不靈。”}鳴而當律,言而當法。_{成玄英曰:“當,中也。”按:當律、當法,謂謹守禮法。}利義陳乎前,而好惡是非直服人之口而已矣。使人乃以心服,而不敢蘁,_{陸德明曰:“蘁,逆也。”}立定天下之定。_{按:定天下者,謂聖人虛靜之心。《莊子·天道》:“其動也天,其靜也地,一心定而王天下;其鬼不祟,其魂不疲,一心定而萬物服。”}已乎,已乎! 吾且不得及彼乎!’”_{按:孔子心存仁義,未及虛靜,故不能服人之心。}

二

曾子再仕而心再化,曰:“吾及親仕,三釜而心樂;_{成玄英曰:“六斗四升曰釜,六斛四斗曰鍾。”}後仕,三千鍾不洎,_{郭象曰:“洎,及也。”}吾心悲。”弟子問於仲尼曰:“若參者,可謂无所縣其罪乎?_{郭象曰:“縣,係也,謂參仕以爲親,无係禄之罪也。”}曰:“既已縣矣! _{郭象曰:“係於禄以養也。”}夫无所縣者,可以有哀乎? _{郭象曰:“夫養親以適,不問其具。”按:《莊子·漁父》:“事親以適,不論所以矣;飲酒以樂,不選其具矣。”}彼視三釜、三千鍾,如觀雀蚊虻相過乎前也。”_{俞樾曰:“雀字,衍文。”按:蚊虻相過,雖惡之,必矖目焉。如觀蚊虻,謂心繫於禄也。}

顔成子游謂東郭子綦曰:“自吾聞子之言,一年而野,_{成玄英曰:“野,質樸也。”按:野,謂忘禮樂。}二年而從,_{按:從,謂忘仁義,從心所欲。}三年而通,_{按:通,謂忘嗜欲,耳目通。《莊子·外物》:“目徹爲明,耳徹爲聰,鼻徹爲顙,口徹爲甘,心徹爲知,知徹爲德。”}四年而物,_{按:物,謂倫與物忘。《莊子·應帝王》:“泰氏,其臥徐徐,其覺于于;一以己爲馬,一以己爲牛;其知情信,其德甚真。”}五年而來,_{成玄英曰:“來,爲衆歸}

也。"按：五年而來，謂心靜。《莊子·德充符》："人莫鑑於流水而鑑於止水。唯止能止衆止。"**六年而鬼入**，按：鬼入，謂心虛。《莊子·人間世》："夫徇耳目內通而外於心知，鬼神將來舍，而況人乎！"**七年而天成**，按：天成，謂死生一體。《莊子·天道》："知天樂者，其生也天行，其死也物化。靜而與陰同德，動而與陽同波。"**八年而不知死、不知生，九年而大妙。**按：妙，謂不可言傳。大妙，謂得道。**生有爲**，按：有爲，有功也。**死也勸。**按：勸，勉也，謂尋死。《莊子·齊物論》："終身役役而不見其成功，苶然疲役而不知其所歸，可不哀邪！"**公以其死也**，鍾泰曰："公，即《則陽》'道者爲之公'之公。"按：道，即造物者。**有自也；**按：自，謂自取。**而生陽也**，按：陽，溫也。生陽，猶陽陽，謂不用心。《詩·王風·君子陽陽》："君子陽陽。"毛傳："陽陽，無所用其心也。"《淮南子·時則訓》："敎敎陽陽，唯德是行，養長化育，萬物蕃昌。"**无自也。**按：无自，謂非自取。**而果然乎？惡乎其所適？惡乎其所不適？**按：其，謂魂氣。《莊子·大宗師》："游乎天地之一氣。"又《禮記·檀弓下》："骨肉歸復于土，命也。若魂氣則無不之也。"**天有曆數**，按：天有曆數，謂天體運轉有序。《論語·堯曰》："堯曰：'咨！爾舜！天之曆數在爾躬。允執其中。四海困窮，天祿永終。'"**地有人據**，按：據，處也。人據，謂九州也。**吾惡乎求之？**按：《禮記·郊特牲》："魂氣歸於天，形魄歸於地。故祭，求諸陰陽之義也。殷人先求諸陽，周人先求諸陰。"**莫知其所終，若之何其无命也？莫知其所始，若之何其有命也？**成玄英曰："夫死去生來。猶春秋冬夏，既無終始，豈其命乎？其有命者，言無命也。"**有以相應也**，按：相應，謂生爲人，死爲鬼。**若之何其无鬼邪？**按：无鬼，謂善終。《莊子·繕性》："陰陽和靜，鬼神不擾，四時得節。"**无以相應也，若之何其有鬼邪？"**按：人不順化則爲鬼。《左傳·昭公七年》："子産適晉，趙景子問焉，曰：'伯有猶能爲鬼乎？'子産曰：'能。人生始化曰魄，既生魄，陽曰魂。用物精多，則魂魄强。是以有精爽，至於神明。匹夫匹婦强死，其魂魄猶能馮依於人，以爲淫厲。'"

三

衆罔兩問於景曰：成玄英曰："罔兩，影外微陰也。"**"若向也俯**

而今也仰，向也括而今也被髮；司馬彪曰："括，謂括髮也。"向也坐而今也起，向也行而今也止，何也？"景曰："搜搜也，按：搜，通嗖，矢聲也。《詩·魯頌·泮水》："束矢其搜。"朱熹曰："搜，矢疾聲也。"搜搜，謂其問如疾矢。奚稍問也！按：稍問，謂慢慢問。予有而不知其所以。按：有，謂有形。予，蜩甲也，司馬彪曰："蜩甲，蟬蛻皮也。"蛇蛻也，似之而非也。郭象曰："影似形而非形。"火與日，吾屯也；司馬彪曰："屯，聚也。"陰與夜，吾代也。陸德明曰："火日明而影見，故曰吾聚也；陰闇則影不見，故曰吾代也。"按：代，交替。彼吾所以有待邪？林希逸曰："彼，指形也。吾，影也。"而況乎以有待者乎！按：以，用也。有待者，影也。以有待者，罔兩也。彼來則我與之來，彼往則我與之往，彼强陽則我與之强陽。成玄英曰："强陽，運動之貌。"按：强陽，謂行止无常。《莊子·知北遊》："故行不知所往，處不知所持，食不知所味。天地之强陽氣也，又胡可得而有邪！"强陽者，又何以有問乎！"

　　陽子居南之沛，陸德明曰："姓楊，名朱，字子居。"老聃西遊於秦，邀於郊，按：邀，謂求見。至於梁而遇老子。老子中道仰天而歎曰："始以汝爲可教，今不可也。"陽子居不答。至舍，進盥漱巾櫛，脱屨户外，膝行而前，曰："向者弟子欲請夫子，夫子行不閒，是以不敢。今閒矣，請問其過。"老子曰："而睢睢盱盱，而誰與居？宣穎曰："睢睢，仰目；盱盱，張目。皆傲視貌。"大白若辱，盛德若不足。"陽子居蹴然變容曰：成玄英曰："蹴然，慚悚也。"“敬聞命矣！"其往也，舍者迎將，其家公執席，李頤曰："家公，主人公也。"妻執巾櫛，舍者避席，煬者避竈。郭象曰："尊形自異，故憚而避之也。"其反也，舍者與之争席矣！郭象曰："去其夸矜故也。"

小　　結

　　《寓言》篇提出莊子的言説方式：寓言、重言和卮言。寓言的歧義不大，重要分歧在重言和卮言。舊注以爲，重言是長者之言，是受下文"耆艾"的誤導。其實，莊子講"陳人"，就是批駁倚老賣老的現象。重，有深厚的意思。重言，猶深言，是莊子的肺腑之言。《天下》篇云"以重言爲真"，正印證了這種説法。《漁父》篇："不精不誠,不能動人。"説真誠的話,才能打動人心。卮,是一種酒器。卮言,就是醉話。飲酒和樂,難免話多,故曰"卮言日出"。天倪,是人與人之間自然的分歧。清醒時,人們各有是非;醉酒時,就稀里糊塗,泯滅彼此、是非。此人之常態。醉話不辯是非,故曰"和之以天倪"。

讓　王

《讓王》篇講尊生輕物之旨。本篇由十五則寓言組成,可分爲四章:第一章講:重生者輕天下;第二章講:保身者輕富貴;第三章講:養志者輕窮達;第四章講:守節者輕死生。

一

堯以天下讓許由,許由不受。按:許由不受,知足也。《莊子·逍遥遊》:"鷦鷯巢於深林,不過一枝;偃鼠飲河,不過滿腹。歸休乎君,予无所用天下爲!"又讓於子州支父,李頤曰:"支父,字也,即支伯也。"子州支父曰:"以我爲天子,猶之可也。雖然,我適有幽憂之病,按:幽憂之病,蓋抑鬱症。方且治之,未暇治天下也。"夫天下至重也,而不以害其生,又況他物乎!唯无以天下爲者,可以託天下也。按:可以托天下者,以其无爲也。舜讓天下於子州支伯,子州支伯曰:"予適有幽憂之病,方且治之,未暇治天下也。"故天下大器也,按:《老子·二十九章》:"天下神器,不可爲也,爲者敗之,執者失之。"而不以易生。按:生,猶性也。《莊子·駢拇》:"自三代以下者,天下莫不以物易其性矣!小人則以身殉利,士則以身殉名,大夫則以身殉家,聖人則以身殉天下。"此有道者之所以異乎俗者也。舜以天下讓善卷,李頤曰:"姓善,名卷。"按:善卷,謂善藏。《論語·衛靈公》:"子曰:'君子哉蘧伯玉!邦有道則仕,邦無道則可卷而懷之。'"善卷曰:"余立於宇宙之中,冬日衣皮毛,夏日衣葛絺;春耕種,形足以勞動;秋收斂,身足以休食;日出而作,日入而息,逍遥於天地之間而心意自得。吾何以天下爲哉!悲夫,子之不知余也。"遂不受。

於是去而入深山，莫知其處。舜以天下讓其友石户之農。李頤曰："石户，地名。農，農人也。"按：石户，謂砌石爲户。石户之農曰："捲捲乎，陸德明曰："捲捲，用力貌。"后之爲人，按：后，舜也。葆力之士也。"陸德明曰："葆，字亦作保。"按：保力，意謂性格堅毅。《論語·泰伯》："曾子曰：'士不可以不弘毅，任重而道遠。仁以爲己任，不亦重乎？死而後已，不亦遠乎？'"以舜之德爲未至也。於是夫負妻戴，成玄英曰："古人荷物，多用頭戴，如今高麗猶有此風。"攜子以入於海，司馬彪曰："凡言入者，皆居其海島之上與其曲隈中也。"終身不反也。

大王亶父居邠，狄人攻之。成玄英曰："亶父，王季之父，文王之祖也。邠，地名。狄人。獫狁也。"事之以皮帛而不受，事之以犬馬而不受，事之以珠玉而不受。狄人之所求者土地也。大王亶父曰："與人之兄居而殺其弟，與人之父居而殺其子，吾不忍也。子皆勉居矣！鍾泰曰："勉居，謂强留也。"爲吾臣與爲狄人臣奚以異！且吾聞之，不以所用養害所養。"陸德明曰："地，所以養人也。今爭以殺人，是以地害人也。"因杖筴而去之。民相連而從之。司馬彪曰："連，讀曰輦。"按：輦，謂人力小車。遂成國於岐山之下。夫大王亶父，可謂能尊生矣。能尊生者，雖貴富不以養傷身，雖貧賤不以利累形。今世之人居高官尊爵者，皆重失之。見利輕亡其身，豈不惑哉！

越人三世弑其君，王子搜患之，陸德明曰："搜，《淮南子》作'翳'。"逃乎丹穴。而越國無君，求王子搜不得，從之丹穴。王子搜不肯出，越人薰之以艾。乘以王輿。陸德明曰："王輿，一本作'玉輿'。"王子搜援綏登車，仰天而呼曰："君乎！君乎！獨不可以舍我乎！"王子搜非惡爲君也，惡爲君之患也。若王子搜者，可謂不以國傷生矣，此固越人之所欲得爲君也。

韓魏相與爭侵地。按：《淮南子·兵略訓》："晚世之兵，君雖無道，莫不設渠塹傅堞而守。攻者非以禁暴除害也，欲以侵地廣壤也。"子華子見昭僖侯，司馬彪曰：子華子，魏人也；昭僖侯，韓侯。俞樾曰："《吕覽·貴生》篇引子華子曰：'全生爲上，虧生次之，死次之，迫生爲下。'"昭僖侯有憂色。子華子曰："今使天下書銘於君之前，書之言曰：

'左手攫之則右手廢,成玄英曰:"攫,捉取也。廢,斬去之也。"右手攫之則左手廢。然而攫之者必有天下。'君能攫之乎?"昭僖侯曰:"寡人不攫也。"子華子曰:"甚善!自是觀之,兩臂重於天下也,身亦重於兩臂。韓之輕於天下亦遠矣,今之所爭者,其輕於韓又遠。君固愁身傷生以憂戚不得也!"僖侯曰:"善哉!教寡人者衆矣,未嘗得聞此言也。"子華子可謂知輕重矣。

二

　　魯君聞顏闔得道之人也,成玄英曰:"魯侯,魯哀公,或云,魯定公也。"使人以幣先焉。成玄英曰:"先通其意。"顏闔守陋閭,苴布之衣而自飯牛。李頤曰:"苴,有子麻也。"按:苴布,即麻布。魯君之使者至,顏闔自對之。使者曰:"此顏闔之家與?"顏闔對曰:"此闔之家也。"使者致幣,顏闔對曰:"恐聽者謬而遺使者罪,不若審之。"使者還,反審之,復來求之,則不得已。故若顏闔者,真惡富貴也。故曰:道之真以治身,其緒餘以爲國家,司馬彪曰:"緒,殘也,謂殘餘也。"其土苴以治天下。司馬彪曰:"土苴,如糞草也。"由此觀之,帝王之功,聖人之餘事也,非所以完身養生也。今世俗之君子,多危身棄生以殉物,豈不悲哉!凡聖人之動作也,必察其所以之與其所以爲。按:所以之,謂目的。所以爲,謂方法。今且有人於此,以隨侯之珠,按:《搜神記》卷二十:"隋侯出行,見大蛇,被傷中斷,疑其靈異,使人以藥封之。蛇乃能走。因號其處'斷蛇丘'。歲餘,蛇銜明珠以報之。珠盈徑寸,純白,而夜有光明,如月之照,可以燭室。故謂之'隋侯珠'。"彈千仞之雀,世必笑之。是何也?則其所用者重而所要者輕也。按:要,求也。夫生者,豈特隨侯之重哉!

　　子列子窮,容貌有飢色。客有言之於鄭子陽者,陸德明曰:"子陽,鄭相。"曰:"列御寇,蓋有道之士也,居君之國而窮,君无乃爲不好士乎?"鄭子陽即令官遺之粟。子列子見使者,再拜而辭。使者去,子列子入,其妻望之而拊心曰:按:拊,拍打。"妾聞爲有道者之妻子,皆得佚樂,今有飢色。君過而遺先生食,先生不受,豈不命邪。"成玄英曰:"與粟不受,天命貧窮。"子列子笑,謂之曰:"君非自知我也。以人之言而遺我粟,至其罪我也,又且以人之言,此吾所以不受也。"其卒,民果作難而殺子陽。按:《淮南子·氾論訓》:"鄭子陽剛毅而好罰,其於罰也,執而无赦。舍人有折弓者,畏罪而恐誅,則因猘狗之驚以殺子陽,此剛猛之所致也。"猘狗,即瘋狗。

楚昭王失國,陸德明曰:"楚昭王,名軫,平王子。"屠羊説走而從於昭王。成玄英曰:"有屠羊賤人,名悦。"昭王反國,將賞從者。及屠羊説。屠羊説曰:"大王失國,説失屠羊;大王反國,説亦反屠羊。臣之爵禄已復矣,又何賞之有!"王曰:"强之!"屠羊説曰:"大王失國,非臣之罪,故不敢伏其誅;大王反國,非臣之功,故不敢當其賞。"王曰:"見之。"屠羊説曰:"楚國之法,必有重賞大功而後得見。今臣之知不足以存國,而勇不足以死寇。吳軍入郢,説畏難而避寇,非故隨大王也。今大王欲廢法毀約而見説,此非臣之所以聞於天下也。"王謂司馬子綦曰:"屠羊説居處卑賤而陳義甚高,子綦爲我延之以三旌之位。"于鬯曰:"綦,別本作其,是也。"陸德明曰:"三旌,三公位也。司馬本作'三珪',云:'謂諸侯之三卿皆執珪也。'"按:楚以旌名位。《左傳·成公十六年》:"欒鍼見子重之旌,請曰:'楚人謂夫旌,子重之麾也。彼其子重也。'"屠羊説曰:"夫三旌之位,吾知其貴於屠羊之肆也;萬鍾之禄,吾知其富於屠羊之利也;然豈可以貪爵禄而使吾君有妄施之名乎!説不敢當,願復反吾屠羊之肆。"遂不受也。

三

原憲居魯,成玄英曰:"原憲,孔子弟子,姓原,名思,字憲也。"環堵之室,茨以生草;李頤曰:"茨,蓋屋也。"郭慶藩曰:"生者,謂新生未乾之草。"蓬户不完,陸德明曰:"織蓬爲户。"桑以爲樞;司馬彪曰:"屈桑條爲戶樞也。"而甕牖二室，司馬彪曰："破甕爲牖。"褐以爲塞；司馬彪曰："以褐衣塞牖也。"上漏下溼，匡坐而弦。司馬彪曰："匡，正也。"子貢乘大馬，中紺而表素，李頤曰："紺爲中衣，加素爲表。"軒車不容巷，往見原憲。原憲華冠縰履，陸德明曰："以華木皮爲冠。"李頤曰："縰履，謂履无跟也。"杖藜而應門。陸德明曰："以藜爲杖也。"子貢曰："嘻！先生何病？"原憲應之曰："憲聞之，无財謂之貧，學而不能行謂之病。今憲，貧也，非病也。"子貢逡巡而有愧色。成玄英曰："逡巡，卻退貌也。"原憲笑曰："夫希世而行，司馬彪曰："希，望也。"比周而友，按：周，密也。《尚書·泰誓中》："雖有周親，不如仁人。"學以爲人，教以爲己，按：《論語·憲問》："子曰：'古之學者爲己，今之學者爲人。'"仁義之慝，司馬彪曰："依託仁義爲姦惡。"輿馬之飾，憲不忍爲也。"按：爲，觀也。

曾子居衛，縕袍无表，司馬彪曰："縕袍，謂麻縕爲絮，《論語》云'衣敝縕袍'是也。"顏色腫噲，按：腫噲，蓋謂浮腫。手足胼胝，三日不舉火，十年不製衣。正冠而纓絶，成玄英曰："繩爛，正冠而纓斷。"捉衿而肘見，成玄英曰："袖破，捉衿而肘見。"納履而踵決。成玄英曰："履敗，納之而跟後決也。"曳縱而歌《商頌》，按：曳，拖也。曳縱，謂曳履而縱。聲滿天地，若出金石。天子不得臣，諸侯不得友。故養志者忘形，養形者忘利，致道者忘心矣。按：心，謂成心。

孔子謂顏回曰："回，來！家貧居卑，胡不仕乎？"顏回對曰："不願仕。回有郭外之田五十畝，足以給飦粥；陸德明曰："飦，字或作饘。《廣雅》云：糜也。"郭內之田十畝，足以爲絲麻；鼓琴足以自娛；所學夫子之道者足以自樂也。回不願仕。"孔子愀然變容，陸德明曰："愀，一本作欣。"曰："善哉回之意！丘聞之：'知足者，不以利自累也，審自得者失之而不懼，按：失之，謂失時。行修於內者无位而不怍。'丘誦之久矣，今於回而後見之，是丘之得也。"

中山公子牟謂瞻子曰：司馬彪曰："魏之公子，封中山，名牟。""身在江海之上，心居乎魏闕之下，司馬彪曰："象魏觀闕，人君門也，言心存榮貴。"奈何？"瞻子曰："重生。重生則利輕。"中山公子牟曰：“雖知之，未能自勝也。”瞻子曰：“不能自勝則從，神无惡乎？按：《莊子·徐无鬼》：“君獨爲萬乘之主，以苦一國之民，以養耳目鼻口，夫神者不自許也。夫神者，好和而惡姦。夫姦，病也，”不能自勝而強不從者，此之謂重傷。林希逸曰：“不能自勝，一傷也，此念動時也。若於念起之時強抑遏而不順之，則苦於自制，是二傷也。”重傷之人，无壽類矣！”魏牟，萬乘之公子也，其隱巖穴也，難爲於布衣之士；成玄英曰：“清高之志，足以激貪勵俗也。”按：難，謂難能可貴。雖未至乎道，可謂有其意矣。

　　孔子窮於陳蔡之間，七日不火食，藜羹不糝，鍾泰曰：“糝，米屑。不糝，絶无米也。”顔色甚憊，而弦歌於室。顔回擇菜，子路、子貢相與言曰：“夫子再逐於魯，削迹於衛，伐樹於宋，窮於商周，圍於陳蔡。殺夫子者无罪，藉夫子者无禁。陸德明曰：“藉，係也。”按：藉，謂搜捕。《莊子·應帝王》：“蝯狙之便執狸之狗來藉。”弦歌鼓琴，未嘗絶音，君子之无恥也若此乎？”顔回无以應，入告孔子。孔子推琴，喟然而歎曰：“由與賜，細人也。按：細人，猶小人。召而來，吾語之。”子路、子貢入。子路曰：“如此者可謂窮矣！”孔子曰：“是何言也！君子通於道之謂通，窮於道之謂窮。今丘抱仁義之道以遭亂世之患，其何窮之爲！郭慶藩曰：“爲，猶謂也。古謂、爲二字義通。”故内省而不窮於道，臨難而不失其德。天寒既至，俞樾曰：“天乃大字之誤。”霜雪既降，吾是以知松柏之茂也。按：《論語·子罕》：“子曰：‘歲寒，然後知松柏之後凋也！’”陳蔡之隘，於丘其幸乎。”孔子削然反琴而弦歌，陸長庚曰：“削然，孤高之貌。”按：削，嚴也。《莊子·天下》：“常寬容於物，不削於人。”子路扢然執干而舞。李頤曰：“扢然，奮舞貌。”王念孫曰：“扢與仡通，《說文》：‘仡，勇壯也。’”子貢曰：“吾不知天之高也，地之下也。”按：下，謂深厚。古之得道者，窮亦樂，通亦樂，所樂非窮通也。道德於此，按：道德，謂虛靜恬淡。《莊子·天道》：“夫虛靜恬淡寂漠無爲者，天地之平而道德之至也。”則窮通爲寒暑風雨之序矣。故許由娛於潁陽，而共伯得乎共首。司馬彪曰：“共伯名和，脩其行，好賢人，諸侯皆以爲賢。周厲王之難，天子曠絶，諸侯皆請以爲天子，共伯不聽，即于王位。十四年，大旱屋焚，卜於太陽，兆曰：厲王爲祟。召公乃立宣王。共伯復歸於宗，逍遙得意共山之首。”

四

舜以天下讓其友北人无擇，北人无擇曰：“異哉后之爲人也，成玄英曰：“后，君也。”居於畎畝之中，司馬彪曰：“壟上曰畝，壟中曰畎。”而遊堯之門！不若是而已，又欲以其辱行漫我，吾羞見之。”因自投清泠之淵。

湯將伐桀，因卞隨而謀，卞隨曰：“非吾事也。”湯曰：“孰可？”曰：“吾不知也。”湯又因瞀光而謀，瞀光曰：“非吾事也。”湯曰：“孰可？”曰：“吾不知也。”湯曰：“伊尹何如？”按：《孟子·告子下》：“五就湯，五就桀者，伊尹也。”又《史記·殷本紀》：“伊尹名阿衡。阿衡欲奸湯而无由，乃爲有莘氏媵臣，負鼎俎，以滋味説湯，致于王道。湯舉任以國政。伊尹去湯適夏。既醜有夏，復歸于亳。”曰：“強力忍垢，按：強力忍垢，猶今言忍辱負重。《孟子·萬章下》：“伊尹，聖之任者也。”《孟子·公孫丑上》：“何事非君，何使非民；治亦進，亂亦進，伊尹也。”吾不知其他也。”湯遂與伊尹謀伐桀，剋之，以讓卞隨。卞隨辭曰：“后之伐桀也謀乎我，必以我爲賊也；按：賊，刺客，謂其暗中傷人。勝桀而讓我，必以我爲貪也。吾生乎亂世，而无道之人再來漫我以其辱行，成玄英曰：“漫，汙也。”吾不忍數聞也！”乃自投椆水而死。湯又讓瞀光，曰：“知者謀之，武者遂之，仁者居之，古之道也。吾子胡不立乎？”瞀光辭曰：“廢上，非義也；殺民，非仁也；人犯其難，我享其利，非廉也。吾聞之曰：‘非其義者，不受其祿；无道之世，不踐其土。’況尊我乎！吾不忍久見也。”乃負石而自沈於盧水。陸德明曰：“司馬本作‘盧水’，在遼東西界。一云在北平郡界。”

昔周之興，有士二人處於孤竹，按：孤竹，古國名，故地在今河北省盧龍縣。曰伯夷、叔齊。司馬彪曰：“伯夷、叔齊，其君之二子也。”二人相謂曰：“吾聞西方有人，似有道者，試往觀焉。”至於岐陽，成玄英曰："岐陽是岐山之陽，文王所都之地，今扶風是也。"武王聞之，使叔旦往見之。成玄英曰："周公名旦，是武王之弟，故曰叔旦也。"與盟曰："加富二等，就官一列。"按：就，遷也。就官一列，猶言加官一級。血牲而埋之。按：血牲而埋，乃盟誓儀式。二人相視而笑，曰："嘻，異哉！此非吾所謂道也。按：《淮南子·氾論訓》："夏后氏不負言，殷人誓，周人盟。"昔者神農之有天下也，時祀盡敬而不祈喜；俞樾曰："喜，當作禧。《爾雅·釋詁》：禧，福也。不祈禧者，不祈福也。"按：《墨子·魯問》："魯祝以一豚祭，而求百福於鬼神。子墨子聞之曰：'是不可。今施人薄而望人厚，則人唯恐其有賜於己也。今以一豚祭，而求百福於鬼神，唯恐其以牛羊祀也。古者聖王事鬼神，祭而已矣。今以豚祭而求百福，則其富不如其貧也。'"其於人也，忠信盡治而无求焉。按：治，安也。《莊子·齊物論》："其臣妾不足以相治乎？"盡治，謂相安无事。樂與政爲政，樂與治爲治。不以人之壞自成也，按：《論語·顏淵》："子曰：'君子成人之美，不成人之惡。小人反是。'"不以人之卑自高也，不以遭時自利也。今周見殷之亂而遽爲政，成玄英曰："遽，速也。速爲治政，彰紂之虐。"上謀而下行貨，按：行貨，賄賂也。《韓非子·喻老》："周有玉版，紂令膠鬲索之，文王不予；費仲來求，因予之。是膠鬲賢而費仲無道也。周惡賢者之得志也，故予費仲。"阻兵而保威，按：阻，止也。阻兵，謂聚兵。保威，謂觀兵。《史記·周本紀》記孟津觀兵，云："是時，諸侯不期而會盟津者八百諸侯。諸侯皆曰：'紂可伐矣。'武王曰：'女未知天命，未可也。'乃還師歸。"割牲而盟以爲信，揚行以説衆，按：揚，宣揚。《韓非子·難二》："昔者文王侵孟、克莒、舉酆，三舉事而紂惡之。文王乃懼，請入洛西之地、赤壤之國方千里，以解炮烙之刑，天下皆説。"殺伐以要利。按：要，求也。《詩·大雅·皇矣》："密人不恭，敢距大邦，侵阮徂共。王赫斯怒，爰整其旅，以按徂旅。"是推亂以易暴也。按：推，助也。《説苑·指武》："文王曰：'吾欲用兵，誰可伐？'太公望曰：'密須氏疑於我，可先往伐。'管叔曰：'不可。其君天下之明君也，伐之不義。'太公望曰：'臣聞之，先王伐枉不伐順，伐險不伐易，伐過不伐不及。'文王曰：'善。'遂伐密須氏，滅之也。"吾聞古之士，遭治世不避其任，遇亂世不爲苟存。按：《論語·泰伯》："子曰：'篤信好學，守死善道。危邦不入，亂邦不居。天下有道則見，无道則隱。邦有道，貧且賤焉，恥也；邦無道，富且貴焉，耻也。'"今天下闇，按：闇，謂不明是非。殷德衰，其並乎周以塗吾身也，成玄英曰："塗，汙也。若與周並存，恐汙吾行。"不如避之以絜吾行。"二子北至於首陽之山，按：首陽山，即不周山，在今山西省永濟市西南。遂餓而死焉。若伯夷、叔齊者，其於富貴也，苟可得已，按：可得以，謂順從自己意志。則必不賴。按：賴，依賴。《韓非子·詭使》："賢者顯名而居，姦人賴賞而富。"必不賴，謂二子惡富貴。高節戾行，按：戾，忿也，謂憤世嫉俗。《論語·陽貨》："古之矜也廉，今之矜也忿戾。"獨樂其志，不事於世。此二士之節也。

小　結

　　《則陽》篇講"尊生"思想。生命包括多個層面：健康、安全、道德和志向。重生者爲了健康，不會以身殉天下；保身者爲了安全，不會貪戀富貴；致道者安貧樂道，不爲窮達而哀樂；養志者爲了清白，不會樂生惡死。本篇第四章贊揚伯夷、叔齊等人的"高節戾行"，與莊周一貫的"遊世"思想不同，可以看做莊子學派的一個分枝，不必斥爲僞作。

盗　跖

　　《盗跖》篇講：天下大亂，物欲橫流，聖人不能救世，唯寡欲可以全生。本篇可分爲三章：第一章講：大盜橫行天下，聖人窮困潦倒；第二章講：君子修身以求名，小人從俗以求利；第三章講：无足縱欲以求富貴，知和寡欲以養和氣。

一

　　孔子與柳下季爲友，柳下季之弟，名曰盜跖。_{陸德明曰：“李奇注《漢書》云：‘跖，秦之大盜也。’”}按：柳下季爲柳下惠別稱，孔子與柳下惠不同時，柳下惠與盜跖亦不同時。盜跖從卒九千人，橫行天下，侵暴諸侯。穴室樞户，_{司馬彪曰：“樞户，破人户樞而取物也。”}驅人牛馬，取人婦女。貪得忘親，不顧父母兄弟，不祭先祖。所過之邑，大國守城，小國入保，_{陸德明曰：“鄭注《禮記》曰：‘小城曰保。’”}萬民苦之。

　　孔子謂柳下季曰：“夫爲人父者，必能詔其子；_{陸德明曰：“詔，教也。”}爲人兄者，必能教其弟。若父不能詔其子，兄不能教其弟，則无貴父子兄弟之親矣。今先生，世之才士也，弟爲盜跖，爲天下害，而弗能教也，丘竊爲先生羞之。丘請爲先生往説之。”柳下季曰：“先生言爲人父者必能詔其子，爲人兄者必能教其弟，若子不聽父之詔，弟不受兄之教，雖今先生之辯，將奈之何哉！且跖之爲人也，心如涌泉，意如飄風，_{鍾泰曰：“心如湧泉，言其不可抑制。意如飄風，言其難以測度。”}强足以距敵，辯足以飾非。順其心則喜，逆其心則怒，易辱人以言。先生必无往。”

孔子不聽，顏回爲馭，子貢爲右，往見盜跖。盜跖乃方休卒徒大山之陽，_{陸德明曰：“大山，音太。”}膾人肝而餔之。_{成玄英曰：“餔，食也。”}孔子下車而前，見謁者曰：“魯人孔丘，聞將軍高義，敬再拜謁者。”謁者入通。盜跖聞之大怒，目如明星，髮上指冠，曰：“此夫魯國之巧僞人孔丘非邪？爲我告之：‘爾作言造語，妄稱文武，冠枝木之冠，_{司馬云：“冠多華飾，如木之枝繁。”}帶死牛之脅，_{司馬彪曰：“取牛皮爲大革帶。”}多辭繆説，不耕而食，不織而衣，摇唇鼓舌，擅生是非，以迷天下之主，使天下學士不反其本，_{按：本，農也。《商君書·農戰》：“學者成俗，則民舍農從事于談説，高言僞議，舍農游食而以言相高也。”}妄作孝弟而徼倖於封侯富貴者也。_{按：《莊子·外物》：“演門有親死者，以善毁爵爲官師，其黨人毁而死者半。”}子之罪大極重，疾走歸！不然，我將以子肝益晝餔之膳。’”

孔子復通曰：“丘得幸於季，_{按：季，謂柳下季。}愿望履幕下。”_{按：望履，謂不敢仰視其面，俯視其履而已。}謁者復通。盜跖曰：“使來前！”孔子趨而進，避席反走，_{按：反走，後退。}再拜盜跖。盜跖大怒，兩展其足，_{司馬彪曰：“展，申也。”按：兩展其足，謂箕踞。}案劍瞋目，_{陸德明曰：“瞋，《爾雅》：‘張也。’”}聲如乳虎，曰：“丘來前！若所言，順吾意則生，逆吾心則死。”

孔子曰：“丘聞之，凡天下有三德：生而長大，美好无雙，少長貴賤見而皆説之，此上德也；知維天地，能辯諸物，此中德也；勇悍果敢，聚衆率兵，此下德也。凡人有此一德者，足以南面稱孤矣。今將軍兼此三者，身長八尺二寸，面目有光，唇如激丹，_{司馬彪曰：“激，明也。”}齒如齊貝，_{陸德明曰：“齊貝，一本作含貝。”}音中黄鐘，而名曰盜跖，丘竊爲將軍耻不取焉。將軍有意聽臣，臣請南使吳越，北使齊魯，東使宋衛，西使晉楚，使爲將軍造大城數百里，立數十萬户之邑，尊將軍爲諸侯，與天下更始，_{按：始，新也。《禮記·月令》：“數將幾終，歲且更始。”}罷兵休卒，收養昆弟，共祭先祖。_{陸德明曰：“共，音恭。”}此聖人才士之行，而天下之願也。"

盜跖大怒曰:"丘來前!夫可規以利而可諫以言者,皆愚陋恒民之謂耳。陸德明曰:"恒民,一本作順民。"今長大美好,人見而説之者,此吾父母之遺德也。丘雖不吾譽,吾獨不自知邪?且吾聞之,好面譽人者,亦好背而毁之。今丘告我以大城衆民,是欲規我以利而恒民畜我也,安可久長也!成玄英曰:"大城衆民,不可長久。"城之大者,莫大乎天下矣。堯、舜有天下,子孫无置錐之地;成玄英曰:"堯讓舜,不授丹朱,舜讓禹而商均不嗣,故無置錐之地也。"湯、武立爲天子,而後世絶滅;非以其利大故邪?"按:利大則衆人争。

"且吾聞之,古者禽獸多而人少,於是民皆巢居以避之。晝拾橡栗,暮栖木上,故命之曰'有巢氏之民'。古者民不知衣服,夏多積薪,冬則煬之,故命之曰'知生之民'。神農之世,卧則居居,成玄英曰:"居居,安静之容。"起則于于。按:于于,氣息舒暢貌。《説文》:"丂,於也,象气之舒。从丂从一。一者,其气平之也。"《莊子·應帝王》:"泰氏,其卧徐徐,其覺于于;一以己爲馬,一以己爲牛。"民知其母,不知其父,按:不知其父,謂无人倫之累。《晉書·阮籍列傳》:"有司言有子殺母者,籍曰:'嘻!殺父乃可,至殺母乎!'坐者怪其失言。帝曰:'殺父,天下之極惡,而以爲可乎?'籍曰:'禽獸知母而不知父,殺父,禽獸之類也。殺母,禽獸之不若。'衆乃悦服。"與麋鹿共處,耕而食,織而衣,无有相害之心,此至德之隆也。然而黄帝不能致德,與蚩尤戰於涿鹿之野,按:涿鹿,古屬冀州,在今河北省涿鹿縣東南。《山海經·大荒北經》:"蚩尤作兵伐黄帝,黄帝乃令應龍攻之冀州之野。應龍畜水,蚩尤請風伯雨師,縱大風雨。黄帝乃下天女曰魃,雨止,遂殺蚩尤。魃不得復上,所居不雨。"流血百里。堯、舜作,立群臣;按:立群臣,尚賢也。據《尚書·舜典》,禹作司空,棄作后稷,契作司徒,皋陶作士,垂作共工,益作虞,夔典樂。湯放其主,武王殺紂。自是之後,以强陵弱,以衆暴寡。湯、武以來,皆亂人之徒也。今子脩文、武之道,掌天下之辯,以教後世。縫衣淺帶,向秀曰:"儒服寬而長大。"曹礎基引《荀子·儒效》楊倞注:"淺帶,博帶也。《漢詩外傳》作'逢衣博帶',言帶博則約束衣服者淺,故曰淺帶。"按:淺,謂寬鬆。矯言僞行,以

迷惑天下之主，而欲求富貴焉，盜莫大於子。天下何故不謂子
爲盜丘，而乃謂我爲盜跖？”

“子以甘辭説子路而使從之，使子路去其危冠，李頤曰：“危，
高也。”解其長劍，而受教於子，天下皆曰：‘孔丘能止暴禁非。’
其卒之也，子路欲殺衛君而事不成，按：衛君，謂衛靈公太子蒯聵，
後立爲莊公。事詳見《左傳·哀公十五年》。身菹於衛東門之上，是
子教之不至也。子自謂才士聖人邪？則再逐於魯，削跡於衛，
窮於齊，圍於陳蔡，不容身於天下。子教子路菹此患，上无以
爲身，下无以爲人，子之道豈足貴邪？”

“世之所高，莫若黄帝，黄帝尚不能全德，而戰於涿鹿之
野，流血百里。堯不慈，成玄英曰：“不慈，謂不與丹朱天下。”舜不
孝，成玄英曰：“不孝，爲父所疾也。”禹偏枯，成玄英曰：“治水勤勞，風櫛
雨沐，致偏枯之疾，半身不遂也。”湯放其主，武王伐紂，文王拘羑里。
成玄英曰：“凡經七年，方得免脱。”此六子者，世之所高也。孰論之，
皆以利惑其真而强反其情性，按：真，謂素樸本性。其行乃甚可羞
也。世之所謂賢士：伯夷、叔齊。伯夷、叔齊辭孤竹之君，而
餓死於首陽之山，骨肉不葬。鮑焦飾行非世，抱木而死。申徒
狄諫而不聽，負石自投於河，爲魚鱉所食。按：鮑焦、申徒狄故事，
詳見《新序·節士》。介子推至忠也，自割其股以食文公，文公後
背之，子推怒而去，抱木而燔死。尾生與女子期於梁下，女子
不來，水至不去，抱梁柱而死。此六子者，无異於磔犬流豕，
按：磔犬，謂磔殺祭風之犬；流豕，謂沉水祭河之豕。磔犬流豕，喻徇名而死
者。操瓢而乞者，按：六子之求名，猶乞丐之求食。皆離名輕死，宣穎
曰：“離，同罹。”不念本養壽命者也。世之所謂忠臣者，莫若王子
比干、伍子胥。子胥沈江，按：沈，沉也。比干剖心，此二子者，
世謂忠臣也，然卒爲天下笑。自上觀之，至於子胥、比干，皆不
足貴也。”

“丘之所以説我者，若告我以鬼事，則我不能知也；若告我
以人事者，不過此矣，皆吾所聞知也。今吾告子以人之情，目
欲視色，耳欲聽聲，口欲察味，志氣欲盈。按：《荀子·榮辱》：“人

之情,食欲有芻豢,衣欲有文繡,行欲有輿馬,又欲夫餘財蓄積之富也;然而窮年累世不知不足,是人之情也。"人上壽百歲,中壽八十,下壽六十,除病瘦死喪憂患,王念孫曰:"瘦,當爲瘐字之誤也。瘐,亦病也。病瘐爲一類,死喪爲一類,憂患爲一類。"其中開口而笑者,一月之中不過四五日而已矣。天與地无窮,人死者有時,操有時之具,按:具,謂形骸。而託於无窮之間,忽然无異騏驥之馳過隙也。不能説其志意、養其壽命者,皆非通道者也。丘之所言,皆吾之所棄也,亟去走歸,无復言之! 子之道,狂狂汲汲,按:狂狂,謂不知所往。汲汲,勤勉貌。《孔叢子·居衛》:"汲汲焉,如農之赴時,商之趣利。"詐巧虛僞事也,非可以全真也,奚足論哉!"

孔子再拜趨走,出門上車,執轡三失,目芒然无見,色若死灰,據軾低頭,成玄英曰:"軾,車前橫木,憑之而坐者也。"不能出氣。歸到魯東門外,適遇柳下季。柳下季曰:"今者闕然,按:闕然,謂失魂落魄。數日不見,車馬有行色,得微往見跖邪?"按:微,謂私下。孔子仰天而歎曰:"然!"柳下季曰:"跖得无逆汝意若前乎?"孔子曰:"然。丘所謂无病而自灸也。疾走料虎頭,鍾泰曰:"料,同撩。"編虎須,幾不免虎口哉!"

二

子張問於滿苟得曰:"盍不爲行? 按:爲行,謂修身。《淮南子·齊俗訓》:"亂世則不然,爲行者相揭以高,爲禮者相矜以僞。"无行則不信,不信則不任,鍾泰曰:"不任,不爲人任用也。"不任則不利。故觀之名,計之利,而義真是也。按:真,猶誠也。是,謂是非之是。若棄名利,反之於心,按:反,省也。反之於心,謂自我反省。則夫士之爲行,不可一日不爲乎!"滿苟得曰:"无恥者富,多信者顯。夫名利之大者,幾在无恥而信。故觀之名,計之利,而信真是也。若棄名利,反之於心,則夫士之爲行,抱其天乎?"按:天,謂天性。《莊子·駢拇》:"吾所謂臧者,非所謂仁義之謂也,任其性命之情而已矣。"

子張曰：“昔者桀、紂貴爲天子，富有天下。今謂臧聚曰：孫詒讓曰：“聚與臧，皆僕隸賤役，故并舉之。”‘汝行如桀紂。’則有怍色，有不服之心者，小人所賤也。仲尼、墨翟，窮爲匹夫，今謂宰相曰：‘子行如仲尼、墨翟。’則變容易色稱不足者，士誠貴也。故勢爲天子，未必貴也；窮爲匹夫，未必賤也；貴賤之分，在行之美惡。”滿苟得曰：“小盜者拘，大盜者爲諸侯，諸侯之門，義士存焉。昔者桓公小白殺兄入嫂而管仲爲臣，司馬彪曰：“入嫂，以嫂爲室家。”田成子常殺君竊國，而孔子受幣。按：受，通授。受幣，謂委質爲臣。論則賤之，行則下之，則是言行之情悖戰於胸中也，成玄英曰：“悖，逆也。”不亦拂乎！按：拂，逆也。故《書》曰：成玄英曰：“所引之書，並遭燒滅，今並无本也。”‘孰惡孰美？成者爲首，不成者爲尾。’”

子張曰：“子不爲行，即將疏戚无倫，成玄英曰：“戚，親也。倫，理也。”貴賤无義，長幼无序；五紀六位，林希逸曰：“五紀，五常也。六位，謂三綱也，君臣、父子、夫婦也。”將何以爲別乎？”滿苟得曰：“堯殺長子，崔譔曰：“堯殺長子考監明。”舜流母弟，陸德明曰：“弟，謂象也。流，放也。《孟子》云：‘舜封象於有庳，不得有爲於其國，天子使吏治其國，而納其貢稅焉。’”疏戚有倫乎？湯放桀，武王殺紂，貴賤有義乎？王季爲適，成玄英曰：“王季，周大王之庶子季歷，即文王之父也。太伯、仲雍讓位不立，故以小兒季歷爲適。”周公殺兄，成玄英曰：“管蔡，周公之兄，泣而誅之，故云殺兄。”長幼有序乎？儒者僞辭，按：舜流母弟，而儒者以爲大孝，故曰“僞辭”。墨子兼愛，五紀六位，將有別乎？且子正爲名，我正爲利。名利之實，不順於理，不監於道。吾日與子訟於无約，按：无約，假託人名。曰：‘小人殉財，君子殉名，其所以變其情，易其性，則異矣；乃至於棄其所爲而殉其所不爲，成玄英曰：“棄其所爲，捨己；殉其所不爲，逐物也。”則一也。’故曰：无爲小人，反殉而天；按：反，返也。反殉而天，謂返其天性。无爲君子，從天之理。按：《莊子·刻意》：“去知與故，循天之理。”若枉若直，按：枉直，謂屈伸。《莊子·山木》：“无譽无訾，一龍一蛇，與時俱化，而无肯專爲。”相而天極；按：相，視也。天極，猶天時。《管子·勢》：“未得天極，則隱於德；已得天極，則致其力。"**面觀四方**，按：四方，謂四方之風。《爾雅·釋天》："南風謂之凱風，東風謂之谷風，北風謂之涼風，西風謂之泰風。"觀四方，謂察於時變。**與時消息。**按：時，謂四時。《莊子·田子方》："消息滿虛，一晦一明，日改月化。"**若是若非，執而圓機；**成玄英曰："圓機，猶環中也。"按：《莊子·齊物論》："彼是莫得其偶，謂之道樞。樞始得其環中，以應无窮。是亦一无窮，非亦一无窮也。"**獨成而意**，按：獨，謂在彼此之外，无是非之累。**與道徘徊。**按：徘徊，謂同遊。《莊子·山木》："吾願去君之累，除君之憂，而獨與道遊於大莫之國。"**无轉而行**，王念孫曰："轉，讀爲專。《山木》篇：'一龍一蛇，與時俱化，而无肯專爲。'"**无成而義**，鍾泰曰："如成心、成見之成，謂一成而不變。"**將失而所爲。**按：失其所爲，謂事與願違。紂、夫差不可匡正，比干、子胥強行君臣之義也，雖殺身害命，終无益也。**无赴而富，无徇而成，將棄而天。**成玄英曰："莫奔赴於富貴，无殉逐於成功。必赴必殉，則背於天然之性也。"**比干剖心，子胥抉眼，忠之禍也；直躬證父**，按：《韓非子·五蠹》："楚之有直躬，其父竊羊而謁之吏，令尹曰：'殺之。'以爲直於君而曲於父，報而罪之。以是觀之，夫君之直臣，父之暴子也。"**尾生溺死，信之患也；鮑子立乾**，按：鮑子，即鮑焦。**申子不自理**，成玄英曰："申子，晉獻公太子申生也，遭驪姬之難，枉被讒謗，不自申理，自縊而死矣。"**廉之害也；孔子不見母**，李頤曰："未聞。"**匡子不見父**，按：匡子，即匡章。《孟子·離婁下》："夫章子，子父責善而不相遇也。責善，朋友之道也。父子責善，賊恩之大者。夫章子，豈不欲有夫妻子母之屬哉？爲得罪於父，不得近，出妻屏子，終身不養焉。"**義之失也。此上世之所傳、下世之所語，以爲士者正其言，必其行**，按：正其言，謂言必信；必其行，謂行必果也。《論語·子路》："言必信，行必果，硜硜然，小人哉！"**故服其殃，離其患也。"**

三

无足問於知和曰：按：无足，謂心不知足。知和，謂內心和豫。**"人卒未有不興名就利者。**按：人卒，謂衆人。《莊子·天地》："人卒雖衆，其主君也。"**彼富則人歸之，歸則下之**，按：下，謂降己，居卑。

下則貴之。夫見下貴者，_{按：見下貴，謂爲人所尊、所貴。}所以長生、安體、樂意之道也。今子獨无意焉，知不足邪，意知而力不能行邪，_{郭慶藩曰：“意，語詞也，讀若抑。抑意古字通。”}故推正不忘邪？”_{按：故推，謂故意排斥。正，謂確實。正不忘者，謂富貴。}

知和曰：“今夫此人，_{按：此人，知和自謂也。}以爲與己同時而生，_{按：以爲，猶認爲。}同鄉而處者，_{按：同時而生，同鄉而處者，謂无足。}以爲夫絕俗過世之士焉。_{按：知和與无足同鄉，曾以无足爲絕俗過世之人，今聞其言，則非也。}是專无主正，_{按：專，通團，圓也。正，謂方正。專无主正，謂世故圓滑。}所以覽古今之時，_{按：覽古今之時，謂希世而行，趨利避害。}是非之分也，_{按：覽是非之分，謂世俗是則是之，世俗非則非之。}與俗化世，_{陸長庚曰：“隨俗冶化，同流合污，以媚於世。”}去至重，_{成玄英曰：“至重，生也。”}棄至尊，_{成玄英曰：“至尊，道也。”}以爲其所爲也。_{按：爲其所爲，謂爲所欲爲。}此其所以論長生、安體、樂意之道，不亦遠乎！慘怛之疾，恬愉之安，不監於體；怵惕之恐，欣懽之喜，不監於心，_{林希逸曰：“求富貴之人，其身其心，或安或否，或悲或喜，迷而不覺，不能自見，故曰：不監於體，不監於心。”}知爲爲而不知所以爲，_{按：爲爲，謂長生、安體、樂意等。不知所以爲，謂興名就利，不知長生、安樂之道。}是以貴爲天子，富有天下，而不免於患也。”

无足曰：“夫富之於人，无所不利，窮美究勢，_{成玄英曰：“窮，盡也。夫能窮天下善美，盡人間威勢者，其惟富貴乎。”}至人之所不得逮，賢人之所不能及。俠人之勇力而以爲威強，_{宣穎曰：“俠，當作挾。”}秉人之知謀以爲明察，因人之德以爲賢良，非享國而嚴若君父。_{成玄英曰：“夫富貴之人，人多依附。”}且夫聲色、滋味、權勢之於人，心不待學而樂之，體不待象而安之。_{按：象，謂取象。《莊子·天道》：“夫尊卑先後，天地之行也，故聖人取象焉。”}夫欲惡避就，固不待師，此人之性也。天下雖非我，孰能辭之！”知和曰：“知者之爲，故動以百姓，_{按：以，猶隨。《論語·堯曰》：“子曰：因民之所利而利之，斯不亦惠而不費乎？”}不違其度，_{按：不違其度，謂使民以時。《孟子·梁惠王上》：“百畝之田，勿奪其時，數口之家可以无飢矣。”}是以足而不爭，_{按：足，謂與百姓共足。《論語·顏淵》：“百姓足，君孰與不足？}

百姓不足,君孰與足?"无以爲故不求。按:无以爲,謂无所用其財。《韓詩外傳》卷十:"王者藏於天下,諸侯藏於百姓,農夫藏於囷庾,商賈藏於篋匱。"不足故求之,爭四處而不自以爲貪;成玄英曰:"四處,猶四方也。"有餘故辭之,棄天下而不自以爲廉。廉貪之實,非以迫外也,反監之度。鍾泰曰:"反監之度者,反而察其有度、無度而已。"勢爲天子而不以貴驕人;富有天下而不以財戲人。按:戲人,謂捉弄人。計其患,慮其反,按:反,悖逆。《禮記·大學》:"是故言悖而出者,亦悖而入;貨悖而入者,亦悖而出。"以爲害於性,故辭而不受也,非以要名譽也。堯、舜爲帝而雍,按:雍,和也。《尚書·无逸》:"其惟不言,言乃雍。"非仁天下也,不以美害生;按:美,美譽。善卷、許由得帝而不受,非虛辭讓也,按:《左傳·襄公三十年》記子産爲政,云:"伯有既死,使大史命伯石爲卿,辭。大史退,則請命焉。復命之,又辭。如是三,乃受策入拜。子産是以惡其爲人也。"不以事害己。此皆就其利、辭其害,而天下稱賢焉,則可以有之,彼非以興名譽也。"

无足曰:"必持其名,苦體絶甘,約養以持生,則亦久病長阨而不死者也。"按:《孟子·滕文公下》:"陳仲子豈不誠廉士哉?居於陵,三日不食,耳無聞,目無見也。井上有李,螬食實者過半矣,匍匐往將食之,三咽,然後耳有聞,目有見。"知和曰:"平爲福,有餘爲害者,物莫不然,而財其甚者也。按:《世説新語·德行》:"王恭從會稽還,王大看之。見其坐六尺簟,因語恭:'卿東來,故應有此物,可以一領及我。'恭無言。大去後,既舉所坐者送之。既無餘席,便坐薦上。後大聞之,甚驚,曰:'吾本謂卿多,故求耳。'對曰:'丈人不悉恭,恭作人無長物。'"今富人,耳營鐘鼓管籥之聲,陸德明曰:"籥,音管。本亦作管。"口嗛於芻豢醪醴之味,郭慶藩曰:"嗛,快也。"以感其意,遺忘其業,可謂亂矣;侅溺於馮氣,郭嵩燾曰:"揚子《方言》:非常曰侅事。侅溺,猶言沉溺之深也。"按:馮,憑也,謂充滿。馮氣,謂貪婪之氣充斥。若負重行而上阪,成玄英曰:"猶如負重上阪而行。"可謂苦矣;貪財而取慰,成玄英曰:"貪取財寶以慰其心。"貪權而取竭,陸長庚曰:"貪權,以竭天下之勢。"静居則溺,按:溺,謂不能振作。體澤則馮,按:馮,謂腫脹。可謂疾矣;爲欲富就利,故滿若堵耳而不知避,成玄英曰:"譬彼堵牆,版築滿盈。"

按：土墙高聳,有傾倒之患,故曰"不知避"。且馮而不舍,按：馮,滿也。《吕氏春秋·先識覽》："周鼎著饕餮,有首無身,食人未咽,害及其身,以言報更也。"可謂辱矣;財積而无用,服膺而不舍,王念孫曰："服與馮,一聲之轉。《中庸》：'拳拳服膺而弗失之。'"滿心戚醮,李頤曰："戚醮,顇顩也。"按：顇顩,即憔悴。求益而不止,可謂憂矣;內則疑劫請之賊,按：請,求也。劫請,"請劫"之倒文。劫請之賊,謂開門揖盜之人。外則畏寇盜之害,內周樓疏,李頤曰："重樓內匝,疏軒外通,謂設備守具。"外不敢獨行,可謂畏矣。此六者,成玄英曰："六者,謂亂、苦、疾、辱、憂、畏也。"天下之至害也,皆遺忘而不知察。及其患至,求盡性竭財,按：盡性,謂終其天年。單以反一日之无故而不可得也。林希逸曰："單,獨也,但也。"故觀之名則不見,求之利則不得。繚意絕體而爭此,按：繚意絕體,猶謂作繭自縛。不亦惑乎!"

小　結

　　《盜跖》篇的重點在第一章,即盜跖怒斥孔子的寓言。寓言借盜跖之口,攻擊了儒家諸多弊病,意在證明儒家无法救世,无法挽救人心。天下大亂,物欲橫流,人們皆趨利避害。儒家爲勸人向善,不得不用"名利"引導,結果事與願違,反而助長了欲望。其次,儒家樹立的理想聖人形象,道德上並不完美;再次,儒家理想的賢人,皆不得善終;孔子勸人行善,自己卻窮困潦倒,實在不能令人信服。世道日衰,人喪其性,小人求利,君子求名,都背離了人的天性。最後,文章指出：放縱情欲傷生害命,只有清心寡欲才能保養生命。

説　劍

《説劍》篇，講莊周以劍説趙文王，鋪陳夸張，然語義粗淺，蓋戰國策士假託之文。

昔趙文王喜劍，司馬彪曰："惠文王也，名何，武靈王子，後莊子三百五十年。"劍士夾門而客三千餘人，林希逸曰："夾門，擁門也。"日夜相擊於前，死傷者歲百餘人，好之不厭。如是三年，國衰，諸侯謀之。太子悝患之，俞樾曰："惠文王之後爲孝成王丹，則此太子蓋不立。"募左右曰："孰能説王之意，陸德明曰："説，解也。"止劍士者，賜之千金。"左右曰："莊子當能。"太子乃使人以千金奉莊子。莊子弗受，與使者俱，往見太子，曰："太子何以教周，賜周千金？"太子曰："聞夫子明聖，謹奉千金以幣從者。林希逸曰："以幣從者，言以此爲從者之奉也，猶今人言犒從也。"夫子弗受，悝尚何敢言！"莊子曰："聞太子所欲用周者，欲絕王之喜好也。使臣上説大王而逆王意，下不當太子，則身刑而死，周尚安所事金乎？使臣上説大王，下當太子，趙國何求而不得也！"太子曰："然吾王所見，唯劍士也。"莊子曰："諾。周善爲劍。"太子曰："然吾王所見劍士，皆蓬頭突鬢，成玄英曰："髮亂如蓬，鬢毛突出。"垂冠，陸德明曰："將欲鬪，故冠低傾也。"曼胡之纓，司馬彪曰："曼胡之纓，謂麤纓無文理也。"短後之衣，陸德明曰："短後之衣，爲便於事也。"瞋目而語難，按：語難，謂誇耀禦難之功。《莊子·徐无鬼》："筋力之士矜難，勇敢之士奮患。"《晏子春秋·內篇諫下》記晏子二桃殺三士，云："公孫接仰天而歎曰：'晏子，智人也。夫使公之計吾功者，不受桃，是無勇也。士衆而桃寡，何不計功而食桃矣。接一搏豵而再搏乳虎，若接之功，可以食桃而无與人同矣。’援桃而起。田開疆曰:‘吾仗兵而卻三軍者再,若開疆之功,亦可以食桃,而无與人同矣。’援桃而起,古冶子曰:‘吾嘗從君濟于河,黿銜左驂,以入砥柱之中流,當是時也,冶少不能游,潛行逆流百步,順流九里,得黿而殺之,左操驂尾,右挈黿頭,鶴躍而出,津人皆曰:“河伯也。”視之則大黿之首。若冶之功,亦可以食桃,而無與人同矣,二子何不反桃?’”王乃説之。今夫子必儒服而見王,事必大逆。”莊子曰:“請治劍服。”治劍服三日,乃見太子。

太子乃與見王,王脱白刃待之。莊子入殿門不趨,見王不拜。王曰:“子欲何以教寡人,使太子先?”曰:“臣聞大王喜劍,故以劍見王。”王曰:“子之劍何能禁制?”按:禁制,謂降服。《韓非子·外儲説右下》:“然馬驚於出彘,而造父不能禁制。”曰:“臣之劍,十步一人,按:十步一人,謂每隔十步立一劍士。《墨子·號令》:“傳言者十步一人,稽留言及乏傳者,斷。”千里不留行。”按:不留行,謂所向披靡。王大説之,曰:“天下无敵矣!”

莊子曰:“夫爲劍者,示之以虚,按:虚,猶今曰“破綻”。開之以利,按:開,啓也。開之以利,謂誘敵深入。後之以發,按:後之,謂待敵先動,察其破綻。先之以至。按:先之以至,謂後發先至,以快勝人。願得試之。”王曰:“夫子休就舍待命,令設戲請夫子。”王乃校劍士七日,司馬彪曰:“考校取其勝者也。”死傷者六十餘人,得五六人,使奉劍於殿下,乃召莊子。王曰:“今日試使士敦劍。”按:敦,抵也。《莊子·列禦寇》:“敦杖蹙之乎頤。”敦劍,謂鋒刃相接。莊子曰:“望之久矣!”王曰:“夫子所御杖,按:杖,謂仗劍。《史記·淮陰侯列傳》:“項梁渡淮,信杖劍從之。”長短何如?”按:古劍長短不一,長者可爲杖。《漢書·景十三王傳》記劉去,云:“其殿門有成慶畫,短衣大絝長劍,去好之,作七尺五寸劍,被服皆效焉。”曰:“臣之所奉皆可。然臣有三劍,唯王所用,請先言而後試。”王曰:“願聞三劍。”曰:“有天子劍,有諸侯劍,有庶人劍。”

王曰:“天子之劍何如?”曰:“天子之劍,以燕谿石城爲鋒,成玄英曰:“鋒,劍端也。燕谿,在燕國,石城,塞外山;此地居北,以爲劍鋒。”齊岱爲鍔,司馬彪曰:“鍔,劍刃也。”晉衛爲脊,成玄英曰:“晉魏二國近乎趙地,故以爲脊也。"**周宋爲鐔**,司馬彪曰:"鐔,劍珥也。"**韓魏爲夾**;司馬彪曰:"夾,把也。"**包以四夷,裹以四時;繞以渤海,帶以常山**;成玄英曰:"常山,北岳也。"**制以五行,論以刑德;開以陰陽,持以春夏,行以秋冬。此劍,直之无前,舉之无上,案之无下,運之无旁,上決浮雲,下絕地紀。此劍一用,匡諸侯,天下服矣。此天子之劍也。"**

文王芒然自失,曰:"諸侯之劍何如?"曰:"諸侯之劍,以知勇士爲鋒,以清廉士爲鍔,以賢良士爲脊,以忠聖士爲鐔,以豪桀士爲夾。此劍,直之亦无前,舉之亦无上,案之亦无下,運之亦无旁;上法圓天以順三光,下法方地以順四時,中和民意以安四鄉。成玄英曰:"四鄉,猶四方也。"**此劍一用,如雷霆之震也,四封之内,无不賓服而聽從君命者矣。此諸侯之劍也。"**

王曰:"庶人之劍何如?"曰:"庶人之劍,蓬頭突鬢垂冠,曼胡之纓,短後之衣,瞋目而語難。相擊於前,上斬頸領,下決肝肺。此庶人之劍,无異於鬥雞,一旦命已絕矣,无所用於國事。今大王有天子之位而好庶人之劍,臣竊爲大王薄之。"王乃牽而上殿。宰人上食,王三環之。按:環,通還,返也。《大戴禮記·保傅》:"步環中規,折還中矩。"王聘珍云:"環讀曰還。《玉藻》'步環'作'周還'。鄭注云:'周還,反行也,宜圜;折還,曲行也,宜方。'"王三還之,謂屏退宰人,不思飲食。**莊子曰:"大王安坐定氣,劍事已畢奏矣!"於是文王不出宮三月,劍士皆服斃其處也。**司馬彪曰:"忿不見禮,皆自殺也。"

小　結

戰國時期,諸侯多好劍客,諸子亦喜説"劍"。《列子·湯問》講不殺人之劍,曰:"一曰含光,視之不可見,運之不知有。其所觸也,泯然無際,經物而物不覺。二曰承影,將旦昧爽之交,日夕昏明之際,北面而察之,淡淡焉若有物存,莫識其狀。其所觸也,竊竊然有聲,經物而物不疾也。三曰宵練,方晝則見影而不見光,方夜見光而不見形。其觸物也,騞然而過,隨過隨合,覺疾而不血刃焉。"本篇講天子之劍、諸侯之劍、庶人之劍，意在勸諫國君以國家、天下爲重。《湯問》講含光、承影、霄練三劍，意在化解復仇之心，使歸於恬淡。《湯問》旨趣與《老子》同，而本篇旨趣與戰國策士同。

漁　父

　　《漁父》篇講：孔子教化百姓，名分不正；孔子修行仁義，招怨取禍。漁父法天貴真，超然世外。

　　孔子遊乎緇帷之林，司馬彪曰："緇帷，黑林名也。"休坐乎杏壇之上。弟子讀書，孔子弦歌鼓琴。奏曲未半。有漁父者，下船而來，須眉交白，李頤曰："交，俱也。"被髮揄袂，按：揄，引也。揄袂，謂挽起長袖，以便勞作。行原以上，距陸而止，李頤曰："距，至也。"按：距，通拒，謂抵達。左手據膝，右手持頤以聽。曲終而招子貢、子路，二人俱對。客指孔子曰："彼何爲者也？"子路對曰："魯之君子也。"客問其族。子路對曰："族孔氏。"客曰："孔氏者何治也？"子路未應，子貢對曰："孔氏者，性服忠信，身行仁義，飾禮樂，選人倫，李勉曰："選，謂序列也。"按：《論語·顏淵》："齊景公問政於孔子。孔子對曰：'君君、臣臣、父父、子子。'"上以忠於世主，下以化於齊民，將以利天下。此孔氏之所治也。"又問曰："有土之君與？"子貢曰："非也。""侯王之佐與？"子貢曰："非也。"客乃笑而還，行言曰："仁則仁矣，恐不免其身；苦心勞形以危其真。按：真，謂素樸天性。《莊子·刻意》："純素之道，唯神是守。守而勿失，與神爲一。一之精通，合於天倫。"嗚呼！遠哉，其分於道也！"司馬彪曰："分，離也。"按：《莊子·知北遊》："失道而後德，失德而後仁，失仁而後義，失義而後禮。禮者，道之華而亂之首也。"

　　子貢還，報孔子。孔子推琴而起，曰："其聖人與！"乃下求之，至於澤畔，方將杖拏而引其船，司馬彪曰："拏，橈也。"顧見孔子，還鄉而立。孔子反走，再拜而進。客曰："子將何求？"

孔子曰："曩者先生有緒言而去，成玄英曰："曩，向也。緒言，餘論也。"丘不肖，未知所謂，竊待於下風，幸聞咳唾之音以卒相丘也！"客曰："嘻！甚矣子之好學也！"孔子再拜而起，曰："丘少而脩學，以至於今，六十九歲矣，无所得聞至教，敢不虛心！"按：《論語·里仁》："子曰：朝聞道，夕死可矣。"客曰："同類相從，同聲相應，固天之理也。吾請釋吾之所有而經子之所以。司馬彪曰："經，理也。"子之所以者，人事也。天子諸侯大夫庶人，此四者自正，治之美也；四者離位而亂莫大焉。官治其職，人憂其事，林希逸曰："憂，思也。"乃无所陵。成玄英曰："陵，亦亂也。"故田荒室露，俞樾曰："荒露，謂荒蕪敗露。《方言》曰：露，敗也。"衣食不足，徵賦不屬，按：屬，歸也。《韓非子·大體》："托是非於賞罰，屬輕重於權衡。"徵賦不屬，謂不能及時繳納賦稅。妻妾不和，長少无序，庶人之憂也；能不勝任，官事不治，行不清白，群下荒怠，功美不有，爵祿不持，大夫之憂也；廷无忠臣，國家昏亂，工技不巧，貢職不美，春秋後倫，陸德明曰："朝覲不及等比也。"不順天子，諸侯之憂也；陰陽不和，寒暑不時，以傷庶物，諸侯暴亂，擅相攘伐，以殘民人，禮樂不節，財用窮匱，人倫不飭，百姓淫亂，天子有司之憂也。成玄英曰："三公九卿之憂也。"今子既上无君侯有司之勢，而下无大臣職事之官，而擅飾禮樂，選人倫，以化齊民，不泰多事乎？按：《論語·泰伯》："子曰：不在其位，不謀其政。"且人有八疵，事有四患，不可不察也。非其事而事之，謂之摠；林希逸曰："非己事而强爲之，自兜攬也。"莫之顧而進之，按：顧，謂顧盼。進，謂進言。莫知顧，謂不知謙讓。《禮記·曲禮下》："侍於君子，不顧望而對，非禮也。"謂之佞；鍾泰曰："不當言而言，故謂之佞。佞，口給也。"希意道言，謂之諂；不擇是非而言，謂之諛；好言人之惡，謂之讒；析交離親，謂之賊；稱譽詐僞以敗惡人，按：惡，謂毀傷。《史記·蒙恬列傳》："趙高親近，日夜毀惡蒙氏。"謂之慝；按：慝，隱也。稱譽詐僞，謂包藏禍心。《漢書·董仲舒傳》："仲舒以弘爲從諛，弘嫉之。膠西王亦上兄也，尤縱恣，數害吏二千石。弘乃言於上曰：'獨董仲舒可使相膠西王。'膠西王聞仲舒大儒，善待之。仲舒恐久獲罪，病免。"不擇善否，按：善否，謂賢與不肖。

兩容頰適,陸德明曰:"善惡皆容,顏貌調適也。"**偷拔其所欲**,按:拔,謂選拔。《韓非子·説林上》:"張譴相韓,病將死。公乘無正懷三十金而問其疾。居一月,公自問張譴曰:'若子死,將誰使代子?'答曰:'無正重法而畏上,雖然,不如公子食我之得民也。'張譴死,因相公乘無正。"**謂之險。此八疵者,外以亂人,内以傷身,君子不友,明君不臣。所謂四患者:好經大事,變更易常,以挂功名**,按:挂,鉤取也。**謂之叨;專知擅事,侵人自用,謂之貪;見過不更,聞諫愈甚,謂之很;人同於己則可,不同於己,雖善不善,謂之矜。此四患也。能去八疵,无行四患,而始可教已。"

孔子愀然而歎,再拜而起,曰:"丘再逐於魯,削迹於衛,伐樹於宋,圍於陳蔡。丘不知所失,而離此四謗者何也?"客凄然變容曰:"甚矣,子之難悟也! 人有畏影惡迹而去之走者,舉足愈數而迹愈多,走愈疾而影不離身,自以爲尚遲,疾走不休,絶力而死。不知處陰以休影,處静以息迹,愚亦甚矣! **子審仁義之間**,按:《莊子·天運》:"夫仁義憯然,乃憤吾心,亂莫大焉。"**察同異之際**,按:同異,謂彼此之分。彼此分,則是非生。《莊子·寓言》:"與己同則應,不與己同則反;同於己爲是之,異於己爲非之。"**觀動静之變**,按:動静,謂仕隱。《論語·泰伯》:"子曰:篤信好學,守死善道。危邦不入,亂邦不居。天下有道則見,無道則隱。"**適受與之度**,按:適,宜也。《論語·述而》:"子曰:富而可求也,雖執鞭之士,吾亦爲之。如不可求,從吾所好。"**理好惡之情**,按:《論語·顏淵》:"子曰:'愛之欲其生,惡之欲其死。既欲其生,又欲其死,是惑也。'"**和喜怒之節**,按:《禮記·中庸》:"喜怒哀樂之未發,謂之中;發而皆中節,謂之和。"**而幾於不免矣。**按:《莊子·山木》:"直木先伐,甘井先竭。子其意者飾知以驚愚,修身以明汙,昭昭乎如揭日月而行,故不免也。"**謹修而身**,按:修身,謂外物。《莊子·在宥》篇談治身之道,曰:"目无所見,耳无所聞,心无所知,女神將守形,形乃長生。慎女内,閉女外,多知爲敗。"**慎守其真**,按:真,謂素樸天性。《莊子·刻意》:"故素也者,謂其无所與雜也;純也者,謂其不虧其神也。能體純素,謂之真人。"**還以物與人**,按:還,復也。物,謂名實。《莊子·山木》:"孰能去功與名而還與衆人!"**則无所累矣。今不脩之身而求之人**,王孝魚曰：“高山寺本作：今不脩身而求之於人。”**不亦外乎！**”按：《莊子·人間世》：“古之至人，先存諸己，而後存諸人。所存於己者未定，何暇至於暴人之所行！”

孔子愀然曰：“請問何謂真？”客曰：“真者，精誠之至也。按：精，謂天地和氣。誠，謂素樸之心。**不精不誠，不能動人。故强哭者雖悲不哀，强怒者雖嚴不威，强親者雖笑不和。真悲无聲而哀，真怒未發而威，真親未笑而和。真在内者，神動於外，是所以貴真也。其用於人理也，事親則慈孝，事君則忠貞，飲酒則歡樂，處喪則悲哀。忠貞以功爲主，飲酒以樂爲主，處喪以哀爲主，事親以適爲主。**按：適，謂和悦。**功成之美，无一其迹矣；**成玄英曰：“不可一其事迹也。”**事親以適，不論所以矣；**按：以，用也。《孔子家語·曲禮子貢問》：“子路問於孔子曰：‘傷哉貧也！生而無以供養，死則無以爲禮也。’孔子曰：‘啜菽飲水，盡其歡心，斯謂之孝乎？斂手足形，旋葬而无椁，稱其財，爲之禮。貧何傷乎？’”**飲酒以樂，不選其具矣；處喪以哀，无問其禮矣。**按：《論語·子張》：“曾子曰：吾聞諸夫子：人未有自致者也，必也親喪乎！”**禮者，世俗之所爲也；真者，所以受於天也，自然不可易也。故聖人法天貴真，**按：法天，謂法天地之不仁。《老子·五章》：“天地不仁，以萬物爲芻狗。聖人不仁，以百姓爲芻狗。”真，謂素樸之天性。《莊子·馬蹄》：“同乎无知，其德不離；同乎无欲，是謂素樸。素樸而民性得矣。”**不拘於俗。**按：不拘於俗，謂超然世外。**愚者反此。不能法天而恤於人，**成玄英曰：“恤，憂也。”按：人，謂人事。**不知貴真，禄禄而受變於俗，**陸長庚曰：“禄禄，與碌碌同。《老子》云：‘碌碌如石。’”**故不足。惜哉，子之蚤湛於人僞而晚聞大道也！”**

孔子又再拜而起曰：“今者丘得遇也，若天幸然。先生不羞而比之服役，林希逸曰：“比之服役，言比之弟子也。”**而身教之。**按：身，謂親自。**敢問舍所在，請因受業而卒學大道。”客曰：“吾聞之，可與往者與之，至於妙道；不可與往者，不知其道，慎勿與之，身乃无咎。子勉之！吾去子矣，吾去子矣！”乃刺船而去，延緣葦閒。**

顏淵還車，子路授綏，孔子不顧，待水波定，陸德明曰："船行故水波，去遠則波定。"不聞拏音而後敢乘。子路旁車而問曰：按：旁，通傍。"由得爲役久矣，未嘗見夫子遇人如此其威也。林希逸曰："如此其威者，言如此其敬畏之也。"萬乘之主，千乘之君，見夫子未嘗不分庭伉禮，夫子猶有倨敖之容。按：倨敖，謂以德臨人。今漁父杖拏逆立，林希逸曰："逆立，對面立。"而夫子曲要磬折，按：要，腰也。言拜而應，得无太甚乎？門人皆怪夫子矣，漁人何以得此乎？"孔子伏軾而歎曰："甚矣，由之難化也！湛於禮義有間矣，按：有間，謂時間不長不短。而朴鄙之心至今未去。進，吾語汝：夫遇長不敬，失禮也；見賢不尊，不仁也。按：不仁，謂无好惡之心。《論語·里仁》："子曰：唯仁者能好人，能惡人。"彼非至人，不能下人。按：下人，謂使人居卑。下人不精，按：下人，謂孔子居卑。精，猶誠也。不得其真，故長傷身。惜哉！不仁之於人也，按：不仁，謂見賢不尊。禍莫大焉，而由獨擅之。且道者，萬物之所由也，庶物失之者死，得之者生，爲事逆之則敗，順之則成。故道之所在，聖人尊之。今之漁父之於道，可謂有矣，吾敢不敬乎！"

小　　結

《漁父》篇的核心觀念是：法天貴真。法天，指效法天之无情。《老子·五章》："天地不仁，以萬物爲芻狗。聖人不仁，以百姓爲芻狗。"漁父之"法天"説，意在消除孔子心中的"仁義"。心无仁義，孔子就不會僭越，替君主教化百姓，也就不會招來怨恨和災禍。貴真，指保守素樸的本性。《天下》篇曰："不離於真，謂之至人。"至人遊世，順人而不失己。漁父之教孔子，不是避世，而是遊世。《楚辭》亦有《漁父》篇，漁父教屈原，曰："聖人不凝滯於物，而能與世推移。世人皆濁，何不淈其泥而揚其波？衆人皆醉，何不餔其糟而歠其醨？何故深思高舉，自令放爲？"可見，《楚辭》之漁父，指給屈原的也是遊世之道。漁父教人遊世，自己卻超然世外，並未引以爲同類。故而，孔子悵然若失，仰慕不已。

列　禦　寇

《列禦寇》篇大旨講：虛无恬淡，遨遊天地。本篇可分四章：第一章講：无知无能，虛而遨遊；第二章講：知而不言，皆歸於天；第三章講：解心釋神，養德之和；第四章講：平易恬淡，順物之化。

一

列禦寇之齊，中道而反，遇伯昏瞀人。伯昏瞀人曰："奚方而反？"鍾泰曰："方，事也。奚方而反，問何事中道而反也。"曰："吾驚焉。"曰："惡乎驚？"曰："吾嘗食於十𩟼，司馬彪曰："𩟼，讀曰漿，十家並賣漿也。"而五𩟼先饋。"王叔之曰："先饋進於己。"按：饋，贈也。伯昏瞀人曰："若是，則汝何爲驚已？"曰："夫内誠不解，陸樹芝曰："内有實德固結于中，如冰凍不解，則中不能虛也。"按：内誠，謂用心精誠。解，謂消解用世之心。形諜成光，孫詒讓曰："諜，當爲'渫'之假借字。形渫成光，謂形宣渫於外，有光儀也。"以外鎮人心，曹礎基曰："鎮，鎮服。"按：《史記·樂書》："樂極和，禮極順。内和而外順，則民瞻其顏色而弗與爭也，望其容貌而民不生易慢焉。德煇動乎内而民莫不承聽，理發乎外而民莫不承順。"使人輕乎貴老，按：貴老，謂尚齒。《莊子·天道》："宗廟尚親，朝廷尚尊，鄉黨尚齒，行事尚賢，大道之序也。"而韲其所患。羅勉道曰："韲，猶醃釀也。"夫漿人特爲食羹之貨，无多餘之贏，成玄英曰："贏，利也。"其爲利也薄，其爲權也輕，按：權，權重。《管子·山權數》："天以時爲權，地以財爲權，人以力爲權，君以令爲權。"而猶若是，而況於萬乘之主乎？身勞於國，按：身，謂君主。而知盡於事，彼將任我以事，而效我以功。按：效，謂考核。吾是以驚。"伯昏瞀人曰："善哉觀乎！汝處已，人將保汝矣！"司馬彪曰："保，附也。"无幾何而往，則戶外之屨滿矣。伯昏瞀人北面而立，敦杖蹙之乎頤，成玄英曰："敦，豎也。以杖柱頤，聽其言說。"立有間，不言而出。賓者以告列子，陸德明曰："賓者，謂通客之人。"列子提屨，跣而走，暨乎門，按：暨，至也。曰："先生既來，曾不發藥乎？"林希逸曰："發藥者，言教誨開發而藥石之。"曰："已矣，吾固告汝曰：人將保汝。果保汝矣！非汝能使人保汝，按：列子有德外露，故眾人來保。《莊子·徐无鬼》："羊肉不慕蟻，蟻慕羊肉，羊肉羶也。舜有羶行，百姓悅之，故三徙成都，至鄧之虛而十有萬家。"而不能使人无保汝也，按：无保，謂百姓各安其性。《莊子·庚桑楚》："吾聞至人，尸居環堵之室，而百姓猖狂，不知所如往。"而焉用之感豫出異也！按：焉，何也。之，謂眾人。感豫，謂擾動和豫之心。出異，謂心之搖蕩。《莊子·人間世》："德蕩乎名，知出乎爭。"必且有感，搖而本才，按：搖，蕩也。本才，謂恬淡之性。《莊子·天道》："夫虛靜恬淡寂漠无爲者，萬物之本也。"又无謂也。宣穎曰："若必表異感人，止有損无益也。"與汝遊者，又莫汝告也。彼所小言，盡人毒也。鍾泰曰："毒，對發藥言，意謂女但知求藥，而不知日中人之毒，則藥又何用也。"莫覺莫悟，何相孰也！按：孰，熟識。相孰，謂列子與眾人熟悉。巧者勞而知者憂，无能者无所求，飽食而敖遊，汎若不繫之舟，虛而敖遊者也！"宣穎曰："歸結在一虛字。"按：《莊子·天道》："夫虛靜恬淡寂漠无爲者，天地之平而道德之至也。"

二

鄭人緩也，司馬彪曰："緩，名也。"呻吟裘氏之地。陸德明曰："呻吟，謂吟詠學問之聲也。"祇三年而緩爲儒。郭象曰："祇，適也。"河潤九里，澤及三族，成玄英曰："三族，謂父母妻族也。"使其弟墨。儒墨相與辯，其父助翟。郭象曰："翟，緩弟名。"十年而緩自殺。郭象曰："緩怨其父之助弟，故感激自殺。"其父夢之曰："使而子爲墨者，予也。闔胡嘗視其良？宣穎曰："闔、胡，皆何也，夢中疊語也。"按：其良，謂其弟之辯才。緩怨其父助弟，譏其无識，故有是問。既爲秋柏之實矣?"奚侗曰:"秋,借爲楸。"按:楸柏,良木也,然其實不可食。墨者兼愛,不獨親其父。楸柏之實,意謂其弟雖良,終不能養父母。**夫造物者之報人也**,按:報,謂懲罰。**不報其人而報其人之天**,按:人之天,謂人之天性。緩之天,謂仁義。《莊子·天道》:"君子不仁則不成,不義而不生。仁義,真人之性也。"**彼故使彼**。按:故,固也。彼故使彼,意謂仁義使緩自傷。**夫人以己爲有以異於人**,按:有,謂有方術。《莊子·天下》:"天下之治方術者多矣,皆以其有,爲不可加矣。"**以賤其親**,按:親,父也,天也。賤其親,謂忘其所出。**齊人之井飲者相捽也**。按:捽,撕打也。井飲者知汲水之功,不知水出於天然也。**故曰:今之世皆緩也**。按:今之世皆緩,謂百家爭鳴,忘其皆源於道術。**自是**,按:自是,謂自以爲是。**有德者以不知也**,按:有德者,謂心和之人。**而況有道者乎!**按:有德者,和是非;有道者,无是非。**古者謂之遁天之刑**。按:遁天,謂忘本也。《莊子·養生主》:"是遁天倍情,忘其所受,古者謂之遁天之刑。"**聖人安其所安,不安其所不安;衆人安其所不安,不安其所安**。呂惠卿曰:"所安者,天也。所不安者,人也。"

　　莊子曰:"知道易,勿言難。知而不言,所以之天也;按:天,无言者也。《莊子·知北遊》:"天地有大美而不言,四時有明法而不議,萬物有成理而不説。"**知而言之,所以之人也**;按:人,有言者也。《左傳·襄公二十四年》叔孫豹曰:"大上有立德,其次有立功,其次有立言。雖久不廢,此之謂三不朽。"**古之人,天而不人。"**按:《論語·陽貨》:"子曰:予欲无言。子貢曰:子如不言,則小子何述焉?子曰:天何言哉?四時行焉,百物生焉,天何言哉?"

　　朱泙漫學屠龍於支離益,按:龍,喻道。《莊子·天運》記孔子見老聃,歸而曰:"吾乃今於是乎見龍!龍,合而成體,散而成章,乘乎雲氣而養乎陰陽。"屠龍,謂辨析大道。**單千金之家**,宣穎曰:"單,同殫。"**三年技成而无所用其巧**。按:技,謂論道之法。《莊子·齊物論》:"夫道未始有封,言未始有常,爲是而有畛也。請言其畛:有左,有右,有倫,有義,有分,有辯,有競,有争,此之謂八德。"无所用其巧,意謂神龍不見,道不可知也。

　　聖人以必不必,按:必,謂名實相符。《莊子·至樂》:"名止於實,義設於適,是之謂條達而福持。"以必不必,謂聖人不求名。**故无兵**;按:

无兵,謂不征伐立功。**衆人以不必必之**,按:必之,謂正名。《論語·子路》:"名不正,則言不順;言不順,則事不成;事不成,則禮樂不興;禮樂不興,則刑罰不中;刑罰不中,則民無所措手足。"**故多兵。順於兵**,按:順於兵,謂逆物之情,非自然之道。**故行有求**。按:求,謂求用兵之所。《左傳·昭公二十三年》:"莒子庚輿虐而好劍,苟鑄劍,必試諸人。國人患之。"**兵,恃之則亡。**按:兵者,凶器也。《老子·三十一章》:"夫佳兵者,不祥之器,物或惡之,故有道者不處。"

　　小夫之知,不離苞苴竿牘,司馬彪曰:"苞苴,有苞裹也。竿牘,謂竹簡爲書,以相問遺,脩意氣也。"**敝精神乎蹇淺**,郭象曰:"昏於小務,所得者淺。"**而欲兼濟道物,太一形虛**。鍾泰曰:"此'大一'作動字用,即通之之義,猶言一貫也。"按:形,物也。虛,道也。**若是者,迷惑於宇宙**,按:宇宙,謂非虛非實之物。《莊子·庚桑楚》:"有實而无乎處者,宇也。有長而无本剽者,宙也。"迷惑於宇宙,謂不能通虛實。**形累不知太初**。按:形,物也。形累,謂不能忘物。太初,謂物之初。《莊子·天地》:"泰初有无,无有无名。一之所起,有一而未形。"不知太初,謂不能通有无。**彼至人者,歸精神乎无始**,按:歸精神,謂離形。无始,即太初。**而甘冥乎无何有之鄉**。按:甘冥,即酣睡。无何有之鄉,道境也。**水流乎无形**,按:无形,謂无定形。**發泄乎太清**。按:太清,天也。水流、發泄,謂精神之動。**悲哉乎! 汝爲知在毫毛,而不知大寧!**按:大寧,謂天地。《莊子·天道》:"天德而出寧,日月照而四時行,若晝夜之有經,雲行而雨施矣!"

三

　　宋人有曹商者,爲宋王使秦。司馬彪曰:"宋王,偃王也。"**其往也,得車數乘;王説之,益車百乘。**成玄英曰:"秦王愛之,遂賜車百乘。"**反於宋,見莊子,曰:"夫處窮閭阨巷,困窘織屨,槁項黃馘者**,司馬彪曰:"黃馘,謂面黃熟也。"**商之所短也;一悟萬乘之主而從車百乘者,商之所長也。"莊子曰:"秦王有病召醫**,司馬彪曰:"秦王,惠王也。"**破癰潰痤者得車一乘**,成玄英曰:"癰,痒熱毒腫也。"**舐**

痔者得車五乘，成玄英曰："痔，下漏病也。"所治愈下，得車愈多。子豈治其痔邪？何得車之多也？子行矣！"

魯哀公問乎顏闔曰："吾以仲尼爲貞幹，宣穎曰："貞，同楨。"阮毓崧曰："幹，與榦通。《書·費誓》'峙乃楨榦'，孔傳：'題曰楨，旁曰榦。'楨當墻兩端者也，榦在墻兩邊者也。"國其有瘳乎？"曰："殆哉，圾乎！郭象曰："圾，危也。"仲尼方且飾羽而畫，按：羽、畫，皆車飾。飾羽而畫，謂重複修飾。《淮南子·主術訓》："故古之爲車也，漆者不畫，鑿者不斲，工无二伎，士不兼官，各守其職，不得相姦，人得其宜，物得其安。是以器械不苦，而職事不嫚。"從事華辭，以支爲旨，按：支，通枝，謂禮樂。忍性以視民，按：忍性，謂克己復禮。視，示也。《論語·顏淵》："克己復禮爲仁。一日克己復禮，天下歸仁焉。"而不知不信。按：不信，謂未取信於民。《論語·子張》："子夏曰：'君子信而後勞其民；未信，則以爲厲己也。信而後諫；未信，則以爲謗己也。'"受乎心，按：受乎心，謂受命於成心。宰乎神，按：神，謂神氣。《莊子·天地》："汝方將忘汝神氣，墮汝形骸，而庶幾乎！"夫何足以上民！按：上民，猶臨民。彼宜，成玄英曰："彼，百姓也。"按：宜，適也。彼宜，謂百姓各得其便。女與予頤與，成玄英曰："女，哀公也。予，我也。頤，養也。"按：與，發語詞。女與予頤，謂君臣无爲而治。誤而可矣！按：誤，謂延誤。誤而可，謂雖慢於政，无害於民。今使民離實學僞，按：實，誠也。離實，謂喪失素樸本性。學僞，謂學仁義禮樂。非所以視民也，爲後世慮，不若休之。按：休，止也。難治也！"

施于人而不忘，非天布也，按：《淮南子·齊俗訓》："今世之爲禮者，恭敬而忮；爲義者，布施而德。"商賈不齒。按：不齒，謂羞於出口。《淮南子·詮言訓》："君子脩行而使善無名，布施而使仁無章。"雖以事齒之，按：以，因也。以事，謂因故而言，情非得已。神者弗齒。按：神者，謂平和之心。《莊子·徐无鬼》："夫神者，好和而惡姦。夫姦，病也。"爲外刑者，金與木也；郭象曰："金，謂刀鋸斧鉞；木，謂捶楚桎梏。"爲內刑者，動與過也。按：過，謂陰陽二氣之失調。宵人之離外刑者，俞樾曰："宵人，猶小人也。"按：小人，謂曹商。金木訊之；離內刑者，按：離內刑者，謂孔子。陰陽食之。按：《莊子·在宥》："人大喜邪？毗於陽；

大怒邪？毗於陰。陰陽並毗，四時不至，寒暑之和不成，其反傷人之形乎！"
夫免乎外內之刑者，唯真人能之。按：真人，謂心和之人。《莊子·
徐无鬼》："故无所甚親，无所甚疏，抱德煬和，以順天下，此謂真人。"

孔子曰："凡人心險於山川，難於知天。天猶有春秋冬夏
旦暮之期，人者厚貌深情。按：厚貌，謂喜怒不形於色。情，實也。深
情，謂本心難測。故有貌愿而益，按：愿，謂无私。《韓非子·詭使》："无
利於上謂之愿。"益，謂心長也。《左傳·昭公三年》："彼其髮短而心甚長。"
有長若不肖，成玄英曰："有心實長者，形如不肖也。"按：長，謂胸有大
志。不肖，謂不成材。有順懁而達，成玄英曰："懁，急也。"按：懁，謂性
急。達，謂不拘小節。有堅而縵，李頤曰："內實堅，外如縵也。"有緩而
釬。俞樾曰："釬者，悍之叚字。堅强而又惰慢，紓緩而又桀悍，故爲情貌相
反也。"故其就義若渴者，其去義若熱。按：就義、去義，唯利所在。
故君子遠使之而觀其忠，按：遠使，謂出使遠方之國。《莊子·人間
世》："凡交近則必相靡以信，遠則必忠之以言。言必或傳。夫傳兩喜兩怒
之言，天下之難者也。"近使之而觀其敬，按：近使，謂侍奉左右。《論
語·陽貨》："子曰：'唯女子與小人爲難養也，近之則不孫，遠之則怨。'"煩
使之而觀其能，按：煩使，謂多方用之。卒然問焉而觀其知，按：卒，
通猝，謂趁其无備。知，智也，謂應變。急與之期而觀其信，按：急，謂
時態緊急。信，謂如約而至。委之以財而觀其仁，按：委，託也。仁，謂
不忍。告之以危而觀其節，按：危，難也。《論語·泰伯》："曾子曰：
'可以託六尺之孤，可以寄百里之命，臨大節而不可奪也。君子人與？君子
人也！'"醉之以酒而觀其側，按：側，謂反側。反側，謂不安其位。雜
之以處而觀其色。按：雜，謂男女雜坐。《史記·滑稽列傳》："若乃州
閭之會，男女雜坐，行酒稽留，六博投壺，相引爲曹，握手无罰，目眙不禁。"
九徵至，不肖人得矣。"成玄英曰："九事徵驗，小人君子，厚貌深情，必
无所避。"

正考父一命而傴，林希逸曰："傴，背曲也。"按：正考父，孔子七世
祖。《左傳·昭公七年》："及正考父，佐戴、武、宣，三命茲益共。故其鼎銘
云：'一命而僂，再命而傴，三命而俯。循牆而走，亦莫余敢侮。饘於是，鬻於
是，以糊余口。'其共也如是。"再命而僂，林希逸曰："僂，腰曲也。"三命
而俯，陸德明曰："公士一命，大夫再命，卿三命。"宣穎曰："俯，身伏向地。"

循牆而走，林希逸曰：“循牆而走，不敢當正路而行。”孰敢不軌！林希逸曰：“世有此賢者，則人孰敢不以爲法。”如而夫者，郭象曰：“而夫，謂凡夫也。”一命而吕鉅，俞正燮曰：“吕鉅，言其脊吕背梁强鉅。吕鉅，即强梁。”按：吕，謂脊骨。再命而於車上儛，宣穎曰：“輕狂也。”三命而名諸父。按：《周禮·地官司徒·黨正》：“國索鬼神而祭祀，則以禮屬民而飲酒于序，以正齒位。壹命齒于鄉里，再命齒于父族，三命而不齒。”《史記·武安侯列傳》記田蚡爲相，云：“嘗召客飲，坐其兄蓋侯南鄉，自坐東鄉，以爲漢相尊，不可以兄故私橈。”孰協唐許！郭象曰：“唐，謂堯也；許，謂許由也。”

　　賊莫大乎德有心，按：心，謂成心。而心有睫，按：睫，睫毛。心有睫則不通，不通則不能内視。及其有睫也而内視，内視而敗矣！按：内視，謂收視反聽。《莊子·人間世》：“瞻彼闋者，虚室生白，吉祥止止。夫且不止，是之謂坐馳。夫徇耳目内通而外於心知，鬼神將來舍，而況人乎！”凶德有五，成玄英曰：“五，謂心耳眼舌鼻也。”中德爲首。成玄英曰：“中德，爲心也。”何謂中德？中德也者，有以自好也而吡其所不爲者也。郭象曰：“吡，訾也。夫自是而非彼，則攻之者非一，故爲凶首也。”

　　窮有八極，按：極，端也。達有三必，形有六府。奚侗曰：“六者，指知、慧、勇、動、仁、義而言。形有六府，謂此六者乃刑之所府也。”美、髯、長、大、按：大，碩也。壯、麗、按：麗，謂有光華。《史記·平津侯列傳》謂公孫弘，曰：“召入見，狀貌甚麗，拜爲博士。”又《漢書·車千秋傳》：“至前，千秋長八尺餘，體貌甚麗，武帝見而説之。”勇、敢，八者俱過人也，因以是窮；林希逸曰：“必以此自持，而終也至於窮。”緣循、成玄英曰：“緣物順他，不能自立也。”偃佒、郭嵩燾曰：“疑偃佒當爲偃仰，猶言俯仰從人也。”困畏不若人，郭象曰：“困畏，怯弱者也。”三者俱通達。林希逸曰：“言其與世無競，人必喜之也。”知慧外通，郭象曰：“通外則以无崖傷其内也。”勇動多怨，按：勇動，猶衝動，謂血氣之勇。仁義多責。郭象曰：“天下皆望其愛，然愛之則有不周矣，故多責。”達生之情者傀，按：傀，獨立貌。《荀子·性惡論》：“天下不知之，則傀然獨立天地之間而不畏。”達於知者肖；按：肖，猶賢。達於知，謂知止。《莊子·庚桑楚》：“知止乎其所不能知，至矣；若有不即是者，天鈞敗之。”達大命者隨，郭象曰：

“泯然與化俱也。”按：大命，謂天地之命。**達小命者遭。**按：小命，謂運氣。遭，謂碰運氣。

<h1 style="text-align:center">四</h1>

人有見宋王者，錫車十乘。以其十乘驕穉莊子。郭慶藩曰：“穉，亦驕也。《管子·軍令》篇：‘工以雕文刻鏤相穉。’”**莊子曰：“河上有家貧恃緯蕭而食者，**陸德明曰：“緯，織也。蕭，荻蒿也。織蕭以爲畚而賣之。”**其子没於淵，得千金之珠。其父謂其子曰：‘取石來鍛之！**陸德明曰：“鍛之，謂槌破之。”**夫千金之珠，必在九重之淵而驪龍頷下，**陸德明曰：“驪龍，黑龍也。”**子能得珠者，必遭其睡也。使驪龍而寤，子尚奚微之有哉！’**林希逸曰：“奚微之有，殘食無餘也。”**今宋國之深，非直九重之淵也；宋王之猛，非直驪龍也；子能得車者，必遭其睡也。使宋王而寤，子爲韲粉夫。”**鍾泰曰：“韲，碎也。韲粉，意謂遭其菹醢。”

或聘於莊子，莊子應其使曰：“子見夫犧牛乎？衣以文繡，食以芻叔，陸德明曰：“芻，草也。叔，大豆也。”按：叔，通菽。**及其牽而入於大廟，雖欲爲孤犢，其可得乎！”**

莊子將死，弟子欲厚葬之。莊子曰：“吾以天地爲棺槨，以日月爲連璧，按：連璧，謂連屬之璧。**星辰爲珠璣，萬物爲齎送。**按：《説文》曰：“齎，持遺也。”**吾葬具豈不備邪？何以加此！”弟子曰：“吾恐烏鳶之食夫子也。”莊子曰：“在上爲烏鳶食，**成玄英曰：“鳶，鴟也。”**在下爲螻蟻食，奪彼與此，何其偏也！”以不平平，**按：不平，謂人心不平易。《莊子·天道》：“夫虛靜恬淡寂漠无爲者，天地之平而道德之至也。”平，謂衡量。**其平也不平；**按：不平，謂不能平淡看待生死。**以不徵徵，**按：徵，驗也。不徵，謂鬼神。以不徵徵，意謂以鬼神爲證。**其徵也不徵。**按：不徵，謂不可信。**明者唯爲之使，**按：明者，謂智者。唯爲之使，謂敬鬼神而遠之。**神者徵之。**按：神者，謂素樸之人。《莊子·天地》：“純素之道，唯神是守。守而勿失，與神爲一。一之精通，合於天倫。”**夫明之不勝神也久矣，而愚者恃其所見入於人，**按：愚

者,謂世人。所見,謂喪葬之事。入於人,謂效法厚葬久喪。**其功外也,
不亦悲夫!**

小　　結

　　《列禦寇》篇,以"平易恬淡"爲宗旨。本篇多精微之言,諸如內誠不解、
感豫出異、報其人之天、以不平平等。内誠不解,講修平淡之心。誠,指精誠
之心。列禦寇雖刻意避世,但用世之心未消,故引來衆人歸附。就像羊肉有
羶氣,自然吸引螞蟻一樣。感豫出異,講外物搖動和豫之心,使出現異常動
蕩。人之天,指人信奉的天,而非自然之天。報其人之天,意謂喪天性者,會
自取其禍。平,指平易恬淡之心。《天道》篇:"夫虛靜恬淡寂漠无爲者,天
地之平而道德之至也。"聖人之心虛靜恬淡,故能衡量是非,勝物而不傷。蘇
軾以爲,《列禦寇》篇上接《寓言》篇,與《讓王》《盜跖》《漁父》《説劍》四篇不
類,是很有道理的。

天　下

　　《天下》篇講：諸子橫議，道術爲天下裂。本篇可分爲七章：第一章講：道術散於天下，百家多得一察焉以自好；第二章講：墨翟心好，非樂節用，反人之心；第三章講：宋鈃心白，特立獨行，別宥萬物；第四章講：慎到心平，齊同萬物，與世浮沉；第五章講：老聃心虛，濡弱謙下，寬容於物；第六章講：莊周心誠，日與物化，不離其宗；第七章講：惠施心知，日與人辯，逐物不返。

一

　　天下之治方術者多矣，鍾泰曰："全者謂之道術，分者謂之方術。"按：方，謂道之一隅。術，用也。道術，謂道之用也。方術，謂一隅之用也。**皆以其有爲不可加矣。**羅勉道曰："各挾其所有，以爲人莫能加之。"**古之所謂道術者**，按：道，本也；術，末也。本末一體，不可分也。**果惡乎在？曰："无乎不在。"**按：道不離物，在物之虛。《莊子·則陽》："有名有實，是物之居；无名无實，在物之虛。"**曰："神何由降？明何由出？"**按：神明，謂精神。《莊子·知北游》："精神生於道，形本生於精，而萬物以形相生。""**聖有所生，王有所成，皆原於一。**"按：一，道也。《老子·三十九章》："昔之得一者，天得一以清，地得一以寧，神得一以靈，谷得一以盈，萬物得一以生，侯王得一以爲天下貞。"**不離於宗**，按：宗，指天。不離於宗，謂人類未自覺。《莊子·天地》："忘己之人，是之謂入於天。"《莊子·庚桑楚》："忘人，因以爲天人矣。"**謂之天人；**按：天人，謂蒙昧之人。《莊子·馬蹄》："夫至德之世，同與禽獸居，族與萬物並。"**不離於精**，按：精，謂天地和氣。《莊子·達生》："夫形全精復，與天爲一。天地者，萬物之父母也。合則成體，散則成始。形精不虧，是謂能移。精而又精，反以相天。"

不離於精，謂不用心知。**謂之神人**；按：神人，謂精神純粹。《莊子·刻意》：“純素之道，唯神是守。守而勿失，與神爲一。一之精通，合於天倫。”又《莊子·知北遊》：“今彼神明至精，與彼百化，物已死生方圓，莫知其根也。”**不離於眞**，按：眞，謂素樸之本性。《莊子·馬蹄》：“同乎无知，其德不離；同乎无欲，是謂素樸。素樸而民性得矣。”《莊子·漁父》：“禮者，世俗之所爲也；眞者，所以受於天也，自然不可易也。”**謂之至人**。按：至人，謂外化而內不化。《莊子·外物》：“唯至人乃能遊於世而不僻，順人而不失己。”又《莊子·知北遊》：“古之人，外化而內不化，今之人，內化而外不化。與物化者，一不化者也。”一不化，謂素樸之天性。

　　以天爲宗，按：以天爲宗，謂取法天地。《莊子·天道》：“夫尊卑先後，天地之行也，故聖人取象焉。”又《論語·泰伯》：“子曰：‘大哉堯之爲君也！巍巍乎！唯天爲大，唯堯則之。蕩蕩乎！民無能名焉。巍巍乎！其有成功也；煥乎，其有文章！’”**以德爲本**，按：德，和也，謂協和萬邦。《論語·爲政》：“子曰：‘爲政以德，譬如北辰，居其所而衆星共之。’”**以道爲門**，按：道，導也，謂教化。《論語·爲政》：“道之以政，齊之以刑，民免而無恥。道之以德，齊之以禮，有恥且格。”**兆於變化**，宣穎曰：“兆，見端也。”按：兆於變化，謂富有遠見。《論語·爲政》：“子張問：‘十世可知也？’子曰：‘殷因於夏禮，所損益，可知也；周因於殷禮，所損益，可知也。其或繼周者，雖百世，可知也。’”**謂之聖人**。按：聖人，謂儒家聖人。《論語·述而》：“子曰：‘聖人吾不得而見之矣；得見君子者，斯可矣。’”**以仁爲恩**，按：恩，謂施惠。《孟子·梁惠王上》：“故推恩足以保四海，不推恩无以保妻子。”以仁爲恩，謂私愛之心，推己及物。**以義爲理**，按：理，謂條理。《論語·衛靈公》：“子曰：君子義以爲質，禮以行之，孫以出之，信以成之。君子哉！”**以禮爲行**，按：行，舉動也。《論語·顏淵》：“子曰：‘非禮勿視，非禮勿聽，非禮勿言，非禮勿動。’”**以樂爲和**，按：和，調也，協和上下。《論語·學而》：“有子曰：‘禮之用，和爲貴。先王之道斯爲美，小大由之。有所不行，知和而和，不以禮節之，亦不可行也。’”**薰然慈仁**，按：薰，通熏，猶今言“熱情”。《論語·述而》：“子曰：‘仁遠乎哉？我欲仁，斯仁至矣。’”**謂之君子**。按：聖人法象天地，制禮作樂，而君子守之，故承之以“君子”。**以法爲分**，按：分，謂賞罰。《韓非子·制分》：“故治亂之理，宜務分刑賞爲急。治國者莫不有法，然而有存有亡。亡者，其制刑賞不分也。治國者，刑賞莫不有分。"以法爲分,謂賞罰必依法度。**以名爲表**,按:名,名號也。表,謂表異。以名爲表,猶謂"正名"也。《論語·子路》:"名不正,則言不順;言不順,則事不成;事不成,則禮樂不興;禮樂不興,則刑罰不中;刑罰不中,則民无所措手足。"**以參爲驗**,按:參,考校也。驗,證也。《韓非子·揚權》:"君操其名,臣效其形,形名參同,上下和調也。"**以稽爲決**,按:稽,謂求證。《莊子·天運》:"世疑之,稽於聖人。"決,斷也。**其數一二三四是也**,宣穎曰:"分明不爽如是。"**百官以此相齒**。鍾泰曰:"《孟子》曰:'賢者在位,能者在職。'君子所謂賢者,百官所謂能者,以賢統能,職位宜然也。"**以事爲常,以衣食爲主,蕃息畜藏,老弱孤寡爲意,皆有以養,民之理也**。宣穎曰:"庶人止是謀生之計。"

　　古之人其備乎! 按:備,謂自足。《莊子·天道》:"夫大備矣,莫若天地;然奚求焉,而大備矣!知大備者,无求,无失,无棄,不以物易己也。反己而不窮,循古而不摩,大人之誠!"**配神明**,按:神明,謂精神。配神明,謂精神純粹。《莊子·刻意》:"純粹而不雜,静一而不變,惔而无爲,動而以天行,此養神之道也。"**醇天地**,按:醇,通淳,謂誠樸。《莊子·徐无鬼》:"修胸中之誠,以應天地之情而勿攖。"**育萬物**,按:《莊子·逍遥遊》:"藐姑射之山,有神人居焉,肌膚若冰雪,淖約若處子。不食五穀,吸風飲露。乘雲氣,御飛龍,而遊乎四海之外。其神凝,使物不疵癘而年穀熟。"**和天下**,按:和天下,謂均調天下。《莊子·天道》:"夫明白於天地之德者,此之謂大本大宗,與天和者也;所以均調天下,與人和者也。與人和者,謂之人樂;與天和者,謂之天樂。"**澤及百姓,明於本數,係於末度**,按:本數,謂天時;末度,謂人事。《尚書·堯典》:"乃命羲和,欽若昊天,曆象日月星辰,敬授人時。"**六通四辟**,按:六通四辟,謂通透、明白。《莊子·天道》:"明於天,通於聖,六通四辟於帝王之德者。"**小大精粗**,按:小大精粗,謂萬物。《莊子·知北遊》:"聖人者,原天地之美而達萬物之理。"**其運无乎不在**。按:《莊子·天道》:"天道運而无所積,故萬物成;帝道運而无所積,故天下歸;聖道運而无所積,故海內服。"

　　其明而在數度者,按:數度,謂計量方法。《周禮·春官宗伯·典同》:"凡爲樂器,以十有二律爲之數度,以十有二聲爲之齊量。"《新書·六術》:"數度之道,以六爲法。數加於少而度出於居,數度之始,始於微細。有形之物,莫細於毫。是故立一毫以爲度始,十毫爲髮,十髮爲釐,十釐爲分,十分爲寸，十寸爲尺，備於六，故先王以爲天下事用也。”舊法、世傳之史尚多有之；鍾泰曰：“史，史官。”其在於《詩》《書》《禮》《樂》者，按：《詩》《書》《禮》《樂》，皆先聖遺迹。鄒魯之士、錢穆曰：“鄒，孟子生邑。孟莊同時，未見相稱。此篇以鄒魯言儒業，可見其晚出。”搢紳先生多能明之。成玄英曰：“搢，笏也，亦插也。紳，大帶也。先生，儒士也。”《詩》以道志，按：志，謂心志。《詩大序》曰：“詩者，志之所之也，在心爲志，發言爲詩。”《書》以道事，按：《書》以道事，謂儒者引書爲證。《孟子·盡心下》：“孟子曰：‘盡信《書》，則不如無《書》。吾於《武成》，取二三策而已矣。’”《禮》以道行，按：《左傳·昭公二十五年》：“夫禮，天之經也。地之義也，民之行也。”《樂》以道和，按：《禮記·樂記》：“樂者，天地之和也。禮者，天地之序也。和，故百物皆化；序，故群物皆別。樂由天作，禮以地制。過制則亂，過作則暴。明於天地，然後能興禮樂也。”《易》以道陰陽，按：陰陽，謂天地之變化。《左傳·僖公十六年》：“十六年春，隕石于宋五，隕星也。六鶂退飛，過宋都，風也。周內史叔興聘于宋，宋襄公問焉，曰：‘是何祥也？吉凶焉在？’對曰：‘今茲魯多大喪，明年齊有亂，君將得諸侯而不終。’退而告人曰：‘君失問。是陰陽之事，非吉凶所生也。吉凶由人，吾不敢逆君故也。’”《春秋》以道名分。按：名分，謂君臣、父子之分。《孟子·滕文公下》：“世衰道微，邪説暴行有作，臣弒其君者有之，子弒其父者有之。孔子懼，作《春秋》。”其數散於天下，按：散，謂流散。而設於中國者，按：設，立也，謂有傳承。中國，謂魯、衛等中原諸國。《左傳·昭公二年》：“晉侯使韓宣子來聘，且告爲政，而來見，禮也。觀書於大史氏，見《易》《象》與《魯春秋》，曰：‘周禮盡在魯矣。吾乃今知周公之德與周之所以王也。’”百家之學時或稱而道之。郭象曰：“皆道古人之陳迹耳，尚復不能常稱。”

　　天下大亂，賢聖不明，道德不一。按：一，純也。《莊子·齊物論》：“衆人役役，聖人愚芚，參萬歲而一成純。萬物盡然，而以是相蕴。”天下多得一察焉以自好。按：《老子·二十章》：“我愚人之心也哉，沌沌兮。俗人昭昭，我獨昏昏。俗人察察，我獨悶悶。”譬如耳目鼻口，皆有所明，不能相通。猶百家衆技也，皆有所長，時有所用。雖然，不該不徧，鍾泰曰：“該，同賅。”一曲之士也。判天地之美，析萬物之理，郭象曰：“各用其一曲，故析判。”察古人之全，按：察，謂明辨。

全,謂淳朴。《老子·五十八章》:"其政悶悶,其民淳淳;其政察察,其民缺缺。"**寡能備於天地之美**,按:天地之美,謂素樸之美。《莊子·知北遊》:"天地有大美而不言,四時有明法而不議,萬物有成理而不説。"**稱神明之容**。按:稱,配也。神明之容,謂清静。《莊子·田子方》:"人貌而天虚,緣而葆真,清而容物。物无道,正容以悟之,使人之意也消。"**是故内聖外王之道**,按:内聖,謂内懷虚静之心。外王,謂天下歸往。《莊子·天道》:"水静則明,而況精神。聖人之心静乎! 天地之鑑也,萬物之鏡也。"**閣而不明**,按:閣,謂心不明。**鬱而不發**,按:鬱,滯也,謂閉塞。《莊子·刻意》:"水之性,不雜則清,莫動則平;鬱閉而不流,亦不能清;天德之象也。"**天下之人各爲其所欲焉以自爲方**。按:爲方,謂開宗立派。**悲夫! 百家往而不反,必不合矣!** 按:合,同也,謂相忘於道術。《莊子·大宗師》:"魚相造乎水,人相造乎道。相造乎水者,穿池而養給;相造乎道者,无事而生定。故曰:魚相忘乎江湖,人相忘乎道術。"**後世之學者,不幸不見天地之純**,按:純,大也。《詩·周頌·惟天之命》:"於乎不顯,文王之德之純。"**古人之大體,道術將爲天下裂**。按:裂,撕裂。

二

不侈於後世,不靡於萬物,宣穎曰:"不示奢侈,不事靡費。"**不暉於數度**,按:暉,謂炫目。數度,謂禮樂制度。不暉於數度,謂不被禮樂制度迷惑。**以繩墨自矯**,按:矯,直也。《楚辭·離騷》:"矯菌桂以紉蕙兮,索胡繩之纚纚。"**而備世之急**。按:《禮記·王制》:"祭,豐年不奢,凶年不儉。國無九年之蓄曰不足,無六年之蓄曰急,無三年之蓄曰非其國也。三年耕,必有一年之食,九年耕,必有三年之食。以三十年之通,雖凶旱水溢,民無菜色,然後天子食,日舉以樂。"**古之道術有在於是者。墨翟、禽滑釐聞其風而説之**。陸德明曰:"禽滑釐,墨翟弟子也。"**爲之大過**,郭象曰:"不復度衆所能也。"**已之大循**。按:已,止也。大,太也。大循,謂恪守大禹之道。**作爲《非樂》,命之曰《節用》;生不歌,死无服。**鍾泰曰:"服,服喪也。"按:《墨子·公孟》:"公孟子謂子墨子曰:'子以三年之喪爲非,子之三日之喪亦非也。'子墨子曰:'子以三年之喪非三日之喪,是猶保謂撅者不恭也。’”保，同裸。撅，撩衣。墨子氾愛兼利而非鬬，其道不怒；郭象曰：“但自刻也。”又好學而博，不異，按：異，別也，謂排斥異己。《莊子·在宥》：“世俗之人，皆喜人之同乎己而惡人之異於己也。同於己而欲之，異於己而不欲者，以出乎衆爲心也。”不與先王同，毀古之禮樂。郭象曰：“嫌其侈靡。”

黃帝有《咸池》，堯有《大章》，舜有《大韶》，禹有《大夏》，湯有《大濩》，文王有辟雍之樂，武王、周公作《武》。古之喪禮，貴賤有儀，上下有等，天子棺槨七重，諸侯五重，大夫三重，士再重。今墨子獨生不歌，死无服，桐棺三寸而无槨，宣穎曰：“桐，易朽之木。”以爲法式。以此教人，恐不愛人；以此自行，固不愛己。鍾泰曰：“與汎愛之道相悖也。”未敗墨子道，按：未敗墨子道，謂无意詆毀墨子。雖然，歌而非歌，哭而非哭，樂而非樂，是果類乎？郭象曰：“雖獨成墨而不類萬物之情。”其生也勤，其死也薄，其道大觳；郭象曰：“觳，無潤也。”使人憂，使人悲，其行難爲也。恐其不可以爲聖人之道，按：《莊子·天地》：“吾聞之夫子，事求可，功求成。用力少，見功多者，聖人之道。”反天下之心。按：《老子·四十九章》：“聖人无常心，以百姓心爲心。”天下不堪，墨子雖獨能任，奈天下何！離於天下，其去王也遠矣！

墨子稱道曰：“昔禹之湮洪水，陸德明曰：“湮，塞也。”決江河而通四夷九州也，陸德明曰：“掘地而注之海，使水由地下也。”名山三百，俞樾曰：“名山，當作名川，字之誤也。”支川三千，小者无數。禹親自操橐耜而九雜天下之川；陸德明曰：“橐，崔、郭音託，字則應作橐。崔云：囊也。司馬云：盛土器也。九，本亦作鳩，聚也。”按：鳩，謂使河道聯通；雜，謂使河道交錯。腓无胈，脛无毛，沐甚雨，櫛疾風，置萬國。禹大聖也，而形勞天下也如此。”使後世之墨者，多以裘褐爲衣，以跂蹻爲服，李頤曰：“麻曰屩，木曰屐。屐與跂同，屩與蹻同。”日夜不休，以自苦爲極，曰：“不能如此，非禹之道也，不足謂墨。”

相里勤之弟子，司馬彪曰：“墨師也，姓相里，名勤。”五侯之徒，孫詒讓曰：“五侯，蓋姓五。五與伍同。古書伍子胥姓多作五。”南方之墨者：若獲、已齒、鄧陵子之屬，按：《韓非子·顯學篇》："自墨子之死也，有相里氏之墨，有相夫氏之墨，有鄧陵氏之墨。"俱誦《墨經》，而倍譎不同，王念孫曰："倍譎不同，謂其各守所見，分離乖異也。"相謂別墨；鍾泰曰："相謂別墨者，以己爲正傳，而以人爲別派也。"以堅白同異之辯相訾，成玄英曰："訾，毀也。"以觭偶不仵之辭相應；成玄英曰："獨唱曰觭，音奇。對辯曰偶。仵，倫次也。"馬敍倫曰："仵，借爲伍。不伍，猶不倫也。"以巨子爲聖人。向秀曰："墨家號其道理成者爲鉅子，若儒家之碩儒。"皆願爲之尸，郭象曰："尸，主也。"按：尸，謂代神受祭者。巨子之尸，謂巨子之代言人。冀得爲其後世，郭象曰："爲欲係巨子之業也。"至今不決。成玄英曰："對爭勝負不能決定也。"

墨翟、禽滑釐之意則是，郭象曰："意在不侈靡而備世之急，斯所以爲是。"其行則非也。郭象曰："爲之太過故也。"將使後世之墨者，必以自苦腓无胈、脛无毛，相進而已矣。按：進，競也。相進，謂互相攀比。亂之上也，治之下也。按：《莊子·則陽》："民知力竭，則以僞繼之。日出多僞，士民安取不僞！"雖然，墨子真天下之好也。俞樾曰："真天下之好，謂其真好天下也，即所謂墨子兼愛也。"將求之不得也，按：將，假如。雖枯槁不舍也，按：《列子·楊朱》："大禹不以一身自利，一體偏枯。"才士也夫！按：才士，意謂自不量力。《莊子·人間世》："汝不知夫螳螂乎？怒其臂以當車轍，不知其不勝任也，是其才之美者也。"

三

不累於俗，不飾於物，按：《尹文子·大道上》："世之所貴，同而貴之，謂之俗；世之所用，同而用之，謂之物。"不苟於人，成玄英曰："於人无苟且。"按：不苟於人，謂好惡分明。不忮於衆，按：忮，謂狠戾。《荀子·榮辱》："快快而亡者，怒也；察察而殘者，忮也。"《尹文子·大道上》："苟違於人，俗所不與；苟忮於衆，俗所共去。"願天下之安寧以活民命，人我之養，按：人我之養，賓語前置，謂人之養我。畢足而止，郭象曰："不敢望有餘也。"按：墨子非樂、節用，反天下之心；宋、尹知天下不堪，但自約束，无求於世人。以此白心。崔譔曰："白心，明白其心也。"古之道術有在於是者。**宋鈃**、按：宋鈃，又稱宋榮子。**尹文聞其風而説之。**鍾泰曰：“墨子之説，推本於天志。宋、尹之説，則置心爲主。一本天，一本心，其間有絶異者。”按：心，謂天下人之心。**作爲華山之冠以自表，**成玄英曰：“華山，其形如削，上下均平，而宋尹立志清高，故爲冠以表德之異。”按：德之異，謂獨立世俗之外。《楚辭·離騷》：“高余冠之岌岌兮，長余佩之陸離。芳與澤其雜糅兮，唯昭質其猶未虧。”**接萬物以别宥爲始；**按：别，分也。宥，寬也。别宥，謂嚴以屬己，寬以接物。《韓非子·顯學》：“宋榮子之議，設不鬭争，取不隨仇，不羞囹圄，見侮不辱，世主以爲寬而禮之。”**語心之容，**按：容，面也。《左傳·襄公三十一年》：“人心之不同，如其面焉。”語心之容，猶白心，謂心口如一，无所隱也。**命之曰“心之行”。**按：心，謂心志。《莊子·天地》：“若夫人者，非其志不之，非其心不爲。雖以天下譽之，得其所謂，謷然不顧；以天下非之，失其所謂，儻然不受。”**以聏合歡，**司馬彪曰：“聏，色厚貌。”按：以聏合歡，謂以志誠相待。《墨子·明鬼下》：“合歡聚衆，取親乎鄉里。”**以調海内，請欲置之以爲主。**羅勉道曰：“請欲斯人立此心以爲之主。”**見侮不辱，**按：《荀子·正論》：“凡人之鬭也，必以其惡之爲説，非以其辱之爲故也。今俳優、侏儒、狎徒詈侮而不鬭者，是豈鉅知見侮之爲不辱哉？然而不鬭者，不惡故也。”宋、尹嚴於屬己，寬以接物，以衆人之无知，故不以爲辱。**救民之鬭，禁攻寢兵，**成玄英曰：“寢，息也。”**救世之戰。**按：宋鈃，又稱宋牼。《孟子·告子下》：“宋牼將之楚，孟子遇於石丘，曰：‘先生將何之？’曰：‘吾聞秦、楚構兵，我將見楚王説而罷之。楚王不悦，我將見秦王説而罷之。二王我將有所遇焉。’”**以此周行天下，上説下教。**鍾泰曰：“上，謂當時人主；下，謂民衆也。”**雖天下不取，强聒而不舍者也。**陸德明曰：“聒，謂强聒其耳而語之也。”**故曰：上下見厭而强見也。**郭象曰：“所謂不辱。”

　　雖然，其爲人太多，其自爲太少；曰：“請欲固置五升之飯足矣。”郭象曰：“斯明自爲之太少也。”**先生恐不得飽，**林希逸曰：“每日但得五升之飯，師與弟子共之。先生以此五升猶且不飽，弟子安得不饑。”**弟子雖飢，不忘天下，日夜不休，曰：“我必得活哉！”**按：我必得活，謂我爲天下惜死。《吕氏春秋·恃君覽·長利》：“戎夷違齊如魯，天大寒而後門，與弟子一人宿於郭外。寒愈甚，謂其弟子曰：‘子與我衣，我活也；我與子衣，子活也。我，國士也，爲天下惜死；子，不肖人也，不足愛也。子與

我子之衣。'弟子曰:'夫不肖人也,又惡能與國士之衣哉?'戎夷大息歎曰:
'嗟乎! 道其不濟夫!'解衣與弟子,夜半而死。弟子遂活。"**圖傲乎**,成玄
英曰:"圖傲,高大之貌。"鍾泰曰:"圖,傲,皆大義。《尚書‧大誥》'不可不
成乃寧考圖功',王引之《經傳釋詞》曰:'圖功,大功也。'"**救世之士哉!**
曰:"**君子不爲苛察**,按:不爲苛察,謂寬以待人。**不以身假物。**按:
假,託也。不以身假物,謂情欲寡淺,不累於外物。**以爲无益於天下者,**
明之不如已也。"按:已,止也。《墨子‧魯問》:"公輸子削竹木以爲䧿,
成而飛之,三日不下。公輸子自以爲至巧。子墨子謂公輸子曰:'子之爲䧿
也,不如匠之爲車轄,須臾劉三寸之木,而任五十石之重。故所爲巧,利於人
謂之巧,不利於人謂之拙。'"**以禁攻寢兵爲外,以情欲寡淺爲內。**宣
穎曰:"外以此救世,內以此克己。"**其小大精粗,其行適至是而止。**
按:至是而止,意謂萬變不離其宗。

四

公而不當,陸德明曰:"崔本作黨,云:至公無黨也。"按:當,通黨,
偏也。不黨,謂无偏好。《莊子‧則陽》:"是故丘山積卑而爲高,江河合水
而爲大,大人合并而爲公。"**易而无私**,按:易,平也。易而无私,謂胸懷坦
蕩。《莊子‧列禦寇》:"凡人心險於山川,難於知天。天猶有春秋冬夏旦暮
之期,人者厚貌深情。"**決然无主**,按:決然,迅疾貌。无主,謂不受羈絆。
《莊子‧天運》:"行流散徙,不主常聲。"《莊子‧外物》:"夫流遁之志,決絶
之行。"**趣物而不兩**,按:趣,往也。兩,分也。不兩,謂用心專一。《荀
子‧解蔽》:"心未嘗不兩也,然而有所謂壹;心未嘗不動也,然而有所謂
靜。"**不顧於慮**,按:顧,訪也。慮,謂深慮者。**不謀於知**,按:知,謂智
者。《莊子‧刻意》:"其生若浮,其死若休。不思慮,不豫謀。"**於物无擇**,
按:无擇,謂无偏好。**與之俱往。**按:《楚辭‧漁父》:"聖人不凝滯於物,
而能與世推移。世人皆濁,何不淈其泥而揚其波? 衆人皆醉,何不餔其糟而
歠其醨?"**古之道術有在於是者,彭蒙、田駢、**陸德明曰:"田駢,齊人
也,遊稷下,著書十五篇。"**慎到聞其風而說之。**按:《史記‧孟子荀卿
列傳》:"慎到,趙人。田駢、接子,齊人。環淵,楚人。皆學黃老道德之術,因

發明序其指意。故慎到著十二論，環淵著上下篇，而田駢、接子皆有所論焉。”

齊萬物以爲首，按：齊，謂一視同仁。《莊子·秋水》：“萬物一齊，孰短孰長？”首，先也，謂前提。曰：“**天能覆之而不能載之，地能載之而不能覆之，大道能包之而不能辯之。**”按：辯，別也。《莊子·秋水》：“以道觀之，物无貴賤；以物觀之，自貴而相賤。”**知萬物皆有所可，有所不可。故曰：“選則不遍，教則不至**，按：選，謂選賢。教，謂育賢。《莊子·則陽》：“有所正者有所差，比於大澤，百材皆度；觀於大山，木石同壇。”**道則无遺者矣。**”按：无遺，謂各盡其材。《慎子·民雜》云：“民雜處而各有所能，所能者不同，此民之情也。大君者，太上也，兼畜下者也。下之所能不同，而皆上之用也。是以大君因民之能爲資，盡包而畜之，無能去取焉。是故不設一方以求於人，故所求者無不足也。”

是故慎到棄知去己，按：己，謂成心。《莊子·在宥》：“合乎大同，大同而无己。”**而緣不得已。**按：《莊子·庚桑楚》：“有爲也，欲當則緣於不得已。不得已之類，聖人之道。”**泠汰於物**，郭象曰：“泠汰，猶聽放也。”按：泠，小風也；汰，水波也。《楚辭·涉江》：“齊吳榜以擊汰。”泠汰，謂隨波逐流，與物浮沉。《莊子·繕性》：“喪己於物，失性於俗者，謂之倒置之民。”**以爲道理，曰：“知不知**，按：知不知，意謂探求不可知領域。**將薄知而後鄰傷之者也。**”林希逸曰：“薄，迫。”孫詒讓曰：“鄰，當讀爲‘磷’。”按：磷，謂碎屑。磷傷，謂與物相磨之傷。

謑髁无任，按：謑，責罵。髁，胯骨。胯骨承載身體，猶賢人支撐天下。无任，謂无能承重。**而笑天下之尚賢也**；按：《荀子·解蔽》：“慎子蔽於法而不知賢。”**縱脫无行**，成玄英曰：“縱恣脫略，不爲仁義之德行。”**而非天下之大聖；椎拍輐斷**，王念孫曰：“輐，與刓同。”按：椎拍輐斷，謂自我打磨。**與物宛轉**；按：與物宛轉，謂捨己從物。**舍是與非，苟可以免。**按：苟，苟且。苟可，謂不爭是非。免，謂免於刑戮。**不師知慮，不知前後，魏然而已矣。**成玄英曰：“魏然，不動之貌也。”**推而後行，曳而後往，若飄風之還**，陸德明曰：“回風爲飄。”按：還，旋轉。**若羽之旋，若磨石之隧**，按：磨石，即石磨。隧道，謂磨盤之眼。磨石之隧，謂糧食由磨眼旋轉下漏。**全而无非**，按：全，謂圓轉无礙。**動靜无過，未嘗有罪。是何故？夫无知之物，无建己之患**，按：建己，謂標新立異。**无用知之累，動静不離於理，**按：理，謂天理。《莊子·刻意》：
"不爲福先，不爲禍始。感而後應，迫而後動，不得已而後起。去知與故，循
天之理。故无天災，无物累，无人非，无鬼責。其生若浮，其死若休。"**是以
終身无譽。**郭象曰："患生於譽，譽生於有建。"**故曰：至於若无知之
物而已，无用賢聖，夫塊不失道。**郭象曰："欲令去知如土塊也。"按：
道，蓋渾沌之道。《莊子·應帝王》謂列子："三年不出，爲其妻爨，食豕如食
人，於事无與親。雕琢復朴，塊然獨以其形立。"**豪傑相與笑之曰："慎
到之道，非生人之行，而至死人之理，**郭象曰："人若土塊，非死如
何！"**適得怪焉。"**宣穎曰："言但見駭於世而已。"

　　田駢亦然，學於彭蒙，得不教焉。按：彭蒙不尚賢，故不教。
**彭蒙之師曰："古之道人，至於莫之是、莫之非而已矣。其風窢
然，**成玄英曰："窢然，迅速貌也。"**惡可而言？"**王念孫曰："而，猶以也。"
常反人，按：反人，謂土木形骸，全无生理。**不見觀，**按：不見觀，謂自埋
於民。**而不免於魭斷。**宣穎曰："魭，同輐。"按：魭斷，猶輐斷，謂自我雕
琢。**其所謂道非道，**按：非道，謂非出於自然之道。得道者體性抱神，遊
於世而不失己；彭蒙之徒反人失神，混世而喪己。**而所言之韙不免於
非。**郭象曰："韙，是也。"**彭蒙、田駢、慎到不知道。雖然，概乎皆
嘗有聞者也。**

五

　　以本爲精，以物爲粗，按：本，謂物之本。《莊子·天道》："夫虛静
恬淡寂漠無爲者，萬物之本也。"精，意謂不可言傳。《莊子·秋水》："可以
言論者，物之粗也；可以意致者，物之精也；言之所不能論，意之所不能察致
者，不期精粗焉。"**以有積爲不足，**按：有積，謂財貨。不足，謂德不足。
《老子·七十七章》："天之道，其猶張弓與？高者抑之，下者舉之；有餘者損
之，不足者補之。天之道，損有餘而補不足。人之道則不然，損不足以奉有
餘。"又《莊子·天道》："天道運而无所積，故萬物成；帝道運而无所積，故天
下歸；聖道運而无所積，故海内服。"**淡然獨與神明居。**按：淡然，謂寡
欲。《莊子·刻意》："夫恬惔寂漠，虛无无爲，此天地之平而道德之質也。

故曰：聖人休休焉則平易矣。"與神明居，謂養神。《莊子·刻意》："純粹而不雜，静一而不變，惔而无爲，動而以天行，此養神之道也。"**古之道術有在於是者，關尹**、陸德明曰："關令尹，喜也。"**老聃聞其風而説之，**按：《史記·老子韓非列傳》："老子脩道德，其學以自隱無名爲務。居周久之，見周之衰，迺遂去。至關，關令尹喜曰：'子將隱矣，彊爲我著書。'於是老子迺著書上下篇，言道德之意五千餘言而去，莫知其所終。"**建之以常无有，**按：常，恒也。建之以常无有，謂創立无有之説。《老子·十一章》："三十輻共一轂，當其無，有車之用。埏埴以爲器，當其無，有器之用。鑿户牖以爲室，當其無，有室之用。故有之以爲利，無之以爲用。"**主之以太一，**按：主，守也。太一，道也。主之以太一，謂守虛静之心。《莊子·人間世》："唯道集虛。虛者，心齋也。"又曰："瞻彼闋者，虛室生白，吉祥止止。"**以濡弱謙下爲表，**按：濡弱，謂水德。《老子·八章》："上善若水。水善利萬物而不爭，處衆人之所惡，故幾於道。"**以空虛不毀萬物爲實。**按：空虛不毀，謂虛静觀物。《老子·十六章》："致虛極，守静篤。萬物並作，吾以觀復。夫物芸芸，各復歸其根。歸根曰静，是曰復命，復命曰常。"

　　關尹曰："在己无居，按：己，謂己之心。无居，謂如水之動。《莊子·刻意》："水之性，不雜則清，莫動則平；鬱閉而不流，亦不能清；天德之象也。"**形物自著。"**按：著，明也。形物自著，謂有形之物，皆來取照。《莊子·天道》："聖人之心静乎！天地之鑑也，萬物之鏡也。"**其動若水，其静若鏡，其應若響。**按：其應若響，謂物來斯照，不將不迎。**芴乎若亡，**按：芴，謂无象。《莊子·至樂》："芴乎芒乎，而无有象乎！"芴乎若亡，謂鏡花水月，形象不定。**寂乎若清。**按：萬物取照，其來无聲，其去无響，故曰'寂乎若清'。**同焉者和，**按：同，聚也，謂萬物來照。和，謂心之和豫。萬物入鏡，各顯其象，互不相擾，故曰'和'。**得焉者失。"**按：《莊子·應帝王》："至人之用心若鏡，不將不迎，應而不藏，故能勝物而不傷。"得焉者失，猶"應而不藏"。**未嘗先人而常隨人。**按：《老子·六十七章》："我有三寶，持而保之。一曰慈，二曰儉，三曰不敢爲天下先。"

　　老聃曰："知其雄，守其雌，爲天下谿；知其白，守其辱，爲天下谷。"按：《老子·二十八章》："知其雄，守其雌，爲天下谿。爲天下谿，常德不離，復歸於嬰兒。知其白，守其黑，爲天下式。"**人皆取先，己獨取後。曰："受天下之垢。"**按：《老子·七十八章》："受國之垢，是謂社稷主;受國不祥,是爲天下王。"人皆取實,己獨取虛,按:《莊子·則陽》:"有名有實,是物之居;无名无實,在物之虛。"无藏也故有餘,按:空谷匯百泉之水,溪流導之而出,故曰"无藏"。有餘,謂源頭活水不斷。巋然而有餘。按:巋然,高峻貌。有深谷,必有高山。巋然,謂德之盛。《莊子·寓言》:"大白若辱,盛德若不足。"其行身也,徐而不費,按:費,謂浪費。徐而不費,謂舉動舒緩,不費力氣。《老子·六章》:"谷神不死,是謂玄牝。玄牝之門,是謂天地根。綿綿若存,用之不勤。"无爲也而笑巧;按:无爲,謂順物自然。《列子·説符》:"宋人有爲其君以玉爲楮葉者,三年而成。鋒殺莖柯,毫芒繁澤,亂之楮葉中而不可别也。此人遂以巧食宋國。子列子聞之,曰:'使天地之生物,三年而成一葉,則物之有葉者寡矣。'"人皆求福,按:《老子·五十八章》:"禍兮福之所倚,福兮禍之所伏。孰知其極?"己獨曲全,按:《老子·二十二章》:"曲則全,枉則直。"曰:"苟免於咎"。按:《老子·四十六章》:"禍莫大於不知足,咎莫大於欲得,故知足之足,常足矣。"以深爲根,按:深,謂沉静。《老子·五十九章》:"深根固柢,長生久視之道。"又《莊子·繕性》:"不當時命而大窮乎天下,則深根寧極而待:此存身之道也。"以約爲紀,按:約,謂收斂。《老子·五十六章》:"挫其鋭,解其分,和其光,同其塵,是謂玄同。"曰:"堅則毁矣,鋭則挫矣。"按:《孔叢子·抗志》"老萊子曰:'子不見夫齒乎,雖堅剛,卒盡相磨;舌柔順,終以不弊。'"常寬容於物,按:《莊子·田子方》謂東郭順子,云:"人貌而天虛,緣而葆真,清而容物。物无道,正容以悟之,使人之意也消。"不削於人,按:削,刻薄。《老子·四十九章》:"聖人無常心,以百姓心爲心。善者,吾善之;不善者,吾亦善之,德善。"可謂至極。按:至極,謂道德。《老子·十六章》:"夫虛静恬淡寂漠无爲者,天地之平而道德之至也。"關尹、老聃乎! 古之博大真人哉! 按:博大,謂内心虛静。真,謂天性素樸。

六

芴漠无形,按:芴漠无形,謂天地之氣。《莊子·大宗師》:"彼方且與造物者爲人,而游乎天地之一氣。"變化无常,按:《莊子·至樂》:"雜乎芒芴之間,變而有氣,氣變而有形,形變而有生。"**死與? 生與?** 按:《莊子·知北遊》:"人之生,氣之聚也。聚則爲生,散則爲死。"**天地並與,**按:並,謂與天地並生。《莊子·在宥》:"吾與日月參光,吾與天地爲常。"**神明往與!** 按:神明,謂精神。《莊子·知北遊》:"今彼神明至精,與彼百化,物已死生方圓,莫知其根也。"**芒乎何之,忽乎何適,**按:《莊子·刻意》:"精神四達並流,无所不極,上際於天,下蟠於地,化育萬物,不可爲象。"**萬物畢羅,**按:萬物畢羅,謂磅礴萬物。《莊子·逍遥遊》謂藐姑射神人,云:"之人也,之德也,將旁礴萬物以爲一,世蘄乎亂,孰弊弊焉以天下爲事!"**莫足以歸。**按:歸,謂歸往。《莊子·逍遥遊》謂藐姑射神人,云:"是其塵垢秕穅,將猶陶鑄堯舜者也,孰肯以物爲事!"**古之道術有在於是者,莊周聞其風而悦之。**

以謬悠之説,成玄英曰:"謬,虛也。悠,遠也。"**荒唐之言,**陸德明曰:"荒唐,謂廣大无域畔者也。"**无端崖之辭,時恣縱而儻,**按:儻,謂无拘无束。《莊子·天地》:"儻乎若行而失其道也。"又《莊子·天運》:"儻然立於四虛之道,倚於槁梧而吟。"**不以觭見之也。**按:《爾雅·釋畜》:"角一俯一仰,觭。"觭,謂怪異之象。不以觭見,意謂雖放縱不羈,不刻意爲怪。**以天下爲沈濁,**按:沈濁,謂物論紛擾。**不可與莊語,**陸德明曰:"莊,端正也。"**以巵言爲曼衍,**按:巵言,謂酒後之言。曼衍,猶敷衍,謂彌縫是非之論。**以重言爲真,**按:重,深也。重言,謂肺腑之言。《莊子·漁父》:"真者,精誠之至也。不精不誠,不能動人。"**以寓言爲廣。**按:寓言,謂寄託之言。廣,大也。爲廣,謂有助擴散、流傳。**獨與天地精神往來,**按:天地精神,誠也。《莊子·徐无鬼》:"吾與之乘天地之誠,而不以物與之相攖,吾與之一委蛇而不與之爲事所宜。"又云:"修胸中之誠,以應天地之情而勿攖。"**而不敖倪於萬物,**鍾泰曰:"敖倪,猶傲睨,謂輕視之也。"按:《莊子·知北遊》:"物物者與物无際,而物有際者,所謂物際者也。不際之際,際之不際者也。"**不譴是非,**成玄英曰:"譴,責也。"按:《莊子·齊物論》:"是以聖人和之以是非而休乎天鈞,是之謂兩行。"**以與世俗處。**按:與世俗處,謂至人不棄物。《莊子·外物》:"唯至人乃能遊於世而不僻,順人而不失己。"

其書雖瓌瑋,陸德明曰:"瓌瑋,奇特也。"**而連犿无傷也。**李頤曰:"連犿,皆宛轉貌。"按:无傷,猶无害,謂不妨礙閱讀。**其辭雖參差,**成玄英曰:"參差者,或虛或實,不一其言也。"**而諔詭可觀。**成玄英曰:"諔詭,猶滑稽也。"**彼其充實,**按:充實,謂內容充實,非浮華之詞。《孟子·盡心下》:"充實之謂美,充實而有光輝之謂大,大而化之之謂聖,聖而不可知之之謂神。"**不可以已。**按:已,止也。不可有已,謂文思泉湧,欲罷不能。**上與造物者遊,**按:造物者,道也。《莊子·大宗師》:"彼方且與造物者爲人,而游乎天地之一氣。"**而下與外死生、无終始者爲友。**按:《莊子·大宗師》:"孰能以无爲首,以生爲脊,以死爲尻,孰知生死存亡之一體者,吾與之友矣。"

其於本也,按:本,道也。**弘大而辟,**按:辟,開也。弘大而辟,意謂博大而開放。**深閎而肆。**成玄英曰:"肆,申也。"按:深閎而肆,謂不唯深邃,且不斷深入。**其於宗也,**按:宗,天也。**可謂稠適而上遂矣。**陸德明曰:"稠,音調,本亦作調。"按:調適,謂與天和樂。《莊子·德充符》:"夫明白於天地之德者,此之謂大本大宗,與天和者也;所以均調天下,與人和者也。與人和者,謂之人樂;與天和者,謂之天樂。"遂,通也。上遂,謂明白天地之德。**雖然,其應於化而解於物也,**按:化,謂物化。解於物,謂物化而去。《莊子·養生主》:"適來,夫子時也;適去,夫子順也。安時而處順,哀樂不能入也,古者謂是帝之縣解。"**其理不竭,**按:竭,盡也。死生如夢,尚未大覺。《莊子·齊物論》:"予謂女夢,亦夢也。是其言也,其名爲吊詭。萬世之後而一遇大聖,知其解者,是旦暮遇之也。"**其來不蛻,**按:其來,謂人之生。蛻,蟬蛻,謂物化而去。**芒乎昧乎,**按:芒乎昧乎,无知貌。**未之盡者。**按:未之盡,謂生人難言死之樂。

七

惠施多方,按:方,方術。多方,謂學問廣博。**其書五車,**林希逸曰:"其書五車,言其所著書,以五車載之而不足也。"**其道舛駁,**成玄英曰:"舛,差殊也。駁,雜揉也。"**其言也不中。**按:中,謂切中要害。《論語·先進》:"魯人爲長府。閔子騫曰:'仍舊貫,如之何? 何必改作?'子曰:'夫人不言,言必有中。'"**厤物之意,**按:厤,同歷,謂一一述説。物之意,謂物之精微處。《莊子·則陽》:"言而足,則終日言而盡道;言而不足,則終日言而盡物。"《莊子·秋水》:"可以言論者,物之粗也;可以意致者,物之精也。"曰:"**至大无外,謂之大一;至小无内,謂之小一。**成玄英曰:"囊括無外,謂之大也;入於無間,謂之小也。"**无厚,不可積也,其大千里。**高亨曰:"常人合面與體,以爲面大即體大,體大者有厚之大也;若無厚則無大。名家离面與體,以爲面大非體大也。非體大者,無厚之大也,雖無厚亦有大。"按:面,即二維平面。**天與地卑,山與澤平,**按:近觀之,則天高地卑,山高澤低;若極目遠望,則天垂於地,山與澤平矣。**日方中方睨,**李頤曰:"睨,側視也。"按:中,中天也;睨,偏斜。日運於天,无時不移,故曰"方中方睨"。**物方生方死。**按:方生方死,謂生物之新陳代謝。日之推移、物之化生,皆積累之變,難以察覺。**大同而與小同異,此之謂小同異;**按:同與異,謂認識萬物之角度。小同異,謂有限之同異,既承認共性,有承認個性。**萬物畢同畢異,此之謂大同異。**按:大同異,謂无限之同異。《莊子·德充符》:"自其異者視之,肝膽楚越也;自其同者視之,萬物皆一也。"**南方无窮而有窮,**按:无窮,謂方位。有窮,謂地域。**今日適越而昔來,**蔣錫昌曰:"真正之時間,永在移動,絕不可分割爲'今日'之一段,使稍停留片刻。"按:歲月如流,今昔不二,故曰"今日適越而昔來"。**連環可解也。**按:連環,蓋後世之九連環。《戰國策·齊策六》:"秦始皇嘗使使者遺君王后玉連環曰:'齊多知,而解此環不?'君王后以示群臣,群臣不知解。君王后引椎椎破之,謝秦使曰:'謹以解矣。'"**我知天下之中央,燕之北、越之南是也。**司馬彪曰:"燕之去越有數,而南北之遠无窮,由无窮觀有數,則燕越之間未始有分也。"**氾愛萬物,天地一體也。"**按:天地一體,謂時空渾然一體。

　　惠施以此爲大,按:爲大,謂妄自尊大。**觀於天下而曉辯者,**按:觀,示也。曉,喻也。**天下之辯者相與樂之。卵有毛,**按:毛,羽也。卵有毛,謂卵内有毛而未形。**雞三足,**按:《公孫龍子·通變論》:"雞足一,數足二。二而一,故三。"雞足,謂雞足之名。數足,謂雞之左足,右足。雞三足,講名生於實。**郢有天下,**陳鼓應曰:"郢爲天下的一部分,就整體空間之不可分割性而言,可說'郢有天下'。"**犬可以爲羊,**司馬彪曰:"名以名物,而非物也,犬羊之名,非犬羊也。非羊可以名爲羊,則犬可以名羊。"**馬有卵,**曹礎基:"馬是胎生的,但胎之初期也如卵。"**丁子有尾,**林希逸曰:"丁子,蝦蟆也,蛙也。楚人謂之丁子,丁子雖无尾,而其始也實科斗化成。科斗既有尾,則謂丁子爲有尾亦可。"按:卵有毛,馬有卵,丁子有尾,講萬物化生之理。

火不熱,按:火,謂大火星。《詩·豳風·七月》曰:"七月流火,九月授衣。"大火西流,暑氣已退,將寒之徵,故曰"不熱"。**山出口**,按:口,謂山谷。山出口,謂谷風出,涼氣至。《詩·大雅·桑柔》:"大風有隧,有空大谷。"**輪不輾地**,按:《周禮·考工記》講"爲輪",曰:"進而眡之,欲其微至也。無所取之,取諸圜也。"微至,謂車輪與地接觸面極小。若車輪至圓,路面至堅,則輪與地面幾无相接,故曰"輪不輾地"。**目不見**,郭沫若曰:"目所見者,只是物的返光,而非物的本體。"**指不至**,按:指,謂以手指指物。不至,謂不必及物。指不至,謂手指能遥指千里,而手指不必至。**至不絕**,按:至,謂手指觸物。絕,謂穿透。不絕,謂手指不能隔物而指。**龜長於蛇**。司馬彪曰:"蛇形雖長而命不久,龜形雖短而命甚長。"**矩不方,規不可以爲圓**,按:規矩,謂實物。方圓,謂絕對之方形、圓形。**鑿不圍枘**。成玄英曰:"鑿者,孔也。枘者,內孔中之木也。"按:鑿,謂鑿孔,而非所在之木。鑿孔外張,而非內抱,故曰"鑿不圍枘"。**飛鳥之景未嘗動也**,按:《左傳·僖公十六年》:"六鷁退飛過宋都,風也。"六鷁退飛,謂風速大於鳥之飛速也。若飛速與風速相若,則飛鳥不動,影以未嘗動也。**鏃矢之疾,而有不行、不止之時**。按:迎風而射,若矢速與風速同,則矢若行若止,是"不行、不止之時"也。飛鳥、鏃矢之説,即揭示運動的相對性。**狗非犬**,按:狗與犬,渾言之則同;析言之,則狗小而犬大。狗非犬,謂物或同名異實。**黃馬驪牛三**,按:驪,或謂黑馬,或謂黑色。常人語俗,以黃馬、驪牛對偶,以爲乃二物。名家不拘於俗,謂黃馬、黑馬、牛,乃三物。**白狗黑**,按:白狗,就毛色而言。黑,或就其瞳孔而言。**孤駒未嘗有母**。李頤曰:"駒生有母,言孤則無母,孤稱立則母名去也。母嘗爲駒之母,故孤駒未嘗有母也。"**一尺之捶**,司馬彪曰:"捶,杖也。"**日取其半,萬世不竭**。辯者以此與惠施相應,終身无窮。

桓團、公孫龍辯者之徒,成玄英曰:"姓桓,名團;姓公孫,名龍;並趙人,皆辯士也,客游平原君之家。而公孫龍著《守白論》,見行於世。""**飾人之心**,按:飾,雕琢也,謂毀其質樸。**易人之意**,按:易,改變。意,心意。**能勝人之口,不能服人之心,辯者之囿也。惠施日以其知**

與人之辯，特與天下之辯者爲怪，_{按：怪，謂奇談怪論。}此其柢也。_{按：柢，謂病根。}

　　然惠施之口談，自以爲最賢，曰："天地其壯乎！_{按：壯，盛也。陳子昂《登幽州臺歌》："前不見古人，後不見來者。念天地之悠悠，獨愴然而涕下。"}施存，_{施，惠施自謂也。}雄而无術。"_{按：術，通述。无術，謂无人繼承其學術。}南方有倚人焉，_{李頤曰："倚，異也。"}曰黄繚，問天地所以不墜不陷，風雨雷霆之故。惠施不辭而應，不慮而對，徧爲萬物説，説而不休，多而无已，_{按：不休、无已，謂知音難遇。}猶以爲寡，益之以怪。以反人爲實，_{按：反，反駁。實，謂本意。}而欲以勝人爲名，是以與衆不適也。_{按：適，融洽。}弱於德，_{按：德，和也。弱於德，謂心不和。}強於物，_{按：强於物，謂强於離析萬物。}其塗隩矣。_{按：塗，途也，謂治學路徑。隩，通奥，指室内西南角，非通達之地。}由天地之道觀惠施之能，其猶一蚊一虻之勞者也。其於物也何庸！_{按：何庸，謂无可奈何。}夫充一尚可，_{按：一，謂百家之一。}曰愈貴道，_{按：愈，過也。貴道，謂貴於道。}幾矣！_{按：幾，殆也。}惠施不能以此自寧，_{按：寧，謂安分守己。}散於萬物而不厭，_{按：散，謂精神分散。《莊子·德充符》謂惠子，曰："今子外乎子之神，勞乎子之精，倚樹而吟，據槁梧而瞑。天選子之形，子以堅白鳴！"}卒以善辯爲名。惜乎！惠施之才，駘蕩而不得，_{司馬彪曰："駘蕩，猶放散也。"}逐萬物而不反，是窮響以聲，_{按：窮，盡也。響，謂回聲。窮響以聲，謂以辯止辯。}形與影競走也。悲夫！

小　　結

　　《天下》篇，歷來被看成《莊子》一書的自序。其他篇章多寓言，而本篇則多莊語，常作持平之論。首先，作者承認百家學說都源於道，只不過僅得其一偏，沒有見過純正完美的道術。第二，道術的載體是人，而非典章制度。道無所不在，體現在各類人中，諸如天人、神人、真人、至人、聖人、君子、百官、庶民等。天人，指蒙昧之人；神人，指精神純粹之人；真人，指天性素樸之人；至人，指虚心遊世之人；聖人，指效法天地之人。第三，儒家繼承道術之粗迹,最重視古之禮樂,故多爲百家稱述。第四,墨翟否定禮樂,强調自我克制,使天下不堪。第五,宋鈃是救世派,雖情欲寡淺,寬以待人,卻遭世人厭棄。第六,慎到是混世派,不問是非,與世浮沉,被世人譏笑。第七,老聃是觀世派,内心虛静,天性素樸,與世無爭;第八,莊周是遊世派,外化而内不化,逍遥天地之間。第九,惠施是知者,離析萬物之理,破壞天地之道。《天下》篇最后列名家,意在强調:儒墨等諸子雖割裂道術,但終究繼承了道術之一端,而名家專事破坏古之道術。這種安排,與莊周的"棄知"思想是一致的。

主要參考書目

莊子（整理本）

（晉）郭象注,（唐）成玄英疏,曹礎基等點校：《南華真經注疏》,北京,中華書局 1998 年版。

（宋）林希逸著,周啓成校注：《莊子鬳齋口義校注》,北京,中華書局 1997年版。

（宋）吕惠卿著,湯君集校：《莊子義集校》,北京,中華書局 2009 年版。

（宋）褚伯秀著,方勇點校：《南華真經義海纂微》,北京,中華書局 2018年版。

（明）羅勉道著,李波點校：《南華真經循本》,北京,中華書局 2016 年版。

（明）陸西星著,蔣門馬點校：《南華真經副墨》,北京,中華書局 2010 年版。

（明）釋德清著,《莊子内篇注》,上海,華東師範大學出版社 2009 年版。

（明）方以智著,張永義、邢益海點校：《藥地炮莊》,北京,華夏出版社 2016年版。

（清）王夫之著,王孝魚點校：《莊子解》,北京,中華書局 2009 年版。

（清）林雲銘著,張京華點校：《莊子因》,上海,華東師範大學出版社 2011年版。

（清）陸樹芝著,張京華點校：《莊子雪》,上海,華東師範大學出版社 2011年版。

（清）胡文英著,李花蕾點校：《莊子獨見》,上海,華東師範大學出版社 2011年版。

（清）俞樾著：《莊子平議》（收入《諸子平議》）,北京,中華書局 1954 年版。

（清）劉鳳苞著,方勇點校：《南華雪心編》,北京,中華書局 2013 年版。

（清）宣穎著,曹礎基校點：《南華經解》,廣州,廣東人民出版社 2008 年版。

（清）郭慶藩著,王孝魚點校：《莊子集釋》,北京,中華書局 2016 年《新編諸子集成》本。

（清）王先謙著，沈嘯寰點校：《莊子集解》，北京，中華書局 1987 年《新編諸子集成》本。

阮毓崧著，劉韶軍校：《重訂莊子集注》，上海，上海古籍出版社 2018 年版。

馬敘倫著，李林點校：《莊子義證》，杭州，浙江古籍出版社 2019 年版。

胡遠濬著，吳光龍點校：《莊子詮詁》，合肥，黃山書社 1996 年版。

劉咸炘著：《莊子釋滯》（收入《劉咸炘學術論集》），南寧，廣西師範大學出版社 2007 年版。

劉武著，沈嘯寰點校：《莊子集解內篇補正》，北京，中華書局 1987 年版。

鍾泰著：《莊子發微》，上海，上海古籍出版社 1988 年版。

劉文典著：《莊子補正》，北京，中華書局 2015 年版。

于省吾著：《莊子新證》（收入《雙劍誃諸子新證》），北京，中華書局 2009 年版。

聞一多著：《聞一多全集·莊子編》，武漢，湖北人民出版社 1993 年版。

高亨著：《莊子今箋》（收入《高亨著作集林》），北京，清華大學出版社 2004 年版。

錢穆著：《莊子纂箋》，北京，中華書局 2010 年版。

王叔岷著：《莊子校詮》，北京，中華書局 2007 年版。

張默生著，張翰勛校補：《莊子新釋》，濟南，齊魯書社 1993 年版。

方勇、陸永品著：《莊子詮評》，成都，巴蜀書社 1998 年版。

陳鼓應著：《莊子今注今譯》（最新修訂重排本），北京，中華書局 2009 年版。

崔大華著：《莊子歧解》，北京，中華書局 2012 年版。

曹礎基著：《莊子淺注》，北京，中華書局 2014 年版。

莊子（影印本）

方勇編：《子藏·道家部·莊子卷》，北京，國家圖書館出版社 2011 年版。

（宋）陳景元著：《南華真經章句音義》，據明正統《道藏》本影印。

（宋）王雱著：《南華真經新傳》，據明正統《道藏》本影印。

（明）焦竑著：《莊子翼》，據明萬曆十六年王元貞校刊《老莊翼》本影印。

（明）錢澄之著：《莊子詁》，據清同治二年斠雉堂刊《莊屈合詁》本影印。

（清）陳壽昌著：《南華真經正義》，據清光緒十九年怡顏齋刊本影印。

（清）王闓運著：《莊子王氏注》，據清同治八年長沙王氏刊本影印。

（清）吳汝綸著：《莊子點勘》，據清宣統二年衍星社排印本影印。

（清）方潛著：《南華經解》，據清光緒二十二年桐城方氏刊本影印。

諸子

樓宇烈著:《王弼集校釋》,北京,中華書局1980年版。

高明著:《帛書老子校注》,北京,中華書局1996年版。

楊伯峻著:《列子集釋》,北京,中華書局1979年版。

王利器著:《文子疏義》,北京,中華書局2009年版。

何寧著:《淮南子集釋》,北京,中華書局1998年版。

孫詒讓著:《墨子閒詁》,北京,中華書局1996年版。

王先謙著:《荀子集解》,北京,中華書局1988年版。

付亞庶著:《孔叢子校釋》,北京,中華書局2011年版。

吳則虞著:《晏子春秋集釋》,北京,中華書局1982年版。

王先慎著:《韓非子集解》,北京,中華書局1986年版。

陳奇猷著:《韓非子新校注》,上海,上海古籍出版社2000年版。

陳奇猷著:《呂氏春秋新校釋》,上海,上海古籍出版社2002年版。

蘇輿著:《春秋繁露義證》,北京,中華書局1992年版。

王利器著:《新語校注》,北京,中華書局1986年版。

王利器著:《鹽鐵論校注》,北京,中華書局1992年版。

向宗魯著:《説苑校證》,北京,中華書局1987年版。

黃暉著:《論衡校釋(附劉盼遂集解)》,北京,中華書局1990年版。

汪繼培著:《潛夫論箋校正》,北京,中華書局1985年版。

許富宏著:《慎子集校集注》,北京,中華書局2013年版。

陳士珂著,崔濤點校:《孔子家語疏證》,南京,鳳凰出版社2017年版。

經部

(清)阮元校刻:《十三經注疏》,影印清嘉慶刊本,北京,中華書局2009年版。

(漢)毛亨傳,(漢)鄭玄箋,(唐)陸德明音義,孔祥軍點校:《毛詩傳箋》,北京,中華書局2018年版。

(宋)朱熹著:《四書章句集注》,北京,中華書局1983年版。

(宋)朱熹著,廖明春點校:《周易本義》,北京,中華書局2009年版。

(清)王聘珍著,王文錦點校:《大戴禮記解詁》,北京,中華書局1983年版。

(清)孫詒讓著,陳玉霞點校:《周禮正義》,北京,中華書局1987年版。

史部

方詩銘著:《古本竹書紀年輯證》,上海,上海古籍出版社2005年版。

黃懷信等著：《逸周書彙校集注》，上海，上海古籍出版社 1995 年版。

楊伯峻著：《春秋左傳注》，北京，中華書局 1990 年版。

徐元誥著，王樹民、沈長雲點校：《國語集解》，北京，中華書局 2002 年版。

何建章著：《戰國策注釋》，北京，中華書局 1990 年版。

（漢）司馬遷著：《史記》，北京，中華書局 1982 年版。

（漢）班固著：《漢書》，北京，中華書局 1962 年版。

（南朝宋）范曄著：《後漢書》，北京，中華書局 1965 年版。

（晉）陳壽著：《三國志》，北京，中華書局 1982 年版。

陳橋驛著：《水經注校證》，北京，中華書局 2009 年版。

集部

（宋）洪興祖著：《楚辭補注》，北京，中華書局 1983 年版。

金開誠等著：《屈原集校注》，北京，中華書局 1996 年版。

費振剛編：《全漢賦》，北京，北京大學出版社 1993 年版。

（宋）郭茂倩編：《樂府詩集》，北京，中華書局 1979 年版。

圖書在版編目(CIP)數據

莊子箋證／宋小克箋證. —上海：上海古籍出版
社，2024.5
ISBN 978-7-5732-1132-3

Ⅰ.①莊… Ⅱ.①宋… Ⅲ.①《莊子》—研究 Ⅳ.
①B223.55

中國國家版本館 CIP 數據核字(2024)第 078963 號

莊子箋證

宋小克　箋證

上海古籍出版社出版發行

(上海市閔行區號景路 159 弄 1-5 號 A 座 5F　郵政編碼 201101)

(1) 網址：www.guji.com.cn

(2) E-mail：guji1@guji.com.cn

(3) 易文網網址：www.ewen.co

商務印書館上海印刷有限公司印刷

開本 787×1092　1/16　印張 24　插頁 2　字數 418,000

2024 年 5 月第 1 版　2024 年 5 月第 1 次印刷

印數：1—1,500

ISBN 978-7-5732-1132-3

B·1391　定價：108.00 元

如有質量問題,請與承印公司聯繫